高等院校旅游专业系列教材

旅游统计学

（第二版）

郭　为　编著

南开大学出版社

天　津

图书在版编目(CIP)数据

旅游统计学 / 郭为编著. —2版. —天津:南开大学
出版社,(2017.5 重印)
 ISBN 978-7-310-04089-6

Ⅰ.①旅…　Ⅱ.①郭…　Ⅲ.①旅游业—统计学
Ⅳ.①F590-32

中国版本图书馆 CIP 数据核字(2012)第 297791 号

版权所有　侵权必究

南开大学出版社出版发行
出版人:刘立松
地址:天津市南开区卫津路 94 号　　邮政编码:300071
营销部电话:(022)23508339　23500755
营销部传真:(022)23508542　邮购部电话:(022)23502200

＊

天津午阳印刷有限公司印刷
全国各地新华书店经销

＊

2013 年 1 月第 2 版　　2017 年 5 月第 5 次印刷
230×170 毫米　16 开本　22.375 印张　412 千字
定价:48.00 元

如遇图书印装质量问题,请与本社营销部联系调换,电话:(022)23507125

序

  执教旅游统计学，断断续续，也有五年，期间更换教材两次，所阅统计学书籍，不论中外，不"记"其数。就旅游统计学而言，皆不如意。

  现今教材，缺点有二：一是旅游内容与统计理论各行其是，不甚融合，旅游只是统计学嫁接而已；二是理论内容与运用脱节，学生虽明理论，但不会运用相关软件。

  经思索探究，乃编著此书。

  本书特点如下：

  第一，尽力将旅游内容与统计理论融合。所选案例皆以旅游说明之，所选数据皆出自《中国旅游统计年鉴》，所做旅游调查皆用官方文本和表格阐述之。

  第二，增加旅游卫星账户。旅游之成产业，非赖以卫星账户不可。本书从需求角度出发，于卫星账户之国际标准和分类，详尽阐述，为读者一解迷雾。

  第三，增加软件的运用说明。此为本书最大亮点之一。本书每章最后一节皆关于软件之运用说明，以弥补实际教学之缺憾。软件说明以 Excel 为主，Eviews 为辅，图例配合，随文解说。

  第四，软件运用说明之内容皆为每章理论之核心。每章撷取该篇统计理论之精华，软件以解说之。技巧、过程、函数、结果说明，一应俱全，前后贯通。学而知用之，不亦乐乎？

  笔落至此，深感惭愧。圣人云：夸者不立，自现者不彰，自视者不明。余则反之。虽然本书亦缺点难免，假时以改之。

  余生此时代，能阅好书无数，能体前辈之思想并用之，幸甚。余为后辈，能与莘莘学子教学相长，成此书，幸甚。

  是为序。

郭 为

2008 年 11 月 12 日于北山

目 录

序

第一章 绪论 ···1
    第一节 旅游统计学的研究对象、性质和特点 ·······································1
    第二节 统计学的产生和发展 ··3
    第三节 旅游统计的任务、过程和研究方法 ··7
    第四节 旅游统计学中的几个基本概念 ···11

第二章 旅游统计调查与整理 ···18
    第一节 旅游统计调查方案 ··18
    第二节 旅游统计调查的种类 ···24
    第三节 旅游统计资料的分组 ···32
    第四节 旅游统计资料的汇总 ···38
    第五节 旅游统计表 ··46
    第六节 直方图的绘制与描述性统计分析 ···51

第三章 旅游统计的综合指标 ···72
    第一节 旅游总量指标 ··72
    第二节 旅游相对指标 ··75
    第三节 旅游平均指标 ··84
    第四节 旅游指标标志变动度 ···102
    第五节 综合指标计算的软件运用 ···110

第四章 旅游动态数列 ··124
    第一节 旅游动态数列的编制 ···124
    第二节 旅游动态数列水平分析指标 ··126

第三节　旅游动态数列速度分析指标 131
   第四节　旅游长期趋势的测定与预测 136
   第五节　旅游季节变动的测定与预测 145
   第六节　动态数列的软件处理和运用 149

第五章　旅游统计指数 161
   第一节　统计指数的概念 161
   第二节　旅游综合指数 165
   第三节　旅游平均指标指数 171
   第四节　旅游平均指标对比指数 178
   第五节　旅游指数体系与因素分解 182
   第六节　定基指数、环比指数和综合指数的软件处理 191

第六章　旅游抽样调查 199
   第一节　旅游抽样调查的基本概念和理论依据 199
   第二节　旅游抽样平均误差 205
   第三节　旅游全及指标的推断 214
   第四节　假设检验 217
   第五节　抽样、统计推断和假设检验的软件处理 227

第七章　相关分析在旅游中的运用 235
   第一节　相关分析的意义和任务 235
   第二节　简单线性相关分析 238
   第三节　回归分析 243
   第四节　估计标准误差 251
   第五节　相关关系和回归分析的软件处理 254

第八章　统计与旅游卫星账户 266
   第一节　旅游卫星账户介绍 266
   第二节　旅游卫星账户基本概念和定义 271
   第三节　访问者和旅游行程的特点 280
   第四节　旅游卫星账户中的旅游支出 285
   第五节　旅游产品和旅游活动的分类 290

附　录　我国旅游统计调查——以深圳市为例……………………303
　　第一节　旅游统计调查的总则……………………………………304
　　第二节　旅游统计调查目录………………………………………305
　　第三节　基层统计报表……………………………………………308
　　第四节　部门统计报表……………………………………………317
　　第五节　专业统计报表……………………………………………320
　　第六节　旅游抽样调查……………………………………………322
　　第七节　旅游统计分析报告及旅游统计报表说明要求…………343

网络数据来源……………………………………………………………346

第一章 绪 论

第一节 旅游统计学的研究对象、性质和特点

一、统计与统计学

"统计"一词的含义,一般有以下三种解释,即统计资料、统计工作、统计学。三者各有其独立的意义,又存在着密切不可分割的联系。

统计资料是指统计工作的成果,包括调查得到的经过整理具有信息价值的各种统计数据和分析报告,反映或说明社会经济发展情况和发展过程。例如,《中国旅游统计年鉴》、"国民经济计划执行情况公报"、"接待国际旅游者人数及其收入情况统计资料"等。

统计工作是指为了取得和提供统计数据资料而进行的各项工作,对社会经济情况的数量方面进行搜集、整理和分析研究的统一过程的总称。统计工作由国家统计机关统一负责组织,统计局的职能主要就是从事统计数据的收集、整理、提供。大多数企业也都有专门从事统计工作的人员,负责企业生产和销售数据的记录、分析和整理,并承担向上级部门报送数据的任务。各部门、各地区和各单位自上而下地形成一个严密的统计网。

统计学是指分析统计数据的方法和技术,是一门对群体现象数据特征进行计量描述和分析推论的科学,即统计理论。它是一门独立的社会科学,是研究和说明如何收集、整理和分析研究社会经济情况数量方面的理论和方法。

统计资料、统计工作和统计学之间存在着互相联系、互相影响、互相制约的辩证统一关系。统计资料是统计工作的成果,因而统计资料的准确、及时、全面和系统性取决于统计工作的水平;同时,统计资料的质量又是检验统计工作水平的测量器。统计学与统计工作的关系,是理论与实践的关系。统计学理论的发展,来源于统计工作(统计实践)的发展和丰富的经验,但又高于统计实践,因而统

计学理论对统计工作具有指导意义。

二、旅游统计的研究对象

旅游统计是整个社会经济统计的一个组成部分，它是认识旅游这一社会经济现象数量方面的有力武器之一。

在欧洲，早在第二次世界大战以前的几年中，日益发展的旅游活动及其在经济上的影响，已引起各国的重视。二战后，欧洲各国把发展旅游业作为重建经济和发展经济的一项重要措施。为了从数量方面认识旅游现象，出现了经常性的旅游统计。随着旅游活动在世界各国的普遍发展，旅游统计在许多国家逐步发展成为一项受到重视的独立工作。同时，随着国际旅游组织的建立及其对旅游统计资料的应用，旅游统计已在国际范围内被公认为一项不可缺少的工作。

在我国，旅游统计也是随着对旅游现象的认识和需要而建立和发展起来的。由于党和政府的重视，旅游事业取得了较快的发展。改革开放以后，随着我国国际威信的提高和对外交流的扩大，以及国内人民生活的逐步改善，我国的旅游事业得以快速发展。几年来，旅游者人数、旅游收入额、旅游企业数目、对旅游业的投资额以及旅游业从业人员数量等，都有了大幅度的增长。旅游事业的迅速发展，要求我们必须制定出正确的旅游方针政策，编制和检查切实可行的旅游计划，并对旅游事业实行科学的管理和领导。为此，应当对旅游市场以及旅游业这些客观存在的事实有所认识，以便找出发展旅游事业切实可行的方针、政策、计划和办法。旅游统计也就提上了日程。

中华人民共和国《旅游统计管理办法》第三条规定，旅游统计的基本内容，是对旅游企事业单位、旅游区（点）接待工作量、经营效益、旅游从业人数等情况进行统计调查和对旅游者实施抽样调查。旅游统计学的研究对象是否与旅游统计的基本内容相一致呢？一般来说，旅游统计学是研究旅游经济现象总体的数量特征和数量关系的方法论科学，是旅游经济学和统计学的交叉学科，也是统计学的理论与方法在旅游经济中的具体运用。

一方面，统计学的研究对象是自然、社会客观现象总体的数量关系，社会经济统计学是研究社会经济领域中现象总体的数量关系，旅游统计学则是研究旅游经济现象总体的数量关系。另一方面，旅游统计研究的领域是旅游经济这个特定的领域，这个领域的诸现象包含质的方面和量的方面，质的方面是旅游经济研究的对象，而旅游统计研究的对象是旅游经济现象的数量方面，即研究旅游经济现象在具体时间、地点条件下的规模、水平、速度、比例关系等。

三、旅游统计的性质和特点

从旅游统计的性质考虑，旅游统计是认识旅游经济现象的一种科学方法。列宁同志对于社会经济统计的性质明确指出，社会经济统计是"社会认识的最有力的武器之一"。旅游统计是社会经济统计的一个分支，因此，旅游统计是认识旅游经济现象的有力武器；毛泽东同志指出，"要了解情况，唯一的方法是向社会作调查，调查社会各阶级的生动情况。"我们要了解并认识旅游经济现象，就要对旅游经济现象的情况进行调查，旅游统计就是向旅游经济现象作调查研究的一种工具，这也可以证明，旅游统计是认识旅游经济现象的一种有力武器。旅游统计通过对旅游经济现象数量方面的研究，可以揭示旅游经济发展的现状、发展过程及其发展趋势，从而达到认识旅游经济现象的本质及其规律性。因此，旅游统计学是达到认识旅游经济现象的质及其规律性的有力武器。

由于旅游统计是认识旅游经济现象的质及其规律性的有力武器，因此决定了旅游统计是旅游经济管理的重要工具。这就是说，要搞好旅游经济管理，必须充分运用旅游统计这一重要工具。离开了旅游统计，就谈不上实现科学的旅游经济管理。这是因为，旅游统计是对旅游经济现象进行考察分析的一种手段，一种调查和分析研究的方法，通过它可以取得反映旅游经济现象实际情况的大量事实资料，从而为旅游经济管理遵循"实事求是"的原则奠定可靠的基础，为旅游经济决策提供重要的信息，为反映旅游经济管理目标实现情况提供检验结果。

旅游统计学的特点和社会经济统计学的一般特点一样，可以归纳为数量性、总体性、具体性、社会性和服务性五个方面：

（1）数量性体现在旅游统计学的认识对象是旅游经济现象的数量方面；

（2）总体性体现在旅游统计学研究旅游经济现象总体的数量方面，属于整体现象而非个别现象；

（3）具体性表现在它的认识对象是具体事物的数量方面，而不是抽象的量；

（4）社会性是指旅游统计的认识对象和主体都具有社会性；

（5）服务性则反映了旅游统计的目的在于为推动旅游经济的发展服务。

第二节 统计学的产生和发展

统计学是随着统计工作的发展和统计科学的进步逐步建立和发展起来的一门学科。它被广泛应用于生物、天文、经济、社会、旅游、医学等各个领域。旅游统计学就是应用统计理论和方法对旅游经济现象作集中深入研究而逐步形成的一门统计学分支学科。因此，要考察旅游统计的产生和发展，首先要追溯一下统计学的历史。

统计实践活动先于统计学的产生。从结绳记事开始，就有了对自然社会现象的简单记事活动，有了统计的萌芽。从历史上看，统计实践活动自人类文明初期，即还没有文字的原始社会起就有了。在奴隶社会，奴隶主为了对内统治和对外战争的需要，进行征兵、征税，开始了人口、土地和财产统计，我国古代的一些清醒的政治家、军事家早就意识到统计的重要性。在国外，古希腊、罗马时代，已开始了居民数和居民财产的统计工作。公元前3050年，埃及为建造"金字塔"，曾在全国进行人口和财产的调查。

统计广泛迅速的发展是在资本主义社会。资本主义社会取代封建社会后，经济文化有了很大的发展，社会分工日益发达，提出了对信息、情报和统计的新要求。统计逐步扩展到了更为广泛的领域，产生了诸如工业、农业、商业、银行、保险、交通、邮电、外贸、劳动、就业等各个方面形成的各种专业的社会经济统计。1830~1849年，欧洲出现"统计狂热"时期，各国相继成立了统计机关和统计研究机构，统计成为社会分工中的一种专门的行业。

17世纪以后，随着统计实践的发展，丰富的实践经验上升为理论，并进一步指导实践，而且出现了某些统计原理著作。统计学作为一门科学，从其发展过程考察，可以划分为三个时期（阶段），即古典统计学时期、近代统计学时期和现代统计学时期。

一、古典统计学时期

古典统计学时期是指17世纪中叶至18世纪中叶的统计学，这是统计学的创立时期。当时在理论上初步形成了一定的学术派别，其中具有代表性的学派主要有政治算术学派和国势学派。

1. 政治算术学派。产生于17世纪资本主义的英国，代表人物威廉•配第（W. Petty，1623~1687）。他在1671~1676年间写成的《政治算术》一书里，利用实际资料，运用数字、重量和尺度来说话的方法对英国、法国和荷兰三国的国情国力，作了系统的数量对比分析，从而为统计学的形成和发展奠定了方法论基础。这里的"政治"是指政治经济学，"算术"是指统计方法。马克思称他为"政治经济学之父，在某种程度上也可以说是统计学的创始人"。

该学派的另一个有名人物是约翰•格朗特（John Graunt，1620~1674），17世纪上半叶，英国多次发生严重的瘟疫，政府定期公布有关人口出生和死亡的数字。约翰•格朗特利用这些资料研究并发表了《关于死亡表的自然观察和政治观察》的论著。首次通过大量观察的方法，研究并发现了一系列人口统计规律。同时，还对英国伦敦市人口的出生率、死亡率和性别比例进行分类计算，编制了世界上第一张"死亡率"统计表。由于约翰·格朗特的这些研究成果，该书被许多统计学家誉为"真正统计科学的肇端"。

2. 国势学派。国势学派亦称记述学派，产生于18世纪。所谓国势学就是以文字来记述国家的显著事项的学说，提出这一学说的学派被称为记述学派，它的发源地是德国。代表人物康令（H. Conring, 1606～1681）第一个在大学开设"国势学"课程，以叙述国家显著事项和国家政策关系为内容，奠定了国势学的基础。主要继承人是阿亨瓦尔（G. Achenwall, 1719～1772），其主要著作是《近代欧洲各国国势学概论》，它主要用对比分析的方法研究了解关于国家组织、领土、人口、资源财富等国情国力，比较各国实力的强弱，为德国的君主政体服务。1749年他首先提出"统计学"，这一科学名词一直沿用至今。该学派在进行国势比较分析中，偏重事物性质的解释，而不注重数量对比和数量计算。随着资本主义的发展，对数量关系的计算变得越来越需要，学派发生了分裂，分化为图表学派和比较学派，其中图表学派逐渐发展为政府统计。

政治算术学派和国势学派都属于实质性的社会科学，共存了将近两百年，两派相互影响，相互争论，但总体上，政治算术学派的影响要大得多。

二、近代统计学时期

1. 社会统计学派。以19世纪比利时的凯特勒（A. Quetelet, 1796～1874）为代表，著有《论人类》、《概率论书简》、《社会物理学》等著作。他把概率论引入了统计学，从而开辟了统计学的新领域。他最先提出，用数学中的大数定律——平均数定律，作为分析社会经济现象的一种工具。他提出，社会现象的发展并非偶然，而是具有其内在规律性的。但他在解释社会规律时，不能正确地把社会规律和自然规律区分开，提出社会规律和自然规律一样永恒不变的错误观点。

19世纪后半叶，社会统计学派以德国为中心，由德国经济学家、统计学家克尼斯（K. G. A. Knies, 1821～1898）创立，主要代表人物有恩格尔（C. L. E. Engel, 1821～1896）、梅尔（G. V. Magr, 1841～1925）等人。他们融合了国势学派与政治算术学派观点，沿着凯特勒的"基本统计理论"向前发展，但在学科性质上，他们认为统计学是一门社会科学，是研究社会现象变动原因和规律性的实质性科学，社会统计学派在研究对象上认为统计学是研究社会总体而不是个别的社会现象；而且认为由于社会现象的复杂性和整体性，必须对总体进行大量观察和分析，研究其内在联系，才能揭示现象内在规律。这是社会统计学派的"实质性科学"的显著特点。德国的社会统计学派在国际统计界占有一定的地位，对日本等国的统计学界都有一定影响。

社会经济的发展，要求统计学提供更多的统计方法；社会科学本身不断地向细分化和定量化发展，也要求统计学能提供更有效的调查整理、分析资料的方法。因此，社会统计学派也日益重视方法论的研究，出现了从实质性科学向方法论转化的趋势。但是，社会统计学派仍然强调在统计研究中必须以事物的质为前提并认识事物质的重要性，这同数理统计学的计量不计质的方法论性质有本质区别。

2. 数理统计学派。数理统计学派产生于 19 世纪中叶，它是在概率论已有相当发展的基础上，把概率论引进统计学而形成的。其奠基人是比利时的阿道夫·凯特勒（A. Quetelet, 1796～1874），其著作主要有《论人类》、《概率论书简》、《社会制度》和《社会物理学》等。凯特勒师承法国数学家、统计学家拉普拉斯（P. S. Laplace, 1794～1827），主张用研究自然科学的方法研究社会现象。他正式把古典概率论引进统计学，使统计学进入一个新的阶段。他最先用大数定律论证了社会生活现象纷繁复杂变化的偶然性中存在着一定的规律性，并提出了误差理论，在方法论方面解决了统计观测的准确性问题。

由于历史的局限性，凯特勒在研究社会问题过程中混淆了自然现象和社会现象的本质区别。对犯罪、道德等社会问题，用研究自然现象的观点和方法作出一些机械的、庸俗化的解释。但是，他把概率论引入统计学，使统计学在"政治算术"所建立的"算术"方法的基础上，在准确化道路上大大跨进了一步。为数理统计学的形成与发展奠定了基础。直到 1867 年，才有人把这一门既是数学，又是统计学的新生学科，命名为数理统计学。

起初数理统计学仅应用于社会经济领域，很快又应用于自然技术领域。不仅促进社会经济统计学的形成和发展，而且促进自然技术统计学的形成与发展。随着时间的推移，上述各学派都有很大的发展，逐渐形成了现代的社会经济统计学、自然技术统计学和数理统计学。

三、现代统计学时期

现代统计学时期是指从 20 世纪初至今的统计学快速发展时期。这一时期科学技术迅猛发展，社会发生了巨大变化，人类社会经历了两次世界大战，国际政治风云几番突变，统计科学在这一时期也出现了新的分化和组合。

这一时期，数理统计学由于广泛用于自然科学和工程技术而获得快速发展并进入了鼎盛时期。首先，它在随机抽样的基础上建立了推断统计的理论和方法。所谓推断统计，也即通过随机样本来推断总体数量特征的方法。这种方法源于英国数学家哥塞特（W. S. Gosset, 1876～1937）的小样本 t 分布理论。其后由费雪尔（R. A. Fisher, 1890～1962）加以充实，并由波兰统计学家尼曼（J. Neyman,

1894～?）以及 E. S. 皮尔生（Person，1895～?）等人进一步发展，建立了统计假设理论。后来美国统计学家瓦尔德（A. Wald，1902～1950）又将统计学中的估计和假设理论加以归纳，创立了"决策理论"；美国的威尔克斯（S. S. Wilks，1906～1964）、英国的威沙特（J. Wishart，1898～1956）等统计学家对样本分布理论又加以充实和发展；美国的科克伦（W. G. Coehran，1909～1980）等在1957年又提出了实验设计的理论和方法，进一步拓宽了统计学的研究范围。

20世纪60年代以后数理统计学发展有两个明显的趋势：（1）随着数学发展，数理统计学越来越广泛地应用数学方法。（2）出现了数理统计学新分支和以数理统计为基础的边缘学科，如抽样理论非参数统计，多变量分析和时间序列分析等；边缘学科如经济计量学、工程统计学等。由于数理统计学发展很快，在国际统计学术领域中地位大大提高，因此，数理统计学派成为现代统计学的主流派。

这一时期，由于俄国十月社会主义革命胜利，在前苏联以及二战后的其他社会主义国家逐步建立和发展起来的社会经济统计学是以辩证唯物主义和历史唯物主义以及马克思主义政治经济学作为理论指导的。其学说渊源来自古典统计学和凯特勒确立的近代统计学，而且深受德国社会统计学派的影响。社会经济统计学在它产生后的半个多世纪里，实践上曾经为社会主义国家高度集中的计划经济服务，在理论上如分组理论、指数理论等也有不少建树，被认为是统计学史上又一次质的飞跃。

总之，为适应社会政治经济的发展和国家管理的需要，随着社会生产力的发展，统计学建立并发展起来。现在，整个国际社会都非常重视统计工作。对统计工作的重视程度，反映着一个国家乃至一个企业的科学管理水平。统计学应当为统计工作提供高水平的理论和方法，以适应当前社会主义市场经济建设的需要。

第三节 旅游统计的任务、过程和研究方法

一、旅游统计工作的基本任务

旅游统计的任务是由旅游统计的性质所决定的。中华人民共和国《旅游统计管理办法》第二条指出，旅游统计的基本任务是对旅游企事业单位的经营、业务情况进行统计调查、统计分析，提供统计资料和咨询，实行统计监督。根据《旅游统计管理办法》的规定和旅游统计的特点，旅游统计的基本任务可以概括为：准确、及时、全面、系统地收集、整理和分析旅游经济现象的统计资料，达到了

解情况，发现问题，提出建议，为发展旅游经济、提高经济效益，为国家"四化"建设积累更多的资金服务。旅游统计的基本职能是指统计本身所固有的内在功能。具体地说，旅游统计具有信息、咨询和监督三大职能。

（一）旅游统计的信息职能

旅游统计的一大任务是为管理旅游事业提供资料，为进行有关旅游事业的宣传教育和科学研究提供资料。旅游统计的信息职能是指旅游统计具有的信息服务的功能，也就是通过系统地搜集、整理、分析得到统计资料，在统计资料的基础上再经过反复提炼筛选，提供大量有价值的、以数量描述为基本特征的统计信息，为社会服务。按照服务对象的不同，旅游统计的服务功能主要表现在三个方面：

1. 为国家制定旅游政策、编制旅游规划提供依据

当前，经济社会较快发展的新形势，对旅游统计工作的需求表现出多样性。为增强政府宏观调控的预见性、科学性和有效性，各级政府和管理部门必然要求统计部门提供精度高、覆盖全、更新快的统计信息。现代社会是信息社会，统计工作要全面、及时地提供有关旅游业发展基本情况的资料，旅游统计资料就是信息，是社会主义市场经济运行的"晴雨计"。旅游统计为加强旅游业各地区和各单位的经济管理提供所需要的统计资料和分析资料。

同时，旅游统计提供准确、全面、系统的旅游统计资料，是正确地编制旅游经济计划的重要依据。在掌握了大量旅游统计信息之后，就要据此作出科学的分析和预测，以反映旅游经济发展的真实情况和未来可能发生的情况，使计划的编制建立在积极、稳妥、可靠的基础之上，尽可能反映客观旅游经济规律的要求。

2. 为旅游企业的经营管理提供资料

随着社会经济和科学技术的发展，人们对统计知识和统计信息越来越重视，这对参与旅游企业的经济管理十分有利。运用旅游统计资料可以逐日、逐月地公布旅游企业计划完成情况，以便随时总结经验，发现存在的问题；运用旅游统计资料，还可以开展统计评比，以促使群众主动关心企业命运，参加企业管理，从而为企业推进技术革新、不断提高劳动生产率和经济效益创造有利条件。

3. 为积累旅游统计资料和开展旅游科学研究提供依据

旅游统计要加强国内外旅游统计资料的搜集、整理和分析，作好旅游统计资料的积累工作。一方面，旅游统计要注意积累历史资料，认真总结我国旅游经济社会发展的经验和教训，加强旅游现象数量关系的综合分析研究，反映我国旅游经济发展的特点和规律性，为旅游学的理论研究提供客观的数字资料。同时，为提高我国对外开放水平的需要，通过提供的旅游统计数据，让国际社会来认识中国；另一方面，旅游统计要加强对国外旅游经济发展方面统计资料的了解和研究，吸取其合理、科学的部分，结合我国的实际情况，使之为我所用。

（二）旅游统计的咨询职能

旅游统计可以准确、及时、全面、系统地反映旅游事业发展情况，并进行统计分析和预测，为制定旅游政策和旅游计划，指导旅游事业发展提供依据；同时，旅游统计还可以走向市场，为旅游者提供相关的有偿或无偿的咨询服务。旅游统计的咨询职能是指旅游统计具有提供咨询意见和对策建议的服务功能，也就是指统计部门利用所掌握的大量的旅游统计信息资源，经过进一步的分析、综合、判断，为宏观、微观决策，为科学管理提供咨询意见和对策建议，为党和国家决策管理服务，也为旅游者服务。

旅游统计咨询职能是除旅游统计信息职能之外旅游统计服务职能的另一个分支。与旅游统计信息职能不同的是，旅游统计咨询职能不仅能够提供旅游统计资料和分析资料，而且通过大量的汇总、整理、运算、推断等统计方法，将分散的资料变成直接为政策服务、为企业和旅游者服务的针对性强的资料，同时，提出合理可行的对策建议，从而提高经济效益。

（三）旅游统计的监督职能

旅游统计可以对旅游政策和旅游计划执行情况进行检查和监督。旅游统计的监督职能是指旅游统计具有揭示旅游经济运行中的偏差，促使旅游经济运行不偏离正常轨道的功能，也就是旅游统计部门以定量检查、经济监测、预警指标体系等手段揭示旅游经济决策和执行中的偏差，使旅游经济决策及其运行按客观规律的要求进行。

在旅游经济计划执行过程中，要随时检查。检查计划的内容，不仅是计算计划完成的百分比，还要通过分析研究，指出超额完成和未完成计划的原因。同时，在检查计划过程中，如果发现计划本身编制不合理，则要提出建议，并作适当的调整。通过统计监督，可以有效地把旅游企业微观经济活动纳入国家旅游经济发展战略和计划的轨道，克服市场经济活动的自发性和盲目性，从而实现国民经济的持续、稳定和高速发展。因此，旅游统计具有为科学编制旅游经济计划提供依据，对旅游经济计划的执行情况进行统计检查和监督的职能。

过去，我们更多地强调统计服务，而不强调统计监督，实际上，统计服务和统计监督是保证旅游经济统计在社会主义市场经济建设中发挥作用不可分割的两方面。随着经济社会的发展，统计监督会越发显示出重要性。这种监督作用，是通过准确地反映社会主义市场经济建设实际过程和结果，反映各地区、各部门、各单位执行党在各方面的方针政策情况，并通过对国家计划执行情况的检查来实现。

旅游统计的三个职能是相互影响、相互联系的。旅游统计的信息职能是旅游统计的最基本的职能，是旅游统计咨询和旅游统计监督职能能够发挥作用的保证，旅游统计咨询和旅游统计监督职能的强化又会反过来促进旅游统计信息职能的优化。

二、旅游统计工作的过程

统计学在研究社会经济现象时，首先从定性研究开始，即在搜索原始统计资料（统计调查）之前，就要根据所要研究对象的性质和研究任务、目的，确定调查对象的范围，规定分析这个对象的统计指标、指标体系和分组方法，这种定性工作是下一步定量分析的必要准备。在定量分析基础上再达到认识社会经济现象的本质、特征或规律，这就是"质—量—质"的统计研究过程和方法。旅游统计工作就是对旅游现象进行调查研究以认识其本质和规律性的一种工作，这种调查研究的过程是我们对客观事物的一种认识过程。就一次统计活动来讲，一个完整的认识过程一般可分为统计调查、统计整理和统计分析三个阶段。

（一）旅游统计调查

旅游统计调查就是根据统计设计方案的要求，采用科学的调查方法，对所要调查的旅游经济现象进行有计划地、系统地搜集资料的过程，主要有旅游统计调查方案的设计等。此为旅游统计调查活动的第一阶段，是认识旅游经济现象的起点，也是统计整理和统计分析的基础。统计调查担负着搜集基础资料的任务，所搜集的资料是否准确关系到统计工作的质量。

（二）旅游统计整理

旅游统计整理是根据旅游统计的目的，对调查来的大量的旅游统计资料加工整理、汇总、列表，使之系统化、条理化的过程。它是统计工作过程的第二阶段，也即处于统计工作的中间环节，起着承前启后的作用，是旅游统计分析的前提。

统计整理的内容包括对统计资料中数据的审核，以保证数据的质量，为进一步的整理与分析打下基础；数据分组，将数据按需要进行分门别类；数据的表述，将数据用图表等形式展示出来，以便找出数据的初步特征，或者是方便别人看懂数据所要表达的问题。

（三）旅游统计分析

旅游统计分析是将加工整理好的旅游统计资料加以分析研究，采用各种分析方法，计算各项综合指标，并利用各种分析方法，揭示现象的数量特征和内在联系，阐明现象的发展趋势和规律性，并根据分析研究作出科学的结论的过程。统计分析是统计工作的决定性环节。这是旅游统计工作的第三阶段，只有通过这一阶段，人们才能对事物由感性认识上升到理性认识，从而达到对现象的本质和规律性的认识。

旅游统计工作过程的三个阶段是连续、系统的过程，并不是孤立、截然分开的，它们是紧密联系的一个整体，相互补充、彼此影响，其中各个环节常常是交叉进行的。例如，小规模的调查，常把调查和整理结合起来；在旅游统计调查过程中就有对事物的初步分析；在整理和分析过程中仍需进一步调查。因此，这三个过程常常是融合在一起进行的，彼此之间不存在明显的时间界限。

三、旅游统计学的研究方法

旅游统计工作的各个阶段都有一些专门的方法。在旅游统计调查阶段主要有统计报表制度、重点调查、典型调查、抽样调查、普查等方法；在旅游统计整理阶段，包括统计分布、统计分组、分配数列、统计表、统计图的制作技术等；在旅游统计分析阶段，方法更是多种多样，主要有综合指标法、动态数列法、指数法、抽样法、相关分析法等。这些具体方法既包括一些数理统计方法，也包括一些社会经济统计方法。

第四节 旅游统计学中的几个基本概念

一、总体与总体单位

统计总体是统计所研究对象的全体。凡是客观存在的、在同一种性质的基础上结合起来的许多个别单位的整体就是统计总体，简称总体。构成总体的这些个别单位称为总体单位。例如，所有的旅游企业就是一个总体，这是因为每个旅游企业都是客观存在的，且在性质上每个旅游企业的经济职能都是相同的，即都是从事旅游生产活动的基本单位，这就是说，它们是同性质的。这些旅游企业的集合构成了统计总体。对于该总体来说，总体单位就是每一个旅游企业。

统计总体按其单位是否可以计数，可以分为有限总体和无限总体。总体所包含的单位数可以是有限的，称为有限总体，如职工人数、企业数、商店数等；也可以是无限的，称为无限总体，如连续生产的某种产品的生产数量、大海里的鱼资源数等。对有限总体可以进行全面调查，也可以进行非全面调查。但对无限总体只能抽取一部分单位进行非全面调查，据以推断总体。

在推断统计中，统计总体又有全及总体和抽样总体之分。全及总体也即上述的统计研究的客观对象，是由具有某种共同性质的全部单位所组成的整体；抽样总体则是从上述总体中抽取部分单位所组成的整体，也称样本。总体和样本是全体与部分的关系。由于样本包含着总体的信息，所以，可以通过样本来推断总体的数量特征。

了解和学习总体与总体单位，必须注意两个方面。

1. 构成总体的单位必须具有同质性，单位之间必须具有可加性，不能把不同质的单位混在总体之中。例如，研究旅游企业员工的工资水平，就只能将靠工资收入的员工列入统计总体的范围。同时，为了能正确反映员工的工资水平，也只能对员工的工资收入进行考察，对员工由其他方法取得的收入就要加以排除。

2. 总体与总体单位具有相对性，统计总体与总体单位不是固定不变的，总体的范围可大可小，单位可多可少，这要根据研究的目的和要求来确定。同一单位可以是总体也可以是总体单位。例如，要了解全国旅游企业职工的工资收入情况，那么全部旅游企业是总体，各个企业是总体单位。如果旨在了解某个旅游企业职工的工资收入情况，则该企业就成了总体，每位总体就变成了总体单位。

二、标志与指标

（一）标志

标志是用来说明总体单位属性或特征的名称。例如，当研究的总体是我国旅游业发展状况时，每个旅游企业就是一个总体单位，而企业的经济类型、隶属关系、职工人数、盈利能力等都是说明企业特征的标志。标志有以下两种基本分类：

1. 按其特征不同，标志可分为品质标志和数量标志。品质标志是说明总体单位质的特征的，是不能用数值来表示的。比如，调查某旅游企业职工情况，该企业的每一个职工是总体单位，性别、民族、工种、籍贯等调查项目是说明总体单位特征的名称，是品质标识。而具体某个职工，如张某某，性别为男、民族为汉族、分工为计调员、籍贯为江苏海门等，就是在品质标志名称下的属性。数量标志是表示总体单位数量的特征，是可以用数量来表示的。比如，同样上面的问题如年龄、工资额等调查项目即为数量标志，而张某某年龄36岁，月工资额3450元，这是数量标志的具体表现，统计上称为标志值（或变量值）。

2. 按其是否具有可变性，标志又可分为不变标志和可变标志。在一个总体中，当某标志在每个总体单位身上的具体表现相同时，称此标志为不变标志。例如，在由男性旅游者组成的总体中，"性别"这个标志为不变标志。

（二）指标

指标综合反映统计总量数量特征的概念和数值，亦称为统计指标。一个完整的统计指标包括指标名称和指标数值两部分，它体现了事物质的规定性和量的规定性两个方面的特点。比如经统计调查知某县星级餐馆固定资产原值为300万元，这就是指标，是说明总体数量特征的，它包括指标名称即固定资产原值、指标数值即300万元两个方面。统计指标一般有三个特点：（1）统计指标都能用数字表示；（2）统计指标是说明总体综合特征的；（3）统计指标是反映一定社会经济范畴的数量。指标的分类方式也有两种：

1. 按其反映的数量特点不同，指标可以分为数量指标和质量指标。反映现象总规模、总水平和工作总量的统计指标称为数量指标，如固定资产投资总额、职工总数、国内生产总值、旅游企业总数等。数量指标又称为总量指标，用绝对数表示。反映现象相对水平和工作质量的统计指标称为质量指标，如职工平均工资、资本利润率、人口密度、失业率等。质量指标是总量指标的派生指标，用相对数或平均数来表示，以反映现象之间的内在联系和对比关系。

2. 按统计指标数值的表现形式不同，分为总量指标、相对指标和平均指标。数量指标就是总量指标。至于质量指标的数值表现形式又可分为两种情况。其中，总体利润率、人口密度、失业率等，都是以相对数形式表示出来，这类指标称为相对指标；而职工平均工资、粮食的单位面积产量等，则是以平均数形式表现出来，这类指标就称为平均指标。

（三）标志和指标

标志和指标，两者既有区别，又有联系。区别有以下四点：

第一，标志是说明总体单位特征的，而指标是说明总体特征的。

第二，有的标志可用数值来表示，如数量标志；有的标志不能用数值表示，如品质标志；而所有的指标都能用数值表示。

第三，标志中的数量标志不一定经过汇总，可直接取得，而指标数值是经过一定的汇总取得的。

第四，标志一般不具备时间、地点等条件，但作为一个完整的统计指标，一定要具有时间、地点、范围等条件。

标志和指标的联系有以下两点：

第一，有许多统计指标的数值是从总体单位的数量标志汇总而来的。既可指总体单位标志量的总和，也可指总体单位数的总和。例如，某地区旅游收入指标是由该地区的每个旅行社、旅游饭店、旅游交通等的收入汇总而来的；某地区旅游从业人员人数指标是由该地区各旅游企业的职工人数汇总而来的。

第二，随着研究目的的不同，两者存在着一定的变换关系。这主要是指标和数量标志之间存在着变换关系，即由于研究目的不同，原来的统计总体如果变成统计资料了，则相应的统计指标就变成数量标志了（这时指标名称变成标志，指标数值变成标志值或变量值）；反之亦然。例如，在研究某旅行社职工情况时，该社的全部职工是总体，该社的工资总额为统计指标。而在研究该社所属的某地区职工工资情况时，该社就是总体单位，该社的工资总额则为数量标志，具体的工资总额数值为标志值。

三、变异与变量

变异是指标志（包括品质标志和数量标志）的具体表现在总体各单位间的差异。这种差别可以是品质上的差别，也可以是数量上的差别。但严格地说，变异仅指品质标志的不同具体表现，如性别表现为男、女，民族表现为汉、满、回、苗等。而数量标志的不同具体表现则称为变量值（或称标志值），如某职工的年龄为 42 岁，工龄 22 年，月工资 3200 元等。统计中的变异是普遍存在的。

变量是指具有变异现象的数量标志，包括可变的数量标志和所有的统计指标，变量的具体取值叫变量值。

变量按其取值是否连续，可分为离散变量和连续变量。只能取整数的变量是离散变量，如人数、饭店数、机器台数等。在整数之间可以插入小数的是连续变量，如身高、体重、总产值、资金、利润等。

变量按其所受因素影响的不同，可分为确定性变量和随机性变量。由决定性因素影响所形成的变量称为确定性变量，确定性变量使变量按一定的方向呈上升或下降趋势变动，如增加旅游固定资本投入，能使旅游者人数增多，这是确定性因素的影响，但造成旅游者人数增多的因素是不确定的，因为除了旅游固定资本投入，还有国民经济、气候、环境等因素的影响。随机性变量是指变量值的变化受多种不确定因素的影响，其变化带有很大的偶然性，如导游服务满意度调查，由于受偶然因素（天气、景点内旅游者人数、住宿条件、饭菜质量、旅游者的心情等）的影响，旅游者对导游的评价也会出现偏差，这是随机性因素的影响。

四、流量与存量

流量是指在一定时期内测算的量。流量具有时间量纲，必须指明具体时期段。比如，旅游消费额是某一时期用于旅游消费而支付的货币流量，旅游企业的营业收入额是指属于旅游部门的企业，包括旅行社（旅游公司）、旅游饭店（宾馆、旅馆）、旅游汽车公司、旅游商店、旅游餐馆等企业，在报告期内向旅游者提供旅游服务和旅游商品所取得的货币收入。

存量是指在一定时点上测算的量。对于存量不具有时间量纲，必须指明时点，如一定时点的人口数、资产与负债、居民存款余额等。

流量与存量相互依存，缺一不可。旅游经济中的许多流量都有其直接对应的存量，如旅游固定资产流量与旅游固定资产存量相对应。一般说来，存量是流量的前提和基础，而流量在一定程度上取决于存量的大小。因为一定时期的旅游经济流量，总是以其期初存量为基础或条件，期末存量是期初存量与本期流量之和。

五、旅游统计指标与旅游统计指标体系

（一）旅游统计指标

旅游统计指标在旅游统计工作实践中是表明旅游经济现象在一定时间、地点条件下的规模、水平、速度、比例关系等。它是反映统计总体数量特征的科学概念和具体数值。前面已提到，旅游统计指标是由指标名称和指标数值所构成。指标名称是指标质的规定，它反映一定的旅游经济范畴；指标数值指指标量的规定，它是根据指标的内容所计算出来的具体数值。

单个旅游统计指标只能说明总体现象的一个侧面，由于旅游经济现象之间存在一定的联系，因此，各种旅游统计指标之间也存在着各种各样的联系。若干个相互联系的旅游统计指标组成一个整体就称为旅游统计指标体系。例如，职工创造的价值＝劳动生产率×职工人数；商品销售额＝商品价格×商品销售量；旅游者人数＝旅游者密度×旅游地面积；等等。旅游统计指标体系完整地反映旅游经济现象和过程，反映旅游经济现象的因果关系、依存关系、平衡关系等。利用旅游指标体系，在进行具体的统计分析时，当已知指标体系中若干指标的数值即可计算某个未知指标的数值。例如，上例中，已知职工创造的价值和职工人数指标数值，就能计算出劳动生产率的指标数值。

（二）旅游统计指标体系

为了全面地反映旅游经济现象的情况，正确地说明问题，就需要运用众多的旅游统计指标加以反映。旅游经济是相互联系、相互制约的诸种旅游经济现象相结合的有机整体。全面反映旅游经济现象的众多的统计指标形成一个有机的体系，叫做旅游统计指标体系。旅游统计就是运用这一套完整的科学的旅游统计指标体系，调查、整理和分析研究旅游经济现象中统计总体的数量特征及其相互关系的。

例如，对职工工资水平的变化情况，需要从以下四个方面进行具体分析：（1）工资总额在不同时期的增减速度；（2）每位职工的平均工资的变化；（3）物价指数的影响；（4）家庭负担人数的变化情况。又如，分析旅游企业的亏损和盈利情况，不仅要采用亏损面和亏损额这两个指标，还必须联系旅游企业的生产经营规模和产出规模（主要是销售收入和利税总额），要研究亏损企业亏损额相当于销售收入和利润总额比重这两个指标的变化，这样综合地、历史地分析情况，才能得到全面、正确的认识。

旅游统计指标体系的组成，取决于旅游产品生产过程的特点。它具体由下列几部分组成：

1. 旅游产品实物量统计，即旅游人数统计。它包括：旅游人数指标、旅游

人数的构成统计指标、旅游人数变动统计指标以及旅游者平均旅游天数和旅游者安全统计指标等；旅游产品价值量统计，就是旅游企业的旅游收入统计。旅游收入统计包括旅游收入与构成统计、旅游价格统计与旅游收入变动统计等指标。

2. 旅游资源及其利用情况统计包括：旅游对象物资源量、构成及其利用情况统计指标，旅游饭店、旅游餐厅的数量、构成及其利用情况统计指标，旅游车辆的数量、构成、利用情况以及车辆的维修和耗油统计指标等。

3. 旅游劳动统计指标包括：旅游部门职工人数统计指标，包括职工人数、构成、变动统计指标，旅游职工出勤情况指标，服务质量指标与劳动效益指标；旅游部门职工工资与劳保福利统计指标，包括职工工资总额、平均工资、工资效益、劳保福利费总额等及其他统计指标；旅游人才统计培训指标，包括旅游职工培训统计指标和旅游人才专门培训统计指标。

4. 旅游财务统计是从资金运动过程来对旅游企业的生产经营情况进行统计研究。它包括旅游企业固定资金统计、流动资金统计、成本与利润统计和经济效益统计等指标。

需要注意的是，旅游统计指标体系在一定时期内具有相对的稳定性，随着社会生产和国民经济的发展，旅游统计指标体系应作相应的改变和调整。

练习题

一、思考题

1. 统计学产生与发展过程中曾有哪几个重要的学派？它们的历史贡献是什么？
2. 什么是旅游统计学的研究对象？旅游统计工作包括哪些过程？如何理解旅游统计学的研究方法？
3. 旅游统计工作包括几个步骤？它们各是什么？
4. 什么是统计总体和总体单位？什么是标志和指标？什么是变异和变量？为什么说它们不是绝对的？试举例说明。
5. 什么是旅游统计指标体系？旅游统计指标体系包括哪些内容？

二、判析题

1. 统计学是研究现象总体数量方面的方法论科学，所以它不关心、也不考虑个别现象的数量特征。（　　）
2. 三个同学的成绩不同，因此存在三个变量。（　　）
3. 统计数字的具体性是统计学区别于数学的根本标志。（　　）
4. 统计标志体系是许多指标集合的总称。（　　）
5. 一般而言，指标总是依附在总体上，而总体单位则是标志的直接承担者。（　　）

6. 变量是指可变的数量标志。（ ）

7. 社会经济统计是在质与量的联系中，观察和研究社会经济现象的数量方面。（ ）

8. 运用大量观察法，必须对研究对象的所有单位进行调查。（ ）

9. 综合为统计指标的前提是总体的同质性。（ ）

10. 单位产品原材料消耗量是数量指标，其值大小与研究的范围大小有关。（ ）

11. 质量指标是反映总体质的特征，因此，可以用文字来表述。（ ）

12. 大量观察法、统计分组法和综合指标法分别用于统计调查阶段、统计整理阶段和统计分析阶段。（ ）

第二章　旅游统计调查与整理

第一节　旅游统计调查方案

一、旅游统计调查方案设计

为了使旅游统计调查按目的顺利进行，在组织调查之前，必须首先设计一个周密的调查方案。旅游统计调查方案包括以下六项基本内容。

（一）确定调查目的

调查目的，就是指为什么要进行调查，调查要解决什么问题。调查的目的决定了调查工作的内容、范围、方法和组织问题。例如，成都生态旅游调查问卷，目的是为成都市生态旅游发展提供一些建议或意见；《中部地区旅游发展规划》客源市场调查问卷，则是为中部地区旅游发展规划的制定提供依据，所以问题都集中在中部地区江西、安徽、河南、山西、湖北、湖南这六个省的旅游景点上；河南旅游服务质量调查问卷是为了进一步提高河南省旅游服务质量和服务水平，弘扬诚实守信的职业道德，树立行业良好形象，促进旅游业健康并快速有序的发展而全面开展的综合问卷调查活动，因此，问卷多围绕着在河南旅游期间对旅游服务的印象展开。总之，调查项目要根据调查目的列入计划。

（二）确定调查对象和调查单位

确定调查对象，就是需要对研究的旅游现象进行明确的总体界定，划清调查的范围。调查对象是由许多性质相同的调查单位所组成。确定调查对象，以防在调查工作中产生重复或遗漏。在旅游业中，经常会选择旅游者作为调查对象，因为只有了解了客源市场，旅游企业的营销工作、政府的规划设计才能作到有的放矢，例如成都生态旅游调查问卷、《中部地区旅游发展规划》客源市场调查问卷、河南旅游服务质量调查问卷调查的对象都是旅游者，只不过选择的样本不同。

确定调查对象是一个比较复杂的问题，在确定调查对象时，要把它和与它相近的一些现象划分清楚。例如，在成都市人员比较密集的地区调查成都生态旅游时，要区分开成都生态旅游的旅游者和成都市的居民；又如河南旅游服务质量调查时，不仅要明确旅游者的概念，还需区分依靠旅游服务的旅游者和完全自助的旅游者。这既是一个理论问题，又是一个实际问题。

（三）确定调查项目

在调查目的、调查对象、调查单位确定之后，必须确定具体的调查项目。旅游统计调查项目是指旅游统计工作中调查单位需要调查的具体内容。例如，成都生态旅游调查问卷根据以往调查的经验拟定了消费水平、酒店价位、出游目的、旅游信息渠道、影响旅游的因素、对基础设施和旅游纪念品的意见等16个调查项目。

旅游统计调查项目所要解决的问题是向被调查者调查什么，也就是被调查者回答什么问题。在具体拟定调查项目时须注意下列四个问题。

1. 旅游统计调查项目要少而精，只列入为实现调查目的所必需的项目。否则会造成调查工作的浪费。

2. 本着需要和可能的原则，只列入能够得到确定答案的项目。有些项目被调查者说不清楚或无法回答的，则不要列入。凡列入的调查项目，含义要具体明确，使人一看就懂，理解一致；有些项目根据需要可加注释，规定统一标准等。

3. 旅游统计调查项目之间尽可能保持联系，以便相互核对起到校验作用。在一次调查中，各个项目之间保持一定的联系；在两次或历次调查中项目之间尽可能地保持联系，使其具有可比性。

旅游统计调查项目一般是通过表格形式来反映的。所谓调查表，就是根据旅游统计调查目的所确定的具体调查项目制成的表格，一般分为一览表与单一表两种形式。一览表是把许多调查单位和相应的项目按次序登记在一张表格里的一种统计表；当调查项目不多时可用一览表，如旅行社基本情况登记表就是一种一览表。单一表是一张表格里只登记一个调查单位，如果项目多，一份表格可以由几张表组成，如职工登记卡片、满意度调查表等。

调查表有时采用调查问卷的形式，在现实生活中，多数情况下是通过运用调查问卷来获取第一手统计资料的，因此，有必要阐述设计统计调查问卷时一般应注意的一些问题。

1. 调查问卷的结构。一般来说，问卷的结构主要由封面信、指导语、问题、答案、编码等几个部分组成。

（1）封面信。即一封给被调查者的短信。它应该简明扼要地向被调查者说明该项调查的内容、调查的目的和意义、调查者的身份，并为被调查者保密，在信的结尾处一定要真诚地感谢被调查者的合作和帮助等。下面是一份《旅游客源市场抽样调查问卷》的封面信：

尊敬的女士、先生:

为了全面掌握全市接待国内外游客（包括过夜旅游者和一日游游客）到本市旅游的目的，综合分析我市旅游的发展状况，不断提高我市的旅游接待水平，使您得到质价相符的服务，请您协助我们填写这张调查表，在符合您情况的项目内填写或用"√"表示。

谢谢您的协助！

××市旅游局

如果是访问问卷，在问卷的封面信的下方还应印上有关其他内容。例如：

调查时间＿＿＿年＿＿＿月＿＿＿日 问卷编号＿＿＿＿＿＿

调查员姓名＿＿＿＿＿＿＿＿

被访者合作情况＿＿＿＿＿＿＿＿

核查员姓名＿＿＿＿＿＿＿＿

（2）指导语。指导语是对问卷填写方法的说明，即用来指导被调查者填写问卷的说明。它一般在封面信之后，标有"填表说明"的标题，其内容应对填表的方法、要求、注意事项等作一个简明介绍。

（3）问题及答案。问题和答案是问卷的主体。问题分为特征问题、行为问题和态度问题三类。特征问题用以测量被调查者的基本情况，行为问题测量的是调查者过去发生的或正在进行的某些行为和事件。特征问题与行为问题统称为事实问题，它们是有关被调查者的客观事实；态度问题用以测量被调查者对某一事物的看法、认识、意愿等主观因素，态度问题是揭示某现象产生的直接原因和历史原因的关键一环。一个问卷中不一定必须同时具备三种类型的问题。从形式上看，问题可分为限定回答式和非限定回答式。

（4）编码。编码是指用计算功能识别的数码，对问题和答案进行转换，这样才能用计算机进行统计处理和分析。编码工作既可以在调查进行前设计问卷时进行，称为预编码，也可以在调查之后收回问卷时进行，称为后编码。编码一般应放在问卷每一页的最右边。

2. 提问问题的格式。提问的问题有非限定式问题和限定式问题两种。非限定式问题由于不需要列出答案，所以其格式很简单。在设计时，只需要提出问题，然后在该问题下留出一定的空白即可。限定式问题的格式则不同，它需要列出问题和答案两部分。在设计中，其主要格式有下面几种。

（1）填空式。即在问题后面画一条横线，让回答者填写。它一般适合于回答者容易填写的问题，常常只需要填写数字。例如：

① 您的年龄：＿＿＿＿＿＿＿

② 请问您家有几口人？＿＿＿＿＿＿＿

（2）二项式或是否式。即问题可供选择的答案只有两个，被调查者只能填其中一个答案。例如：

①男　　　　　　　　②女

（3）多项式。即问题可供选择的答案在两个以上，根据问卷的要求，被访者或只能选填其中一个，或可以选填其中几个答案。例如：

您的职业：

① 政府工作人员　　② 企业管理人员　　③ 个体职业者

④ 服务人员　　　　⑤ 工人　　　　　　⑥ 教师

⑦ 农民　　　　　　⑧ 学生　　　　　　⑨ 军人

⑩ 其他

（4）矩阵式。即把两个或两个以上的问题集中起来，用一个矩阵来表示。如表 2-1 所示。

表 2-1　矩阵式格式一

	满意	无所谓	不满意
您对本市的旅游景点			
您对本市的交通状况			
您对本市的环境绿化			

（5）直线式。主观态度方面的问题常常不容易一格一格地挑选，态度的两端构成是一个连续体。对于这种问题可以用直线式，让被访者在直线的任何一点上作出回答。如图 2-1 所示。

喜欢　　————————————————————　不喜欢

忧愁　　————————————————————　快乐

图 2-1　态度连续体图

（6）序列式。有些问题是需要被调查者对所给出的全部答案作出反应，并区分出重要程度。对于这类问题，可采用序列式。序列式有许多不同的格式，包括单选式和多选式两种。

例如：您获取旅游信息的主要来源和渠道（可多选）：

① 朋友介绍　　　　②电台、电视　　　③ 书刊、杂志、报纸

④ 旅游中介组织　　⑤ 互联网　　　　　⑥ 其他

3. 问卷设计应注意的问题

（1）问卷的开场白。问卷的开场白，必须慎重对待，要以亲切的口吻询问，措辞应精心设计，做到言简意明，亲切诚恳，使被查者自愿与之合作，认真填好

问卷。

(2) 问题的字眼（语言）。由于不同的字眼会对被调查者产生不同的影响，因此往往看起来差不多相同的问题，会因所用字眼不同，而使应答者产生不同的反应，作出不同的回答。故问题所用的字眼必须小心，以免影响答案的准确性。一般来说，在设计问题时应留意以下两个原则：

一是避免一般性问题。如问题的本来目的是在求取某种特定资料，但由于问题过于一般化，使应答者所提供的答案资料无多大意义。

例如：某酒店想了解旅客对该酒店房租与服务是否满意，因而作以下询问：
你对本酒店是否感到满意？

这样的问题，显然不够具体。由于所需资料牵涉到房租与服务两个问题，故应分别询问，以免混乱，如：

你对本酒店的房租是否满意？
你对本酒店的送餐是否满意？

二是问卷的语言要口语化，符合人们交谈的习惯，避免书面化和文人腔调。

(3) 问题的选择及顺序。通常问卷的头几个问题可采用开放式问题，旨在使应答者多多讲话，多发表意见，使应答者感到十分自在，不受拘束，能充分发挥自己的见解。当应答者话题多，其与调查者之间的陌生距离自然缩短。不过要留意，最初安排的开放式问题必须较易回答，避免高敏感性、困窘性问题。否则一开始就被拒绝回答的话，以后问题就难以继续了。因此问题应是容易回答且具有趣味性，旨在提高应答者的兴趣。核心问题往往置于问卷中间部分；分类性问题，例如收入、职业、年龄通常置于问卷之末。

问卷问题在排列时需注意其内在逻辑性。在安排上应先易后难，从一个能引起被调查者兴趣的问题开始，再问一般性的问题、需要思考的问题，而将敏感性问题放在最后。这样可以使被调查者能在前面答题的基础上，更好地理解难一些的题意，从而节省时间，保证调查质量。问卷中问题的顺序一般按下列规则排列：

①容易回答的问题放前面，较难回答的问题放稍后，困窘性问题放后面，个人资料的事实性问题放卷尾。

②封闭式问题放前面，自由式问题放后面。

③要注意问题的逻辑顺序，按时间顺序、类别顺序等合理排列。

④调查问卷必须方便数据统计分析，其结果能回答调查者所想了解的问题。

(4) 在印刷正式调查问卷时，应注意纸张及装订质量，保证调查问卷的整洁、庄重，让被调查者感觉到调查活动的正式、严肃。在展开大型调查活动前，最好预先在小范围内进行测试。其目的主要是为了发现问卷中存在歧义、解释不明确的地方，寻找封闭式问题额外选项，以及了解被调查者对调查问卷的反应情况，从而对调查问卷修改完善，以保证问卷调查活动的目的顺利实现。

（四）确定调查时间和调查期限

调查时间是指调查资料所属的时点或时期。从资料的性质来看，有的资料反映现象在某一时点上的状态，统计调查必须规定统一的时点。对普查来说，这一时点为标准时间，如我国第五次人口普查的标准时间定为2000年11月1日零时。有的资料反映现象在一段时期内发展过程的结果，统计调查则要明确资料所属时期的起讫（一月、一季、一年），所登记的资料指该时期第一天到最后一天的累计数字。例如，旅游局对旅游企业产量、产值、销售量、工资总额、利润税金等财务指标的普查，皆为每一年1月1日到12月31日的全年数字。

调查期限是指调查工作进行的起讫时间（从开始到结束的时间），包括搜集资料和报送资料的整个工作所需的时间。为了保证资料的及时性，必须尽可能缩短调查期限。

（五）制定旅游统计调查工作的组织实施计划

为了保证整个旅游统计调查工作的顺利进行，在旅游统计调查方案中还应该有一个周密的组织实施计划。其主要内容应该包括：旅游统计调查工作的领导机构设置，统计调查人员的组织，旅游调查资料表报送办法，旅游统计调查前的准备工作，包括宣传教育、干部培训、调查文件准备、调查经费的预算和开支办法、旅游统计调查方案的传达布置、试点及其他工作等。

值得注意的是，调查人员的素质往往直接影响到调查的质量，因此，在组织大型调查之前必须组织必要的专门训练，落实经费的来源，制定切实可行的调查经费计划。整个统计调查方案的内容，即是对旅游统计调查的设计。这个方案不仅限于调查阶段的问题，也包括旅游统计整理阶段汇总内容方面的问题。因此，应该把它看成是特定统计过程的总体方案。由于我们的认识总有局限性，所以制定的调查方案是否符合实际，必须接受调查实践的检验。

旅游统计工作的调查方案设计要严格按照国家有关规定，不仅要具有可行性还要保证规范性。国家旅游局《旅游统计管理办法》第十一条明确规定，按规定程序批准的统计调查方案，必须在调查表的右上角标明表号、制表机关、批准或者备案机关、批准文号。对未标明上述字样的调查表，有关统计调查对象有权拒绝填报，各级旅游行政管理部门有权废止。

（六）选择旅游统计调查方法

旅游统计调查方法是指搜集调查对象原始资料的方法。即调查者向被调查者搜集答案的方法。主要的方法有直接观察法、报告法、采访法和网上调查法等。

1. 直接观察法是调查人员到现场对被调查对象进行直接点数和计量。例如，在机场、车站、码头等交通点上直接查点到达的旅客人数，在游览点上直接清点游览高峰时容纳的游客人数等。此法的优点是能够保证所搜集的调查资料的准确性，也有利于开展统计分析，但所需要花费的人力、物力和时间较大，而且无法用于对历史统计资料的搜集。

2. 报告法就是报告单位利用原始记录和核算资料作基础，向有关单位提供统计资料。我国现行的旅游统计报表制度就是采用报告法搜集资料逐级上报的。通过报告法所取得的资料虽然可靠性较高，但它的实施范围受到客观条件的限制。而且，有些旅游统计资料，也不需要或不可能采用报告法来取得。

3. 采访法又可分为询问法、被调查者自填法和通讯法。询问法是按照调查项目的要求向被调查者询问，将询问结果记入表内。例如，在交通运输工具上或在住宿点旅客有空闲时，适于作口头询问。被调查者自填法更应考虑在合适的场合使用，若在游览点上要求游客停下来花时间填写调查表，那是不受欢迎的。一般来说，选用旅客在旅馆办理离店结账手续的时间，把简单的调查表分发给他们请其当场填写，并不被认为是额外占用他们的时间。因此，一般旅客都不拒绝填写，调查表的回收率较高。通讯法一般是由统计工作机构将调查表格邮寄给调查者，然后被调查者将填答好的调查表寄回。实践证明，若调查表改用邮寄的办法取回，其回收率要大大降低。

4. 网上调查法是利用现代信息网络来收集统计资料的方法。它通过网络向被调查单位和个人的网站发出调查提纲、表格或问卷，被调查者将在他们方便时亦通过网络向调查者发送信息。与传统调查方式相比，网上调查有其独特的优点：（1）需要的经费较少；（2）能在较大范围内进行调查；（3）传播快速且具有多媒体性；（4）调查结果客观性较高；（5）信息质量易检验和控制。这种调查方法符合市场经济追求经济效益的原则。

第二节　旅游统计调查的种类

旅游统计调查的种类，是指组织旅游统计调查，搜集旅游信息资料的方式方法，可从不同的角度作不同的分类。

一、旅游统计调查的分类方法

（一）按照调查对象包括的范围分类

旅游统计调查按照调查对象所包括范围的不同，可分为全面调查和非全面调查。全面调查是对构成调查对象总体的所有单位一一进行调查。例如，青岛市旅行社和星级饭店基本情况普查要调查在青岛市登记的全部旅行社和星级饭店的状况，旅行社定期报表要求全市每个旅行社定期向旅游局上报，等等。全面调查能够掌握比较全面的、完整的统计资料，了解总体单位的全貌，但它需要花费较多的人力、物力和财力，操作比较困难。

非全面调查是取被研究对象中的一部分单位进行调查。例如，河南旅游服务质量调查，我们就抽查去河南旅游的其中一部分旅游者，比较细致地进行调查。重点调查、抽样调查、典型调查及非全面统计报表等均属于非全面调查。非全面调查的调查单位少，可以用较少的时间和人力，调查较多的内容，并能推算和说明全面情况，收到事半功倍之效。其缺点是掌握的材料不够齐全。

（二）按旅游统计调查的组织形式分类

旅游统计调查的组织形式是指采取什么方式组织调查以取得旅游统计资料，我国统计调查的组织形式一般分为统计报表制度和专门调查。

专门调查是为了一定目的或研究某些专门问题所组织的一种调查方式，也称专项调查。旅游专项统计调查需经有关部门审查、协调，颁授统一表号后方可制发。旅游专项统计分别由各专业职能机构实施。旅游专项统计调查主要包括：旅游度假区统计、劳动工资统计、旅游教育统计、旅游质监投诉统计和旅游区（点）接待经营统计，以及根据旅游业发展的需要进行的其他旅游专项统计。专项调查有普查、重点调查、典型调查、抽样调查等。

旅游统计报表制度在本节后面部分详细介绍。

随着社会主义市场经济体制的建立，新的统计调查方法的目标模式为：建立以必要的周期性普查为基础，以经常性的抽样调查为主体，同时辅之以统计报表、重点调查、科学推算等多种方法综合运用的统计调查方法体系。

（三）按登记事物的连续性分类

旅游统计调查按登记事物的连续性不同，分为经常调查和一时调查。

经常调查是指随着调查对象的变化，连续不断地进行调查登记，以了解事物在一定时期内发生、发展的全部过程。旅游统计报表制度就是一种经常调查。例如，入境旅游者人数指标就是某一时期数量连续登记观察的结果。

一时调查是指隔一段较长的时间对事物的变化进行一次调查，用以了解事物在一定时点上的状态。普查、重点调查、典型调查一般是一时调查。例如，旅行社数目及其职工人数，可以间隔较长的一段时间进行一次普查。

以上是从不同角度对旅游统计调查方式方法的分类，在实际工作中，各种分类方法不是互相排斥的，而是相互交叉使用的。现列表说明各种调查的特点，如表2-2所示。

表 2-2　各类旅游统计调查的特点

	调查范围	调查时间	组织形式
统计报表	全面或非全面	经常	报表制度
普查	全面	一时	专门调查
抽样调查	非全面	经常或一时	专门调查
重点调查	非全面	经常或一时	报表或专门
典型调查	非全面	一时	专门调查

二、几种重要的旅游统计调查方法

下面按照旅游调查的组织形式划分，详细介绍旅游统计报表制度和普查、重点调查、典型调查、抽样调查。

（一）旅游统计报表制度

旅游统计报表是我国定期搜集旅游基本统计资料的一种重要的组织形式。旅游统计报表制度是按照国家或上级部门统一规定的表式、统一的指标项目和指标、统一的报送程序和报送时间，自下而上逐级提供旅游基本统计资料的一种调查方式。

旅游统计报表的主要特点是：首先，旅游统计报表的资料来源是建立在基层单位的各种原始记录的基础上，并且旅游统计表填报单位都要按照规定的表式和填报期限填写，从而保证了资料的一致性和及时性；其次，由于旅游统计报表是逐级上报和汇总的，各级领导部门能获得管辖范围内的报表资料，了解本地区、本部门的经济和社会发展情况；再次，由于各填报单位对报表中各项指标的解释和计算方法是一致的，所以便于对资料进行汇总。最后，由于旅游统计报表属于经常性调查，调查项目相对稳定，报表实施具有长期性和连续性，有利于保证完整的资料积累，并且可进行动态比较和系统分析。

旅游统计报表的主要种类有：

1. 国际旅游统计报表和国内旅游统计报表。这是按旅游统计报表填报的单位和统计范围不同划分的。国际旅游统计报表是指接待来华旅游者的旅游部门和单位填报的统计报表。我国接待来华旅游者的部门主要是：各省、自治区、直辖市旅游局，国际旅行社、中国旅行社、青年旅行社及其所属单位和中央部委所属的一类旅行社。国际旅游报表主要是由上述旅游局和旅行社填报的。国际旅游报表主要反映我国国际旅游事业发展情况。国内旅游报表是指组织接待国内旅游者的部门和单位填报的统计报表。我国接待国内旅游者的部门和单位是：全国各城市经各级人民政府的旅游主管部门同意，由工商行政管理部门批准注册并领取营业执照，经营国内旅游的旅行社、旅游服务公司。国内旅游报表是上述经营国内旅游的旅行社和旅游服务公司填报的，国内旅游报表主要反映我国国内旅游事业的发展情况。

2. 全面统计报表和非全面统计报表。旅游统计报表按调查范围不同可分为全面统计报表和非全面统计报表。全面统计报表要求调查对象中的每个单位都填报；非全面统计报表，只要求调查对象中的一部分单位填报。非全面调查填报的报表属于非全面统计报表。

3. 定期报表和年报。旅游统计报表按照报送周期长短的不同，可分为月报、季报和年报等。除年报外，其他报表都称为定期报表。旅游定期报表制度是按照统一规定的时间、内容、计算方法和程序，由旅游企事业单位报送相关的旅游行政管理部门，旅游行政管理部门自下而上逐级提供统计资料的一种全面统计调查。各种报表报送周期的长短和指标项目的详略有一定的关系。通常是报表报送的周期愈短，报送的指标项目则宜简宜粗；反之，则指标项目就宜多宜细。年报反映了全年旅游事业发展状况，所以年报是编制旅游发展计划的主要依据。国际旅游统计年报是分析来华旅游者的构成，是我国旅游设施建设以及旅行社的经营管理情况的主要依据。所以，年报具有指标多、分组细、统计范围广等特点。定期报表反映了年内某一时期旅游工作状况，它是各级旅游管理部门进行日常管理的主要依据，便于及时掌握趋势，了解动向。

4. 基层报表和综合报表。旅游统计报表按填报单位不同，可分为基层报表和综合报表。基层报表是指独立核算的旅游企业根据原始记录，汇总整理向国家统计部门和上级主管部门提交的报表。编报基层报表的单位称为基层填报单位。例如，旅行社所属的各饭店向旅行社提交的报表。综合报表是指国家旅游局，省、自治区、直辖市旅游局、国旅、中旅、青旅总社和中央部委所属的一类旅行社提交的报表。综合报表是由国家各级统计部门和旅游主管部门根据基层报表汇总整理、编报的统计报表，其反映一个地区、一个部门或全国的基本情况。编报综合报表的单位则称为综合填报单位。

5. 基本统计报表和专业统计报表

这是按旅游统计报表的作用不同划分的。由国家统计局以及各级人民政府统计部门制发的统计报表是基本统计报表。由各级旅游部门为满足旅游管理需要而制发的业务报表是专业统计报表。基本统计报表反映了旅游事业发展的基本情况，为编制、检查和分析旅游计划完成情况提供依据。专业统计报表是为旅游业务管理而制发的，专业统计报表是基本统计报表的必要补充。

一般来说，旅游统计报表制度和其他统计报表制度一样，主要包括三部分内容。

（1）报表目录

报表目录是统计报表的一览表。它主要说明各种统计报表的表号、表名、报告期别、报送单位、统计范围、报送时间等。报表目录的作用，在于报送单位可以明确本单位在什么时间报送哪些报表。表 2-3 是深圳市旅游局制定的旅游统计报表目录示例。

表 2-3 深圳市旅游局旅游统计报表目录

表号	表名	期别	表别	报送单位	统计范围	报送日期
基层统计报表 SD-FLY001 表	旅游单位基本情况表	年报	全面调查	所有旅游企事业单位和旅游行政管理部门	辖区内所有旅游企事业单位和旅游行政管理部门	年后 3 日前
SD-FLY002 表	旅行社外联、接待情况基层月报表	月报	全面调查	国际旅行社、国内旅行社	辖区内所有旅行社	月（年）后 5 日前

（2）表式

表式主要说明各种统计报表的具体格式，包括表中要求填报的指标和表末应填报的各项"补充资料"。由于旅游调查者有不同的要求、目的，为了全面收集和规范统计资料，必须规定统一的表式，便于进行汇总和分析。

（3）填表说明

填表说明是指填报报表时应遵守的各种事项。具体包括统计范围、指标解释和有关注意事项。

（二）普查

普查是专门组织的一次性的全面调查。它有两个主要特点：第一，普查是一次性调查，其主要用来调查属于一定时点上的旅游经济现象的总量；第二，普查是专门组织的全面调查，其主要用来全面、系统地掌握旅游经济现象的统计资料。

普查的主要作用在于它能搜集到那些不宜用经常调查来搜集的全面、准确的统计资料。有利于旅游各部门之间相互配合，共同协作。利用普查资料，可以深入地反映和研究旅游经济、旅游文化等现象的发展状况，并为各级旅游机关制定方针、政策提供必要的统计资料，为经常性旅游统计报表和开展旅游统计抽样调查打下较好的基础，为国家旅游局进行宏观决策、制定长远旅游规划提供可靠的依据。

普查的具体方式有两种：一种是从上至下组织专门的普查机构和队伍对调查单位直接进行登记；另一种是利用调查单位的原始记录与核算资料，或者结合清仓盘点，颁发一系列调查表，由调查单位自行填报。

与其他统计调查方式相比,普查搜集资料的方法比较多样:(1)可以颁发调查表或普查表,由各被调查单位自行填报,如旅游局对旅行社的定期普查多采取这种报告法;(2)可用直接观察,即由调查人员对所有被调查单位进行计量和观察,如对某景区旅游者数目的调查可以采用数门票的方法;(3)可以派员询问,即由调查人员对被调查者采访以搜集资料,如社区调查法。

组织普查必须遵守以下四项原则:

1. 必须统一规定调查资料所属的标准时点,使所有普查资料都反映这一时点上的状况,避免重复和遗漏。例如,旅游者是流动的,没有一个统一的标准时点,一个地区的旅游者到了其他地区会重复计算。

2. 正确选择普查时期。普查的时期就是普查登记在什么时期进行。普查的标准时间是在普查时期选择的基础上才能确定的。普查时期应根据国家的需要选择在被调查现象变动最小的时期或是普查工作最方便的时期。

3. 在普查范围内各调查单位或调查点尽可能同时进行调查,并尽可能在最短期限内完成,以便在方法上、步调上协调一致。如果时间拉得过长,就会影响调查资料的准确性和时效性。

4. 调查项目一经确定,不能任意改变或增减,以免影响汇总综合,降低资料质量。同类普查的内容在各次普查中要尽可能保持一致,以便将历次普查资料进行对比。例如,中国旅游统计资料一经发布,没有意外不能改变,而且统计口径要保持一致。

普查工作复杂细致,一般是采取逐级布置任务、逐级汇总资料的方法,这需要花费较长时间。当调查任务紧迫,一般的普查办法不能完成这种紧迫任务时,可以采用快速普查的办法。快速普查的特点是:从布置普查任务到上报普查资料,都由组织普查工作的最高领导机关(如国家统计局)直接与各基层单位取得联系,越过一切中间环节。快速普查一般内容比较简单,突出一个"快"字,因此,组织快速普查需要遵循两条原则,即少而精原则和超越性原则。

此外,进行普查前应先试点,取得经验,交流推广;普查结束后,要用其他调查方式(比如抽样调查)对普查资料进行检查和修正,以保证普查资料的质量。

(三)抽样调查

抽样调查也是一种非全面调查,它是在全部调查单位中按照随机原则抽取一部分单位进行调查,根据调查的结果推断总体的一种调查方法。例如,我们要调查来青岛旅游者对青岛市旅游服务质量的满意度,就要从来青岛的旅游者中随机抽取若干人进行调查,看他们的满意度,然后以此推断全部旅游者的满意度。

抽样调查与其他非全面调查比较,具有两个基本特征:第一是按照随机的原则抽选单位,排除个人主观意图的影响;第二是对一小部分单位作深入细致的调查研究，取得数据，并据此从数量上推算总体。

在旅游经济现象中，有很多现象是无法进行全面调查的，故须采用抽样方法调查；即使对可以用全面调查方式的现象来说，有时用抽样调查方式更加节约并能提高效率。现在世界上许多国家，无论自然科学试验或社会科学搜集资料，都广泛采用抽样调查方法。改革开放以来，我国进行了一系列的统计调查方法改革，要求在统计的各个领域广泛推广、运用抽样调查，并不断地提高它在统计调查方法体系中所占的比重，逐步取代传统的逐级上报、层层汇总、无所不包的全面统计报表，确立它在统计调查中的主体地位。

国家旅游局《旅游统计管理办法》第十三条明确规定："旅游抽样调查主要包括对来华旅游的外国人、回国旅游的华侨、回内地旅游的港澳同胞、回祖国大陆旅游的台湾同胞在中国大陆消费情况及其一日游游客所占比重的抽样调查，大陆居民在国内及出境旅游情况的抽样调查，以及根据旅游业发展的需要组织实施的其他抽样调查。"

（四）重点调查

重点调查是在调查对象范围内选择部分重点调查单位搜集统计资料的非全面调查。所谓重点单位，是指这些单位在全部总体中虽然数目不多，所占比重不大，但就调查的标志值来说却在总量中占很大的比重。通过对这部分重点单位的调查，可以从数量上说明整个总体在该标志总量方面的基本情况。例如，选择中国国际旅行社、港中旅和中青旅等重点旅游企业进行调查，能及时地了解到青岛市旅行社的基本情况，因为这些旅行社的年接待游客数量占青岛市全部年接待游客数量的绝大比重，可以满足调查任务需要的资料。

重点调查的优点在于调查单位少，可以调查较多的项目和指标，了解较详细的情况，取得资料也及时，即用较少的人力和时间，取得较好的效果。当调查任务只要求掌握总体的基本情况，而且总体中确实存在重点单位时，采用重点调查是比较适宜的。但必须指出，由于重点单位与一般单位的差别较大，通常不能由重点调查的结果来推算整个调查总体的指标。

组织重点调查的关键问题是确定重点单位。

1. 重点单位选多少，要根据调查任务确定。一般来说，选出的单位应尽可能少些，而其标志值在总体中所占的比重应尽可能大些，被确定的每一个重点单位的标志值一般应大于未能被选中的总体单位的标志值。其基本标准是所选出的重点单位的标志值必须能够反映研究总体的基本情况。比如前例，中国国际旅行社、港中旅和中青旅等几个旅行社在青岛全部旅行社中只是少数，但它们的年接待量却占绝大比重，对这些企业进行调查，就可以比全面调查省时省力，又能反映全部现象的基本情况。

2. 选择重点单位时，要注意重点因时因事可以变动的情况，要看到：一个单位在某一问题上是重点，而在另一问题上不一定是重点；在某一调查总体上是重点，在另一调查总体中不一定是重点；在这个时期是重点，在另一个时期不一定是重点。因此，对不同问题的重点调查，或同一问题不同时期的重点调查，要随着情况的变化而随时调整重点单位。

3. 选中的单位应是管理健全、统计基础工作较好的单位。管理比较健全、统计力量比较充实的单位才能准确、及时地取得旅游统计资料。

（五）典型调查

典型调查就是在调查对象中有意识地选取若干具有典型意义的或有代表性的单位进行非全面调查。它是根据旅游统计调查的目的和要求，在全面分析研究旅游对象的基础上，选择少数具有代表性、具有示范作用的单位进行深入细致调查的一种旅游统计调查方法，借以揭示所研究旅游对象的特征和发展变化规律。

其主要特点是：第一，调查单位少，能深入实际，搜集详细的第一手数字资料；第二，由于典型单位是有意识选出的，对其进行调查，就能取得代表性较高的资料，因此挑选之前要对调查对象中所有单位进行全面分析和比较；第三，典型调查机动灵活，可节省人力和物力，提高调查的时效性。

典型调查大体上可分为两种：一种是对个别典型单位进行调查和研究，在这种调查中只要选出几个典型单位就可以了，其目的主要在于通过典型单位来说明事物的一般情况或事物发展的一般规律性；另一种典型调查是从总体中选择一部分典型单位，这部分单位形成一个总体，通过对这个总体的观察，可以从数量上推断总体。由于旅游现象的复杂性和要求推断结果尽可能地准确一些，因此这种典型调查一般采取划类选典的方法。

典型调查的中心问题在于如何正确地选择典型单位，保证被选中的单位具有充分代表性。根据调查研究目的的不同，选择典型单位的方法也不同。

如果是为了近似地估算总体的数值，可以在了解总体大略情况的基础上，把总体分成若干类型，从每一类型中按它在总体中所占比例的大小，选出若干典型单位进行调查。如果为了了解总体的一般数量表现，则可以选中等的典型单位作为调查单位。如果为了研究成功的经验和失败的教训，则可以选出先进的典型单位和后进的典型单位，或选择上、中、下各类典型单位进行调查、比较。

典型可以是单个的，也可以是整群的，或者先调查整群，再从整群中选出若干个体进行更加深入细致的调查。典型可以是临时选择的，也可以是比较固定的，以便进行连续调查，取得系统的调查资料，研究事物发展变化的趋势。

总之，选择典型必须从全面着眼、分析。掌握调查对象的全面情况和平均水平，然后对比各个可供选择的调查单位的具体情况和具体水平，从中选择几个代表性较大的单位。

典型调查的具体方法通常有直接观察法、个别访问和开调查会。其中开调查会是最简单易行和比较可靠的方法。这种调查是讨论式的，即由调查者召集若干了解情况的人，按预定的调查提纲，提出问题展开讨论，把调查过程和研究过程结合起来，从中掌握第一手详细的材料，达到调查预期的效果。

综上所述，统计调查的方式多种多样，实际组织调查时到底采取什么方式方法，必须根据调查的具体任务和调查对象本身的特点而定，并随客观情况和工作条件的变化而适当选用。在许多情况下可以推行非全面调查，特别注意采用抽样调查。同时，也要注意各种调查方法的结合运用，把全面调查和非全面调查结合起来，或用非全面调查核实全面调查资料的质量。

比如，现在人口普查的一个显著特点是各国逐步采取全面调查与抽样调查相结合的方法。如美国，曾选择20%的人口调查出生地、文化教育程度、收入等；选择15%的人口调查父母出生地、童年语言、是否服兵役等；选择5%的人口调查行业、职业和来美时间。

第三节　旅游统计资料的分组

一、旅游统计资料整理的内容

在某一次旅游调查中，对调查来的旅游资料应该整理些什么内容，这要依据事先拟定的整理纲要要求的项目来确定。一般在制定调查表的同时就要事先拟定好综合表，以便按照预定的纲要对旅游统计资料进行系统的加工整理。整理纲要是否科学，对于旅游统计资料的整理乃至旅游统计分析的质量都具有重要意义。

整理纲要的内容包括一整套空白的综合表和编制说明。这种综合表就是根据统计研究任务的要求，密切联系调查表的内容而设计的表式。在编制说明中叙述整理资料的地区范围（省、市、县等）、程序、负责汇总的各级机关、主栏各组的含义、宾栏指标的计算方法等。由此可见，旅游统计整理阶段最主要的工作内容在调查工作开始之前就应该作好。旅游统计资料整理作为一个阶段来说，它所作的实际上多是一些具体工作。

综合表的基本内容包括两部分：一部分是分组，一部分是相应的统计指标。现举例说明综合表的格式，如表2-4所示。

表 2-4 旅游经济情况表

序号	项目	单位	7月份			1～7月份累计		
			本年本期数	上年同期数	增减幅度%	本年本期累计数	上年同期累计数	增减幅度%
	（甲）				（乙）			
一	旅游总人数	人次						
（一）	国内旅游人数	人次						
1	多日游人数	人次						
2	一日游人数	人次						
（二）	境外旅游人数	人次						
1	台湾同胞	人次						
2	港澳同胞	人次						
3	华侨	人次						
4	外国人	人次						
二	旅游总收入	万元						
（一）	国内旅游收入	万元						
（二）	旅游直接创汇	万元						

在表 2-4 中，甲栏就是分组，乙栏皆为统计指标。

旅游统计资料整理是根据综合表的要求进行的。一般来说，一张综合表的内容不宜太多，否则，工作和阅读都不方便，若内容多也可分若干张表。

统计整理阶段的工作内容大致可包括以下六个方面：（1）设计旅游统计整理方案，即对整个整理工作进行一个全盘而详细的考虑和安排；（2）对调查来的材料首先要进行审核，以确保汇总资料的正确和有效；（3）按照综合表的要求进行分组或分类；（4）对各单位的指标进行汇总和作必要的加工计算；（5）对汇总数据进行复核，在确定汇总数据正确无误后，将汇总整理的结果编制成统计表；（6）作好统计资料的系统积累工作。以上几方面中，重要的问题在于确定对总体进行分组和如何分组，即确定分组体系，力求分组方法科学，能反映现象的客观过程。此外，综合结果要正确，这取决于两方面：一方面是被综合的资料要完整、正确，并且在进行综合时不能粗心大意；另一方面要有实事求是的原则，对被综合的资料不允许任意篡改。

二、旅游统计资料分组的作用

旅游统计资料分组就是根据旅游统计研究的需要，将统计总体按照一定的标志区分为若干个组成部分的一种统计方法。其目的就是把同质总体中的具有不同性质的单位分开，把性质相同的单位合在一起，保持各组内旅游统计资料的一致性和组与组之间资料的差异性，以便进一步运用各种统计方法，研究旅游现象的数量表现和数量关系，从而正确地认识事物的本质及其规律性。例如，在旅游企业这一同质总体中，就存在着所有制不同的差别，存在着饭店和旅行社的差别和规模大小的差别等等，为了研究问题的需要，就必须对总体进行各种分组，以便从数量方面深入了解和研究总体的特征。统计分组的基本作用有以下三方面。

（一）划分旅游经济现象的类型

旅游经济现象存在着复杂多样的类型，各种不同的类型有着不同的特点以及不同的发展规律。在整理大量旅游统计资料时，有必要运用统计分组法将所研究的旅游现象总体划分为不同的类型组来进行研究。

例如，就一个旅游企业而言，企业要把握和占领旅游市场，首先要认识旅游市场。而认识旅游市场的重要方法之一就是对旅游市场进行各种不同的分组，如按旅游者收入水平分组等，从而可以使旅游企业知道如何根据旅游市场的需求和自己在旅游市场中的地位来确定经营方向和营销策略。旅游经济现象的类型各异，旅游业包括景点经营、旅行社和旅馆服务业、餐饮服务业、交通业、娱乐业和其他许许多多的经营行业；入境旅游包括外国人、华侨和港澳台同胞等，如表2-5所示。

表2-5 中国历年入境旅游人数统计

单位：人

类型	1998年	1999年	2000年
外国人	7107747	8432296	10160432
华侨	120704	108141	75487
港澳台同胞	56249950	64255157	73207962
合计	63478401	72795594	83443881

（二）揭示旅游现象内部结构和分布特征

旅游经济现象所包括的大量单位，不但在性质上不尽相同，而且在总体中所占比重也不一样。各组比重数大小不同，说明它们在总体中所处地位不同，对总体分布特征的影响也不同；其中比重数相对大的部分，决定着总体的性质或结构类型，也能够说明总体与部分的关系。例如，假设我国的入境旅游人数中，港澳台同胞所占比重一直在百分之八九十，则说明我国主要客源市场是港澳台同胞。可见，研究总体的结构十分重要。

将总体的结构分组资料按时间的移动联系起来进行分析，可以反映由于各组比重变化速度不同而引起各组地位改变的状况，从而认识现象发展变化的规律性。下面所举我国国内生产总值的结构变化资料，大致可以看出1978年以来我国国民经济的调整情况。如表2-6所示。

表2-6 我国国内生产总值构成

	1985年		1995年		2002年	
	绝对数（亿元）	比重（%）	绝对数（亿元）	比重（%）	绝对数（亿元）	比重（%）
第一产业	2542	28.4	11365	19.7	14883	14.5
第二产业	3867	43.1	28274	48.9	52982	51.8
第三产业	2556	28.5	18094	31.4	34533	33.7
合计	8964	100	57734	100	103398	100

（三）分析旅游现象之间的依存关系

旅游经济现象之间存在着广泛的相互联系和制约关系，但旅游现象之间发生联系的方向和程序各不相同。关系比较紧密的一种联系就是旅游现象之间的依存关系。研究旅游现象之间依存关系的统计方法很多，如相关与回归分析法、指数因素分析法、分组分析法等，其中统计分组分析法是最基本的方法，是进行其他分析法的基础。

利用统计分组法确定现象之间的依存关系，通常是把那些表现为事物变化发展原因的因素叫做影响因素，而把表现这事物发展结果的因素叫做结果因素。表2-7是我国入境旅游人数与国民收入之间依存关系的分组资料，它反映了我国的国民收入随着入境旅游人数的增加而提高，这称为正依存关系。

表2-7 我国入境旅游人数与国民收入之间的关系

年份	入境旅游人数（亿人）	国民收入（亿美元）
1985	2.40	80.00
1990	2.80	170.00
1991	3.00	200.00
1992	3.30	250.00
1993	4.10	864.00
1994	5.24	1023.51
1995	6.29	1375.70
1996	6.39	1638.38
1997	6.44	2112.70
1998	6.94	2391.18
1999	7.19	2831.92
2000	7.44	3175.54
2001	7.84	3522.36
2002	8.78	3878.40

在旅游经济现象中，比如，旅游外汇收入和旅游消费之间有一定的联系，一

般来讲，旅游外汇收入越高，旅游消费也越多。又比如，酒店规模与其经营效果也有一定的联系，酒店规模的扩大一般可增加酒店的营业额。这些现象之间的依存关系均表现为正依存关系。此外，例如在商品流转额、商品流转速度与流通费用水平之间也存在着一种依存关系，一般地说，商品流转额度愈大的商店，其流通费用水平也就愈低，这称为负依存关系。

职工家庭生活水平与家庭人口数之间的关系、人口的文化程度与生育率水平之间的关系等等，均表现为负依存关系。统计分组的上述三方面的作用是分别从类型分组、结构分组和分析分组角度来说明的，它们不是彼此孤立的，而是相辅相成、相互补充、配合运用的。

三、分组标志的选择

分组标志是统计分组的依据。正确选择分组标志，能使分组作用得以充分发挥，也是使统计研究获得正确结论的前提。正确选择分组标志，须考虑到以下三点。

（一）根据研究问题的目的来选择

统计研究的目的，决定了基本的分组标志。例如，对旅游企业进行研究，目的是了解旅游企业计划的完成情况，那就以旅游企业计划完成的程度作为分组标志；如果目的是要了解旅游企业内部结构，那就以部门作为分组标志；如果目的是了解旅游企业盈亏情况，那就以盈亏作为分组标志。

（二）要选择最能反映被研究旅游现象本质特征的标志作为分组标志

比如，在研究旅游企业的现状、发展和盈利情况时，像按所有制的分组、按等级的分类都是最基本的分组或分类。又比如，旅游企业规模划分时，新标准参照国际通行惯例，确定了以从业人员数、销售额和资产总额三项指标共同将企业归类。

（三）要结合现象所处的具体历史条件或经济条件来选择

旅游经济现象随着时间、地点、条件的变化而变化，历史条件不同，事物特征也会有变化。因此，随着历史条件的变化，分组标志也应作相应改变。例如，在创建旅游卫星账户时，美国在旅游产品上的分类比中国详细、具体得多，美国的旅游需求表是按产品类型划分和按旅游者类型划分的，数据由美国劳动统计局进行的消费者花费调查得来；而北京市数据是根据2001年北京市国内旅游抽样调查结果而得来的。两国旅游经济发展水平和统计水平的不同决定了旅游卫星账户建立的水平和详细程度的不同。

由于总体单位的标志有品质标志和数量标志两种，因此，分组标志也有品质标志和数量标志两种。

品质标志一般不能用数量表示，它表明事物的质量属性。按品质标志进行分组，情况有不同，有的比较简单，比如，人口按性别分组；有的则比较复杂，复杂的品质分组称为分类，比如，人口按职业分组、旅游业按部门进行分组等。在统计实践中应用的分类是很多的，为了便于统计的名称、范围和计量单位的统一，国家制定有统一的分类目录，例如，"旅游产品目录"、"旅游部门分类目录"等，各地区、各部门进行统计资料整理时，必须遵照执行。

数量标志一般是用数量表示的，比如产品数量、固定资产数量、流动资金、利润、成本等都是数量标志。按数量标志进行分组，可有两种情况：一种情况是变量数值不多，变动范围不大，即总体单位的不同标志值较少，这时可作成单项式分组；另一种情况是变量数值较多，变动范围较大，即总体单位的不同标志值较多，则应作组距式分组。这两种分组将在下面的"变量数列"中详述。

四、简单分组、复合分组和分组体系

统计在进行分组时，由于采用的分组标志的多少不同，可以分为简单分组和复合分组。简单分组又称单一分组，就是对被研究现象总体只按一个标志进行的分组，如职工性别分组、职工年龄分组、旅游企业按所有制或按规模大小的分组等。简单分组的特点是：只能反映现象在某一标志特征方面的差异情况，而不能反映现象在其他标志特征方面的差异，说明的问题比较简单明了。

复合分组就是对同一总体选择两个或两个以上标志层叠起来进行的分组。比如，旅游企业按经营组织形式和规模大小同时进行分组；旅游企业职工按学历和性别同时进行分组。这样划分的结果就形成几层错综重叠的组别。复合分组的特点是：第一，对总体选择两个或两个以上标志进行层叠分组，可以从几个不同角度了解总体内部的差别和关系，因而比简单分组能更全面、更深入地研究问题；第二，复合分组的组数随着分组标志的增加而成倍地增加。因而在采用复合分组时，选择的分组标志的数量要适量，并且要考虑到只有在总体包括的单位数较多的情况下，才宜于采用复合分组。

无论是简单分组还是复合分组，都只能对旅游经济现象从一个方面或几个方面进行观察和分析研究，而旅游现象是复杂的，须从各个方面进行观察和分析研究，以获得对事物的全貌的认识，这通常要采用一系列相互联系、相互补充的标志对旅游现象进行多种分组，这些分组结合起来构成一个体系，在统计上叫做分组体系。例如，我们把旅游资源分为自然旅游资源、人文旅游资源和社会旅游资源三个组；而自然旅游资源又分为气候条件、风光地貌、动植物资源、天然疗养条件等；气候条件则包括气温、光照、空气、湿度等。这一系列的分组层层深入、相互联系、相互补充。

第四节 旅游统计资料的汇总

一、分配数列的概念和种类

在旅游统计资料分组的基础上,将总体的所有单位按组归类整理,并按一定顺序排列,形成总体中各个单位在各组间的分布,称为次数分配或分配数列。分布在各组的个体单位数叫次数,又称频数;各组次数与总次数之比叫比率,又称频率。

分配数列是旅游统计分组工作的一种重要形式,它可以反映总体的结构分布状况和分布特征,这对于旅游统计分析是很重要的。根据分组标志的不同,分配数列可分为两种:品质分配数列(简称品质数列)、变量分配数列(简称变量数列)。

按品质标志分组形成为品质数列。品质数列由各组名称和次数组成。各组次数可以用绝对数表示,即频数;也可以用相对数表示,即频率。如表2-8所示。

表2-8 某旅行社职工的性别构成情况

按性别分组	绝对数人数	比重(%)
女	30	75
男	10	25
合计	40	100

由表2-8可看出,这个旅行社的性别构成特点是,女职工占的比重大于男职工。对于品质数列来讲,如果分组标志选择得好,分组标准定得恰当,则事物质的差异表现得就比较明确。品质数列一般也较稳定,通常均能准确地反映总体的分布特征。

按数量标志分组形成为变量数列。上一节关于分组的种类中曾介绍过,按数量标志分组时,可分为单项式和组距式两种,因此,变量数列也分为单项数列和组距数列两种:(1)单项数列是总体按单项式分组而形成的变量数列,每个变量值是一个组,顺序排列,在组数不多和组值变动幅度不大时采用。如表2-9所示。(2)组距数列是总体按组距式分组而形成的变量数列,每个组是由若干个变量值形成的区间表示,在变量个数较多、变动幅度较大时采用。如表2-10所示。

表2-9 某酒店第二季度客房部服务员平均日打扫房间数

平均日打扫房间数（间）	服务员人数	
	绝对数	比重（%）
20	10	8.7
30	15	13.0
40	30	26.1
50	40	34.8
60	20	17.4
合计	115	100

表2-10 某酒店面包师完成生产定额情况表

面包师按完成生产定额分组（%）	面包师人数	
	绝对数	比重（%）
80～90	30	16.7
90～100	40	22.2
100～110	60	33.3
110～120	30	16.7
120～130	20	11.1
合计	180	100

由此可见，变量数列也是由各组名称（由变量值表示）和次数（或频率）组成。频率大小表明各组标志值对总体的相对作用程度，也可以表明各组标志值出现的概率大小。变量的具体数值即变量值通常用符号 x 表示；各组单位数即次数或频数（其相对形式即频率）通常用符号 f 表示。变量数列的编制、特别是其中组距数列的编制是比较复杂的，下面就组距数列的编制方法专门加以研究。

二、组距数列的编制

编制组距数列牵涉的问题较多，不仅取决于分组标志的选择，而且要看分组界限的确定是否合理。在编制过程中，要正确处理以下三个具体问题。

（一）组距和组数

在组距数列中是用变量变动的一定范围代表一个组，每个组的最大值为组的上限，最小值为组的下限。每个组上限和下限之间的距离称为组距。

编制组距数列必须要确定组距和组数。首先要找出全部变量的最大值和最小值的距离（即全距），以及大多数变量集中在什么范围内，然后才能据以考虑组距和组数的问题，务必使分组的结果尽可能反映出总体分布的特点。

组数的确定和组距有密切联系。组距大则组数少，组距小则组数就多，两者成反比例的变化。在具体确定组距时，应使组距能体现组内资料的同质性和组与组资料的差异性。

例如，某饭店40个工人每月计件工资所统计打扫房间的原始资料，分别如下：
89 88 76 99 74 60 82 60 89 86 93 99 94 82 77 79 97 78 95 92 87 84 79 65 98 67 59 72 84 85 56 81 77 73 65 66 83 63 79 70

若将上述资料，先按数值大小排列如下：
56 59 60 60 63 65 65 66 67 70 72 73 74 76 77 77 78 79 79 79 81 82 82 83 84 84 85 86 87 88 89 89 92 93 94 95 97 98 99 99

经初步加工，大致可看出资料的集中趋势。资料的最小值为56间，最大值为99间，则全距=99−56=43间，即数列中最大值与最小值之差。根据工作量的不同，在60间的数量界限的基础上分为五个等级，并将每组组距定为10个，编制如下组距数列，则基本上能准确反映工人工作量的分布特征。如表2-11所示。

表2-11　某饭店客服员工计件工资统计表

打扫房间数（间）	人数（人）	比重（%）
50～60	2	5.0
60～70	7	17.5
70～80	11	27.5
80～90	12	30.0
90～100	8	20.0
合计	40	100.0

本例按照研究对象本身的特点和研究的目的，按组距为10，定组数为5。按经验的看法，组数过多过少都不妥，一般情况下可分5～7组，组数尽可能取奇数，避免偶数。

（二）等距分组和异距分组

组距数列根据组距是否相等，分为等距数列和异距数列两种。等距数列中各组组距都是相等的，如表2-11所示；异距数列中每组的组距是不全相等的，如表2-12所示。

表2-12　中国2006年入境外国游客人数统计（按年龄分）

人口按年龄分组	人口数（人）
14岁以下	882873
15～24	1732421
25～44	10319866
45～64	8044594
65岁以上	1230512
合计	22210266

1. 等距数列。等距数列分组时，一般应依据总体内部情况的定性分析来确定组数，然后用全距除以组数，确定组距，并据以划分各组的界限。

设 R 为全距、K 为组数、I 为等组距，如上例，$R=43$，设 $K=5$，则 $I=R/K=43/5=8.6$。

为计算方便，I 宜取 5 或 10 的整数倍，故可令 $I=10$。

按表 2-11 资料可画成直方图，如图 2-2 所示。

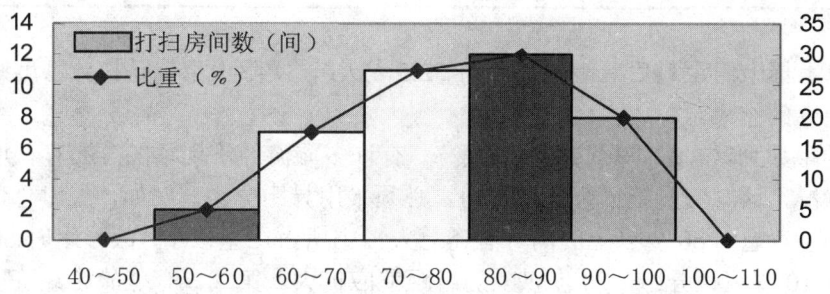

图 2-2　某饭店客服员工打扫房间数、次数分配曲线图

在直方图的基础上，连接各条形顶边的中点（即各组的中值点），再用直线连接形成一条曲线（折线），曲线两端应在直方图的左右两边各延伸一个假想组，并将次数曲线两端连接横轴两端假想组中点，就形成了次数分配曲线（折线）图，这种直方图的总面积恰等于曲线所覆盖的全部面积。

等距数列适用于标志变异比较均匀的现象，或者说，各组性质差异是由变量值均匀增加或减少而引起的。例如，工人计件工资 60 元以上者，每增加 10 元就进入高一级档次。人口按身长、体重的分组等，一般均采用等距数列。

2. 异距数列。异距数列各组次数的数值受组距的影响不同，在研究各组次数实际分布时，要消除组距不同的影响，这就要将不等组距的次数换算为标准组距次数。可以数列中最小组组距为标准组距，将不等组距次数换算为统一的标准组距次数，并依此绘制图形，或者是在原数列基础上先计算次数密度或频率密度，再根据次数密度或频率密度来绘制图形。其公式为：

$$次数密度 = \frac{各组次数}{各组组距}$$

$$频数密度 = \frac{各组频数}{各组组距}$$

以上两种方法实质上是一样的。现以某旅行社职工年龄分布情况为例，将这两种方法的换算结果列成表 2-13。

表 2-13　某饭店职工年龄分布情况

按年龄分组	组距	人数（人）	标准组距人数	次数密度
15～20	5	17	17	3.4
20～25	5	28	28	5.6
25～35	10	40	40	8
35～40	5	70	70	14
40～45	5	65	32.5	6.5
45～50	5	10	10	2
合计	——	230		——

以上标准组距最后两组的人数为 32.5 与 10，实际上也就是次数密度乘以最小组距 5 的结果。

异距数列常在以下场合运用：第一，有许多旅游经济现象的分布存在明显的偏斜状况，这时变量不适合等距分组，必须采用异距分组。例如，人口总体的年龄分布，考虑到 80 岁以上的高寿者在总人口中所占比重极小，故分组时 80 岁以下可按 10 岁组距分组，80 岁以上的组距就应扩大。第二，有些旅游经济现象的标志变异范围较大，其变量若按一定比例关系变化发展的话，可按等比间隔分组编制异距数列。

（三）组限和组中值

1．组限。确定组距和组数之后，还有确定组限的问题。组距两端的数值称组限。组距的上限、下限都齐全的叫闭口组；有上限缺下限，或有下限缺上限的叫开口组。

确定组限要遵守一个基本原则，即按这样的组限分组后，标志值在各组的变动能反映事物的质的变化。也就是要使同质的单位在同一组内。这就涉及组限的表示方法，下面介绍两种常用的表示方法。

（1）按连续变量分组，由于相邻两组的上限与下限通常以同一个数值来表示，每一组的上限同时是下一组的下限，为了避免计算总体单位分配数值的混乱，一般原则是把到达上限值的单位数计入下一组内，即称为"上组限不在内"原则。如 50～60 元，满了 60 元，应计入下一组 60～70 元这一组内。

（2）按离散变量分组，则相邻两组的上限与下限通常是以两个确定的不同整数值来表示，故相邻两组的上下限可以不重合。例如，企业按工人数分组可分为以下各组：100 人以下，101～300 人，301～500 人，501～1000 人，1000 人以上，这是一般的表示方法。也可以按"上组限不在内"的原则写为重叠式组限，如上面的工人人数分组，也可写成：100 人以下，100～300 人，300～500 人，500～1000 人，1000 人以上等。

2．组中值。组距数列是按变量的一段区间来分组，掩盖了分布在各组内的单位的实际变量值。为了反映分在各组中个体单位变量值的一般水平，统计工作中往往用组中值来代表它。组中值是各组变量范围的中间数值，通常可以根据各组上限、下限进行简单平均，即

$$组中值 = \frac{上限+下限}{2}$$

如 50～60 分一组的组中值即为 55 分。对于开口组组中值的确定，一般以其相邻组的组距的一半来调整：

$$缺上限的开口组组中值 = 下限 + \frac{邻组组距}{2}$$

$$缺下限的开口组组中值 = 上限 - \frac{邻组组距}{2}$$

例如，按完成净产值分组（万元）

| 10 以下 | 10～20 | 20～30 | 30～40 | 40～70 | 70 以上 |

则：首组组中值＝10－10/2＝5（万元）
末组组中值＝70＋30/2＝85（万元）

三、累计次数分布

总体中各单位数在各组间的分布，称次数分布。次数分布是统计研究的一个基本课题，通过次数的分布规律，可以研究大量旅游现象的统计规律性。

将变量数列各组的次数和比率逐组累计相加而成累计次数分布，它表明总体在某一标志值的某一水平上下总共包含的总体次数和比率。累计次数有以下两种计算方法。

（一）向上累计

向上累计，又称以下累计，或称较小制累计，是将各组次数和比率由变量值低的组向变量值高的组逐组累计。组距数列中的向上累计表明各组上限以下总共所包含的总体次数和比率有多少。

（二）向下累计

向下累计，又称以上累计，或称较大制累计，是将各组次数和比率由变量值高的组向变量值低的组逐组累计。组距数列中的向下累计表明各组下限以上总共所包含的总体次数和比率有多少。例如，前面所举饭店工人计件工资的累计分布，如表 2-14 所示。

表 2-14　某饭店工人计件工资次数分配

计件工资	次数		向上累计		向下累计	
	人数（人）	比率（%）	人数（人）	比率（%）	人数（人）	比率（%）
50～60	2	5.0	2	5	40	100
60～70	7	17.5	9	22	38	95
70～80	11	27.5	20	50	31	77.5
80～90	12	30.0	32	80	20	50
90～100	8	20.0	40	100	8	20
合计	40	100	—	—	—	—

累计次数的特点是：同一数值的向上累计和向下累计次数之和等于总体总次数，而累计比率之和等于 1（或 100%）。表 2-14 资料表明：80 元以下累计 20 人，比率 50%；80 元以上累计 20 人，比率 50%。两个累计人数之和等于总体的 40 人，两个累计比率之和等于 100%。

对单项数列也可以计算累计次数和累计比率。

根据表 2-14 资料还可绘制累计次数分布折线图，如图 2-3 所示。

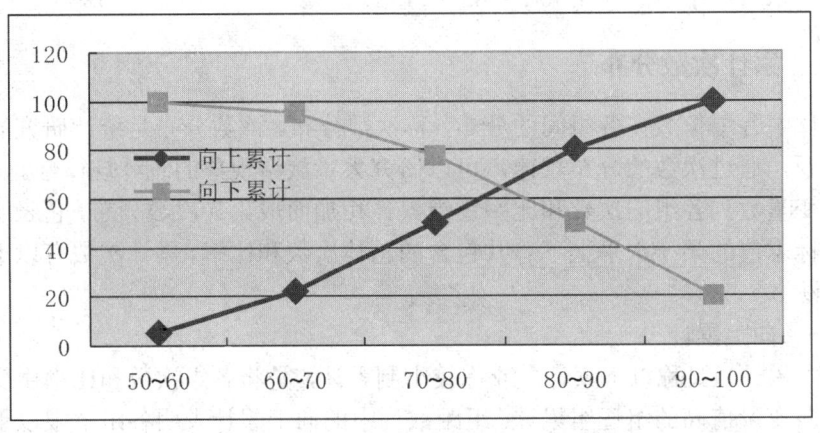

图 2-3　累计次数分布折线图

累计次数分布是确定各种位置平均数的依据。累计次数分布图，还可以用于研究社会财富分配的公平程度等问题。

四、次数分布的主要类型

各种不同性质的旅游经济现象都有着特殊的次数分布。常见的主要有三种类型：钟型分布、U 型分布、J 型分布。

(一) 钟型分布

钟型分布的特征是:"两头小,中间大",即靠近中间的变量值分布的次数多,靠近两端的变量值分布的次数少,其分布曲线图宛如一口古钟。

钟型分布可分为以下两种:

1. 对称分布

其特征是:中间变量值分布的次数最多,两侧变量值分布的次数随着与中间变量值距离的增大而渐次减少,并且围绕中心变量值两侧呈对称分布,如图 2-5 (a) 所示。一般次数分布呈正态分布曲线,正态分布是最重要的对称分布。

2. 偏态分布

其特征是:中间变量值分布的次数最多,两侧变量值分布的次数逐渐减少,但两侧减少的速度快慢不同,致使分布曲线向某一方向偏斜。分布曲线偏斜分两种情况:(1) 右偏(上偏)。当变量值存在极端大值时,次数分布曲线就会向右延伸,这种分布称右偏型分布,如图 2-4 (b) 所示。(2) 左偏(下偏)。当变量值存在极端小值时,次数分布曲线就会向左延伸,这种分布称左偏型分布,如图 2-4 (c) 所示。

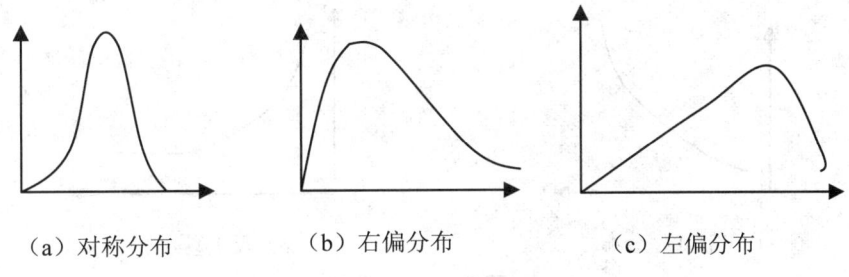

(a) 对称分布　　　(b) 右偏分布　　　(c) 左偏分布

图 2-4　钟型分布

有许多旅游经济现象是属于钟型分布的。例如,农作物亩产量、市场价格、学生的成绩、职工的工资等等现象都可归属于上述两种钟型分布。

(二) U型分布

U 型分布的特征是:"两头大,中间小",即靠近中间的变量值分布的次数少,靠近两端的变量值分布的次数多。其分布曲线图像英文字母"U"字,如图 2-5 所示。

在旅游经济现象中,比如,按不同季节的旅游人数的分布,就表现为 U 型分布。据科学分析,在不同的季节,旅游人数各不相同,两个旅游黄金周之间的这一段时间内,旅游者人数其分布呈 U 形。

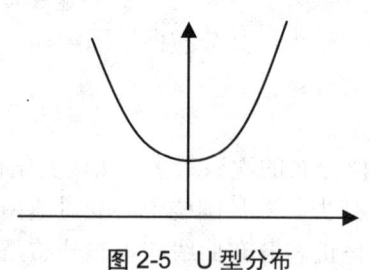

图 2-5　U 型分布

（三）J 型分布

J 型分布的特征是："一边小，一边大"，即大部分变量值集中在某一端分布，分布曲线图像英文字母"J"字。J 型分布有两种类型：

1．正 J 型分布

其表现为次数随着变量值的增大而增多，大部分变量值集中分布在右边，如图 2-6（a）所示。例如，投资额按利润率大小分布，历年旅游收入额分布一般呈正 J 形分布。

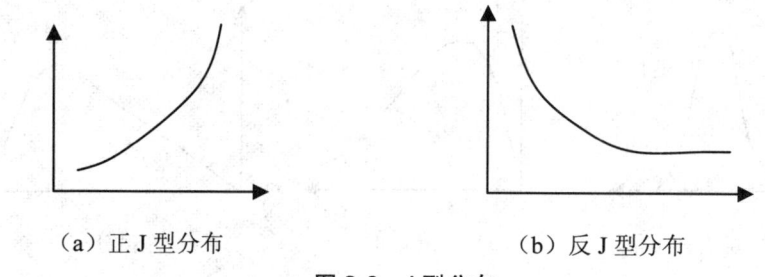

(a) 正 J 型分布　　　　　　　(b) 反 J 型分布

图 2-6　J 型分布

2．反 J 型分布

其表现为次数随着变量值的增大而减少，如图 2-6（b）所示，例如，人口按年龄大小分布，即"金字塔式"的分配次数，表明年龄越大，人数越少。

第五节　旅游统计表

当我们用各种调查方式收集到反映旅游经济现象的统计资料后，必须将经过整理合格的资料用各种清楚、明晰的形式表示。一般来说，旅游统计资料用旅游统计表来表示。

一、统计表的作用

统计表是统计用数字说话的一种最常用的形式。把统计调查得来的数字资料，经过汇总整理后，得出一些系统化的统计资料，将其按一定顺序填列在一定的表格内，这个表格就是统计表。统计表有以下四点作用：

1. 能使大量的统计资料系统化、条理化，因而能更清晰地表述统计资料的内容。

2. 利用统计表便于比较各项目（指标）之间的关系，而且也便于计算（如有些计算表比用公式更简易、明了）。

3. 采用统计表格表述统计资料比用叙述的方法表述统计资料显得紧凑、简明、醒目，使人一目了然。

4. 利用统计表易于检查数字的完整性（是否有遗漏）和正确性。统计表既是调查整理的工具，又是分析研究的工具。广义的统计表包括统计工作各个阶段中所用的一切表格，如调查表、整理表、计算表等，它们都是用来提供统计资料的重要工具。

二、统计表的结构

从内容上看，统计表由主词和宾词两部分组成。主词是统计表所要说明的总体及其分组；宾词是用来说明总体的统计指标。通常情况，表的主词排列在表的左方，列于横栏；表的宾词排列在表的右方，列于纵栏。但有时为了更好地编排表的内容，也可以将主宾词更换位置或合并排列。

从构成要素看，统计表包括以下三个部分：

1. 总标题。就是统计表的名称，简要说明全表的内容，一般都写在表的上端中央。

2. 分标题（又叫做标目）。就是指总体名称或分类名称及说明总体的各种项目。分横行标题（横标目）写在表的左方，纵栏标题（纵标目）写在表的上方。

3. 纵、横栏组成的本身及表中的数字。另外，还应有必要的附注和注明资料来源。现以表2-15为例说明统计表的结构。由表2-15可知，中国2006年星级饭店数代表总体；横行标题是对总体进行的分组（即主词）；其他各栏是反映总体规模和说明总体数量特征的统计指标（即宾词指标）。

表 2-15　中国 2006 年星级饭店数（总标题）

项目 （横行标题，即横标目）	饭店数（纵栏标题，即纵标目） （数字资料）
五星级	302
四星级	1369
三星级	4779
二星级	5698
一星级	603
合计	12751

三、统计表的种类

统计表按照总体分组情况不同，可分为简单表、分组表和复合表三类。

1. 简单表。表的主词未经任何分组的统计表称为简单表。简单表的主词一般按时间顺序排列，或按总体各单位名称排列。通常是对调查来的原始资料初步整理所采用的形式。如表 2-16 所示，即为按总体各单位名称排列的简单表。

表 2-16　中国 2006 年两家旅行社接待旅游者人数表

名称	接待旅游者人数（人）
甲社	1500
乙社	1700
合计	3200

2. 分组表。表的主词按照某一标志进行分组的统计表称为分组表。利用分组表可以揭示不同类型现象的特征，说明现象内部的结构，分析现象之间的相互关系等，如表 2-15 所示。

3. 复合表。表的主词按照两个或两个以上标志进行复合分组的统计表称为复合表，如表 2-17 所示。复合表能更深刻更详细地反映客观现象，但使用复合表应恰如其分，并不是分组越细越好。因为复合表中多进行一次分组，组数将成倍增加，分组太细反而不利于研究现象的特征。

表 2-17　中国某年星级饭店数及营业收入表

项目		饭店数	营业收入（亿元）
国有企业	五星级	60	200
	四星级	300	300
	三星级	200	100
	二星级	500	60
	一星级	100	50
有限公司	五星级	50	100
	四星级	400	200
	三星级	600	100
	二星级	300	40
	一星级	200	30

四、宾词指标的设计

宾词指标的设计在统计表的设计中占有重要位置。宾词指标的设计与统计表内容的繁简关系很大。大致有两种设计方式：一种是简单设计，将宾词指标作平行配置，一一排列，如表 2-18 所示；另一种是复合设计，把各个指标结合起来，作层叠配置，分层排列，如表 2-19 所示。

表 2-18　某地区旅行社职工性别和年龄

按所有制分组	企业数	职工总数	性别		年龄				
			男	女	15~20	20~35	35~45	45~50	50 以上
甲	1	2	3	4	5	6	7	8	9
国有企业									
有限公司									
合计									

表 2-19　某地区旅行社职工性别和年龄

按所有制分组	企业数	职工总数			年龄													
					15~20			20~35			35~45			45~50			50 以上		
		男	女	计	男	女	计	男	女	计	男	女	计	男	女	计	男	女	计
甲	1	2	3	4	5	6	7	8	9	10	11	12	13	14	15	16	17	18	19
国有企业																			
有限公司																			
合计																			

五、编制统计表应注意的问题

统计表表述资料应力求作到简明、清晰、准确、醒目，便于人们阅读、比较和分析。编制时应注意以下六点：

1. 统计表的标题（包括总标题和分标题）应十分简明地概括所要反映的内容。总标题应标明资料所属的地区和时间；纵横各栏的排列要注意表述资料的逻辑系统，反映现象的内在联系。

2. 表中主词各行和宾词各栏，一般应按先局部后整体的原则排列，即先列各个项目，后列总体。若无必要列出所有项目时，就要先列总体，后列其中一部分重要项目。

3. 表中必须注明数字资料的计量单位。当全表只有一种计量单位时就写在表的右上方。若有多种计量单位时，横行的计量单位，可以专设"计量单位"一栏；纵栏的计量单位，要与纵栏标目写在一起，用小字标写。

4. 表中数字上下位置要对齐。遇有相同数字应照写，不能用"同上"、"同左"字样。无数字的空格，用符号"—"表示；当缺乏某项资料时，用符号"……"表示，以免使人误为漏项，表内还应列出合计数，便于核对和运用。

5. 统计表的表式，一般是开口式，即表的左右两端不画纵线，表的上下通常用粗线封口。对于栏数较多的统计表，通常加以编号。主词栏和计量单位栏用甲、乙等文字标明；宾词栏各栏用（1）、（2）、（3）等标明栏号。

6. 必要时，统计表应加以注解，连同数字的资料来源等一般都写在表的下端。

六、旅游统计台账

旅游统计台账是根据旅游统计工作的需要而设置的一种汇总资料和积累资料的表册，它是一种特殊的旅游统计表。利用直接反映旅游活动的原始记录上的资料来填写有关统计报表，中间常需要设置各种旅游统计台账。正因为它的重要性和特殊性，我们要进行重点讲解。旅游统计台账是根据旅游原始记录进行登记的，有的是直接登记，有的是将原始记录资料汇总后根据汇总表间接登记。旅游统计台账均按时间先后顺序对统计资料进行登记。

国家旅游局《旅游统计管理办法》第十五条明确规定：凡由旅游行政管理部门审批或纳入旅游行业管理的旅游企事业单位，应当到相关的旅游统计机构办理统计登记，并建立统计台账和核算制度，按规定报送统计资料。

根据旅游统计台账内容的繁简程度不同，可将其分为综合性台账和专用台账；按旅游统计台账所反映的具体内容可将其分为：经营活动、旅游收入、设备（房间）利用、原材料收支、劳动人事等种类。

综合性台账是将旅游企业各有关指标按时间顺序综合登记在一个表册上，反映企业的基本情况。如旅游企业基本情况台账，其内容包括：职工人数、主要设备（房间）数量、收入、主要原料消耗量、接待人数等等。专用台账就是某一方面的指标按时间顺序系统地登记在一个表册上。如职工名册、旅游人数登记册、某种原材料收支台账等等。比如，某旅行团队统计台账的格式如表 2-20 所示。

表 2-20　某旅行团队统计台账

编号	组团单位客源地	团号	起止日期	游览路线	接待		组团		保险额	毛利	备注
					人数	人天数	人数	人天数			

第六节 直方图的绘制与描述性统计分析

本节关于软件的使用，我们主要讲述直方图的绘制与描述性统计分析。主要的软件包括 Excel 和 Eviews5.0。

一、Excel 绘制直方图

表 2-21 某饭店职工年龄分布情况

按年龄分组	组距	人数（人）	标准组距人数	次数密度
15～20	5	17	17	3.4
20～25	5	28	28	5.6
25～35	5	40	40	8
35～40	5	70	70	14
40～45	10	65	32.5	6.5
45～50	5	10	10	2
合计	——	190	——	——

我们利用上面表格 2-21 中的数据绘制直方图。在绘制直方图前，先将数据输入到 Excel 中，分别在数据的头尾添加 10～15 和 50～55 的零数据。这样作的目的是使折线图变得更明晰，更加美观。如图 2-7 所示。

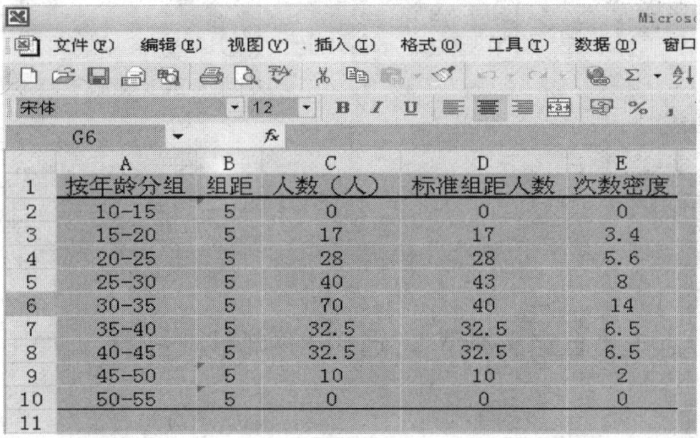

	A	B	C	D	E
1	按年龄分组	组距	人数（人）	标准组距人数	次数密度
2	10-15	5	0	0	0
3	15-20	5	17	17	3.4
4	20-25	5	28	28	5.6
5	25-30	5	40	43	8
6	30-35	5	70	40	14
7	35-40	5	32.5	32.5	6.5
8	40-45	5	32.5	32.5	6.5
9	45-50	5	10	10	2
10	50-55	5	0	0	0
11					

图 2-7

第一步，点击快捷工具图表向导，如图 2-8 至图 2-9 所示。

	A	B	C	D	E
1	按年龄分组	组距	人数（人）	标准组距人数	次数密度
2	10-15	5	0	0	0
3	15-20	5	17	17	3.4
4	20-25	5	28	28	5.6
5	25-30	5	40	43	8
6	30-35	5	70	40	14
7	35-40	5	32.5	32.5	6.5
8	40-45	5	32.5	32.5	6.5
9	45-50	5	10	10	2
10	50-55	5	0	0	0

图 2-8

图 2-9

第二步，点击"自定义类型"，选择"两轴线－柱图"，如图 2-10 所示。

第二章 旅游统计调查与整理

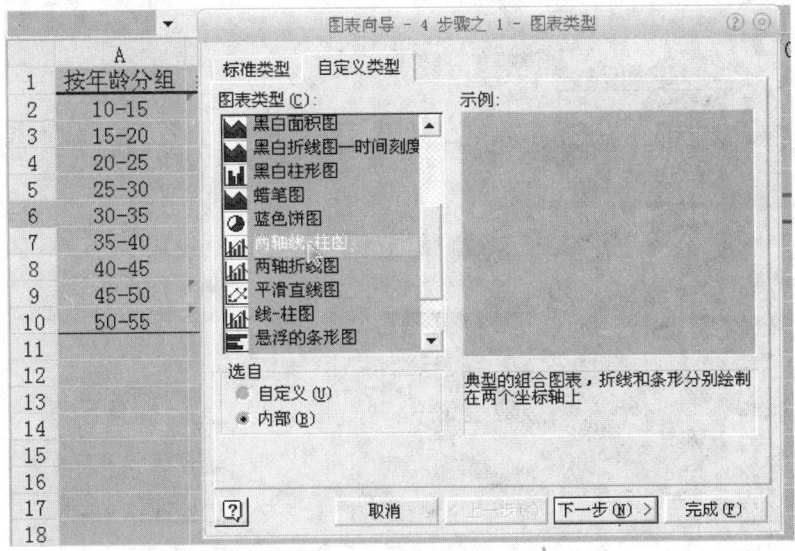

图 2-10

第三步，点击"下一步"，然后点击"系列"，如图 2-11 和图 2-12 所示。

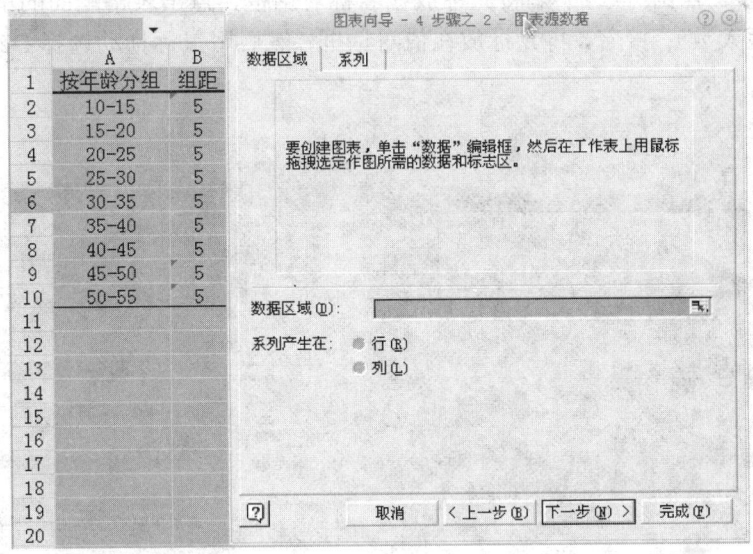

图 2-11

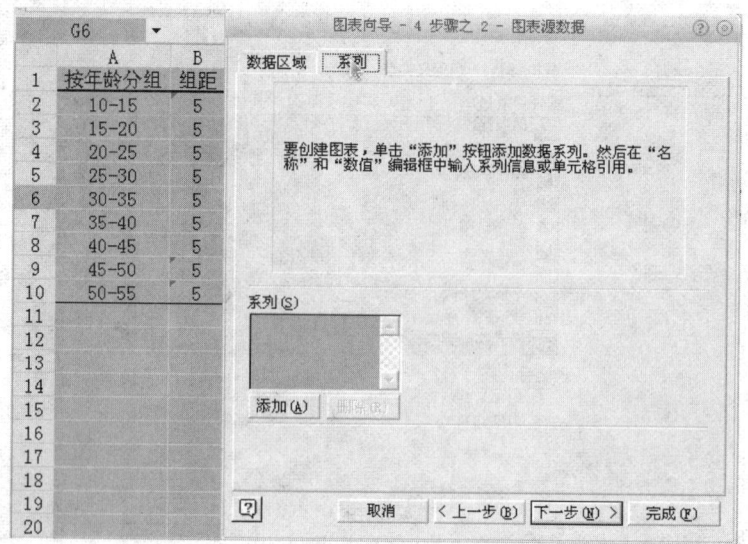

图 2-12

第三步,点击"添加"。将光标放在名称对话框,点击表格里面的单元格 D1(标准组距人数);接着,将光标放在值对话框,然后用鼠标拖动选择 D2 到 D10。如图 2-13 所示。

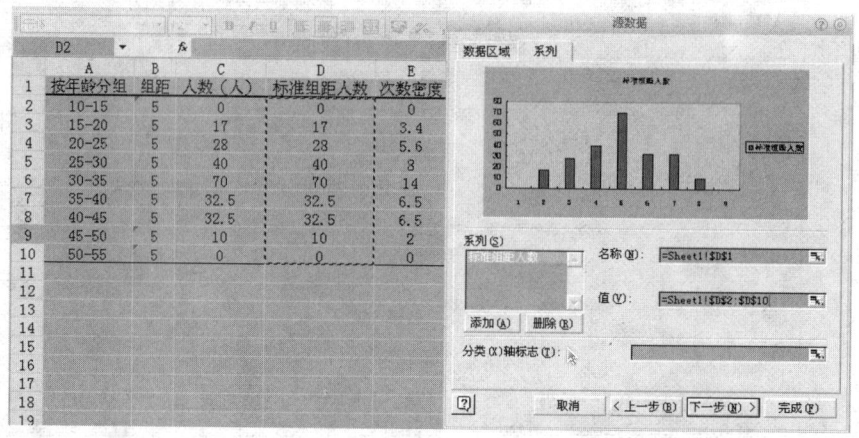

图 2-13

第四步,重新点击"添加",将光标放在名称对话框,点击表格里面的单元格 E1(次数密度);接着,将光标放在值对话框,然后用鼠标拖动选择 E2 到 E10。最后,将光标放在"分类轴标志"对话框里,用鼠标拖动选择 A2 到 A10 上。如图 2-14 所示。

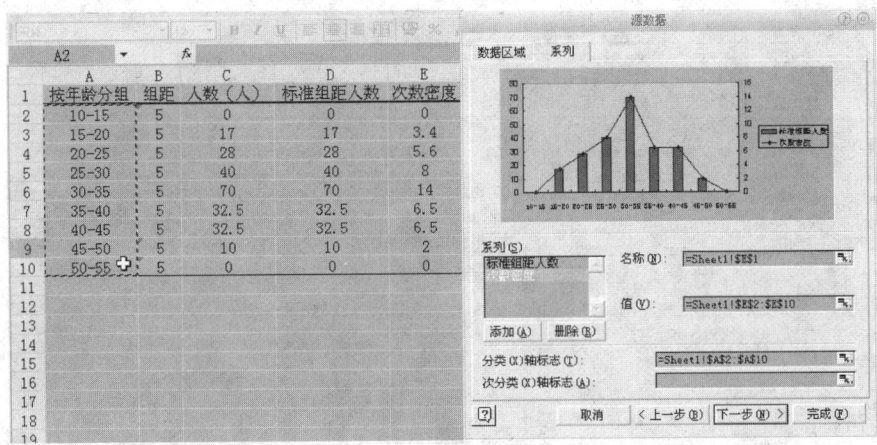

图 2-14

第五步,直接点击"完成",出现如图 2-15 所示。

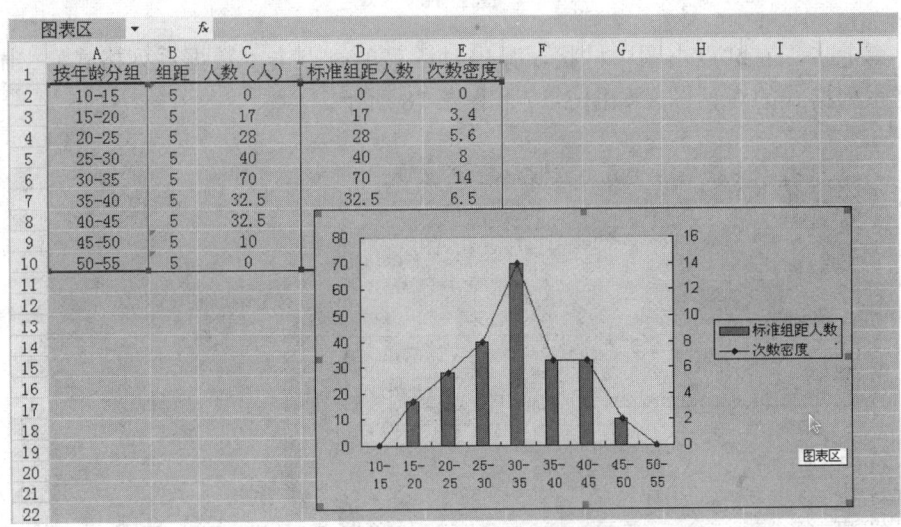

图 2-15

第六步,对上图进行调整。将图例拖入绘图区,然后将绘图区间向右拖动放大。如图 2-16 所示。

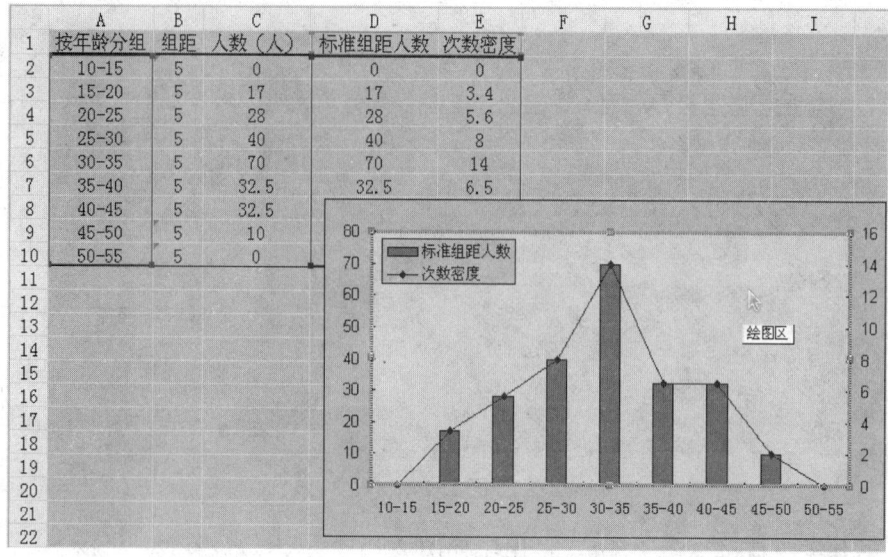

图 2-16

第七步，右键点击图中柱状，弹出对话菜单；点击"数据系列格式"。出现数据系列格式的对话图。如图 2-17 和图 2-18 所示。

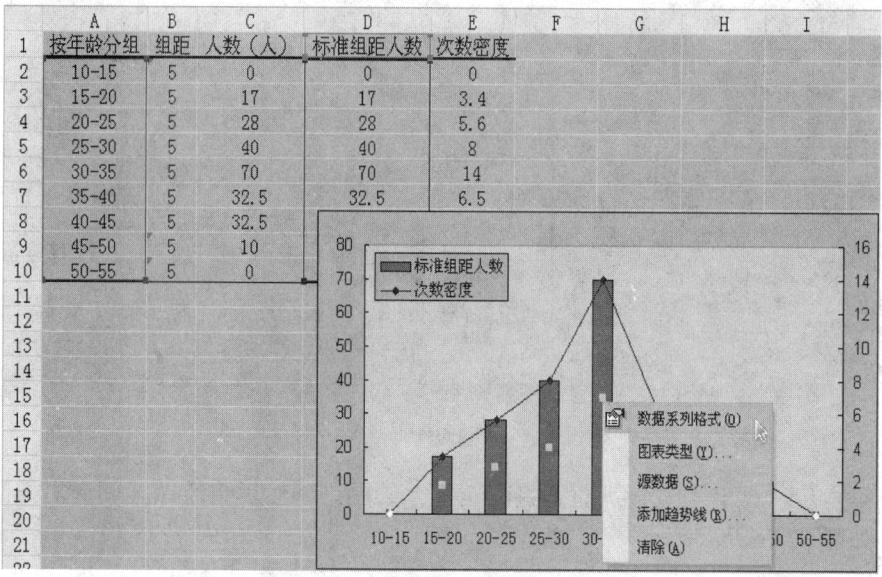

图 2-17

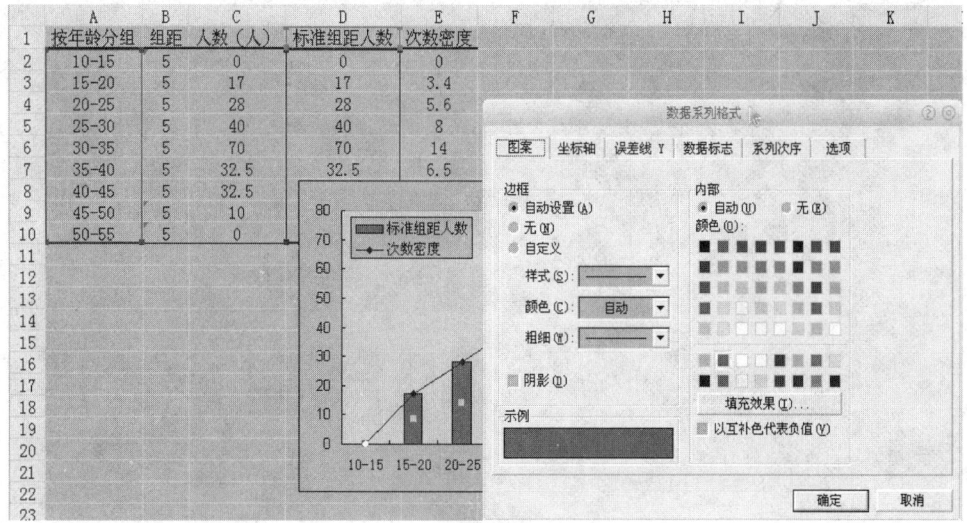

图 2-18

第八步，点击"选项"。将"分类间距"对话框中的数字调整为 0。点选"依数据点分色"。如图 2-19 和图 2-20 所示。

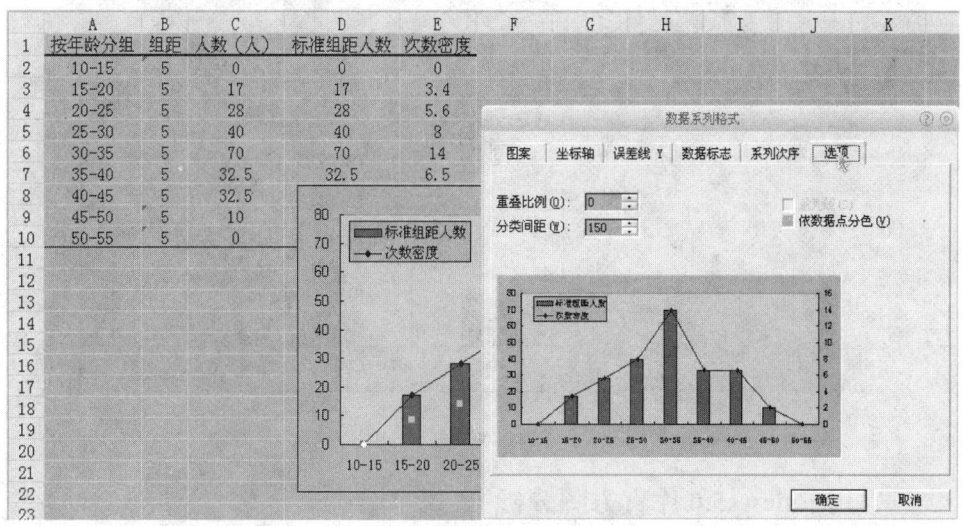

图 2-19

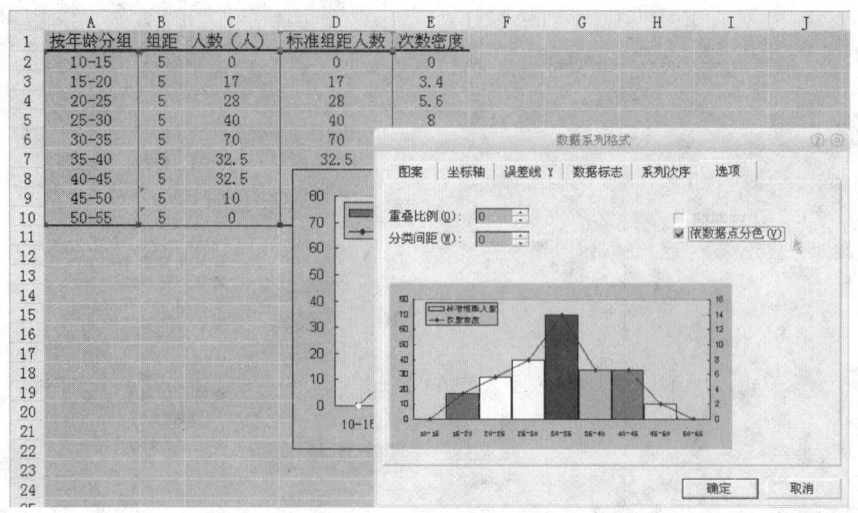

图 2-20

第九步,点击"确定"。直方图就绘制完成了,如图 2-21 所示。

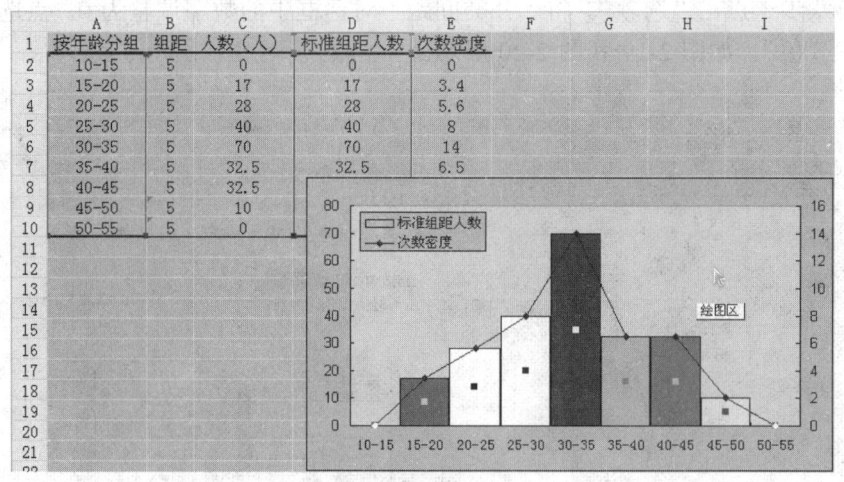

图 2-21

二、用 Eviews5.0 作直方图分析

第一步,双击图标,运行 Eviews5.0。如图 2-22 所示。

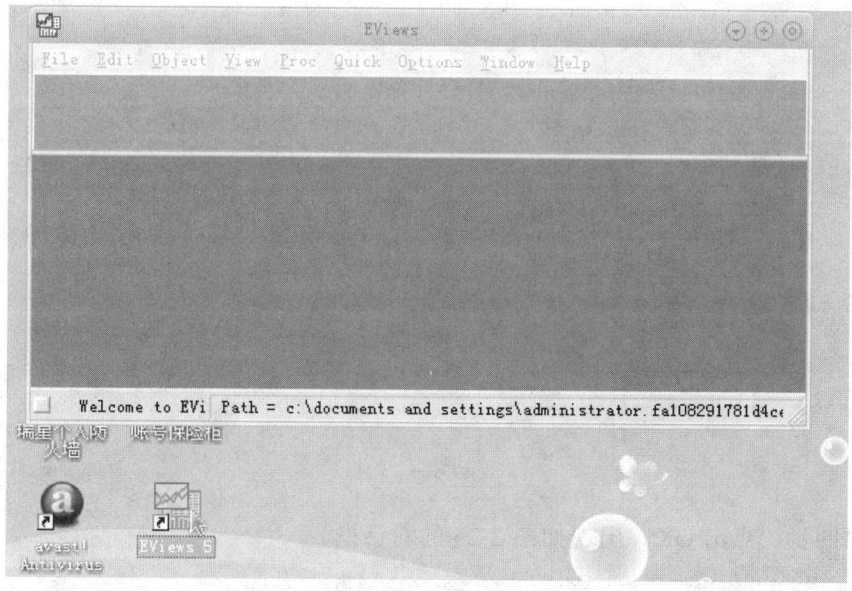

图 2-22

第二步，点击 File 下拉菜单，选中 New → Workfile。如图 2-23 所示。

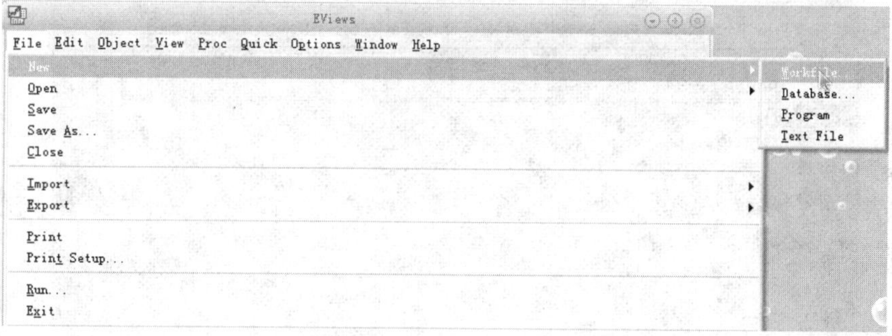

图 2-23

第三步，点击 Workfile，出现 Workfile Create 的对话框；在 Date specification（日期指定）中选择 Frequency（频率）为 Annual（年）；在 Start 中输入初期年份：1994；在 End 中输入结束日期：2006。在 Names 对话框的 WF 中输入文件名：gowell（也可以不输入）；Page 里输入 01（或者其他，不输入也可以）。如图 2-24 所示。

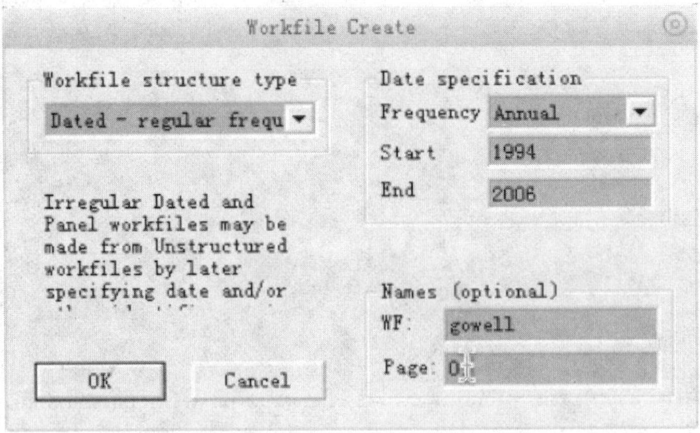

图 2-24

第四步,点击 OK。出现如图 2-25 的对话框。

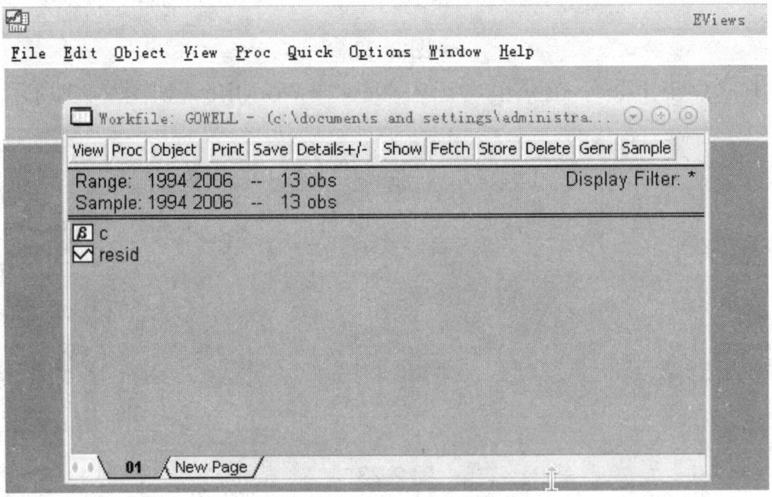

图 2-25

第五步,点击 Object(对象)。然后点击 New Object。出现了 New Object 对话框,在 Type of object 中,选择 Series;在 Name for object 中输入名称:revenue(其他的英文名字也可)。如图 2-26 和图 2-27 所示。

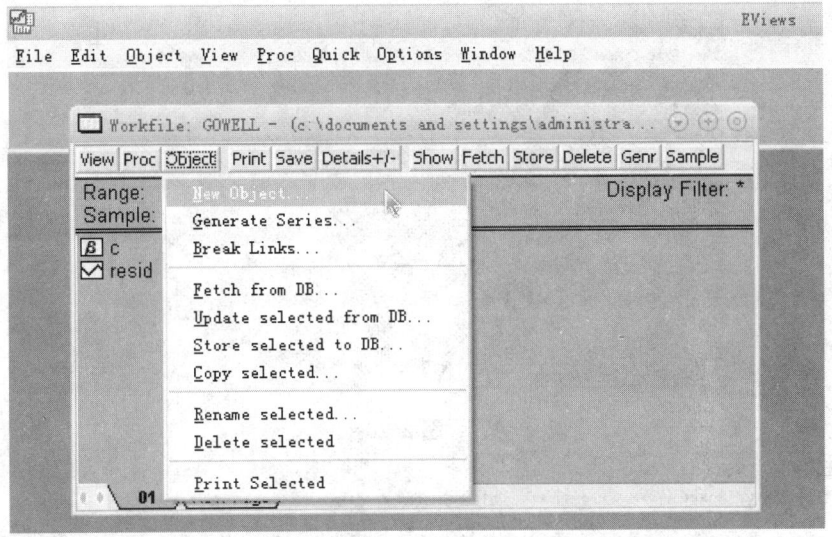

图 2-26

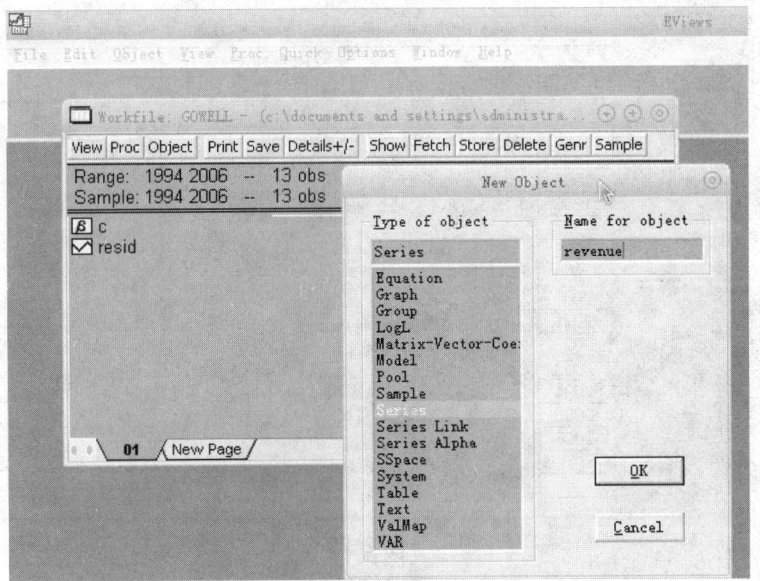

图 2-27

第六步，点击 OK。在 Workfile: gowell 对话框中出现了 revenue 序列的图标，如图 2-28 所示。双击 revenue，出现 revenue 对话框，如图 2-29 所示。

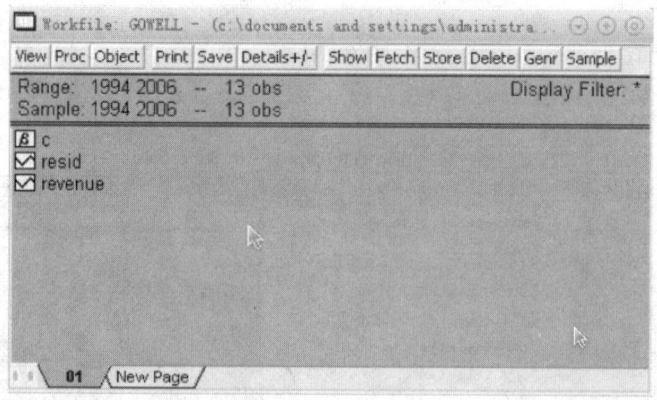

图 2-28

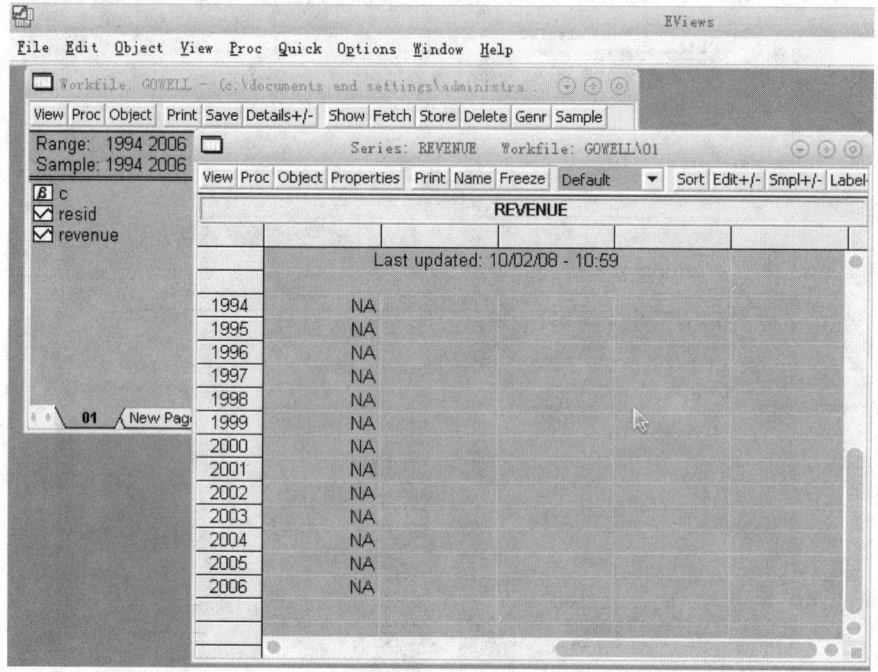

图 2-29

第七步，点击 Series：revenue 对话框中 Edit 按钮。出现如图 2-30 所示。

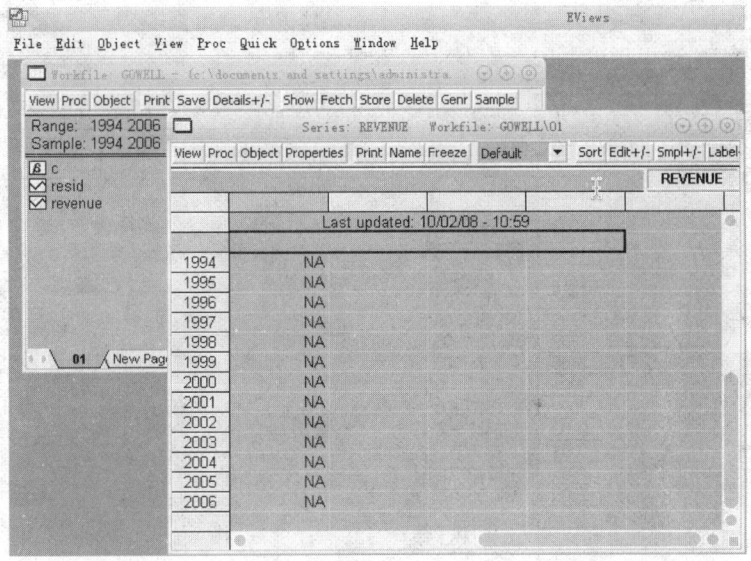

图 2-30

第八步，将数据复制到 Eviews 中来。复制完后，点击 Edit 按钮，使数据不能再改变。如图 2-31 和图 2-33 所示。

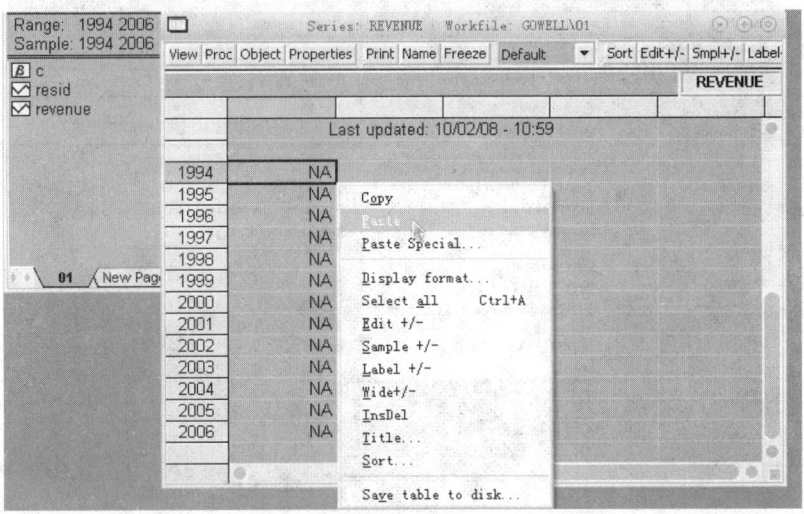

图 2-31

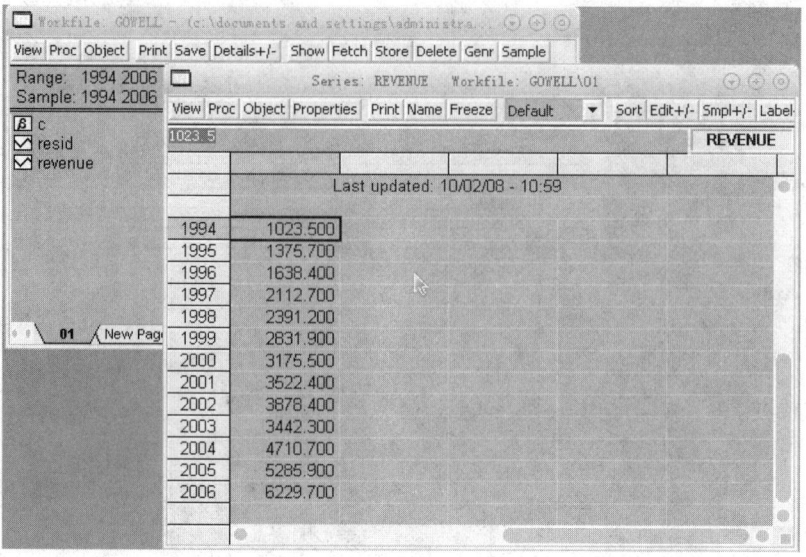

图 2-32

第九步，点击 View 菜单。选择 Descriptive Statistics（描述性统计分析）中的 Histogram and Stats（直方图和统计）。如图 2-33 和图 2-34 所示。

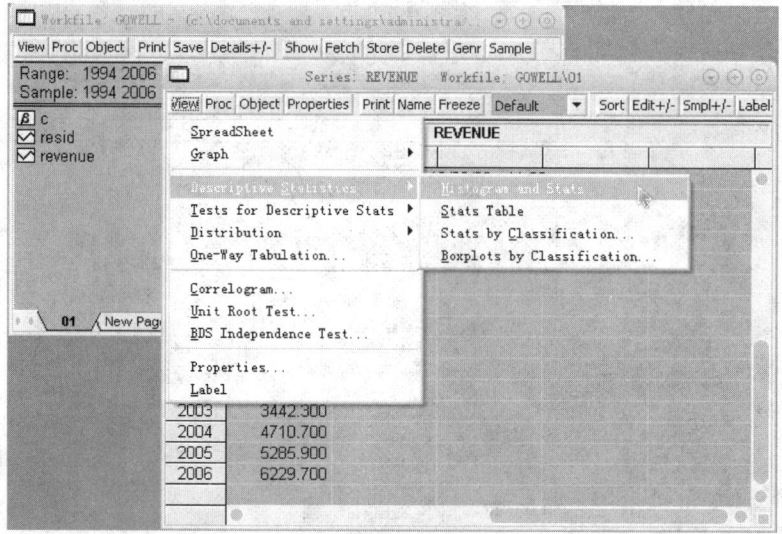

图 2-33

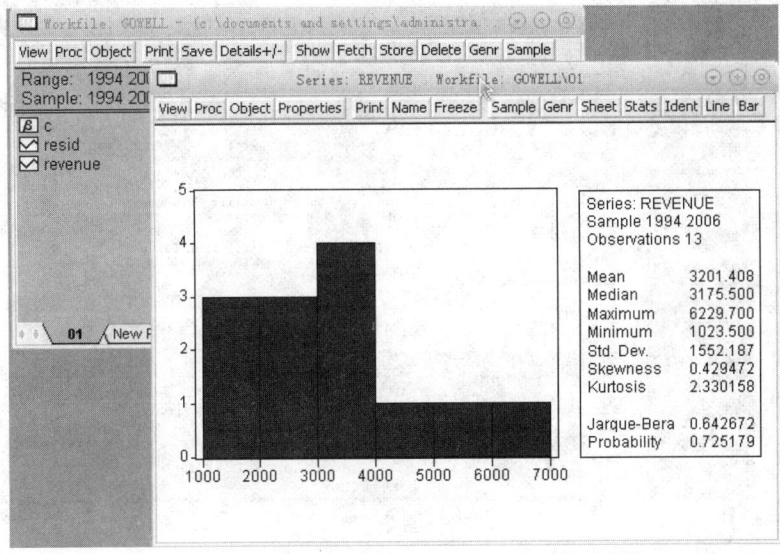

图 2-34

第十步，在直方图的右边，列出了许多分析的指标。它告诉我们，分析的序列是 Series：Revenue；样本 Sample 是从 1994 年到 2006 年；样本观察点 Observations 是 13 个。均值 Mean 是 3201.408；中位数 Median 是 3175.500；最大值 Maximum 是 6229.700；最小值 Minimum 是 1023.500。序列的标准差 Std Dev 是 1552.187；数列的偏度 Skewness 是 0.429472（表明图形向右偏）；峰度 Kurtosis 是 2.330158（表明图形属于胖峰态）。

Jarque—Bera（JB=$\frac{n}{6}\left[s^2+\frac{(k-3)^2}{4}\right]$，其中，$s$ 是偏度，k 是峰度），值是用来检验序列是否属于正态分布的一个指标，Probability（P 值）衡量 JB 为零的概率。在本例中，Jarque—Bera 的值为 0.6426，P 值为 0.725179。我们可以把序列作为正态分布看待（严格来说，Jarque—Bera 值一般适合大样本判断）。

除上述方法外，我们还可以通过其他方法如 Kernel Density 来直观地检验数据是否成正态分布。可以点击序列 Series: Revenue 中的 View 下的 Distribution 第三项 Kernel Density。如图 2-35 和图 2-36 所示。

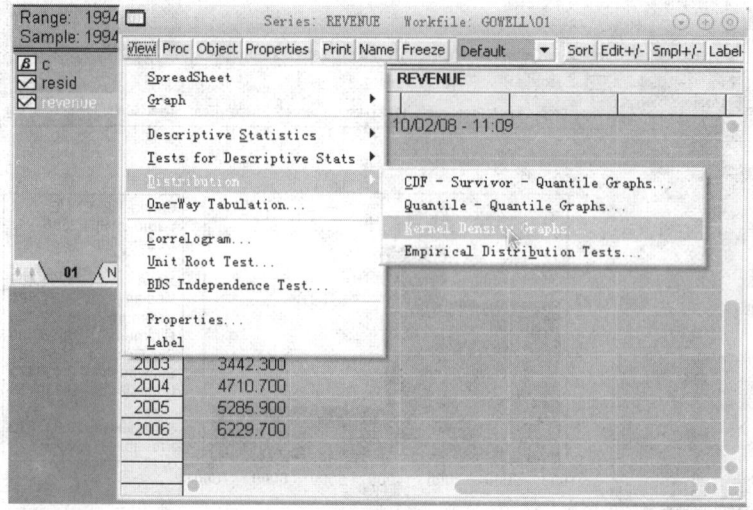

图 2-35

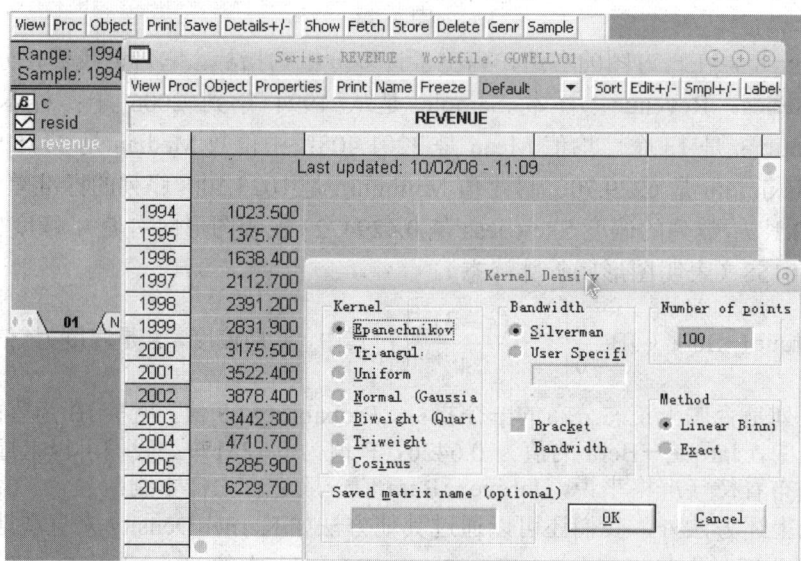

图 2-36

直接点击 OK。显示所需图形，如图 2-37 所示。

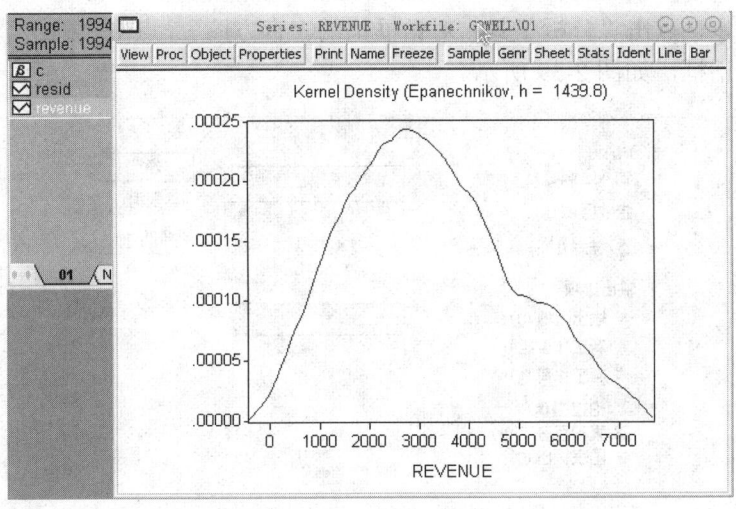

图 2-37

三、用 Excel 中的"数据分析"绘制直方图（适用于未分组数据）

表 2-22　饭店员工年龄未分组资料

38	29	48	32	50	36	46	38	50
34	37	32	31	44	32	49	38	40
41	38	43	35	52	38	29	38	37
46	41	45	36	37	40	39	47	43
38	42	41	37	37	33	35	39	44
45	40	38	32	36	37	38	44	30

我们利用表 2-22 的数据资料，按下列步骤操作，绘制直方图。

第一步，将数据导入 Excel，以单列的形式出现。在数据右侧空白单元格中，输入"数据分组"，目的是将那些未分组的数据按照"数据分组"中的数据段进行频数计算。

第二步，点击"工具"→"数据分析"，出现如图 2-38 所示。

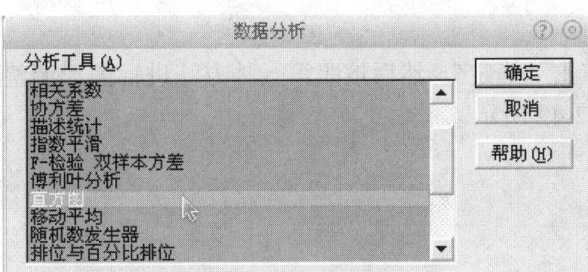

图 2-38

第三步，点击"分析工具"对话框里的"直方图"。点击"确定"，出现"直方图"对话框，如图 2-39 所示。

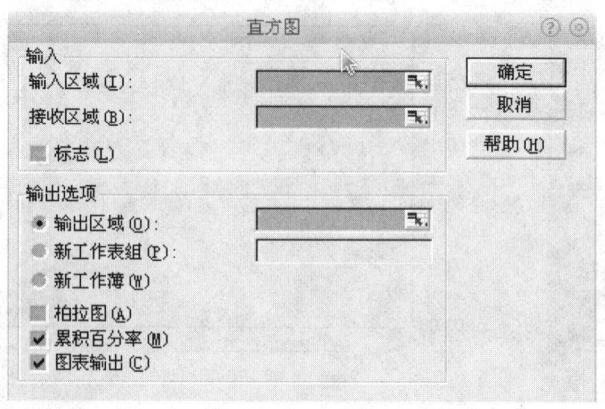

图 2-39

第四步，勾选标志，将光标放在"输入区域"。然后，拖动鼠标选择单元格：$A$1:$A$55；同样的方法，在"接收区域"输入$B$1:$B$8。勾选"累计概率分布图"和"图表输出"。如图 2-40 所示。

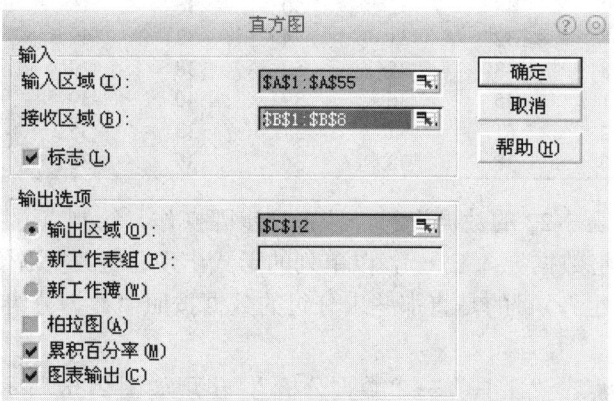

图 2-40

第五步，点击"确定"。然后按照第一种方法进行图形调整，得到所需图形。如图 2-41 和图 2-42 所示。

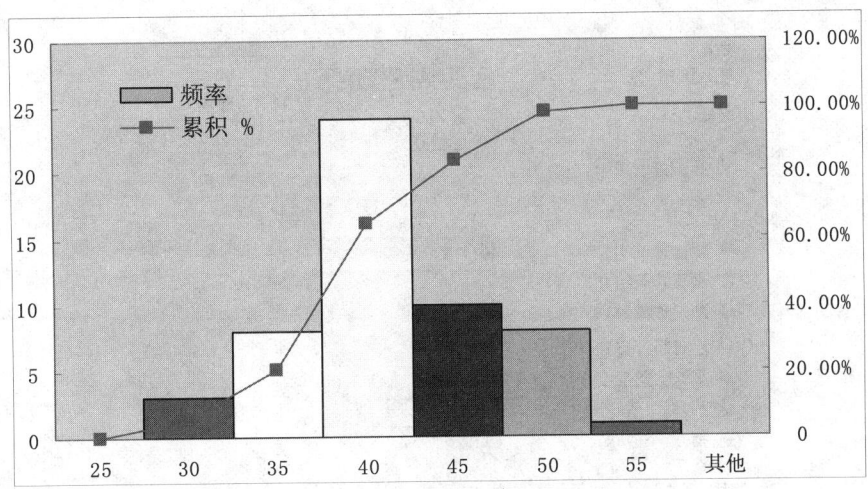

图 2-41

数据分段	频率	累积（%）
25	0	0
30	3	5.56
35	8	20.37
40	24	64.81
45	10	83.33
50	8	98.15
55	1	100.00
其他	0	100.00

图 2-42

四、用 Excel 作描述性统计分析（继续利用前面的数据）

第一步，点击"工具"→"数据分析"→"描述统计"。并且按照图 2-43 中步骤进行操作。

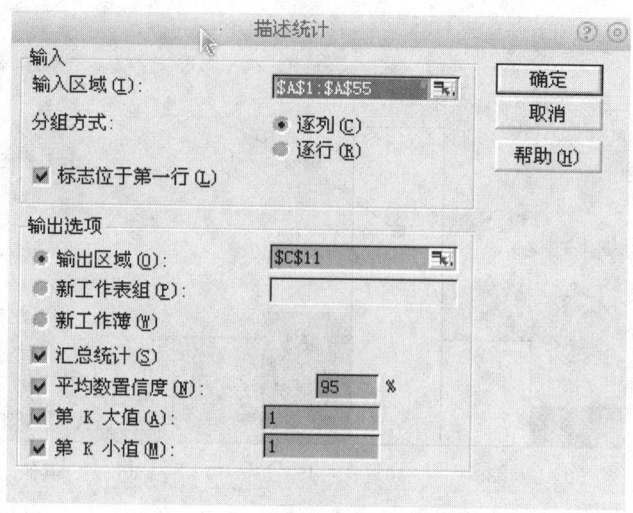

图 2-43

第二步，点击"确定"。出现如图 2-44 所示数据。

员工年龄	
平均	39.15082354
标准误差	0.756740694
中值	38.17907508
模式	38
标准偏差	5.560885702
样本方差	30.9234498
峰值	-0.411185854
偏斜度	0.292008243
区域	22.79621185
最小值	29.0820618
最大值	51.87827365
求和	2114.144471
计数	54
最大(1)	51.87827365
最小(1)	29.0820618
置信度(95.0%)	1.517828897

图 2-44

练习题

一、思考题

1. 说明统计指标和标志的联系与区别。
2. 统计调查有哪些主要的组织形式？
3. 统计分组的作用是什么？
4. 如何编制组距变量数列？

二、判析题

1. 重点调查的重点单位是根据当前的工作重点来确定的。（   ）

2. 调查时间是指进行调查工作所需的时间。（   ）

3. 对变化较小、变动较慢的现象应采用一次性调查来取得资料。（   ）

4. 调查单位就是填报单位。（   ）

5. 调查对象就是统计总体，而统计总体不都是调查对象。（   ）

6. 在统计调查中，调查对象可以同时又是调查单位，调查单位可以同时又是总体单位。（   ）

7. 进行组距分组时，当标志值刚好等于相邻两组上下限数值时，一般把此值归并列作为上限的那一组。（   ）

8. 统计表的主词栏是说明总体各种统计指标的。（   ）

9. 直接观察法不能用于对历史资料的搜集。（   ）

10. 为了解某县主要农产品生产成本可进行经常性调查。（   ）

三、计算题

1. 某旅行社 40 名导游年接待游客数量如表 2-23 所示。

表 2-23 40 名导游年接待游客数量

70	60	60	70	50	90	60	50
60	70	90	50	60	70	50	60
60	80	60	90	60	50	60	60
70	70	70	50	60	70	70	50
60	70	70	90	50	70	70	80

根据资料编制变量分配数列，并绘制直方图。

2. 旅游企业为游客提供的某条线路产品包括食、住、行、游、购、娱 6 个环节，为提高产品质量，检查线路产品中不受游客欢迎的原因，结果如表 2-24 所示。

表 2-24 旅游线路产品服务问题

环节名称	服务问题
食	2
住	3
行	2
游	5
购	8
娱	2
合计	22

要求作出累积概率分布图，进行分析。

第三章 旅游统计的综合指标

旅游统计工作是从旅游经济现象的数量方面来认识旅游经济活动的，所以就要借助于旅游统计指标。经过统计整理，将大量反映总体单位数量特征的旅游原始资料进行加工、汇总，就可以得到反映旅游经济现象总体数量特征的统计指标，这就是旅游统计综合指标。统计上常用综合指标对旅游经济现象的数量方面进行分析，这种分析方法叫做综合指标法，简称综合指标。

利用综合指标法可分析旅游研究现象的总量、相对水平、平均水平和变异情况，首先是对其规模的描述，而后在规模的基础上分析其相对的数量关系、分布的集中趋势和离散趋势以及动态情况。为了反映旅游现象的规模、相对数量关系、集中分散等数量特征，就需用总量指标（又称绝对指标）、相对指标和平均指标。这三种指标作为统一的综合指标，可以把它看作旅游统计资料整理的结果，同时又是进行旅游统计资料分析的基础。

第一节 旅游总量指标

一、总量指标的概念和作用

总量指标是反映旅游经济现象在一定时间、地点、条件下的总规模或总水平的统计指标。总量指标也称为绝对指标或绝对数，其表现形式是有一定计量单位的绝对数，是一个有名数。例如，2006年北京市国际旅游外汇收入为402639万美元。有时，总量指标还可以表现为总量之间的绝对差数，例如，2006年末北京市国际旅游外汇收入比上年末增加40748万美元。

总量指标有如下特点：第一，旅游经济统计调查研究的对象是有限总体，只有有限总体才能计算总量指标；第二，总量指标的数值大小与总体范围大小有关，总体范围越大，其总量指标数值就越大，如全国国际旅游外汇收入一定大于山东省国际旅游外汇收入。

总量指标在旅游经济统计分析中有重要的作用，具体表现为：

1. 它可以反映某旅行社、饭店等人、财、物的基本数据，反映一个国家旅游业发展的基本情况和实力。例如，掌握了一个国家在一定时间的城镇居民出游人数、城镇居民出游花费、入境旅游者人数、国际旅游收入、星级饭店数、旅行社单位数、旅游业从业人数、旅游院校数等总量指标，就能对这个国家的旅游业发展情况有个基本认识。又如，我们掌握了一个旅行社组团人数、接待国际旅游者人数、接待国内旅游者人数、职工人数等总量指标，就可以对这个旅行社的规模、营业水平有个概括的了解。

2. 它是实行旅游经济管理、编制旅游发展规划、制定旅游政策的基本依据。例如，进行旅游经济的供给与需求的平衡、旅游物资的收支平衡、财务的借贷平衡与核算，都需应用总量指标。又如，要分析某种旅游纪念品的生产、分配、消费、积累的平衡关系，首先就要掌握上述各个环节的总量指标，否则是无法进行具体分析的。

3. 它是计算其他各种分析指标的基础。相对指标和平均指标一般都是由两个有联系的总量指标对比的结果，它们都是总量指标的派生指标。因此，总量指标的计算是否科学、是否正确，直接影响到相对指标和平均指标的准确性。

二、总量指标的种类

（一）总体单位总量和总体标志总量

总量指标按其反映的内容不同，分为总体单位总量和总体标志总量。总体单位总量表示的是一个总体内所包含的总体单位总数，即总体本身的规模大小，它是由每个总体单位加总而得到的。例如，旅行社单位数、旅游院校数、旅游业从业人数、旅游院校学生人数等等。总体标志总量是总体各单位某种数量标志值的总和，是说明总体特征的总数量，它是总体单位的某一数量标志值加总而得到的。例如，国际旅游总收入、旅游业从业人员工资总额、旅游企业税金总额等。一个总量指标究竟属于总体单位总量还是总体标志总量，应随着研究目的的不同和研究对象的变化而定。例如，旅游院校学生人数这一总量指标，当旅游院校作为总体时，它就是总体标志总量；如果学生作为总体时，它就是总体单位总量。

（二）时期指标和时点指标

总量指标按其反映的时间状况不同，分为时期指标和时点指标。时期指标反映某旅游现象在某一时期发展过程的总数量，例如，一定时期的国际旅游人数、国际旅游收入、旅游纪念品销售量、旅游业从业人员工资总额等。时点指标反映某旅游现象在某一时刻（瞬间）的数量状况，例如，旅行社单位数、旅游院校数、旅游业从业人数、旅游纪念品库存数、旅游企业流动资金额等。

时期指标和时点指标各有不同的特点：首先，时期指标的数值是连续登记、累计的结果，它的每一个数值是表示现象在一段时期内发生的总量，如一年的入境旅游人数是一年中每天入境旅游人数的总和；而时点指标的数值是间断计数的，它的每一个数值是表示现象发展到一定时点上所处的水平，如年末的旅游从业人数，是指年初的旅游从业人数经过一年的变动后至年末实有的旅游从业人数。其次，时期指标具有累加性，即各期数值相加可以说明现象在较长时期内发生的总量，如一年的入境旅游人数是各月入境旅游人数之和；而时点指标不具有累加性，即各时点数值相加不具有实际意义。最后，时期指标数值的大小受时期长短的制约，如一年的国际旅游外汇收入必然大于一个月的国际旅游外汇收入；而时点指标数值是间断计数的，因为不可能对每一时点的数量都进行登记，通常是隔一段时间登记一次，所以它的大小与时点间的间隔长短无直接的关系，如年末的旅游从业人数不一定比某一月末的旅游从业人数多。因此，在应用时期总量指标时，应明确统计数字所属的时期范围。例如，某旅游企业利润额 20 万元，应说明这是哪一段时期的利润。而对时点总量指标，则要注意它的时刻特性。例如，某旅行社 5 月初职工人数 500 人，指的是 4 月 30 日和 5 月 1 日之交的人数，所以它和上月末人数是同一数字，而 5 月 1 日的人数是 5 月 1 日末的人数，经过 5 月 1 日一整天的变化，已经不一定是 500 人了。在实际工作中，时期指标和时点指标这两种指标在对比分析和平均分析时，计算处理的方法有所不同，应加以注意。正确区别时期指标与时点指标是计算时序平均数的前提和依据。

三、旅游统计总量指标体系

旅游者是旅游的主体，旅游业就是为了满足旅游者的旅游需要而产生和发展起来的，旅游者的需求又制约着旅游业的发展和旅游资源的开发利用。因此，旅游统计首先应当反映旅游者的主要情况。旅游者的情况是多方面的。目前，各国对旅游者进行统计，主要是三个侧面，因而设置三类统计指标，即旅游者的数量与构成指标、停留时间指标、消费支出额及其构成指标。这三类统计指标，各从不同角度反映了旅游需求情况。

旅游业是实现旅游活动的媒介，它是规划、发展和组织安排旅游活动，提供旅游者在整个旅游活动过程中所需要的直接产品和服务的事业，并能把劳务变成收入的行业。旅游业已发展成为国民经济的一个重要部门，它是由国家统一组织领导、统一规划、统一管理的一项经济事业。因此，旅游统计应提供反映旅游业主要情况的统计指标。

第一，旅游业是为了满足旅游者在旅游活动中的各种需要而建立和发展起来的，它的首要任务就是接待旅游者，因而关于反映旅游业接待能力的统计指标，如旅馆数、客房间数、床位数、交通工具的数量等，是这一侧面最基本的统计指标。

第二，旅游业是劳动密集型行业，在这个行业里劳动力的主体作用显得非常突出，因而就得研究旅游业的劳动工资情况。这一侧面的基本统计指标有：劳动力的数量与构成、劳动生产率、平均工资等。

第三，旅游业向旅游者提供服务以后，取得了经济收入。一定时期内旅游业所取得经济收入数量的大小，既表明了它在该时期内用货币表示的完成服务工作量的大小，也说明了它的全体工作人员为国家所作贡献的大小。因此，研究旅游业的经济收入情况具有重要的意义。这一侧面的基本统计指标有：营业收入的数量与构成、外汇收入的数量与构成等。

第四，旅游业是一项经济事业，通过它的全体工作人员的服务性劳动，实现了价值形态的运动。在这个运动过程中，既有人力、财力、物力的耗费，当初也由应该取得的一定货币收入来补偿这些耗费，同时也取得一定的利润。与其他经济活动一样，旅游业的经济活动也应讲求经济效益，进行全面的经济核算。这就需要建立一系列的统计指标，来反映旅游业的财务成本情况。这一侧面的基本统计指标有：固定资金的数量和利用情况指标、流动资金的数量和利用情况招标、营业成本、间接费用、利润额和利润率等。

旅游业的上述四类统计指标，对旅游业的三大部门（旅行社、旅游饭店和旅游交通）都同样需要。反映旅游者、旅游资源和旅游业三个构成要素主要情况的统计指标，就构成了整个旅游统计指标体系。在这一指标体系里，关于旅游资源的统计指标目前尚属空白，而关于旅游业的统计指标却占了极大部分。在旅游统计学所研究的方法论中，主要是阐述上述旅游统计指标的有关方法问题。

第二节 旅游相对指标

一、相对指标的概念和作用

旅游总量指标只能反映旅游经济现象的总规模、总水平，不能反映旅游经济现象间的对比关系、内部结构、计划完成情况，也不能反映旅游经济现象的动态变动方向和变动程度等。要解决这些问题，就要将有关的指标加以比较，就必须计算相对指标。

旅游相对指标，它是两个有联系的指标数值对比的结果，它可以表明旅游经济现象和过程所固有的数量对比关系。用来对比的两个数,既可以是绝对数,也可以是平均数和相对数。例如,入境旅游人次占总接待人次比例、旅游从业人员占地区总就业人口的比重等。

相对指标的主要作用如下:

1. 能具体表明旅游经济现象之间的比例关系,反映旅游经济现象的发展程度、相互关联程度和经济效益大小。例如,2006年中国接待入境旅游者61 396 434人次,比上年增长15.28%。其中,北京市接待入境旅游者3 902 923人次,比上年增长7.54%;天津市接待入境旅游者880 588人次,比上年增长18.99%。这些相对指标具体反映了中国各地区接待入境旅游者情况之间的比例关系。

2. 能将旅游现象的绝对差异抽象化,使一些不能直接对比的事物找出共同比较的基础。运用相对指标,使相关联的现象联系起来形成可比性指标,便于旅游经济现象之间的对比分析。例如,甲、乙两个旅行社,甲社是组团社,乙社是地接社,我们不能根据两社的接待水平直接评价它们经营的好坏。但是,通过计划完成程度、利润率、发展速度等相对指标,就使它们有了共同的比较基础,从而能够相互比较。

二、相对指标的种类和计算方法

由于研究目的和任务的不同,对比基础的不同,相对指标通常分为:计划完成相对指标、结构相对指标、比例相对指标、比较相对指标、强度相对指标和动态相对指标。现将各种相对指标的计算方法和作用介绍如下。

(一) 计划完成相对指标

1. 计划完成相对数的概念。它是以某旅游现象在某一段时间内的实际完成数与计划完成数对比,用来检查、监督计划执行情况的相对指标,通常以"%"表示,又称计划完成百分比。其计算公式为:

$$计划完成相对指标 = \frac{实际完成数}{计划完成数} \times 100\%$$

用这个公式计算出来的相对数,表示计划的完成程度,而子项数值减母项数值的差额(正或负)则表明执行计划的绝对效果。

2. 计划完成相对数的计算。计划指标是计划完成程度相对指标的基数,因计划指标既有可能是总量指标,也有可能是相对指标或平均指标,所以在具体计算时,要根据情况采用不同的方法。

(1) 根据总量指标计算计划完成相对数。计划完成相对数的计算公式如上式。

例如,某旅游饭店某年计划餐饮收入为600万元,实际完成660万元,则:

增加值计划完成相对数 = 660/600 × 100% = 110%

$$超额的绝对值 = 660 - 600 = 60（万元）$$

计算结果表明该旅游饭店超额 10% 完成增加值计划，超值 60 万元。

（2）根据相对指标计算计划完成相对数。计划完成相对数的计算公式为：

$$计划完成相对指标 = \frac{实际相对数}{计划相对数}$$

在经济管理中，有些计划任务数是以本年计划数比上年实际数提高或降低多少的相对数表示的，如劳动生产率提高率、成本降低率、原材料利用率或降低率等。对于这种增长率或降低率计划，可用公式说明如下：

$$计划完成相对指标 = \frac{1 + 实际增长率}{1 + 计划增长率}$$

$$计划完成相对指标 = \frac{1 - 实际降低率}{1 - 计划降低率}$$

例如，某餐馆烹调某种菜品，本年度计划单位成本降低 6%，实际降低 7.6%，则：

成本降低率计划完成相对数 = 1-7.6%/1-6% × 100% = 98.29%

计算结果表明，成本降低率比计划多完成 1.71%。

（3）根据平均指标计算计划完成相对数。其计算公式为：

$$计划完成相对指标 = \frac{实际平均数}{计划平均数} \times 100\%$$

此公式可以用来检查单位成本计划完成情况、平均工资计划完成情况等。

设某酒店某月客房工作量，计划每人每日平均整理 80 间客房，实际每人每日平均工作量为 100 间，则：

劳动生产率计划完成相对数 = 100/80 × 100% = 125%

计算结果表明，该酒店实际劳动生产率超额 25% 完成了计划任务。

3．计划执行进度的考核。制定长中短期计划是大型旅游企业日常工作中的重要部分，因此，研究计划的完成情况具有重要意义。如果实际完成数所包含的时期只是计划期的一部分，这种情况被称为计划执行进度，它不是在计划期末，而是在计划执行的过程中来进行计算的。一般适用于检查计划的执行进度和计划执行的合理性。其计算公式为：

$$计划执行进度 = \frac{累计完成数}{全期计划数} \times 100\%$$

以检查年度计划的进度为例，上式中累计完成数是指从年初到报告期的逐日、逐月或逐季实际完成的累计数，全期计划数是指全年的计划任务数。以表 3-1 为例。

表 3-1 某旅游公司三个分社计划完成情况计算表

旅游公司分社	全年计划完成接待量（人次）(1)	截止到第三季度的累积实际完成接待量（人次）(2)	截止到第三季度对全年计划的执行进度%（3）=（2）/（1）
甲	6000	4590	76.5
乙	4000	2980	74.5
丙	1000	730	73.0
合计	11000	8300	75.5

从对全年的计划执行进度来看，截止到第三季度，全年的时间已经过了 75.5%，各个分社和全公司的计划执行情况也应达到这一进度。从表 3-1 可以看出，全公司的计划执行情况达到了 75.5% 的进度要求，但从三个分社来看，发展是不平衡的，尚有乙、丙两个分社未完成累计进度计划，未能达到 75.5% 的进度要求，尤其是丙社，距 75.5% 的进度要求还有相当差距。可见，丙社是个薄弱环节。因此，促进丙社完成累计进度计划是保证全公司完成全年计划的关键。

4. 长期计划的检查。它是指国民经济 5 年计划或 10 年计划完成情况的考核，其中主要是 5 年计划完成情况的考核。根据客观现象的性质不同，5 年计划指标数值的规定有水平法和累计法两种方法，即有的规定计划期末应达到的水平，有的规定全期应完成的累计总数，因而统计上检查 5 年计划的完成情况，亦有水平法和累计法之分。

（1）水平法。在长期计划中，如果只规定计划期末应达到的水平，如商品零售额、产品产量、人口数等，可采用水平法检查计划。水平法是在 5 年计划中只规定最后一年应达到的水平，如啤酒产量、粮食产量、旅游纪念品零售额等。用水平法检查 5 年计划执行情况的公式为：

$$5年计划完成程度 = \frac{5年计划末年实际达到的水平}{5年计划规定的末年水平} \times 100\%$$

提前完成 5 年计划的时间：在 5 年中，从前往后考察，只要有连续一年时间（不论是否在一个日历年度，只要连续 12 个月即可），实际完成的水平达到了计划规定的最后一年的水平，就算完成了 5 年计划，所余时间即为提前完成 5 年计划的时间。

例如，某旅游纪念品计划规定第 5 年产量 56 万件，实际第 5 年产量 63 万件，则
$$5年计划完成程度 = 63/56 \times 100\% = 112.5\%$$

那么，我们要问，提前多少时间完成计划？

现假定第 4 年、第 5 年各月完成情况如表 3-2 所示。

表 3-2 某产品第 4 年、第 5 年完成情况

单位：万件

月份	1	2	3	4	5	6	7	8	9	10	11	12	合计
第 4 年	3.5	3.5	4	3.8	4	3.8	4	5	5	5	5	4	49.6
第 5 年	4	4	4	5	5	5	5	6	6	6	6	7	63

由表 3-2 资料可知，从第 4 年 9 月至第 5 年 8 月，产量合计为 57 万件，而从第 4 年 8 月至第 5 年 7 月，产量合计为 55 万件，因此，当产量达到计划规定的 56 万件时，时间一定在第 5 年 8 月某一天。现设提前 X 天（指第 5 年 8 月中从后往前数的 X 天），又假定用月资料计算平均数代替每日资料，因要满足连续 12 个月的要求，故列方程如下：

$$\frac{4}{31}X + 51 + \frac{6}{31}(31 - X) = 56$$

（51 万件为第 4 年 9 月至第 5 年 7 月的产量合计）

解得：

$$X = 15.5（天）$$

计算结果表明，提前 4 个月又 15 天半完成 5 年计划。

（2）累计法。累计法是在 5 年计划中规定 5 年累计完成量应达到的水平，如旅游业基本建设投资额、新增生产能力、新增固定资产等。用累计法检查 5 年计划执行情况的公式为：

$$5 年计划完成程度 = \frac{5 年计划期间实际累计完成数}{5 年计划规定的累计数} \times 100\%$$

提前完成 5 年计划的时间：在 5 年中，从期初往后连续考察，只要实际累计完成数达到计划规定的累计任务数，即为完成 5 年计划，所余时间为提前完成 5 年计划的时间。

例如，某 5 年计划的旅游业基建投资总额为 220 亿元，5 年内实际累计完成 224 亿元，则：

$$5 年计划完成程度 = 224/220 \times 100\% = 101.8\%$$

假定 2001～2005 年间基建投资总额计划为 220 亿元，实际至 2005 年 6 月底止累计实际投资额已达 220 亿元，则提前半年完成计划。

采用累积法检查计划执行情况时，计算提前完成计划时间的方法是：在 5 年计划中，从初期往后连续观察，只要实际累计完成额达到计划规定的累计任务数，即为完成 5 年计划，所剩余的时间均为提前完成 5 年计划的时间。例如，在上例中，假定在 1995～2000 年的 5 年计划执行过程中，至 2000 年 6 月底为止累计投资额已达 220 亿元，则提前完成计划的时间为 6 个月。

5. 计划完成相对数的作用。计划完成相对数的作用可以概括为：① 可以准确地说明各项计划指标的计划完成情况和计划执行的合理性，为搞好旅游经营管理提供依据；② 可以反映计划执行进度，以便及时发现问题，提出措施，推动旅游经济的良好发展；③ 可以反映旅游经济计划执行中的薄弱环节，鼓励执行计划的落后者向先进者看齐，为组织新的平衡提供依据。

（二）结构相对指标

旅游总体是在同一性质基础上由各种有差异的部分所组成的。结构相对指标就是将总体按某一标志分组，将总体区分为不同性质（即差异）的各部分，以部分数值与总体全部数值对比而得出比重或比率，来反映总体内部组成状况的综合指标。常用的结构相对指标有旅游就业率、客房出租率等。其计算公式为：

$$结构相对指标 = \frac{总体部分数值}{总体全部数值} \times 100\%$$

结构相对数是统计分析中常用的指标，其作用如下。

1. 可以反映总体内部结构的特征。例如，1994年来华旅游的外国人中，男性所占比重远远高于女性，如表3-3所示。

表3-3 来华旅游者性别比重表

性别	人数	比重（%）
男	258.28	69.1
女	159.93	30.9
总计	518.21	100.0

由表中计算结果可以看出：1994年来华旅游的外国人中，男性所占比重远远高于女性。

2. 通过不同时期相对数的变动，可以看出事物的变化过程及其发展趋势。如表3-4所示。

表3-4 我国大中小学学生构成

	1949年	1965年	1979年	1986年	2002年
大学生（%）	0.4	0.5	0.5	1.0	4.0
中学生（%）	4.9	10.9	29.0	28.5	42.0
小学生（%）	94.6	88.6	70.5	70.5	54.0

上述资料表明，我国大、中、小学生结构变化的过程，反映了新中国以来我国大、中学生占在校大、中、小学生总数中的比重呈现提高的趋势。

3. 能反映对人力、物力、财力的利用程度及生产经营效果的好坏。例如，旅游企业对成本构成进行分析，有利于发现成本项目中的薄弱环节，以便采取改进措施，降低成本。又如，旅游企业中的工时利用率、设备利用率等一些利用率指标以及客房入住率、职工流动率等，均是利用结构相对数反映的。

例如，某旅游纪念品总成本20元，其中，直接材料费15元，人工费4元，制造费用1元，则：

$$直接材料占全部总成本的比重 = \frac{15}{20} \times 100\% = 75\%$$

$$人工占全部总成本的比重 = \frac{4}{20} \times 100\% = 20\%$$

$$制造费用占全部总成本的比重 = \frac{1}{20} \times 100\% = 5\%$$

由上可见，此旅游纪念品的成本构成中直接材料费占极大的比重，其次为人工费，制造费用所占比重很小。

（三）比例相对指标

比例相对指标是同一总体内不同组成部分的指标数值对比的结果，用来表明总体内部的比例关系。常用的比例相对指标有饭店客房、餐饮和其他营业收入比较、城镇居民出游花费中公务员与企事业管理的比较等等，其计算公式为：

$$比例相对指标 = \frac{总体中的某部分数值}{总体中的另一部分数值} \times 100\%$$

例如，我国 2006 年末旅游业从业人数为 2 713 413 人，其中旅行社为 285 917 人，星级饭店为 1 580 403 人，旅行社和星级饭店从业人数比例为 1∶5.527。

（四）比较相对指标

比较相对数又称类比相对数，是将两个同类指标作静态对比得出的综合指标，表明同类现象在不同条件（如在各国、各地、各单位）下的数量对比关系。利用比较相对数，其作用主要是对事物发展在不同地区、不同部门、不同单位或不同个人之间进行比较分析，以反映旅游现象之间的差别程度。另外，计算比较标准典型化的比较相对数，还可以找出工作中的差距，从而为提高旅游企业的接待水平和管理水平提供依据。其计算公式为：

$$比较相对指标 = \frac{某条件下的某类指标数值}{另一条件下的同类指标数值} \times 100\%$$

式中，分子与分母现象所属统计指标的含义、口径、计算方法和计量单位必须一致。比较相对数一般用百分数或倍数表示。例如，某年有甲、乙两旅游企业，甲企业职工劳动生产率为 25000 元，乙企业为 35700 元，则

$$两企业劳动生产率比较相对数 = \frac{25000}{35700} \times 100\% = 70\%$$

计算结果说明甲企业劳动生产率比乙企业低 30%。计算比较相对数时，作为比较基数的分母可取不同的对象。一般有两种情况：（1）比较标准是一般对象。如上例，分子与分母概括为甲、乙两个单位，这时，既可以用甲比乙，即劳动生产率之比为 70%，也可以用乙比甲，即劳动生产率之比为 142.8%（或乙是甲的 1.428 倍）。就是说，这种情况下的分子与分母的位置可以互换。（2）比较标准（基

数）典型化。例如，将本单位产品的质量、成本、单耗等各项技术经济指标都和国家规定的水平比较，和同行业的先进水平比较，和国外先进水平比较等，这时，分子与分母的位置不能互换。

比较相对数可以用总量指标进行对比，也可以用相对指标或平均指标进行对比。但由于总量指标易受总体范围大小的影响，因而，计算比较相对数时，更多地采用相对指标或平均指标。

（五）强度相对指标

强度相对指标是分析不同事物之间的数量关系时，需要计算强度相对数。强度相对数是两个性质不同、但有一定联系的总量指标对比的结果，用来表明现象的强度、密度和普遍程度的综合指标。其计算公式为：

强度相对数 = 某一总量指标数值/另一有联系而性质不同的总量指标数值

例如，2006 年我国入境旅游人数为 12 494.2096 万人，则人口密度计算如下：

$$人口密度 = \frac{12494.2096 万人}{960 万平方公里} = 13（人/平方公里）$$

应该指出，强度相对数虽有"平均"的含义，但它不是同质总体的标志总量与总体单位数之比，所以不是平均数。

（六）动态相对指标

动态相对数是同类指标在不同时期上的对比，表明旅游现象变化的方向和程度。其计算公式为：

$$动态相对指标 = \frac{报告期水平}{基期水平} \times 100\%$$

上式中，基期是作为对比标准的时间，而报告期是同基期比较的时期，有时也称为计算期。动态相对数的计算结果用百分数或倍数表示。

例如，某旅游企业 2007 年上半年实现净利润 1200 万元，2008 年上半年实现净利润 1360 万元，则：

$$动态相对指标 = \frac{报告期指标数值}{基期指标数值} \times 100\% = \frac{1360}{1200} \times 100\% = 113.33\%$$

三、正确运用相对指标的原则

（一）相对指标要和总量指标相结合运用原则

相对数具有抽象化的特点，从而掩盖了现象间绝对量的差别。为了全面分析问题，运用相对数时，必须与计算相对数所依据的绝对水平联系起来考察，要看到相对数背后所隐藏的总量指标数值，这样才能使我们对客观事物有正确的认识。结合运用的方法有两种：一是计算分子与分母的绝对差额，二是计算每增长

1%的绝对值。例如，统计我国历年某旅游纪念品产量发展对比情况，如表 3-5 所示。

表 3-5　某旅游纪念品产量发展情况

年份	1978	1979	1988	1989	2001	2002
纪念品产量（万只）	1300.1	1800.0	2872.4	3301.0	7500.5	8600.5
发展速度（%）	100	138.45	100	114.9	100	114.7
增长量（万只）	—	499.9	—	428.6	—	1100
增长1%绝对值（万只）	—	13.0	—	28.7	—	74.81

表 3-5 中：

$$增长量 = 报告期水平 - 基期水平$$

$$增长1\%绝对值 = \frac{增长量}{发展速度 \times 100} = \frac{基期水平}{100}$$

表 3-5 列出了某旅游纪念品产量在三个不同阶段的发展差异。从发展速度看，1979 年是 1978 年的 138.45%，发展速度较快，而上世纪 80 年代和本世纪初的发展速度都较小，我们可以结合绝对数说明全面情况。1979 年比 1978 年，虽然速度快，但一年只增产 499.9 万只，每 1%的增长速度只增产 13.0 万只；而 2002 年较 2001 年，虽然速度低，但一年增产 1100 万只，每 1%的增长速度，可增产该产品 74.81 万只。

由此可见，大的相对数背后的绝对数可能很小，而小的相对数背后的绝对数可能很大，即同样的相对数背后隐藏的绝对数可能不同。因此，我们不能只凭相对数大小判断事物，只有将相对数和绝对数结合起来运用，才能对事物作出正确的评价。

（二）多种相对指标结合运用原则

在对一个复杂的现象进行研究时，只利用一种相对指标往往不能满足需要，只有根据现象的具体情况，应用多个相对指标才能比较深入地说明问题。例如，要评价一个旅游企业的生产情况，我们要利用全员劳动生产率、平均客房出租率、营业收入总额等许多指标来判断，这样才能正确判断企业生产工作的好坏。再如，我们观察比较某些国家或地区旅游经济动态时，既要计算动态相对数即发展速度，也要注意其经济总量，因为相同的发展速度并不意味着相同的经济增长量。

第三节 旅游平均指标

一、平均指标的概念和作用

平均指标又称平均数,是旅游统计中十分重要的综合指标。平均指标是指在同质总体内将各单位某一数量标志的差异抽象化,用以反映总体在具体条件下的一般水平。简言之,平均指标是说明同质总体内某一数量标志在一定历史条件下一般水平的综合指标。如饭店的平价客房出租率、旅游业的全员劳动生产率、旅游者平均停留天数等。平均指标可以是同一时间的同类现象的一般水平,称为静态平均数,也可以是不同时间的同类现象的一般水平,称为动态平均数(本章只论述静态平均数)。

平均指标按计算和确定的方法不同,分为算术平均数、调和平均数、几何平均数、众数和中位数等。它们都是总体各单位数量标志值一般水平的代表值。算术平均数、调和平均数、几何平均数等是根据分布数列中各单位的标志值计算而来的,称数值平均数;众数和中位数等是根据分布数列中某些标志值所处的位置来确定的,称位置平均数。现将各种平均数分述如下。

二、算术平均数

(一)算术平均数的基本公式

算术平均数是总体各单位标志值之和除以总体单位数所得的商,它是分析社会经济现象一般水平和典型特征的最基本指标,是日常工作中最常用的一种平均数。其基本公式为:

$$算术平均数 = \frac{总体标志总量}{总体单位总数}$$

在以上公式中,分子和分母在经济内容上有着从属关系,即分子数值是各分母单位特征的总和,两者在总体范围上是一致的,这也是平均数和强度相对数的区别所在。算术平均数由于掌握的资料不同,可分为简单算术平均数和加权算术平均数两种。

(二)简单算术平均数

如果掌握的资料是总体各单位的标志值,而且是未分组资料,则可先将各单位的标志值相加得出标志总量,然后再除以总体单位数,这种计算平均数的方法称为简单算术平均数。

例如,某旅游纪念品生产小组有 5 名工人,日产量(件)分别为 13、13、14、14、16,则平均每个工人日产旅游纪念品件数为:

$$\frac{13+13+14+14+16}{5}=14（件）$$

该平均日产量 14 件可以用来反映这 5 名工人日产量的一般水平,是抽象全体工人日产量差异后的一个代表值。在计算中,个别工人的高产量与个别工人的低产量互相抵消后,结果代表了日产量的集中趋势。

上式用符号表示:

$$\overline{X}=\frac{X_1+X_2+\cdots+X_n}{n}=\frac{\sum X}{n}$$

式中，$\overline{X}$ 为算术平均数；

X_1，X_2，…，X_n 为各个变量；

n 为变量个数；

Σ 为总和符号。

(三)加权算术平均数

如果数据很多,就需要将它们整理分组,形成频数分布数列。当掌握的资料是经过分组整理编成了单项数列或组距数列,并且每组次数不同时,就应采用加权算术平均数的方法计算算术平均数。具体方法是:① 将各组标志值分别乘以相应的频数求得各组的标志总量,并加总得到总体标志总量；② 将各组的频数加总,得到总体单位总数；③ 用总体标志总量除以总体单位总数,即得算术平均数。

例如,某大酒店有 50 个客房服务员,他们每人每日打扫的房间数,编成单项数列,如表 3-6 所示。

表 3-6 某酒店服务员工作量统计表

按日打扫房间数分组（X）	服务员人数（f）	总工作量（Xf）
20	2	40
21	4	84
22	6	132
23	8	184
24	12	288
25	10	250
26	7	182
27	1	27
合计	50	1187

上述 50 个服务员的总工作量为 1187 间，所以每个服务员平均日工作量为：
服务员平均日工作量 =1187/50=23.74（间）

上式如以 X 代表变量（在本例即为日打扫房间数），f 代表次数，也称频数（即权数，在本例即为服务员人数），用符号代表：

$$\overline{X} = \frac{X_1 f_1 + X_2 f_2 + \cdots + X_n f_n}{f_1 + f_2 + \cdots + f_n} = \frac{\sum Xf}{\sum f}$$

式中，$\sum Xf$ 为总体标志总量；

$\sum f$ 为总体单位总数，亦称总次数或总权数。

由上述计算公式可看出：平均日产件数的大小，不仅取决于各组变量（X）的大小，同时也决定于各组单位数（f），即各个变量的个数的多少，某组出现次数多，平均数受该组的影响就较大；反之，次数少，对平均数影响也小。次数（f）在这里起着权衡轻重的作用，所以，统计上把次数称为权数。用加权方法计算的算术平均数叫做加权算术平均数。

变量数列的权数有两种形式：一种是以绝对数表示，称次数或频数；另一种是以比重表示，称频率。同一总体资料，用这两种权数所计算的加权算术平均数完全相同。

当权数采用频率的形式计算时，表现为 $\overline{X} = \sum X \times \frac{f}{\sum f}$。用频率计算的公式和直接用次数计算的公式在内容上相等，即 $\frac{\sum Xf}{\sum f} = \sum X \times \frac{f}{\sum f}$。仍以表 3-6 的资料为例，用权数系数形式计算加权算术平均数，如表 3-7 所示。

表 3-7 某酒店服务员工作情况统计表

按日打扫房间数分组（X）	服务员人数		$X \cdot \frac{f}{\sum f}$
	绝对数（f）	频率 $f/\sum f$	
20	2	0.04	0.80
21	4	0.08	1.68
22	6	0.12	2.64
23	8	0.16	3.68
24	12	0.24	5.76
25	10	0.20	5.00
26	7	0.14	3.64
27	1	0.02	0.54
合计	50	1.00	23.74

$$\overline{X} = \sum X \times \frac{f}{\sum f} = 23.74（间）$$

其计算结果与用次数公式计算的结果完全一样。

如果是组距数列,假定各组的标志值在组内是均匀分布,则计算算术平均数的方法与上述方法基本相同,所不同的只是要利用各组的组中值作为代表标志值进行计算。具体方法是,必须先算出组距数列各组的组中值,以各组中值代表该组的标志值,然后再来计算加权算术平均数。举例如表3-8所示。

表3-8　某酒店面包师日产量的算术平均数计算表

按日产量分组（千克）	面包师人数（人）f	组中值X	Xf
60以下	8	55	440
60～70	19	65	1235
70～80	50	75	3750
80～90	36	85	3060
90～100	27	95	2565
100～110	14	105	1470
110以上	10	115	1150
合计	164	—	13670

面包师平均日产量 =13670/164=83.35（千克）

需要注意的是,这种用组中值代替标志值的计算方法具有一定的假定性。即假定各单位标志值在组内是均匀分配的,但实际上要分配得完全均匀是不可能的。这样,用组中值计算出来的算术平均数只是近似值,而不是准确数值。还要指出,根据组距数列计算算术平均数时,往往会遇到开口组,如表3-8中,第一组的60以下及最后一组的110以上,这时我们一般就假定它们同邻组组限相仿来计算组中值。因此,根据开口组计算的算术平均数就更具有假定性。尽管如此,但就整个数列来看,由于分组引起的影响变量数值高低的各种因素会起到相互抵消的作用,所以,由此而计算的平均数仍然具有足够的代表性。

不难看出,加权算术平均数与简单算术平均数不同之处在于:加权算术平均数受到两个因素的影响,即变量值大小和次数多少的影响;而简单算术平均数只反映变量值大小这一因素的影响。

（四）算术平均数的数学性质

1. 算术平均数与总体单位数的乘积等于总体各单位标志值的总和。

简单算术平均数　$n\overline{X} = \sum X$

加权算术平均数　$\overline{X}\sum f = \sum Xf$

这一性质说明，平均数是总体各单位标志值的代表数值，并且根据平均数与次数可以推算出总体标志总量。

2. 如果每个变量值都加或减任意数值 A，则平均数也要增多或减少这个数 A。

简单算术平均数 $\dfrac{\sum(X \pm A)}{n} = \dfrac{\sum X \pm nA}{n} = \overline{X} \pm A$

$$\therefore \overline{X} = \dfrac{\sum(X \pm A)}{n} \mp A$$

加权算术平均数 $\dfrac{\sum(X \pm A)f}{\sum f} = \dfrac{\sum Xf \pm A\sum f}{\sum f} = \overline{X} \pm A$

$$\therefore \overline{X} = \dfrac{\sum(X \pm A)f}{\sum f} \mp A$$

3. 如果每个变量值都乘以或除以一个任意数值 A，则平均数也乘以或除以这个数 A。乘以 A 时：

简单算术平均数 $\dfrac{\sum AX}{n} = \dfrac{A\sum X}{n} = A\overline{X}$

$$\therefore \overline{X} = \dfrac{\sum AX}{n} \Big/ A$$

加权算术平均数 $\dfrac{\sum AXf}{\sum f} = \dfrac{A\sum Xf}{\sum f} = A\overline{X}$

$$\therefore \overline{X} = \dfrac{\sum AXf}{\sum f} \Big/ A$$

除以 A（$A \neq 0$）时：

简单算术平均数 $\dfrac{\sum(\frac{X}{A})}{n} = \dfrac{\frac{1}{A}\sum X}{n} = \dfrac{\overline{X}}{A}$

$$\therefore \overline{X} = \dfrac{\sum(\frac{X}{A})}{n} \times A$$

加权算术平均数 $\dfrac{\sum(\frac{X}{A})f}{\sum f} = \dfrac{\frac{1}{A}\sum Xf}{\sum f} = \dfrac{\overline{X}}{A}$

$$\therefore \overline{X} = \dfrac{\sum(\frac{X}{A})f}{\sum f} \times A$$

4. 各个变量值与算术平均数的离差之和等于零。

简单算术平均数：$\sum(X-\overline{X})=0$

加权算术平均数：$\sum(X-\overline{X})f=0$

5. 各个变量值与算术平均数的离差平方之和等于最小值。

简单算术平均数：$\sum(X-\overline{X})^2=$ 最小值

加权算术平均数：$\sum(X-\overline{X})^2f=$ 最小值

算术平均数适合用代数方法运算，因此，在实践中应用很广，但有两点不足：

（1）算术平均数易受极端变量值的影响，使 X 的代表性变小，而且受极大值的影响大于受极小值的影响。

（2）当组距数列为开口组时，由于组中值不易确定，使 X 的代表性也不很可靠。

三、调和平均数

调和平均数从数学意义上来说，是一种独立的平均指标。它是被研究对象中各单位变量值倒数的算术平均数的倒数，所以又称"倒数平均数"。具体计算方法如下：

（1）先计算各个变量值的倒数，即 $\dfrac{1}{X}$

（2）计算上述各个变量值倒数的算术平均数，即 $\dfrac{\sum\dfrac{1}{X}}{n}$

（3）再计算这种算术平均数的倒数，即 $\dfrac{n}{\sum\dfrac{1}{X}}$，就是调和平均数。也即：

$$\overline{X_h}=\dfrac{n}{\sum\dfrac{1}{X}}$$

式中，$\overline{X_h}$ 代表调和平均数。

由于所得资料的具体内容不同，调和平均数也有简单调和平均数（如上式）和加权调和平均数两种。加权调和平均数形式为：

$$\overline{X_h}=\dfrac{\sum f}{\sum\dfrac{1}{X}f}$$

在我们的现实生活中，直接用调和平均数的形式很少，大多数情况下是把它

作为算术平均数的变形来使用的,而且两者计算的结果是相同的,仅计算的过程不同而已。即有以下数学关系式成立:

$$\overline{X} = \frac{\sum Xf}{\sum f} = \frac{\sum Xf}{\sum \frac{1}{X} Xf} = \frac{\sum m}{\sum \frac{m}{X}} = \overline{X_h}$$

其中,$m = Xf$,$f = \frac{m}{X}$,m 是一种特定权数,它不是各组变量值出现的次数,而是各组标志总量。但是 m 具有加权算术平均数权数的数学性质,即各组权数 m 同时扩大或缩小若干倍数,平均数值不变。算术平均数的变形是在由相对数计算算术平均数和由平均数计算算术平均数时,由于所掌握的材料的限制而产生的。分别介绍如下。

(一)由平均数计算平均数时调和平均数法的应用

例如,已知某旅游线路在三个旅行社中的报价及销售量资料如表3-9所示。

表3-9　某旅游线路在三个旅行社中的销售情况

旅行社	报价(元/人次) X	销售量(人次) f	Xf
甲	2.1	30000	63000
乙	2.5	20000	50000
丙	2.4	25000	60000
合计	—	75000	173000

这里,我们掌握报价和销售量的资料,因此,可以采用加权算术平均数的方法,即:

$$总平均价格\ \overline{X} = \frac{\sum Xf}{\sum f} = \frac{173000}{75000} = 2.31（元/人次）$$

如果掌握平均价格和销售额的资料,则应用加权调和平均数公式计算的平均数如表3-10所示。

表3-10　某线路报价计算表

旅行社	报价(元/人次) X	销售额(元) m	$\frac{m}{X}$
甲	2.1	60000	28571.43
乙	2.5	50000	20000
丙	2.4	60000	25000
合计	—	170000	73571.43

总平均价格 $\overline{X_h} = \dfrac{\sum m}{\sum \dfrac{m}{X}} = \dfrac{170000}{73571.43} = 2.31$（元/人次）

其计算结果同按加权算术平均数的结果完全一样。从计算形式上看，后者采用了调和平均数的方法，但在内容上却与算术平均数法计算的一样。原因在于两者在采用的权数上是不同的。算术平均数法是以销售量（基本公式的分母）为权数的，调和平均数法是以销售额（基本公式的分子）为权数的。究竟采用哪种计算方法，要从掌握的资料情况来决定。

（二）由相对数计算平均数时调和平均数法的应用

例如，某旅游公司有三个分社，已知其计划完成程度（%）及计划产值资料如表 3-11 所示。

表 3-11　某旅游公司各分社计划完成程度情况

旅行社	计划完成程度（%） X	计划收益（万元） f	Xf
甲	95	1400	1330
乙	105	12800	13440
丙	115	2000	2300
合计	—	16200	17070

这里，我们掌握计划完成程度和计划产值的资料，因此，可以采用加权算术平均数的计算公式，即：

平均计划完成程度 $\overline{X} = \dfrac{\sum Xf}{\sum f} = \dfrac{17070}{16200} = 1.054$ 或 105.4%

如果只掌握计划完成程度和实际产值资料，则应采用加权调和平均数公式来计算平均数，如表 3-12 所示。

表 3-12　某旅游公司各分社计划完成程度计算表

旅行社	计划完成程度（%） X	实际收益（万元） m	$\dfrac{m}{X}$
甲	95	1330	1400
乙	105	13440	12800
丙	115	2300	2000
合计	—	17070	16200

平均计划完成程度 $\overline{X_h} = \dfrac{\sum m}{\sum \dfrac{m}{X}} = \dfrac{17070}{16200} = 1.054$ 或 105.4%

从上述两例中可以看到,在由相对数或平均数计算平均数时,要判断在什么情况下可以采用算术平均数或调和平均数的问题,关键在于以算术平均数的基本公式为依据。如果我们所掌握的权数资料是基本公式的母项数值(总体的单位数量),即缺少子项数值(总体的标志数量),则直接采用加权算术平均数形式;如果我们所掌握的权数资料是基本公式的子项数值(总体的标志数量),即缺少母项数值(总体的单位数量),则须采用调和平均数形式。因此,所平均的变量值是相对数和平均数时,则可利用此特点。因为相对数和平均数都是两个数值对比所形成的比值,计算其平均指标时,可根据实际所掌握的资料不同来选择不同的方法。

调和平均数有如下特点:① 如果数列中有一标志值等于零,则无法计算 $\overline{X_h}$;② 它作为一种数值平均数,受所有标志值的影响,它受极小值的影响大于受极大值的影响,但较之算术平均数,$\overline{X_h}$ 受极端值的影响要小。

利用相对数和平均数计算平均指标可按下面的步骤进行:第一,先写出所求指标的基本公式。第二,根据基本公式,检查所掌握的资料,确定权数和计算方法。若缺少分子资料时,分母作权数,用 f,且采用加权算术平均数的方法;若缺少分母资料时,分子作权数,用 m,且采用加权调和平均数的方法。第三,将资料代入公式,计算出结果。

四、几何平均数

几何平均数又称"对数平均数",它是若干项变量值连乘积开其项数次方的算术根,通常用 $\overline{X_G}$ 或者 G 表示。当各项变量值的连乘积等于总比率或总速度时,适宜用几何平均数计算平均比率或平均速度。由于这类比率的变量值的连乘积为总比率,故不能用算术平均方法,而只能用几何平均方法计算其平均指标。

几何平均数可分简单几何平均数和加权几何平均数两种。前者适用于未分组资料,后者适用于分组后的变量数列。但常用的是简单几何平均数。

(一)简单几何平均数

简单几何平均数是 n 个变量值连乘积的 n 次方根,其计算公式为:

$$\overline{X_G} = \sqrt[n]{X_1 \times X_2 \times \cdots \times X_n} = \sqrt[n]{\prod X}$$

在实际计算工作中,由于变量值个数较多,通常要应用对数来进行计算。即:

$$\lg \overline{X_G} = \frac{1}{n}(\lg X_1 + \lg X_2 + \cdots + \lg X_n) = \frac{1}{n}\sum \lg X$$

$$\therefore \overline{X_G} = arc(\lg \overline{X_G})$$

由此可见，几何平均数是各个变量值对数的算术平均数的反对数。

例如，以我国旅游业 2001～2006 年期间国际旅游外汇收入为例，说明用几何平均数法计算平均发展速度的过程，如表 3-13 所示。

表 3-13　我国国际旅游外汇收入平均发展速度计算表

年份	国际旅游收入（亿美元）	逐年发展速度（X）（各年收入为前一年的%）	逐年发展速度的对数（$\lg X$）
2001	177.92	—	—
2002	203.85	114.57	2.05907
2003	174.06	85.39	1.93141
2004	257.39	147.87	2.16989
2005	292.96	113.82	2.05622
2006	339.49	115.88	2.06402
合计	—	—	10.28061

5 年间我国国际旅游外汇收入平均发展速度为：

$$\overline{X_G} = \sqrt[n]{\Pi X}$$
$$= \sqrt[5]{114.57\% \times 85.39\% \times 147.87\% \times 113.82\% \times 115.88\%}$$
$$= \sqrt[5]{1.908029} = 113.79\%$$

应用对数进行计算，现将各变量值取对数，如表 3-13 所示，计算如下：

$$\lg \overline{X_G} = \frac{\sum \lg X}{n} = \frac{10.28061}{5} = 2.016522$$

$$\therefore \overline{X_G} = arc \lg \overline{X_G} = arc\, 2.016522 = 113.79\%$$

这就是说，我国在 2001～2006 年期间，国际旅游外汇收入每年平均发展速度为 113.79%，即每年平均递增 13.79%。

从以上计算可以看出，利用几何平均数求解平均比率或平均速度需满足两个前提条件：第一，各个比率或速度的连乘积等于总比率或总速度；第二，相乘的各个比率或速度不得为零或负值。

(二)加权几何平均数

当各个变量值的次数(权数)不相同时,应采用加权几何平均数,其计算公式为:

$$\overline{X_G} = \sqrt[f_1+f_2+\cdots+f_n]{X_1^{f_1} \times X_2^{f_2} \times \cdots \times X_n^{f_n}} = \sqrt[\sum f]{\prod X^f}$$

上式中,f 为各变量值的次数或权数。

将公式两边取对数,则为:

$$\lg \overline{X_G} = \frac{f_1 \lg X_1 + f_2 \lg X_2 + \cdots + f_n \lg X_n}{f_1 + f_2 + \cdots + f_n} = \frac{\sum f \lg X}{\sum f}$$

$$\therefore \overline{X_G} = arc(\lg \overline{X_G})$$

例如,投资银行某笔旅游投资的年利率是按复利计算的,25 年的年利率分配是:有 1 年为 3%,有 4 年为 5%,有 8 年为 8%,有 10 年为 10%,有 2 年为 15%,求平均年利率。

计算时,必须先将各年利率加 100%,然后按加权几何平均数计算,再减去 100%便得到平均年利率。先列表,如表 3-14 所示,计算如下。

表 3-14 某投资银行年平均利率计算表

年利率发展速度(%) X	年数 f	年利率发展速度的对数 $\lg X$	$f \lg X$
103	1	2.0128	2.0128
105	4	2.0212	8.0848
108	8	2.0334	16.2672
110	10	2.0414	20.4140
115	2	2.0607	4.1214
合计	25	—	50.9002

$$\overline{X_G} = \frac{\sum f \lg X}{\sum f} = \frac{50.9002}{25} = 2.0360$$

$$\therefore \overline{X_G} = arc(\lg \overline{X_G}) = arc2.0360 = 108.6\%$$

结果说明,25 年的年平均利率为 8.6%

需要注意的是,由于按复利计息,各年的利息是以上一年的本利和为基础计算的,因此,应先将各年的平均利率换算成年本利率(1+年利率)再进行计算。因为各年的年本利率的连乘积等于总的本利率,在此基础上减 1,就得到平均年利率。

几何平均数较之算数平均数，应用范围较窄，它有如下特点：①如果数列中有一个标志值等于零或负值，就无法计算 $\overline{X_G}$；②受极端值影响较 $\overline{X}$ 和 $\overline{X_h}$ 小，故较稳健；③它适用于反映特定现象的平均水平，即现象的总标志值不是各单位标志值的总和，而是各单位标志值的连乘积。对于这类社会经济现象，不能采用算术平均数反映其一般水平，而需采用几何平均数。

五、众数

（一）众数的概念

众数是总体中出现次数最多的标志值，在总体各标志值之中它的代表性也较强，它能直观地说明客观现象分配中的集中趋势。在实际工作中，有时要利用众数代替算术平均数来说明社会经济现象的一般水平。例如，一个旅游景点一天接待游客数在不同的时刻会有变化，其中游客数最多的那个时刻就是众数时间；再如，一个酒店每天的客房入住率不同，其中85%是出现次数最多的，这个数就是众数，可代表酒店客房入住率的一般水平。

由众数的定义可看出众数存在的条件：就是总体的单位数较多，各标志值的次数分配又有明显的集中趋势时才存在众数；如果总体单位数很少，尽管次数分配较集中，那么计算出来的众数意义也不大；如果总体单位数较多，但次数分配不集中，即各单位的标志值在总体中出现的比重较均匀，那么也无所谓众数。

（二）众数的计算方法

1. 由单项数列确定众数

由单项数列确定众数，只需观察次数，出现次数最多的标志值就是众数。

例如，设某酒店某天家庭套餐销售量资料如表 3-15 所示，试确定酒店家庭套餐价格的一般水平。

表 3-15　酒店家庭套餐销售情况

价格（元）	销售量（个）	比重（%）	价格（元）	销售量（个）	比重（%）
80	12	5	95	60	25
85	16	15	100	24	10
90	96	40	105	12	5
			合计	220	100

因为 90 元的套餐销售量 96 个，占 40%，为最多，所以，
套餐价格的众数 M_0=90（元）。
式中：M_0 代表众数。

2. 由组距数列确定众数

由组距数列确定众数,首先由最多次数来确定众数所在组,然后再用比例插值法推算众数的近似值。其计算公式为:

$$下限公式:M_0 = X_L + \frac{\Delta_1}{\Delta_1 + \Delta_2} \times d$$

$$上限公式:M_0 = X_U - \frac{\Delta_2}{\Delta_1 + \Delta_2} \times d$$

式中,X_L、X_U 为分别表示众数组的下限、上限;

Δ_1 为表示众数组次数与以前一组次数之差;

Δ_2 为表示众数组次数与以后一组次数之差;

d 为表示众数组组距。

众数的下限公式和上限公式是等价的,用两个公式计算结果完全相同,但一般采用下限公式。

仍以表 3-8 为例,说明组距数列计算众数的方法,如表 3-16 所示。

表 3-16 某酒店面包师日产量次数分布

按日产量分组（千克）	服务员人数（人）	按日产量分组（千克）	服务员人数（人）
60 以下	10	90～100	27
60～70	19	100～110	14
70～80	50	110 以上	8
80～90	36		

首先确定众数组:次数最多者是 50,对应的分组为 70~80,则 70~80 组就是众数所在组。然后用公式计算众数的近似值:

按下限公式:
$$M_0 = X_L + \frac{\Delta_1}{\Delta_1 + \Delta_2} \times d$$
$$= 70 + \frac{50-19}{(50-19)+(50-36)} \times 10$$
$$= 76.89 \text{（千克）}$$

或按上限公式:
$$M_0 = X_U - \frac{\Delta_2}{\Delta_1 + \Delta_2} \times d$$
$$= 80 - \frac{50-36}{(50-19)+(50-36)} \times 10$$

=76.89（千克）

计算结果说明面包师日产量众数为 76.89 千克，无论用下限公式，还是用上限公式都可以得到相同的结果。

众数是一种位置平均数，它只考虑总体分布中最频繁出现的变量值，而不受极端值和开口组数列的影响，当数列存在异常标志值时，能够较准确地代表总体各单位的一般水平，在实际工作中应用较为普遍。当总体单位数多且具有明显集中趋势时，计算众数既方便又意义明确。当然，如果总体单位数少或没有明显的集中趋势，则众数就不存在。当变量数列中出现次数最多的标志值不是一个，而是两个，那么，合起来就是复众数。如果资料中有两个或几个众数，说明总体可能不是同质总体。

六、中位数

（一）中位数的概念

现象总体中各单位标志值按大小顺序排列，居于中间位置的那个标志值就是中位数。可见，中位数把全部标志值分成两个部分，一半标志值比它大，一半标志值比它小，而且比它大的标志值个数等于比它小的标志值个数。中位数和众数一样，有时可代替算术平均数来反映现象的一般水平。例如，旅行社在搞质量检查时，对生产的产品随机抽几个进行观察，若计算其平均数则较麻烦，只要看中位数的大小就可知道其一般水平如何了。又如，据我国 1982 年和 1990 年两次人口普查资料，这两年我国人口年龄中位数分别为 22.91 岁和 25.25 岁，这反映了我国人口年龄结构水平的变化趋势。

（二）中位数的计算方法

1. 由未分组资料确定中位数。首先对某个标志值按大小顺序资料加以排列，然后用下列公式确定中位数的位置。

$$\text{中位数位置} = \frac{n+1}{2} \quad (n \text{ 代表总体单位数})$$

如果总体单位数是奇数，则居于中间位置的那个单位的标志值就是中位数。例如，酒店有 5 个服务员每日打扫客房的间数，按序排列如下：

$$20, 23, 27, 29, 30$$

$$\text{中位数位置} = \frac{n+1}{2} = \frac{5+1}{2} = 3$$

这表明第 3 位服务员每日打扫 27 间客房为中位数，即：

$$M_e = 27 \text{（间）}$$

式中，M_e 代表中位数。如果总体单位数是偶数，则居于中间位置的两项数值的算术平均数是中位数。

上例中，有 6 个服务员打扫酒店客房间数排序如下：

$$20, 23, 27, 29, 30, 32$$

$$中位数位置 = \frac{n+1}{2} = \frac{6+1}{2} = 3.5$$

这表明第 3 位至第 4 位的算术平均数为中位数，即：

$$M_e = \frac{27+29}{2} = 28（间）$$

2. 由单项数列确定中位数。单项数列确定中位数的方法比较简单：① 求中位数位置 $= \frac{\sum f}{2}$（$\sum f$ 为总体单位数之和）；② 计算各组的累计次数（向上累计次数或向下累计次数）；③ 根据中位数位置找出中位数。如表 3-17 所示。

表 3-17　某酒店服务员打扫客房间数中位数计算表

按日打扫房间数分组（间）	服务员人数（人）	向上累计次数	向下累计次数
26	3	3	80
31	10	13	77
32	14	27	67
34	27	54	53
36	18	72	26
41	8	80	8
合计	80	—	—

$$中位数位置 = \frac{\sum f}{2} = \frac{80}{2} = 40$$

这说明中位数在累计次数 40 的那一组内（从向上累计和向下累计看出），即 $M_e = 34$（间）。

3. 由组距数列确定中位数。由组距数列确定中位数，应先按 $\frac{\sum f}{2}$ 式求出中位数所在组的位置，然后再用比例插值法确定中位数，其计算公式如下：

下限公式（向上累计时用） $M_e = X_L + \dfrac{\frac{\sum f}{2} - S_{m-1}}{f_m} \times d$

上限公式（向下累计时用） $M_e = X_u - \dfrac{\dfrac{\sum f}{2} - S_{m+1}}{f_m} \times d$

式中，X_L、X_u 为分别表示中位数所在组的下限、上限；f_m 为中位数所在组的次数；S_{m-1} 为中位数所在组以前一组的累计次数；S_{m+1} 为中位数所在组以后一组的累计次数；$\sum f$ 为总次数；d 为中位数所在组的组距。

仍以表 3-16 资料为例，如表 3-18 所示。

表 3-18　某酒店面包师产量的中位数计算表

按日产量分组（千克）	面包师人数（人）	向上累计次数	向下累计次数
60 以下	10	10	164
60～70	19	29	154
70～80	50	79	135
80～90	36	115	85
90～100	27	142	49
100～110	14	156	22
110 以上	8	164	8
合计	164	—	—

中位数位置 $= \dfrac{\sum f}{2} = \dfrac{164}{2} = 82$，这说明这个组距数列中的第 82 位面包师的日产量是中位数。从累计（两种方法）面包师数中可见，第 82 位面包师被包括在第 4 组，即中位数在 80~90 组距内。以下用公式计算中位数。

按下限公式：$M_e = X_L + \dfrac{\dfrac{\sum f}{2} - S_{m-1}}{f_m} \times d = 80 + \dfrac{\dfrac{164}{2} - 79}{36} \times 10 = 80.83$（千克）

按上限公式：$M_e = X_u - \dfrac{\dfrac{\sum f}{2} - S_{m+1}}{f_m} \times d = 90 - \dfrac{\dfrac{164}{2} - 49}{36} \times 10 = 80.83$（千克）

计算结果说明面包师日产量中位数为 80.83 千克，无论用下限公式，还是用上限公式都可以得到相同的结果。

中位数的特点包括：（1）与众数一样，也是一种位置平均数，其性质简单明了，并且不受极端值的影响，具有稳健性。当次数分布非对称，特别是资料中存在极端值时，中位数作集中趋势的测度量较准确。（2）各单位标志值与中位数离差的绝对值之和为最小值。利用中位数的这一性质，可解决一些实际问题。例如，要在一条长街上设个旅游服务咨询中心，使该服务中心到各居民的距离总和为最短，等等。（3）对某些不具有数学特点或不能用数字测定的现象，可用中位数求其一般水平。例如，某酒店对客房按面积大小排列后，可以求出其中位数客房面积。（4）当资料呈 U 型分布或有缺口时，中位数就失去了代表性。

七、各种平均数之间的相互关系

以算术平均数为中心，各种平均数之间的相互关系体现在以下两方面。

（一）算术平均数、几何平均数和调和平均数三者的关系

例如，有变量值 4、8、10、12，对其计算三种平均数，得 $\overline{X}$ =8.5，$\overline{X_h}$ =7.16，$\overline{X_G}$ =7.87。可见，用同一种资料计算结果是，几何平均数大于调和平均数而小于算术平均数，只有当所有变量值都相等时，这三种平均数才相等。它们的关系用不等式表示为 $\overline{X_h} \leq \overline{X_G} \leq \overline{X}$。

（二）算术平均数、众数和中位数三者的关系

这三者的关系，与总体分布的特征有关。可以分为以下三种表现情况：

1. 当总体分布呈对称状态时，三者合而为一。即 $\overline{X} = M_o = M_e$。
2. 当总体分布呈右偏时，则 $M_o \leq M_e \leq \overline{X}$。
3. 当总体分布呈左偏时，则 $\overline{X} \leq M_e \leq M_o$。

以上第 2、3 种情况均为总体分布呈非对称状态，这时，三者之间就存在着一定的差别，愈不对称，差别愈大。英国统计学家卡尔·皮尔逊认为，当分布只是适当偏态时，三者之间的数量关系是：中位数 M_e 与算术平均数 $\overline{X}$ 的距离是众数 M_o 与算术平均数 $\overline{X}$ 距离的三分之一，即关系式为：$|\overline{X} - M_o| = 3|\overline{X} - M_e|$。所以，如果 $(\overline{X} - M_o) > 0$，则说明分布右偏；如果 $(\overline{X} - M_o) < 0$，则说明分布左偏；如果 $(\overline{X} - M_o) = 0$，则说明分布对称。上述表 3-8、表 3-16、表 3-18 所示，按面包师日产量分组的组距数列资料计算所得：$\overline{X}$ =82.62 千克，M_o =76.89 千克，M_e =80.83 千克，从而判断该资料的分布为右偏，且基本符合关系式 $\overline{X} - M_o = 3(\overline{X} - M_e)$。根据皮尔逊的经验公式，还可以推算出：在轻微偏态的次数分布中，一旦三者之中两者为已知时，就可以近似估计出第三者，计算公式如下：

$$M_o = 3M_e - 2\overline{X}$$

$$M_e = \frac{1}{3}(M_o + 2\overline{X})$$

$$\overline{X} = \frac{1}{2}(3M_e - M_o)$$

例如，某旅游企业工人的月收入众数为 800 元，月收入的算术平均数为 1100 元，则月收入的中位数近似值是：

$$M_e = \frac{1}{3}(M_o + 2\overline{X}) = \frac{1}{3}(800 + 2 \times 1100) = 1000（元）$$

$\because M_o \leq M_e \leq \overline{X}$，$\therefore$ 分布为右偏。

八、正确应用平均指标的原则

平均指标在统计分析中应用很广，但在具体应用时应注意以下几个问题。

（一）必须在同质总体中计算或应用平均指标

计算或应用平均指标时必须考虑同质性的问题，平均指标所处理的是同质异量的大量现象。只有在同质总体中，总体各单位才具有共同的特征，从而才能计算它们的平均数来反映现象的一般水平，否则，计算的平均数就会把现象的本质差异掩盖起来，不能起到说明事物性质及其规律性的作用。

（二）用组平均数补充说明总平均数

总平均数反映现象的总体特征，往往掩盖现象内部的差异，而分组基础上的组平均数则可进一步揭示现象内部的差异。许多平均指标的计算，是在科学分组基础上进行的。我们应该重视影响总平均数的各个有关因素的作用，通过计算组平均数对总平均数作补充说明，来揭示现象内部结构组成的影响，从而克服认识上的片面性。

例如，甲、乙两酒店面包产量资料如表3-19所示。

表3-19 两酒店面包产量水平的比较情况

按面包师级别分组	甲酒店			乙酒店		
	面包师人数	总产量（千克）	人均产量（千克）	面包师人数	总产量（千克）	人均产量（千克）
二级面包师	190	72200	380	200	64000	320
一级面包师	70	44800	640	300	186000	620
合计	260	117000	450	500	250000	500

表3-19中，甲酒店人均面包产量为450千克，低于乙酒店人均面包产量500千克。但甲酒店不论是二级面包师还是一级面包师的产量均比乙酒店的人均产量高。这种总平均数与组平均数不一致的现象，原因在于二级面包师和一级面包师的生产水平不一致。一级面包师的水平高于二级面包师许多，两酒店各自的二级面包师、一级面包师的比例相差较大，这一结构性的差异导致总人均面包产量甲酒店低于乙酒店。所以，为了客观地分析某一社会现象一般水平变动的情况，必须用组平均数补充说明总平均数。

（三）用分配数列补充说明平均数

平均数只是说明现象的共性，即一般水平，而把总体各单位数量标志值的差异给抽象化了，掩盖了总体各单位的差异及其分配情况。为了比较深入地说明问题，在利用平均数对社会经济现象进行分析时，还要结合原来的分配数列，分析平均数在原数列中所处位置，以及各单位标志值在平均数上下分配情况。

例如，某旅游集团公司 2008 年增加值总平均计划完成程度为 108%，下属企业增加值计划完成程度资料如表 3-20 所示。

表 3-20 某旅游集团下属企业增加值计划完成程度资料表

按增加值计划完成程度分组（%）	企 业 数
80 以下	1
80～90	2
90～100	3
100～110	9
110 以上	5
合计	20

如果只看该数列的平均计划完成程度是 108%，似乎集团公司下属企业都超额完成增加值计划，但再结合变量数列来看，仍有六家企业未完成计划，且有一家企业完成得较差。

第四节　旅游指标标志变动度

一、标志变动度的意义和作用

（一）标志变动度的概念

旅游标志变动度是反映旅游总体各单位标志值差异程度的综合指标，即反映变量数列中各个标志值的变动范围或离散程度的指标，所以又称标志变异指标、离散程度或离中程度。

它是和平均指标相联系的一种综合指标。平均指标，是将总体中各单位的标志值差异抽象化，以反映各单位在这一标志上的一般水平。通过它只看出被研究现象的共性，而看不出差异性。但是在同质总体中各单位标志值的差异还是客观存在的，因此，还必须进一步对被抽象化的各单位标志值的变异程度进行测定。标志变异度和平均指标是一对相辅相成的指标，它们从两个不同侧面表现总体的共同特征。如果说平均指标是表明总体标志值的集中趋势，那么标志变异度则说明总体标志值的离散程度。因此,必须把这两个指标结合起来才能全面反映总体标志值的共同特征。

(二)标志变动度的作用

1．标志变动度是评价平均数代表性大小的依据。平均数的代表性大小与标志变异度成反比关系,标志变动度愈大,平均数代表性愈小;标志变动度愈小,平均数代表性愈大。

例如,某酒店客房部有两个小组,都是 6 名服务员,各人日打扫房间数如下:

甲组:5,9,16,28,44,60

乙组:21,23,26,28,31,33

甲、乙两组的平均每人打扫房间数都相等,即 $\overline{X_甲} = \overline{X_乙} = 27$(间)。但甲组各服务员日打扫房间数相差很大,分布很分散;而乙组各服务员日打扫房间数相差不大,分布相对集中。因此,虽然平均数都是 27 间,对甲组来讲,其代表性要小得多;对乙组来说,代表性相对较大。

2．标志变动度可用来反映旅游经济活动过程的均衡性或节奏性,以及产品质量的稳定性程度,说明经济管理工作的质量。

例如,甲、乙两葡萄酒厂某年第一季度接待旅游者计划完成情况如表 3-21 所示。

表 3-21 甲、乙两葡萄酒厂某年第一季度接待旅游者计划完成程度统计表

		计划完成百分比(%)		
	季度接待旅游者计划执行结果	1月	2月	3月
甲	100	32	34	34
乙	100	20	30	50

从表 3-21 资料看,两厂接待旅游者计划虽然都已完成了,但计划执行的均衡性不同,甲厂按月均衡地完成了规定的季度接待旅游者计划,而乙厂则前松后紧,1、2月份总共完成计划的50%,3月份再完成计划的50%,这样就缺乏均衡性。

又如,对同一地区一批旅游景点进行接待人数调查,测定其标志变动度,如果标志变动度大,则说明景点接待人数波动大,不稳定;如果标志变动度小,则接待人数波动小,稳定。

测定标志变动度的方法主要有:全距、四分位差、平均差、标准差、离散系数。现分述如下。

二、全距

(一)全距的概念与计算

全距又称"极差",它是总体各单位标志的最大值和最小值之差,用以说明

标志值变动范围的大小，通常用 R 表示全距。即：

$$R = X_{\max} - X_{\min}$$

如前例中：

甲组日打扫房间数的 $R = 60 - 5 = 55$（间）

乙组日打扫房间数的 $R = 33 - 21 = 12$（间）

从 R 的计算可看出，甲组日打扫房间数差异大于乙组日打扫房间数差异。全距数值愈小，反映变量值愈集中，标志变动度愈小；全距数值愈大，反映变量值愈分散，则标志变动度愈大。对于根据组距数列求全距，可以用最高组的上限与最低组的下限之差，求全距的近似值。但当有开口组时，若不知极端数值，则无法求全距。

（二）全距的特点

全距的计算方法简单，也易于理解。全距越大，平均数的代表性越低；全距越小，平均数的代表性越高。在旅游饭店入住调查中，可以利用客房出租率全距来判定其稳定性和进行质量控制。全距这个指标很粗略，它只考虑数列两端数值差异，而不管中间数值的差异情况，也不受次数分配的影响，因而不能全面反映总体各单位标志的变异程度。

三、四分位差

（一）四分位差的概念

由于全距受极端变量值的影响极大，所以为了避免极端变量值对所测定的标志变异指标的影响，引入了四分位差，用以表示标志值的变动范围。首先，把一个变量数列分为四等分，形成三个分割点（Q_1、Q_2、Q_3），这三个分割点的数值就称为四分位数。其中第二个四分位数 Q_2 就是中位数 M_e。四分位差就是第三个四分位数 Q_3 与第一个四分位数 Q_1 之差，用 $Q.D.$ 表示四分位差，用公式表示，即 $Q.D. = Q_3 - Q_1$。对一个变量数列的资料，四分位差就是舍去数列中最低的 1/4 和最高的 1/4 数值，仅用中间那部分标志值的全距来充分反映集中于数列中间 50% 数值的差异程度。它排除了数列两端各 1/4 单位标志值的影响，反映了数列中间部分标志值的最大数与最小数距离中位数的平均离差。四分位差 $Q.D.$ 数值越大，表明 Q_1 与 Q_3 之间变量值分布愈远离它们的中点 Q_2，即远离中位数 M_e，则说明中位数的代表性愈差；反之，四分位差 $Q.D.$ 数值愈小，说明中位数的代表性愈好。

（二）四分位差的计算

1．根据未分组资料求 Q.D.。

$$Q_1 \text{ 的位置} = \frac{n+1}{4}$$

$$Q_3 \text{ 的位置} = \frac{3(n+1)}{4}$$

式中，n 为变量值的项数。

例如，某旅行社 11 人年龄（岁）为：17，19，22，24，25，28，34，35，36，37，38

∵ Q_1 的位置 $= \frac{n+1}{4} = \frac{11+1}{4} = 3$，则 $Q_1 = 22$（岁）；

Q_3 的位置 $= \frac{3(n+1)}{4} = \frac{3(11+1)}{4} = 9$，则 $Q_3 = 36$（岁）。

∴ 四分位差 $Q.D. = Q_3 - Q_1 = 36 - 22 = 14$（岁）。

计算结果表明，该社有一半人的年龄集中在 22~36 岁之间，且他们之间最大差异为 14 岁。

2．根据分组资料求 Q.D.。

其步骤是：

（1）确定 Q_1 与 Q_3 的位置：Q_1 的位置 $= \sum f / 4$；Q_3 的位置 $= 3\sum f / 4$。

（2）求向上累计次数，在累计次数中找 Q_1 与 Q_3 所在组。若是单项数列，则 Q_1 与 Q_3 所在组的标志值就是 Q_1 与 Q_3 的数值；若是组距数列，确定了 Q_1 与 Q_3 所在组后，还要用以下公式求近似值：

$$Q_1 = X_{L_1} + \frac{\frac{\sum f}{4} - S_{Q_1-1}}{f_1} \times d_1$$

$$Q_3 = X_{L_3} + \frac{\frac{3\sum f}{4} - S_{Q_3-1}}{f_3} \times d_3$$

式中，X_{L_1}、X_{L_3} 分别为 Q_1 与 Q_3 所在组的下限；

f_1、f_3 分别为 Q_1 与 Q_3 所在组的次数；

d_1、d_3 分别为 Q_1 与 Q_3 所在组的组距；

S_{Q_1-1}、S_{Q_3-1} 分别为 Q_1 与 Q_3 所在组以前一组的累计次数；

$\sum f$ 为总次数。

现仍用前述表 3-18 资料，说明其计算方法：

$\because Q_1$ 的位置 $=\dfrac{164}{4}=41$，则 Q_1 在第三组，即 70~80 组

又 $\because Q_3$ 的位置 $=\dfrac{3\times 164}{4}=123$，则 Q_3 在第五组，即 90~100 组

$$Q_1=70+\dfrac{\dfrac{164}{4}-29}{50}\times 10 = 72.40 \text{（千克）}$$

$$Q_3=90+\dfrac{\dfrac{3\times 164}{4}-115}{27}\times 10 = 90+2.96=92.96 \text{（千克）}$$

$\therefore Q.D.=Q_3-Q_1=92.96-72.40=20.56$（千克）

计算结果表明有一半面包师的日产量分布在 70.40~92.96 千克之间，且他们之间最大差异为 20.56 千克。

由此可见，四分位差不反映所有标志值的差异程度，它所描述的只是次数分配中一半的离差，所以类同全距，四分位差也是一个比较粗略的指标。但四分位差不受两端各 25% 数值的影响，也不受极大值和极小值的影响，因而能对开口组数列的差距程度进行测定，比极差适用范围更广泛。四分位差也可用以衡量中位数的代表性高低。

四、平均差

（一）平均差的概念和计算

平均差是总体各单位标志值对平均数的离差绝对值的平均数。由于各标志值对算术平均数的离差之和等于零，故计算平均差时，我们采用离差的绝对值（$|X-\overline{X}|$）。平均差能够综合反映总体中各单位标志值变动的影响。平均差愈大，表示标志变动度愈大，则平均数代表性愈小；反之，平均差愈小，表示标志变动度愈小，则平均数代表性愈大。以 $A.D.$ 代表平均差，其计算公式为：

1. 未分组资料：$A.D.=\dfrac{\sum|X-\overline{X}|}{n}$

2. 分组资料：$A.D.=\dfrac{\sum|X-\overline{X}|f}{\sum f}$

（二）平均差的特点

平均差是根据全部变量值计算出来的，所以对整个变量值的离散趋势有较充分的代表性。平均差计算为了避免离差之和等于零而无法计算平均差这一问题，采用取离差绝对值的方法来避免正负离差抵消，因而不适合于代数方法的演算，使其应用受到限制，给数学处理带来不便，同时平均差在数字性质上也不是最优的，因而在实际中应用较少。但平均差的实际意义比较清楚，容易理解。

$A.D.$ 计算公式中算术平均数 X 在实际中可用中位数 M_e 代替，且以 M_e 为比较标准而计算的平均差为最小值。即：

$$A.D. = \frac{\sum |X - M_e|}{n} = \min$$

$$A.D. = \frac{\sum |X - M_e| f}{\sum f} = \min$$

例如，某旅游饭店 600 名职工的每周工资资料如表 3-22 所示。

表 3-22　600 名职工每周工资资料

按工资分组/元	职工数 f	组中值 x	离差 $x - \bar{x}$	离差绝对值 x 次数 $|x - \bar{x}| f$
80～100	20	90	-123	2 460
100～150	50	125	-88	4 400
150～200	120	175	-38	4 560
200～250	280	225	12	3 360
250～300	130	275	62	8 060
合计	600	—	—	22 840

则：

$$\bar{x} = \frac{\sum xf}{\sum f} = \frac{127800}{600} = 213（元）$$

$$M_d = \frac{\sum |x - \bar{x}| f}{\sum f} = \frac{22840}{600} = 38.07（元）$$

计算结果表明 600 名职工工资水平差异程度平均为 38.07 元。

五、标准差

标准差是总体各单位标志值与其算术平均数的离差平方的算术平均数的平方根，又称"均方差"。其意义与平均差基本相同，也是根据各个标志值对其算术平均数求其平均离差后再来进行计算的，平均差是用绝对值消除各标志值与算术平均数离差正负相抵的问题，而标准差是用平方的方法消除各标志值与算术平均数离差的正负值。因此在数学处理上比平均差更为合理和优越。通常以 σ 或 $S.D.$ 表示标准差，标准差的平方即方差，用 σ^2 表示。标准差的计算公式为：

1. 未分组资料：$\sigma = \sqrt{\dfrac{\sum(X-\overline{X})^2}{n}}$

2. 分组资料：$\sigma = \sqrt{\dfrac{\sum(X-\overline{X})^2 f}{\sum f}}$

依此公式，计算标准差的一般步骤是：（1）算出每个变量对平均数的离差；（2）将每个离差平方；（3）计算这些平方数值的算术平均数；（4）把得到的数值开方，即得到 σ。

例如，仍以前述面包师日产量分组资料为例，标准差的计算如表 3-23 所示，前已计算出平均日产量 $\overline{X}$=82.62 千克。

表 3-23　某酒店面包师日产量的标准差计算表

按日产量分组（千克）	面包师人数（人）f	组中值 X	$X-\overline{X}$	$(X-\overline{X})^2 f$
60 以下	10	55	-27.62	7628.6440
60～70	19	65	-17.62	5898.8236
70～80	50	75	-7.62	2903.2200
80～90	36	85	2.38	203.9184
90～100	27	95	12.38	4138.1388
100～110	14	105	22.38	7012.1016
110 以上	8	115	32.38	8387.7152
合计	164	—	—	36 172.561 6

$$\sigma = \sqrt{\dfrac{\sum(X-\overline{X})^2 f}{\sum f}} = 14.85（千克）$$

实际计算中，可将上述标准公式进行变形，这样会更简便。

例如：

未分组资料：$\sigma = \sqrt{\dfrac{\sum(X-\overline{X})^2}{n}} = \sqrt{\dfrac{\sum X^2}{n} - (\overline{X})^2}$　　①

分组资料：$\sigma = \sqrt{\dfrac{\sum(X-\overline{X})^2 f}{\sum f}} = \sqrt{\dfrac{\sum X^2 f}{\sum f} - (\overline{X})^2}$　　②

公式①、②是将原来标准差计算中的离差部分简化，可直接根据变量值 X、X^2 进行计算。仍以表 3-23 资料为例，计算某酒店面包师日产量的标准差，如表 3-24 所示。

表 3-24 某酒店面包师日产量的标准差计算表

按日产量分组（千克）	面包师人数（人）f	组中值 X	X^2	$X^2 f$
60 以下	10	55	3025	30250
60～70	19	65	4225	80275
70～80	50	75	5625	281250
80～90	36	85	7225	260100
90～100	27	95	9025	243675
100～110	14	105	11025	154350
110 以上	8	115	13225	105800
合计	164	—	—	1155700

$$\sigma = \sqrt{\frac{\sum X^2 f}{\sum f} - (\overline{X})^2}$$

=14.85（千克）

六、离散系数

包括全距、四分位差、平均差、标准差在内的各种标志变动度，都是绝对指标，都有与平均指标相同的计量单位。各种标志变动度的数值大小，不仅受离散程度的影响，而且还受数列水平（即标志本身的水平）高低的影响。当比较不同数列的平均数的代表性时，则要求各变量数列的平均数相同。实践中，有些变量数列水平或性质不同，单凭以上绝对指标难以判断平均数的代表性，不宜直接用上述各种标志变异指标来比较不同水平数列之间的标志离散程度，必须用反映标志变异程度的相对指标来比较，即用离散系数比较。离散系数也称为标志变动系数。各种标志变动度指标都可以计算离散系数，来反映总体各单位标志值的相对离散程度，但最常用的是根据标准差与算术平均数对比的离散系数，称作"标准差系数"，用 V_σ 表示，其计算公式如下：

$$V_\sigma = \frac{\sigma}{\overline{X}} \times 100\%$$

例如，有两组不同水平的酒店服务员日打扫房间数（间）资料：

甲组：60，65，70，75，80

乙组：2，5，7，9，12

由此计算得：$\overline{X}_{甲} = 70$（间），　　$\sigma_{甲} = 7.07$（间）

$\overline{X}_{乙} = 7$（间），　　$\sigma_{乙} = 3.41$（间）

若根据 $\sigma_{甲} > \sigma_{乙}$ 而断言，甲组离散程度大于乙组，或乙组的平均数代表性高于甲组，都是不妥的。因为这两组的水平相差悬殊，应计算其离散系数来比较：

$$V_甲 = \frac{7.07}{70} \times 100\% = 10.1\%$$

$$V_乙 = \frac{3.41}{7} \times 100\% = 48.7\%$$

计算结果表明，并非甲组离散程度大于乙组，而是乙组大于甲组，或者说，乙组的平均日打扫房间数代表性低于甲组。

又例，甲企业工人平均劳动生产率为 12 000 元，标准差为 800 元；乙企业工人平均劳动生产率为 6 000 元，标准差为 500 元。试比较哪个企业的平均劳动生产率更具代表性。

由于两个企业的平均水平不同，所以不能用标准差比较平均数的代表性，只能用标准差系数进行比较。

解：
$$V_\sigma = \frac{\sigma}{x} \times 100\%$$

甲企业平均劳动生产率标准差系数 = $\frac{800}{1200} \times 100\% = 6.67\%$

乙企业平均劳动生产率标准差系数 = $\frac{500}{6000} \times 100\% = 8.33\%$

由于 6.67% 小于 8.33%，表明甲企业的平均劳动生产率代表性比较大。

离散系数主要用于比较不同水平的变量数列的离散程度及平均数的代表性。离散系数小，说明平均数的代表性大，反之离散系数大，平均数的代表性就小。

其他离散系数指标有：极差系数、平均差系数、方差系数等。其计算公式如下：

极差系数：$V_R = \dfrac{R}{\overline{X}}$

平均差系数：$V_{A.D} = \dfrac{A.D}{\overline{X}}$

方差系数：$V_{\sigma^2} = \dfrac{\sigma^2}{\overline{X}}$

第五节 综合指标计算的软件运用

有很多软件可以供我们来选择，例如 Excel、Spss、Sas、Eviews 等，都可以进行综合指标的运算。下面，我们以最常用的软件 Excel 为例来讲述一些综合指标的计算。告诉大家一种简便的方法，主要是一些操作上的技巧，这种技巧对其他类似的运算都能够有效。我们利用下面的数据主要讲述求加权平均数和几何平均数的技巧。

一、求加权平均数

举例说明，资料如表 3-25 所示。

表 3-25　某旅行社第一季度接待的团队数量和团队人数

接待人数（一个季度）	团队数量（个）
20	1
21	4
22	6
23	8
24	12
25	10
26	7
27	2

加权平均数的公式为：$\bar{x} = \dfrac{\sum xf}{\sum f}$

第一步，将数字输入 Excel 表格，如图 3-1 所示。确定权数 f。在本例中，团队数量是权数。

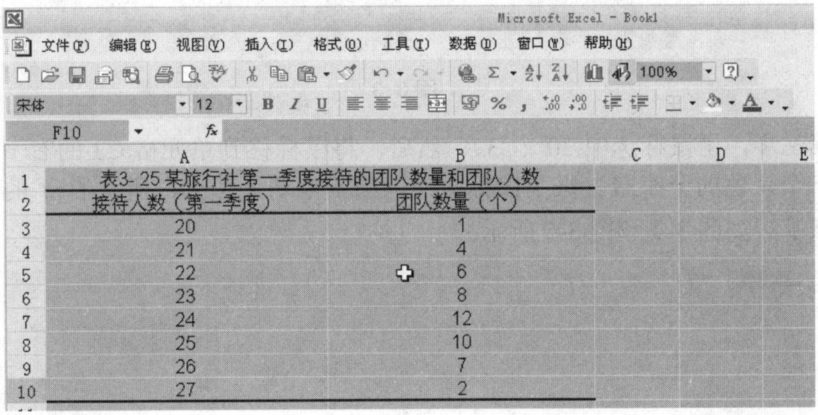

图 3-1

第二步，求出每个 xf，在本例中，x 是接待人数；f 是团队个数。具体方法是：在单元格 C3 中输入等号 =；然后，用鼠标点击数字 20（单元格 A3），再输入乘号*，紧接着点击数字 1(单元格 B3) 。出现 =A3*B3。回车，得到数字 20。如图 3-2 和图 3-3 所示。

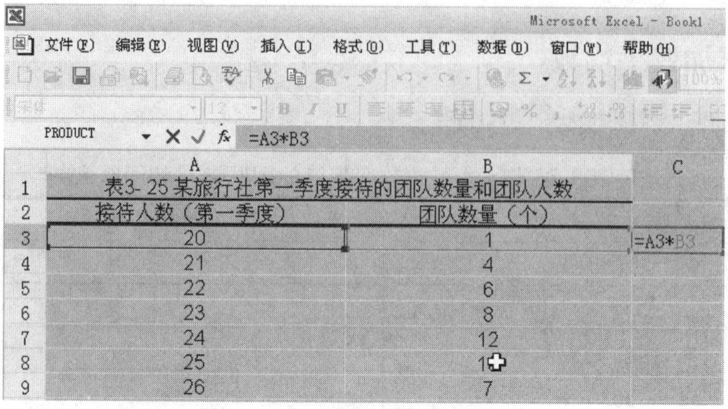

图 3-2

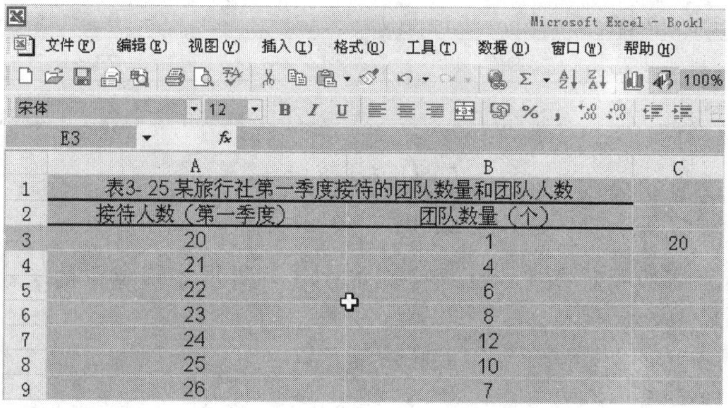

图 3-3

第三步，用鼠标选中 20（C3），然后，将鼠标移到单元格 C3 的右下角，出现了一个黑色的十字号。按下鼠标左键，向下拖动。那么，所有的 xf 的值就计算出来了。如图 3-4 和图 3-5 所示。

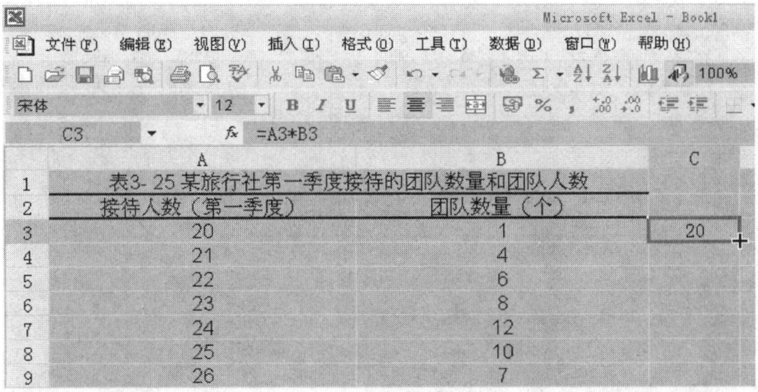

图 3-4

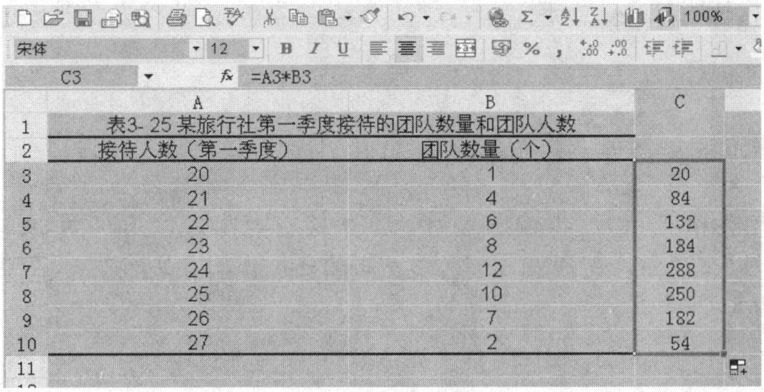

图 3-5

第四步,鼠标拖动选中 C3~C10。然后,用鼠标点击快捷求和工具 $\sum$ 。那么,C3 到 C10 的所有 xf 的和 $\sum xf$ 就求出来了。同样的方法,也可以求出权重和 $\sum f$ 。如图 3-6 和图 3-7 所示。

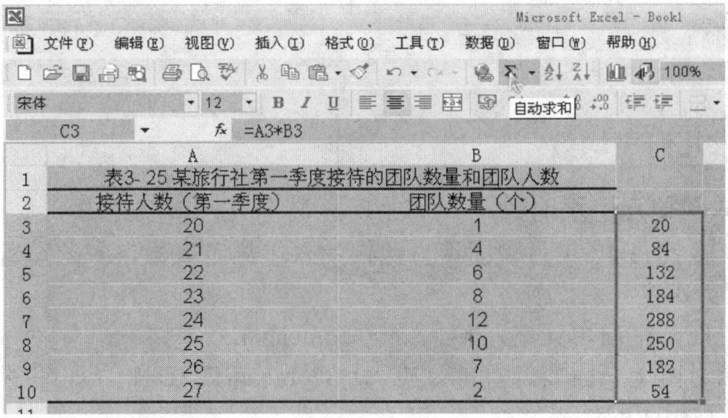

图 3-6

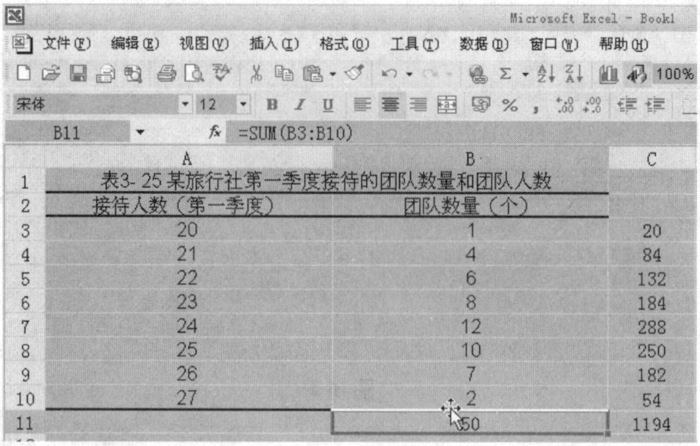

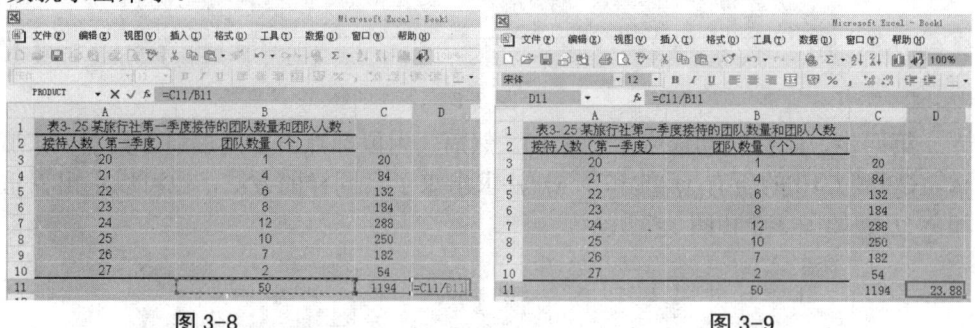

B11 =SUM(B3:B10)

	A	B	C
1	表3- 25 某旅行社第一季度接待的团队数量和团队人数		
2	接待人数（第一季度）	团队数量（个）	
3	20	1	20
4	21	4	84
5	22	6	132
6	23	8	184
7	24	12	288
8	25	10	250
9	26	7	182
10	27	2	54
11		50	1194

图 3-7

第五步，求 $\bar{x}=\frac{\sum xf}{\sum f}$。在单元格 D11 中输入等号 =；然后，用鼠标点击数字 1194（单元格 C11），再输入除号 /，紧接着点击数字 50（单元格 B11）。出现 =C11/B11。回车，得到数字 23.88。如图 3-8 和图 3-9 所示。这样，加权平均数就求出来了。

PRODUCT =C11/B11

	A	B	C	D
1	表3- 25 某旅行社第一季度接待的团队数量和团队人数			
2	接待人数（第一季度）	团队数量（个）		
3	20	1	20	
4	21	4	84	
5	22	6	132	
6	23	8	184	
7	24	12	288	
8	25	10	250	
9	26	7	182	
10	27	2	54	
11		50	1194	=C11/B11

图 3-8

D11 =C11/B11

	A	B	C	D
1	表3- 25 某旅行社第一季度接待的团队数量和团队人数			
2	接待人数（第一季度）	团队数量（个）		
3	20	1	20	
4	21	4	84	
5	22	6	132	
6	23	8	184	
7	24	12	288	
8	25	10	250	
9	26	7	182	
10	27	2	54	
11		50	1194	23.88

图 3-9

二、求几何平均数

（一）求简单几何平均数

图 3-9 是 2011 年 9 月中国地方接待的入境旅游人数。求入境外国人的几何平均数步骤如下：

1. 选中任一空白单元格，输入：=Geomean()。

2. 在括号内选中需要计算的数据，=Geomean(D2:D31)。如图 3-10 所示。回车，就会得到相应的结果。

	A	B	C	D	E	F	G	H	I	J
1	省市		接待人天数	同比增长率	外国人	香港同胞	澳门同胞	台湾同胞		
2	北 京	BEIJING	16118796	4.45	14197523	1210752	29458	681063	=GEOMEAN(D2:D31)	
3	天 津	TIANJIN	6493827	25.8	5373369	544525	35365	540568		
4	河 北	HEBEI	2080317	25.78	1794283	94102	35665	156267		
5	山 西	SHANXI	2249155	22.01	1426911	386094	141602	294569		
6	内蒙古	INNER MONGOL	1985080	-0.42	1947648	17765	6367	13300		
7	辽 宁	LIAONING	9747471	21.87	8255947	717192	152385	621947		
8	吉 林	JILIN	1843660	49.17	1619821	121663	7653	94523		
9	黑龙江	HEILONGJIANG	3053140	11.56	2925889	45578	6660	75013		
10	上 海	SHANGHAI	16856590	-13.04	13866756	1126406	60754	1802674		
11	江 苏	JIANGSU	20748020	14.77	14984388	1807151	167131	3789350		
12	浙 江	ZHEJIANG	16259907	16.46	11213001	1652531	401364	2993011		
13	安 徽	ANHUI	3757205	34.07	2210984	572251	189782	784188		
14	福 建	FUJIAN	12194304	15.82	5306393	3383384	272895	3231632		
15	江 西	JIANGXI	2297581	32.47	721086	800258	368648	407589		
16	山 东	SHANDONG	8407011	13.92	6060451	1094106	257553	994901		
17	河 南	HENAN	2319357	10.57	1445582	311746	129850	432379		
18	湖 北	HUBEI	3292173	31.46	2533724	327135	70791	360523		
19	湖 南	HUNAN	3315320	23.2	2001389	442031	176759	695141		
20	广 东	GUANGDONG	46098421	13.44	11913485	26174536	2955578	5054822		
21	广 西	GUANGXI	3759049	20.01	2167485	639593	120802	831169		
22	海 南	HAINAN	1494414	9.78	1216671	180368	15220	82155		
23	重 庆	CHONGQING	4046245	34.32	3032734	614568	13676	385267		
24	四 川	SICHUAN	2250634	58.96	1657461	250676	35422	307075		
25	贵 州	GUIZHOU	522497	12.69	201288	115831	47161	158217		
26	云 南	YUNNAN	5270430	21.7	3578909	716500	252357	722664		
27	西 藏	TIBET	386874	-9.68	351671	11649	4686	18868		
28	陕 西	SHAANXI	4470636	31.63	3151429	489805	226706	602696		
29	甘 肃	GANSU	89445	22.08	55417	9713	3086	21229		
30	青 海	QINGHAI	79949	-35.3	67012	1502	647	10788		
31	宁 夏	NINGXIA	27812	81.81	25039	697	207	1869		
32	新 疆	XINJIANG	-	-	-					

图 3-10

（二）求加权几何平均数

求几何平均数需要利用简单的函数，但是它们的运用都非常方便。这些函数都可以在 Excel 自带的函数库中找到。事实上，所有的运算都可以运用函数库中的函数计算出来，然后利用上面给出的技巧进行"批处理"。见下面的例子。

某笔投资的年利率资料分布如下：

年利率	年数
2	1
4	3
5	6
7	4
8	2

试求：若年率按复利计算，则该笔投资的平均年利率是多少？
几何平均数的计算公式为：

$$\overline{X}_G = {}^{f_1+f_2+\cdots+f_n}\sqrt{x_1^{f_1} \bullet x_2^{f_2} \cdots x_n^{f_n}}$$

$$=\sum f\sqrt{x_1^{f_1} \bullet x_2^{f_2} \cdots x_n^{f_n}}$$

第一步，将上述表格的数字复制到 Excel。

第二步，计算 $x_1^{f_1}$。在单元格 C3 中输入= power（(1+A3)，B3)（用鼠标分别点击 A3、B3 也可），回车，这样就求得 $x_1^{f_1}$ 的值。如图 3-11 和图 3-12 所示。

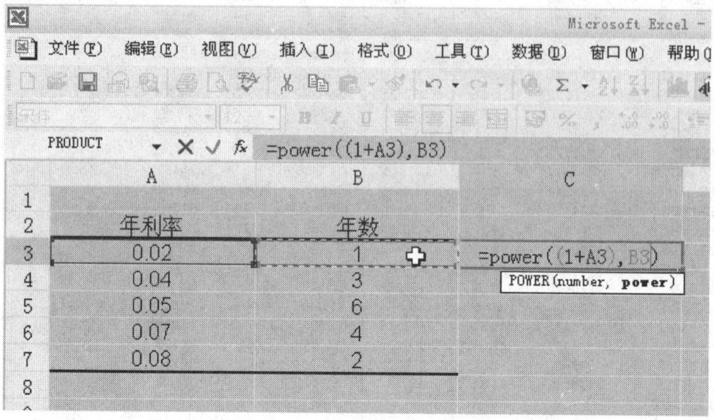

图 3-11

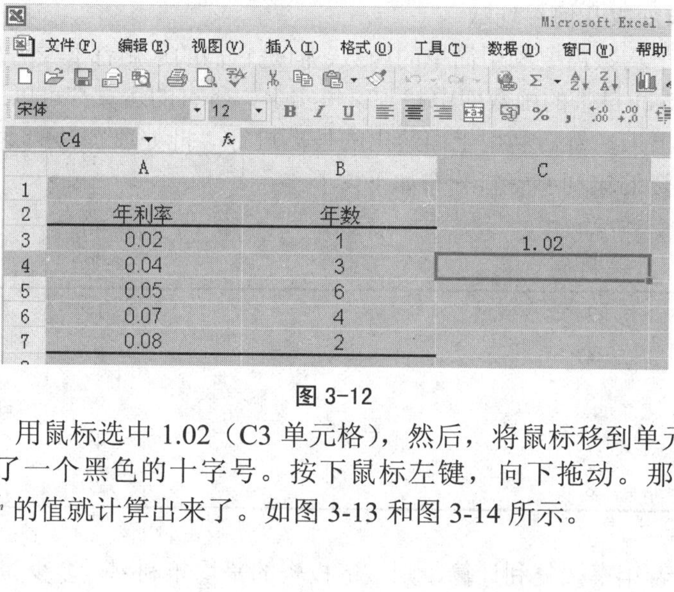

图 3-12

第三步，用鼠标选中 1.02（C3 单元格），然后，将鼠标移到单元格 C3 的右下角，出现了一个黑色的十字号。按下鼠标左键，向下拖动。那么，所有的 $x_1^{f_1}, x_2^{f_2}, \cdots, x_n^{f_n}$ 的值就计算出来了。如图 3-13 和图 3-14 所示。

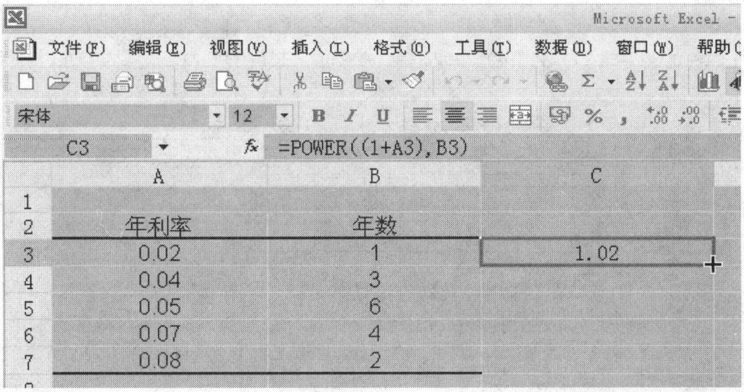

图 3-13

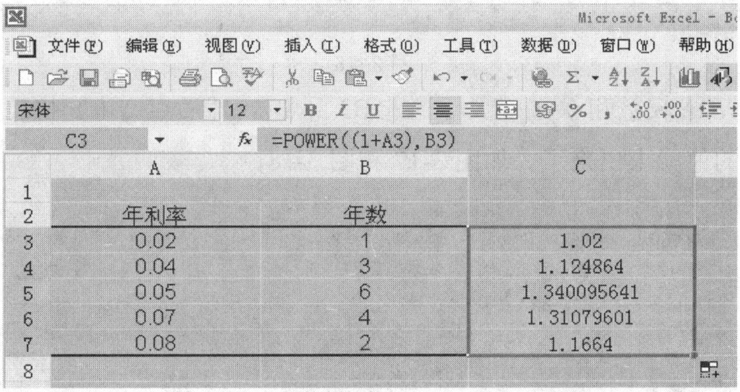

图 3-14

第四步，计算 $x_1^{f_1} \times x_2^{f_2} \cdots x_n^{f_n}$ 的值。在单元格 C8 中输入 =C3*C4*C5*C6*C7。回车。得到 $x_1^{f_1} \times x_2^{f_2} \times \cdots \times x_n^{f_n}$ 的值为 2.350 815 826。或者用输入函数 =product(C3,C4,C5,C6,C7)求值也可以。如图 3-15 和图 3-16 所示。

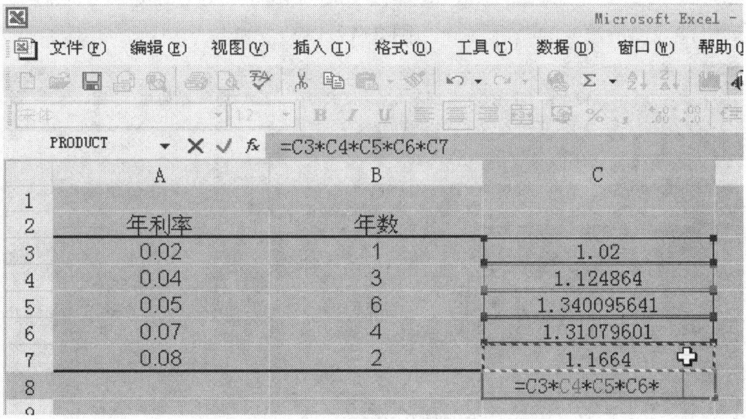

图 3-15

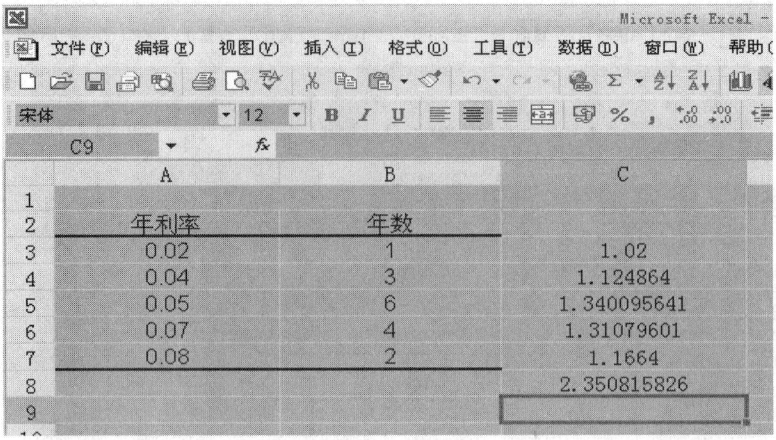

图 3-16

第五步，求权数和 $\sum f$。鼠标拖选 B3 到 B7，然后点击求和快捷工具 $\sum$，那么 $\sum f$ 的值就求出来了。如图 3-17 和图 3-18。

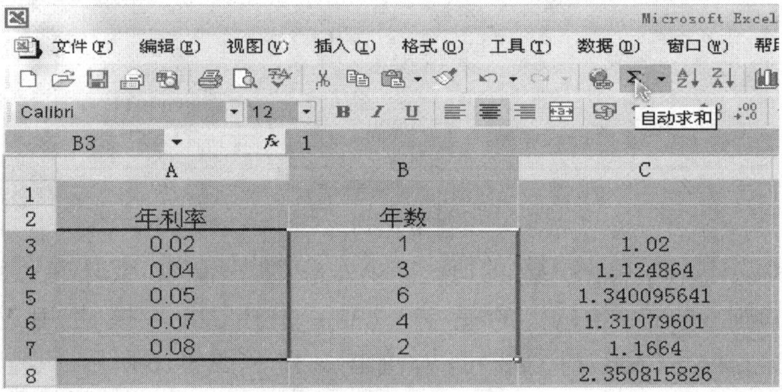

图 3-17

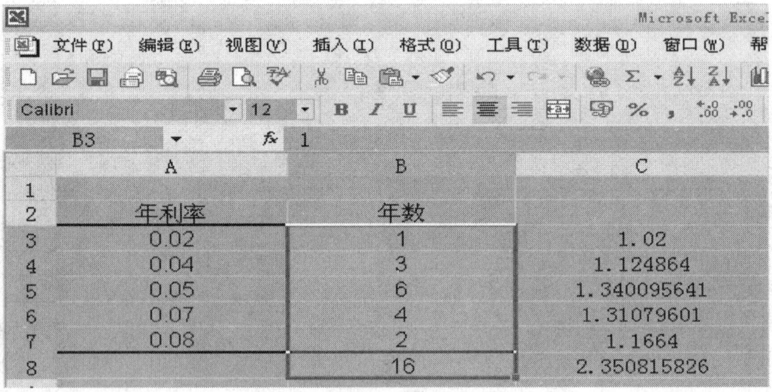

图 3-18

第六步，求 $\overline{X}_G = {}^{f_1+f_2+\cdots+f_n}\sqrt{x_1^{f_1} \cdot x_2^{f_2} \cdots x_n^{f_n}} = {}^{\sum f}\sqrt{x_1^{f_1} \cdot x_2^{f_2} \cdots x_n^{f_n}}$ 的值。在单元格 C9 中输入=power(C8,1/16)，回车，得到 $\overline{X}_G$ 的值为 1.05487。那么，该笔投资的年利率为 1.05487−1=0.05487=5.487%。如图 3-19 和图 3-20 所示。

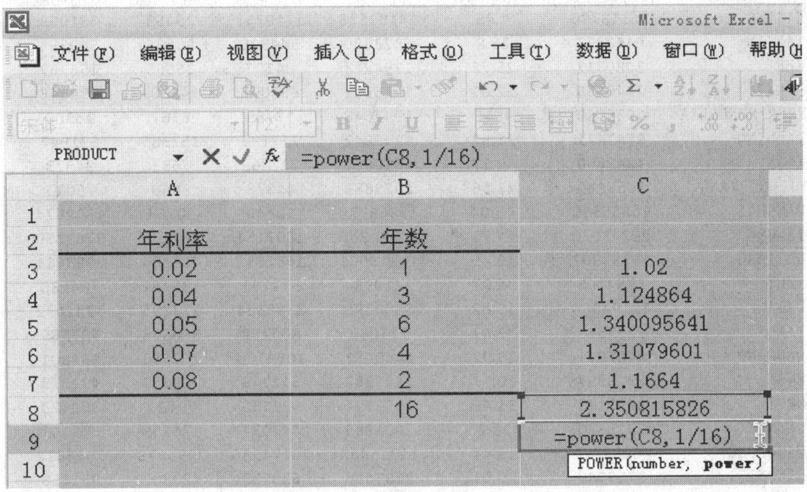

图 3-19

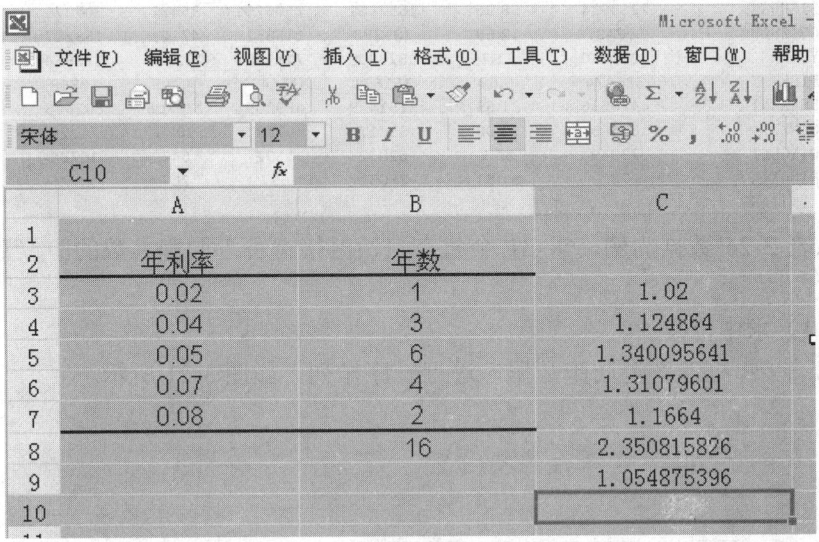

图 3-20

三、求单项数列的中位数、分位数

表 3-26 2011 年 9 月入境旅游地方接待情况

省市		接待人天数	同比增长率	外国人	香港同胞	澳门同胞	台湾同胞
北 京	BEIJING	16118796	4.45	14197523	1210752	29458	681063
天 津	TIANJIN	6493827	25.8	5373369	544525	35365	540568
河 北	HEBEI	2080317	25.78	1794283	94102	35665	156267
山 西	SHANXI	2249155	22.01	1426911	386094	141602	294548
内蒙古	INNER MONGOLIA	1985080	-0.42	1947648	6367		13300
辽 宁	LIAONING	9747471	21.87	8255947	717192	152385	621947
吉 林	JILIN	1843660	49.17	1619821	121663	7653	94523
黑龙江	HEILONGJIANG	3053140	11.56	2925889	45578	6660	75013
上 海	SHANGHAI	16856590	-13.04	13866756	1126406	60754	1802674
江 苏	JIANGSU	20748020	14.77	14984388	1807151	167131	3789350
浙 江	ZHEJIANG	16259907	16.46	11213001	1652531	401364	2993011
安 徽	ANHUI	3757205	34.07	2210984	572251	189782	784188
福 建	FUJIAN	12194304	15.82	5306393	3383384	272895	3231632
江 西	JIANGXI	2297581	32.47	721086	800258	368648	407589
山 东	SHANDONG	8407011	13.92	6060451	1094106	257553	994901
河 南	HENAN	2319357	10.57	1445382	311746	129850	432379
湖 北	HUBEI	3292173	31.46	2533724	327135	70791	360523
湖 南	HUNAN	3315320	23.2	2001389	442031	176759	695141
广 东	GUANGDONG	46098421	13.44	11913485	26174536	2955578	5054822
广 西	GUANGXI	3759049	20.01	2167465	639593	120802	831169
海 南	HAINAN	1494414	9.78	1216671	180368	15220	82155
重 庆	CHONGQING	4046245	34.32	3032734	614568	13676	385267
四 川	SICHUAN	2250634	58.96	1657461	250676	35422	307075
贵 州	GUIZHOU	522497	12.69	201288	115831	47161	158217
云 南	YUNNAN	5270430	21.7	3578909	716500	252357	722664
西 藏	TIBET	386874	-9.68	351671	11649	4686	18868
陕 西	SHAANXI	4470636	31.63	3151429	489805	226706	602696
甘 肃	GANSU	89445	22.08	55417	9713	3086	21229
青 海	QINGHAI	79949	-35.3	67012	1502	647	10788
宁 夏	NINGXIA	27812	81.81	25039	697	207	1869
新 疆	XINJIANG	-	-	-	-	-	-

以表 3-26 数据为例,求 31 个省市自治区接待香港同胞人数的中位数、3/4 分位数。

(1) 求中位数

第一步:框选香港同胞数据,进行升序排列。如图 3-21 所示。

图 3-21

第二步：选择空白单元格，输入函数并框选排序后的数据：=Median(E2:E31)。然后回车，就可得到结果。如图 3-22 所示。

E	F	G	H	I
香港同胞	澳门同胞	台湾同胞		
697	29458	681063		=median(E2:E31)
1502	35365	540568		MEDIAN(num
9713	35665	156267		
11649	141602	294548		
17765	6367	13300		
45578	152385	621947		
94102	7653	94523		
115831	6660	75013		
121663	60754	1802674		
180368	167131	3789350		
250676	401364	2993011		
311746	189782	784188		

图 3-22

（2）求 3/4 分位数

第一步：与中位数相同，先对数据进行排序。

第二步：选择空白单元格，输入函数并框选排序后的数据：=Percentile(E2:E31，0.75)。然后回车，就可得到结果。如图 3-23 所示。

E	F	G	H	I	J
697	29458	681063			
1502	35365	540568	=PERCENTILE(E2:E31,0.75)		
9713	35665	156267	PERCENTILE(array, k)		
11649	141602	294548			
17765	6367	13300			
45578	152385	621947			
94102	7653	94523			
115831	6660	75013			
121663	60754	1802674			
180368	167131	3789350			
250676	401364	2993011			
311746	189782	784188			

图 3-23

练习题

一、思考题

1. 什么是时期指标与时点指标？各有什么特点？
2. 什么是结构相对指标、比例相对指标、强度相对指标、比较相对指标？它们在计算和作用上各自有什么特点？
3. 加权算术平均数和加权调和平均数在什么条件下具有相等关系？
4. 什么是标志变异指标？主要有哪些？其计算条件和公式如何？

二、判析题

1. 根据分组资料计算的算术平均数，只是一个近似值。（　）
2. 结构相对指标的计算方法灵活，分子和分母可以互换。（　）
3. 用劳动单位表示的总量指标，称为劳动量指标，它是不能直接相加的。（　）
4. 如甲、乙、丙三个企业今年产量计划完成程度分别为95%、100%和105%，那么这三个企业产量平均计划完成程度为100%。（　）
5. 平均差和标准差都表示各标志值对算术平均数的平均离差。（　）
6. 强度相对指标的数值是用复名数来表示的，因此都可以计算它的正指标和逆指标。（　）
7. 权数的绝对数越大，对算术平均数的影响也就越大。（　）
8. 两个企业比较，若 $X_甲 > X_乙$，$\sigma_甲 > \sigma_乙$，由此可以肯定乙企业生产的均衡性比甲企业好。（　）
9. 组距数列条件下，众数的大小主要取决于众数组相邻两组次数多少的影响。（　）
10. 某企业计划规定，2003年第一季度的单位产品成本比去年同期降低10%，实际执行结果降低5%，仅完成单位产品成本计划的一半。（　）
11. 当各组的变量值所出现的频率相等时，加权算术平均数中的权数就失去作用，因而，加权算术平均数也就等于简单算术平均数。（　）
12. 甲洗衣机厂2003年第一季度洗衣机产量对乙洗衣机厂同期产量的比率是比例相对指标。（　）

三、计算题

1. 投资银行某笔投资的年利率是按福利计算的，已知前5年的年利率为6%，后5年的年利率为7%，求这笔投资的十年平均利率。
2. 某旅游企业2008年的劳动生产率计划规定比上年提高10%，实际执行结果比上年提高8%。该企业劳动生产率计划完成程度是多少？
3. 设某纪念品加工厂某月生产某种旅游产品的甲、乙两个组每人日产量(件)有如下资料：

甲组：10　20　30　35　40　50　60
乙组：38　39　40　40　40　41　42

要求计算：(1) 各组工人平均日产件数。
　　　　　(2) 计算各组工人日产量变异指标：
　　　　　　　①全距；
　　　　　　　②平均差；

③标准差；
④标准差系数。
（3）哪个组工人平均日产量代表性大？

4. 从某旅游地的旅游者中随机抽取 100 人进行调查，发现他们的月收入和日旅游消费额的平均值分别是 3500 元和 1200 元，相应的标准差为 170 元和 60 元，问月收入和日旅游消费额的差异哪一个大？

第四章 旅游动态数列

第一节 旅游动态数列的编制

一、旅游动态数列的概念

旅游动态数列就是应用统计方法研究旅游经济现象数量方面的变化发展过程,它是统计分析的一种重要方法。要进行旅游动态数列分析,就必须积累和掌握现象在各个时期的旅游统计资料。如果将旅游经济中的某种现象在时间上变化发展的一系列同类的统计指标,按时间先后顺序排列,就形成一个旅游动态数列,或者称为旅游时间数列(Time Series)。旅游动态数列由两个基本要素构成:一个是旅游资料所属的时间,另一个是各个时间上的旅游统计指标数值。

旅游动态数列具有重要的作用。通过旅游动态数列的编制和分析,一是可以描述旅游经济现象的发展状况;二是可以研究旅游经济现象的发展速度、发展趋势,探索旅游活动发展变化的规律;三是可以利用不同的但互相联系的数列进行各种分析。

二、旅游动态数列的种类

旅游动态数列按统计指标的性质不同,可以分为绝对数动态数列、相对数动态数列和平均数动态数列三种。其中,绝对数动态数列是基本数列,相对数动态数列和平均数动态数列则是由绝对数动态数列派生而形成的数列。

例如,我国2001~2006年旅游经济一些主要指标的动态数列如表4-1所示。在表4-1中,旅行社、旅游从业人员等列出的所有的指标都是绝对数动态数列。

表 4-1　旅游业发展情况

指　　标	2001	2002	2003	2004	2005	2006
旅行社数（个）	10532	11552	13361	14927	16245	18475
旅行社从业人员（人）	192408	229147	249802	246219	248919	293318
星级饭店数（个）	7358	8880	9751	10888	11828	--
入境旅游人数（万人次）	8901.29	9790.83	9166.21	10903.82	12029.23	12494.21
国内居民出境人数（万人次）	1213.44	1660.23	2022.19	2885.00	3102.63	3452.36
国内旅游人数（亿人次）	7.84	8.78	8.70	11.02	12.12	13.94
国际旅游(外汇)收入(亿美元)	177.92	203.85	174.06	257.39	292.96	339.49
国内旅游收入（亿元）	3522.36	3878.36	3442.27	4710.71	5285.86	6229.74

资料来源：中国统计年鉴 2007。

（一）旅游绝对数动态数列

把一系列旅游同类的总量指标按时间先后顺序排列起来所形成的动态数列称为旅游绝对数动态数列。它反映旅游经济现象在各期达到的绝对水平及其变化发展的状况。如果按照指标所反映的旅游经济现象所属的时间不同，绝对数动态数列又可分为时期数列和时点数列两种。

1．时期数列。在绝对数动态数列中，如果各项指标都是反映某种现象在一段时期内发生、发展过程的总量，这种绝对数动态数列就称为时期数列。如表 4-1 中所列的我国 2001～2006 年入境旅游人数就是一个时期数列。时期数列的特点是：

（1）数列中各个指标的数值是可以相加的，即相加具有一定的经济意义。由于时期数列中每个指标的数值是表示在一段时期内发展过程的总量，所以，相加后的数值就表示现象在更长一段时期内发展过程的总量。如表 4-1 中将 2001～2005 年 5 年我国入境旅游人数相加，就是我国"十五"期间总入境旅游人数。

（2）数列中每一个指标数值的大小与所属的时期长短有直接的联系。时期数列中，每个指标所包括的时期长度，称为"时期"。时期的长短，主要根据研究目的而定，可以是一日、一旬、一月、一季、一年或更长时期。一般来说，时期愈长，指标数值就愈大；反之就愈小。

（3）数列中每个指标的数值，通常是通过连续不断的登记而取得的。

2．时点数列。在绝对数动态数列中，如果各项指标都是反映现象在某一时点上（瞬间）所处的数量水平，这种绝对数动态数列就称为时点数列。如表 4-1 中所列的我国 2001～2006 年国内旅游人数的年末数就是一个时点数列。时点数列有如下特点：

（1）数列中各个指标的数值是不能相加的，相加不具有实际经济意义。这是由于时点数列中每个指标都是表明某一时点上瞬间现象的数量，相加以后无法说明属于哪一时点的数量。

（2）数列中每一个指标数值的大小与其时间间隔长短没有直接联系。在时点数列中两个相邻指标在时间上的距离叫做"间隔"。由于时点数列每个指标数值只表明现象某一时点上的数量，年末数值可能大于月末数值，也可以小于月末数值，因此，它的指标数值大小与时间间隔长短没有直接联系。

（3）数列中每个指标的数值，通常是通过一定时期登记一次而取得的。

（二）相对数动态数列

把一系列同类的相对指标按时间先后顺序排列起来而形成的动态数列称为相对数动态数列。它反映现象对比关系的发展变化情况，说明社会经济现象的比例关系、结构、速度的发展变化过程。在相对数动态数列中，各个指标数值是不能相加的。

（三）平均数动态数列

把一系列同类的平均指标按时间先后顺序排列起来而形成的动态数列称为平均数动态数列。它反映社会现象一般水平的发展趋势。在平均数动态数列中，各个指标数值一般来说也是不能相加的，相加没有经济意义。但有时为了计算序时平均数，各个指标数值在计算过程中也须相加。

为了对社会经济现象发展过程进行全面分析，实际工作中可把上述各种动态数列结合起来运用。

第二节 旅游动态数列水平分析指标

旅游动态数列水平，也就是旅游现象发展水平。反映现象发展水平的指标有旅游发展水平、平均旅游发展水平、旅游增长量和平均旅游增长量。

一、旅游发展水平和平均旅游发展水平

（一）旅游发展水平

在旅游动态数列中，各项具体的指标数值叫做旅游发展水平或动态数列水平。它反映旅游经济现象在不同时期所达到的水平，是计算其他动态分析指标的基础。发展水平一般是指总量指标，如旅游收入、每年入境旅游人数等；也可用相对指标来表示，如港澳同胞占入境旅游人数的比重等。

在旅游动态数列中，由于发展水平所处的位置不同，有最初水平、最末水平、中间各项水平、基期水平和报告期水平之分。使用最多的通常是基期水平和报告

期水平。在动态数列中,第一个指标数值叫最初水平,最后一个指标数值叫最末水平,其余各指标数值叫中间各项水平。在对两个时间的发展水平作动态对比时,作为对比基础时期的水平称为基期水平,作为研究时期的指标水平称为报告期水平或计算期水平。用符号 $\alpha_0,\alpha_1,\alpha_2,\cdots,\alpha_n$ 代表数列中各个发展水平,则 α_0 就是最初水平,α_n 就是最末水平,其余就是中间各项水平。如表4-2所示。

表4-2 旅游业发展情况

指标	2001	2002	2003	2004	2005	2006
国际旅游(外汇)收入(亿美元)	177.92	203.85	174.06	257.39	292.96	339.49
国内旅游收入(亿元)	3522.36	3878.36	3442.27	4710.71	5285.86	6229.74

资料来源:中国旅游统计年鉴,2007。

在表4-2中,2001年国内旅游收入3522.36亿元是最初水平,2006年国内旅游收入6229.74亿元是最末水平,其余各项数值为中间各项水平。其余数字都是中间水平,不过,随着研究时间和目的的改变,中间水平也可以转变成最初水平或最末水平。

(二)平均旅游发展水平

将不同时期的发展水平加以平均而得到的平均数称为平均发展水平,在统计上又称为序时平均数或动态平均数。它与前面讲的一般平均数有相同的一面,又有明显的区别。相同的是,两者都是把现象的个别数量差异抽象化,概括地反映现象的一般水平。

它们的区别是:(1)平均发展水平是同一现象在不同时期上发展水平的平均,从动态上说明其在某一段时间内发展的一般水平,它是根据动态数列来计算的;而一般平均数是同质总体内各单位标志值的平均,从静态上说明其在具体历史条件下的一般水平,它是根据变量数列来计算的。(2)平均发展水平是对同一现象不同时间上的数值差异的抽象化,而一般平均数是对同一时间总体某一数量标志值差异的抽象化。

此外,平均发展水平还可解决动态数列中某些可比性问题,例如,由于各月的日历天数不同,会影响到旅游企业总产值的大小,如果以计算出各月的每日平均总产值指标来进行对比,就具有可比性,更能反映总产值的发展变化情况。序时平均数可根据绝对数动态数列计算,也可根据相对数动态数列或平均数动态数列来计算。绝对数动态数列序时平均数的计算方法是最基本的方法。现分别介绍如下。

1. 由绝对数动态数列计算序时平均数。由于绝对数动态数列分时期数列和时点数列,它们各具有不同性质,因而计算序时平均数的方法也就不一样。

（1）时期数列计算序时平均数。由于数列中各项指标数值相加等于全部时期的总量，因此，可直接用数列中各时期指标值之和除以总的时期项数即得序时平均数。其计算公式如下：

$$\bar{a}=\frac{a_1+a_2+\cdots+a_{n-1}+a_n}{n}=\frac{\sum a}{n}$$

式中，$\bar{a}$ 为序时平均数；

$a_1,a_2,\cdots,a_{n-1},a_n$ 为各期发展水平；

n 为时期项数。

（2）时点数列计算序时平均数。由于不可能掌握现象发展过程中每一时点上的数字，只能间隔一段时间后统计其余额。所以时点数列的序时平均数是假定在某一时间间隔内现象的增减变动比较均匀或波动不大的前提下推算出来的近似值。现分别几种不同情况加以叙述。

① 根据连续时点数列计算序时平均数。在连续时点数列中有连续变动和非连续变动两种情况：

第一，对连续变动的连续时点数列求序时平均数。如果连续时点数列每日的指标数值都有变动，称为连续变动的连续时点数列。可用简单算术平均法求序时平均数，其计算公式为：

$$\bar{a}=\frac{a_1+a_2+\cdots+a_{n-1}+a_n}{n}=\frac{\sum a}{n}$$

例如，已知某旅游饭店一个月内每天的工人人数，要计算该月内每天平均工人人数，可将每天的工人人数相加，除以该月的日历日数即得。

第二，对非连续变动的连续时点数列求序时平均数。如果被研究现象不是逐日变动，而是间隔几天变动一次，这样的数列称为非连续变动的连续时点数列。可用加权算术平均法计算序时平均数。其计算公式为：

$$\bar{a}=\frac{a_1f_1+a_2f_2+\cdots+a_{n-1}f_{n-1}+a_nf_n}{f_1+f_2+\cdots+f_{n-1}+f_n}=\frac{\sum af}{\sum f}$$

例如，某旅行社4月1日职工有30人，4月11日招聘30人，4月16日离职20人，则该企业4月份平均职工人数为：

$$\bar{a}=\frac{30\times10+60\times5+40\times15}{10+5+15}=40$$

② 根据间断时点数列计算序时平均数。在间断时点数列中有间隔相等和间隔不等两种情况：

第一，对间隔相等的间断时点数列求序时平均数。在实际统计工作中，对时点性质的指标,为了简化登记手续,往往每隔一定时间登记一次,在会计上,通常表示为期末的一项指标,如期末存货,这就组成间隔相等的间断时点数列。可采用简单算术平均法计算序时平均数。要采用这种计算方法,通常需要多一个时点数据。因为计算一个时期数据需要两个时点数据。这种计算的方法叫"首末折半法"。

第二,对间隔不等的间断时点数列求序时平均数。在时点数列中,如果相邻时点间隔不等时,可以用首末折半后相应的时点间隔数加权计算。其计算公式为:

$$\bar{c}=\frac{\frac{a_1+a_2}{2}f_1+\frac{a_2+a_3}{2}f_2+\cdots+\frac{a_{n-1}+a_n}{2}f_{n-1}}{\sum_{i=1}^{n-1}f_i}$$

式中,$\bar{c}$ 为序时平均数;

a 为各时点值;

f 为各时点间隔的距离。

如,某旅游景区 2008 年纪念品存货资料如表 4-3 所示。

表 4-3 某旅游景区 2008 年纪念品存货资料

日期	1月1日	3月1日	8月1日	10月1日	12月31日
纪念品存货(件)	800	600	400	200	800

旅游景区全年的纪念品平均存货

$$=\left(\frac{800+600}{2}\times 2+\frac{600+400}{2}\times 5+\frac{400+200}{2}\times 2+\frac{200+800}{2}\times 3\right)\times\frac{1}{2+5+2+3}$$

=500(件)

2. 由相对数或平均数动态数列计算序时平均数。由于相对数和平均数动态数列是派生数列,即其中各项指标都是由两个总量指标对比计算出来的。按照数列的性质,要求利用其相应的两个绝对数动态数列,分别计算分子数列的序时平均数和分母数列的序时平均数,而后加以对比,即可求得。相对数或平均数动态数列的序时平均数计算公式为:

$$\bar{c}=\frac{\bar{a}}{\bar{b}}$$

式中,$\bar{c}$ 为相对数或平均数动态数列的序时平均数;

$\bar{a}$ 为分子数列的序时平均数;

$\bar{b}$ 为分母数列的序时平均数。

计算时,具体又可以分为几种情况:

（1）由两个时期数列对比而成的相对数或平均数动态数列求序时平均数。

$$\bar{c}=(\overline{\frac{a}{b}})=\frac{\sum \frac{a}{b} \times b}{\sum b}=\frac{\sum a}{\sum b}$$

在上面的公式中，序时平均数可以通过三者之间的关系相互转化，变成加权算术平均数公式和加权调和平均数公式。

$\because c=\frac{a}{b}$ $\therefore a=bc$ $\therefore \bar{c}=\frac{\sum bc}{\sum b}$ （加权平均数）

$\because c=\frac{a}{b}$ $\therefore b=\frac{a}{c}$ $\therefore \bar{c}=\frac{\sum a}{\sum \frac{1}{c}a}$ （加权调和平均数）

（2）由两个时点数列对比而成的相对数或平均数动态数列求序时平均数。分两种情况：

① 若时间间隔相等，可采用如下公式：

$$\bar{c}=\frac{\bar{a}}{\bar{b}}=\frac{(\frac{a_1}{2}+a_2+\cdots+\frac{a_n}{2})/n-1}{(\frac{b_1}{2}+b_2+\cdots+\frac{b_n}{2})/n-1}=\frac{\frac{a_1}{2}+a_2+\cdots+\frac{a_n}{2}}{\frac{b_1}{2}+b_2+\cdots+\frac{b_n}{2}}$$

如果资料掌握不全时，可以将 $a=bc$ 及 $b=\frac{a}{c}$ 代入上面的公式中，得出另外两个变形后的公式。

② 若时间间隔不等，则要用各个间隔的长度作权数，用加权平均法计算分子分母的序时平均数，然后进行对比。其计算公式为：

$$\bar{c}=\frac{\bar{a}}{\bar{b}}=\frac{(\frac{a_1+a_2}{2}f_1+\frac{a_2+a_3}{2}f_2+\cdots+\frac{a_{n-1}+a_n}{2}f_{n-1})\div \sum f}{(\frac{b_1+b_2}{2}f_1+\frac{b_2+b_3}{2}f_2+\cdots+\frac{b_{n-1}+b_n}{2}f_{n-1})\div \sum f}$$

（3）由一个时期数列和一个时点数列对比而成的相对数或平均数动态数列求序时平均数，这样的序时平均数是前面的时期和时点的变形，将两者结合起来即可。

二、旅游增长量和平均旅游增长量

（一）旅游增长量

增长量是说明旅游经济现象在一定时期内所增长的绝对数量，它是报告期水平与基期水平之差，反映报告期比基期增长的水平。其计算公式为：

增长量=报告期水平－基期水平

由于采用的基期不同,增长量可以分为逐期增长量和累计增长量。逐期增长量是指报告期水平与前一期水平之差,它表明本期比上一期增长的绝对数量;累计增长量是指报告期水平与某一固定时期(基期)水平之差,它表明本期比某一固定时期增长的绝对数量,也即说明在某一段较长时期内总的增长量。这两个指标可用公式表示如下:

逐期增长量:$a_1-a_0, a_2-a_1, \cdots, a_n-a_{n-1}$

累计增长量:$a_1-a_0, a_2-a_0, \cdots, a_n-a_0$

逐期增长量与累计增长量的关系是:逐期增长量之和等于累计增长量,即:

$$a_1-a_0+a_2-a_1+\cdots+a_n-a_{n-1}=a_n-a_0$$

在实际工作中,常计算年距增长量指标,它是报告期水平与上年同期水平之差,是计算同比增长指标的基础。用公式表示如下:

年距增长量=报告期发展水平—上年同期发展水平

(二)平均旅游增长量

平均增长量说明旅游经济现象在一定时期内平均每期增长的数量,从广义来说,它也是一种序时平均数,即是逐期增长量动态数列的序时平均数,反映现象平均增长水平。其计算公式为:

$$平均增长量 = \frac{逐期增长量之和}{逐期增长量个数} = \frac{累计增长量}{动态数列项数-1}$$

第三节 旅游动态数列速度分析指标

旅游动态数列的速度分析指标,也就是反映旅游经济速度的主要指标。它主要包括旅游发展速度、旅游增长速度、平均旅游发展速度和平均旅游增长速度。这四种指标具有密切联系,其中发展速度是基本的速度分析指标。

一、旅游发展速度和旅游增长速度

(一)旅游发展速度

旅游发展速度是表明旅游经济现象发展程度的相对指标。它根据两个不同时期发展水平相对比而求得,一般用百分数或倍数表示。计算公式为:

$$发展速度 = \frac{报告期水平}{基期水平}$$

由于采用的基期不同,发展速度可分为定基发展速度和环比发展速度。定基发展速度是指以报告期水平与某一固定时期水平之比计算的发展速度，它用来说明报告期水平已经发展到了固定时期水平的百分之几（或多少倍），表明这种现象在较长时期内总的发展程度，因此，有时也叫做"总速度"。

环比发展速度是以报告期水平与前一时期水平之比计算的发展速度，它用来说明报告期水平已经发展到了前一期水平的百分之几（或多少倍），表明这种现象逐期的发展程度。如果计算的单位时期为一年，这个指标也可叫做"年速度"。这两种发展速度可用公式表示如下：

$$定基发展速度：\frac{a_1}{a_0},\frac{a_2}{a_0},\cdots,\frac{a_n}{a_0}$$

$$环比发展速度：\frac{a_1}{a_0},\frac{a_2}{a_1},\cdots,\frac{a_n}{a_{n-1}}$$

定基发展速度和环比发展速度之间的关系表现为以下两点：

1. 定基发展速度等于环比发展速度的连乘积。即：

$$\frac{a_n}{a_0}=\frac{a_1}{a_0}\cdot\frac{a_2}{a_1}\cdot\cdots\cdot\frac{a_n}{a_{n-1}}$$

2. 两个相邻时期的定基发展速度之比，等于它们的环比发展速度。即：

$$\frac{a_n}{a_{n-1}}=\frac{a_n}{a_0}\div\frac{a_{n-1}}{a_0}$$

在实际工作中，还常要计算一种年距发展速度指标。它是报告期发展水平与上年同期发展水平之比，用公式表示如下：

$$年距发展速度=\frac{报告期发展水平}{上年同期发展水平}$$

（二）旅游增长速度

增长速度是表明社会经济现象增长程度的相对指标。它可以根据增长量与基期发展水平对比求得。通常用百分比或倍数表示。其计算公式为：

$$增长速度=\frac{增长量}{基期发展水平}$$

增长速度和发展速度既有区别又有联系。两者的区别在于概念的不同：增长速度表示旅游经济现象报告期比基期增长的程度，而发展速度则表示报告期与基期相比发展到了什么程度。两者的联系可用公式表示为：

$$增长速度=发展速度-1（或100\%）$$

由于采用的基期不同，增长速度也有定基增长速度和环比增长速度之分。定基增长速度是累计增长量与某一固定时期水平之比的相对数，它反映旅游经济现象在较长时期内总的增长程度。环比增长速度是逐期增长量与前一期发展水平之比的相对数,它表示旅游经济现象逐期的增长程度。这两个指标是不能直接进行互相换算的。

定基增长速度=定基发展速度-1（或100%）
环比增长速度=环比发展速度-1（或100%）

在实际工作中,我们也常计算年距增长速度,用于说明年距增长量与上年同期发展水平对比达到的相对增长程度。用公式表示为：

$$年距增长速度=\frac{年距增长量}{上年同期发展水平}$$
$$=年距发展速度-1(100\%)$$

二、平均旅游发展速度和平均旅游增长速度

为了观察旅游经济现象在一个较长时期内逐期平均发展变化的程度和逐期平均增长变化的程度,就须计算平均发展速度和平均增长速度指标。平均速度指标是动态研究中很重要的两个分析指标。

（一）平均旅游发展速度

平均发展速度是各期环比发展速度的序时平均数。由于环比发展速度是根据同一现象在不同时间发展水平对比而得的动态相对数,因此,它不能应用前面所讲的计算序时平均数的方法来计算。

在实际工作中,计算平均发展速度的方法主要有两种,即几何平均法和方程法。两种方法数理依据不同,具体计算和应用场合也不一样。这里主要讲述几何平均法。

计算平均发展速度时,因为总速度不等于各期环比发展速度的算术综合,而等于各期环比发展速度的连乘积,所以不能应用算术平均法,而要应用几何平均法来计算。在实践中,如果用水平法制定长期计划,则要求用几何平均法计算其平均发展速度,按此平均发展速度发展,可以保证在最后一年达到规定的 a_n 值水平,所以几何平均法也称"平均法"。即从最初水平 a_0 出发,以平均发展速度 $\bar{x}$ 代替各环比发展速度 $x_1, x_2, \cdots, x_n$,经过 n 期发展,正好达到最末水平 a_n ,用公式表示如下：

$$a_0 \cdot x_1 \cdot x_2 \cdot \cdots \cdot x_n = a_n$$
$$a_0 \cdot \underbrace{\bar{x} \cdot \cdots \cdot \bar{x}}_{n个\bar{x}相乘} = a_n$$
$$\therefore \bar{x}^n = \frac{a_n}{a_0} \quad ①$$

因此，平均发展速度 $\bar{x}$ 计算公式为：

$$\bar{x} = \sqrt[n]{\frac{a_n}{a_0}}$$

因为 $\frac{a_n}{a_0}$ 为 n 期的定基发展速度，根据定基发展速度等于相应时期各环比发展速度的连乘积的关系，所以计算平均发展速度也可以用下列公式：

$$\bar{x} = \sqrt[n]{\frac{a_n}{a_0}} = \sqrt[n]{x_1 \cdot x_2 \cdot x_3 \cdots x_n} = \sqrt[n]{\Pi x} \qquad ②$$

又因为 $\frac{a_n}{a_0}$ 也是整个时期的总速度，所以平均发展速度还可以根据总速度计算，公式如下：

$$\bar{x} = \sqrt[n]{\frac{a_n}{a_0}} = \sqrt[n]{R} \qquad ③$$

上述公式中：

　　　　$\bar{x}$ 为平均发展速度；
　　　　$x_1, x_2, \cdots, x_n$ 为各期环比发展速度；
　　　　Π 为连乘符号；
　　　　R 为总速度；
　　　　n 为环比发展速度的项数。

计算平均发展速度时，根据所掌握的资料可选用以上任何一个公式来进行。如果掌握了最初水平和最末水平，可用①式计算；如果掌握了各期环比发展速度，可用②式计算；如果掌握了总速度，则可直接用③式计算。三个公式的计算结果是一致的。但不管应用哪个公式，由于用算术方法开高次方十分困难，在实际工作中解决这个问题的方法解此方程所得的正根就是要计算的平均发展速度。但是要解这个高次方程是比较复杂的，实际工作中都根据事先编就的《平均增长速度查对表》来计算，或者通过计算机软件来处理。

（二）平均旅游增长速度

平均增长速度是各期环比增长速度的序时平均数，它表明现象在一定时期内逐期平均增长变化的程度。根据增长速度与发展速度之间的运算关系，要计算平均增长速度，首先要计算出平均发展速度指标，然后将其减"1"（或100%）求得。即：

　　　　平均增长速度=平均发展速度-1（或100%）

平均发展速度大于"1"，平均增长速度为正值，表示某种现象在一个较长时期内逐期平均递增的程度，这个指标也叫做"平均递增速度"或"平均递增值"；反之，平均发展速度小于"1"，平均增长速度为负值，表示某种现象在一个较长时期内逐期平均递减程度，这个指标也可叫做"平均递减速度"或"平均递减率"。

（三）计算和运用平均发展速度时应注意的问题

1．根据统计研究目的选择计算方法。前述计算平均发展速度有几何平均法（水平法）和方程法（累计法）两种方法，这两个方法在具体运用上各有其特点和局限性。如果目的在于考察最末一年发展水平而不关心各期水平总和时，可采用水平法；如果目的在于考察各期发展水平总和而不关心最末一年水平时，可采用累计法。这样可以扬长避短，发挥两种计算方法的作用。

2．要注意旅游经济现象的特点。（1）如果现象随着时间的发展比较稳定地逐年上升或逐年下降时，一般采用水平法计算平均发展速度。但要注意，如果编制的动态数列中，最初水平和最末水平受特殊因素的影响而出现过高或过低的情况，则不可计算平均发展速度。（2）如果现象的发展不是有规律地逐年上升或下降，而是经常表示为升降交替，一般采用累计法计算平均发展速度。但要注意，如果资料中间有几年环比速度增长得特别快，而有几年又降低得较多，出现显著的悬殊和不同的发展方向，就不可计算平均发展速度，因为用这样的资料计算的平均发展速度会降低这一指标的意义，从而不能确切说明实际情况。

3．应采取分段平均速度来补充说明总平均速度。这在分析较长历史时期资料时尤为重要。因为仅根据一个总的平均速度指标只能笼统地反映其在很长时期内逐年平均发展或增长的程度，对深入了解这种现象的发展过程和变化情况往往是不够的。例如，要分析我国建国以来粮食产量的平均发展速度和平均增长速度时，就有必要分别以国民经济恢复时期、各个五年计划时期和各个特定时期（如某几年受自然灾害的影响，产量逐年下降）等分段计算其平均速度加以补充说明。

4．平均速度指标要与其他指标结合应用。（1）要与发展水平、增长量、环比速度、定基速度等各项基本指标结合应用，起到分析研究和补充说明的作用，以便对现象有比较确切和完整的认识。（2）在经济分析中，要与其他有关经济现象的平均速度指标结合运用。例如，工农业生产的平均速度、基本建设投资额与新增固定资产的平均速度、商品销售额与利润额的平均速度等，都可结合进行比较研究，以便深入了解有关现象在各个研究时期中每年平均发展和增长程度等，为研究国民经济各种具有密切联系的现象的发展动态提供数据。

第四节 旅游长期趋势的测定与预测

旅游动态数列反映现象的发展变化,是由多种复杂因素共同作用的结果。不同的因素所起的作用不同,产生的结果也相应不同,并且形成不同的动态数列。影响因素按其性质和作用大致可以归纳为 4 种:

(1) 长期趋势(T),即由各个时期普遍和长期起作用的基本因素引起的变动;

(2) 季节变动(S),即由自然季节变换和社会习俗等因素引起的有规律的周期性波动;

(3) 循环变动(C),即指旅游经济发展中的一种近乎规律性的盛衰交替变动;

(4) 不规则变动(I),也即剩余变动或随机变动,它是动态数列中除了上述三种变动之外,还存在受临时的、偶然的因素或不明原因而引起的非趋势性、非周期性的随机变动。

动态数列的上述 4 种变动按一定的方式组合,成为一种模式,称为动态数列的经典模式。按对 4 种变动因素相互关系的不同假设,可分为加法模式和乘法模式。

当 4 种变动因素呈现出相互独立的关系时,动态数列总变动(Y)体现为各种因素的总和,即 $Y=T+S+C+I$。此加法模式中,Y、T 是总量指标,S、C、I 是季节变动、循环变动与不规则变动对长期趋势产生的偏差,或是正值、或是负值。

当 4 种变动因素呈现出相互影响的关系时,动态数列总变动(Y)体现为各种因素的乘积,即 $Y=T\times S\times C\times I$。此乘法模式中,$Y$、$T$ 为总量指标,S、C、I 则是比率,用百分数表示。

动态数列分析一般采用乘法模式,把受各个因素影响的变动分别测定出来,为决策提供依据。事实上,有些现象的动态数列并非 4 种变动俱在,从长期来看,揭示旅游经济现象发展的长期趋势和测定其受季节变动的影响,则对于每一个具体的动态数列来讲都是十分重要的问题。

一、长期趋势测定与预测的意义

长期趋势就是研究某种现象在一个相当长的时期内持续向上或向下发展变动的趋势。例如我国的入境旅游收入从改革开放以来呈现不断上升的长期趋势。测定长期趋势的主要目的是:首先,在于把握现象的趋势变化;其次,从数量方面来研究现象发展的规律性,探求合适趋势线,为进行统计预测提供必要条件;

最后，测定长期趋势，可以消除原有动态数列中长期趋势的影响，以便更好地显示和测定季节变动。

在实际工作中，常常把趋势分析与统计预测结合在一起。趋势分析与统计预测是现代化管理方法，它可以反映社会经济现象发展变化的规律，从而使我们对未来有比较科学的认识。通过预测为领导机关和管理部门制定正确的决策提供依据。

反映现象发展的长期趋势有两种基本形式：一种是直线趋势，另一种是非直线趋势即趋势曲线。当所研究现象在一个相当长的时期内呈现出比较一致上升或下降的变动，如循一直线发展，则为直线趋势，可求出一条直线代表之，这条直线也可叫作趋势直线。趋势直线上升或下降，表示这种现象的数值逐年俱增或俱减，且每年所增加或减少的数量大致相同。所以直线趋势的变化率或趋势线的斜率基本上是不变的。而非直线趋势，其变化率或趋势线的斜率是变动的。

研究现象发展的长期趋势，就须对原来的动态数列进行统计处理，一般称之为动态数列修匀，即进行长期趋势测定，测定长期趋势常用的主要方法有间隔扩大法、移动平均法、最小平方法。

二、间隔扩大法

这是测定直线趋势的一种简单的方法。当原始动态数列中各指标数值上下波动，其现象变化规律表现得不明显时，可通过扩大数列时间间隔，对原始资料加以整理，以反映现象发展的趋势。

例如，某旅行社 2008 年每月接待的旅游人数资料如表 4-4 所示。

表 4-4 某旅行社 2008 年每月接待的旅游人数

月份	1	2	3	4	5	6	7	8	9	10	11	12
接待人数（千人）	20	15	25	20	25	30	25	45	35	45	40	35

从表 4-4 中可以看出，各月接待的人数不等，数列变化并不均匀，无法清晰地反映旅行社接待量的变化趋势。因此，可以将月度资料转变成季度资料。如表 4-5 所示。

表 4-5 某旅行社 2008 年各季度平均接待的旅游者人数

季度	1	2	3	4
接待人数（千人）	20	25	33	40

通过间隔扩大法处理后的资料，可以明确地显示出旅游接待人数呈逐期增长的变化趋势。

应用间隔扩大法应注意：第一，同一数列前后时间间隔应当一致，以便于比较；第二，时间间隔的长短，应根据具体现象的性质和特点而定，以能显示现象变化趋势为宜。

三、移动平均法

这也是对原有动态数列进行修匀，来测定其长期趋势的一种较为简单的方法。这个方法就是采用逐项递推移动的方法，分别计算一系列移动的序时平均数，形成一个新的派生的序时平均数动态数列，来代替原有的动态数列。在这个新的动态数列中，短期的偶然因素引起的变动被削弱了，从而呈现出明显的长期趋势。

现以某旅行社 2008 年 12 个月接待的团队数量为例，采取 3 项和 5 项移动平均数分别进行修匀，计算其各个移动平均数。如表 4-6 所示。

表 4-6 某旅行社 2008 年每月接待团队数

月份	接待团队数量（个）	3 项移动平均	指数平滑预测值（1）	指数平滑预测值（2）	5 项移动平均
1	41				
2	42	45	41.0	41	
3	52	45.7	41.1	41.9	44.6
4	43	46.7	42.2	51.0	46.6
5	45	46.3	42.3	43.8	48.8
6	51	49.7	42.5	44.9	46.4
7	53	48	43.4	50.4	48
8	40	48	44.4	52.7	48.8
9	51	46.7	43.9	41.3	49.8
10	49	52	44.6	50.0	50
11	56	53	45.1	49.1	
12	54		46.2	55.3	

注：指数平滑预测值（1）中，取 $\alpha=0.1$；指数平滑预测值（2）中，取 $\alpha=0.9$。

应用移动平均法分析长期趋势时，应注意下列四点。

（一）用移动平均法对原动态数列修匀，修匀程度的大小，与原数列移动平均的项数多少有关

例如，用 5 项移动平均比 3 项移动平均修匀程度更大些。如图 4-1 所示。这就是说，修匀的项数越多，效果越好，即趋势线越为平滑。

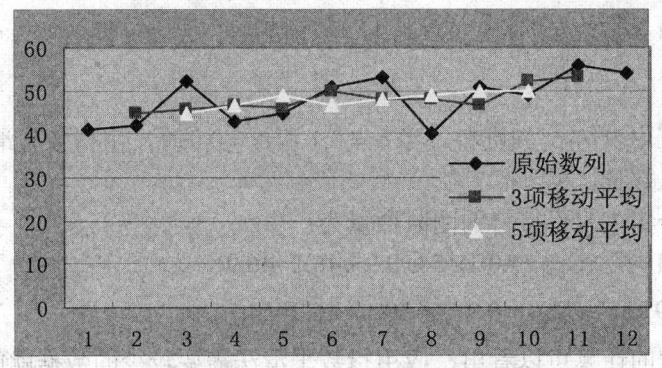

图 4-1 移动平均法趋势线图

（二）移动平均法所取项数的多少，应根据资料的特点而定

原有动态数列如有循环周期，则移动平均的项数以循环周期的长度为准。事实证明，当移动平均的时期长度等于周期长度或者它的整倍数时，它就能把周期的波动完全抹掉。例如，当数列资料为季度资料时，可采用 4 项移动平均；若根据各年的月份资料，则应取 12 项移动平均，这样可消除受季节变动的影响，能较为准确地揭示现象发展的长期趋势。

（三）移动平均法，采用奇数项移动比较简单，一次即得趋势值

如表 4-6 所示，3 项移动第一个移动平均数为（41+42+52）÷3=45（个），即可对正为 2 月份的原值。第二个移动平均数为（42+52+43）÷3=45.7（个），即可对正为 3 月份的原值等。采用偶数项移动平均时，由于偶数项移动平均数都是在两项中间位置，所以要将第一次移动的平均值再进行两项"移正平均"，得出移正值动态数列，以显示出现象变动趋势。由于偶数项移动平均比较复杂，因此，一般常以奇数项为长度。

（四）移动平均后的数列，比原数列项数要减少

移动时采用的项数愈多，虽能更好地进行修匀，但所得趋势值的项数就愈少。一般情况下，移动平均项数与趋势值的项数关系为：趋势值项数=原数列项数－移动平均项数＋1。如上例，原数列项数为 12，采取 3 项移动所得趋势值项数=12-3+1=10（项）。如采用 5 项移动平均，那么趋势项数=12-5+1=8（项），要比原有数列少 4 项。因此，为了便于看出现象的发展趋势，要视具体情况，以确定移动平均的项数不太多为宜。

四、指数平滑法

指数平滑法是在加权移动平均的基础上产生的，它克服了移动平均法舍去首尾若干且不能用于预测的缺点，给定平滑系数 α，则 $t+1$ 期预测值为：

$y_{t+1} = \alpha X_t + (1-\alpha)Y_t$，其中 Y_{t+1} 为 $t+1$ 期的预测值，X_t 为 t 期的实际值，Y_t 为 t 期的预测值。

例如，应用表 4-6 的资料。当 $\alpha = 0.1$ 和 $\alpha = 0.9$ 时，用指数平滑法预测旅行社接待的团队数量。

预测下一年 1 月份接待的团队数量为：

当 $\alpha = 0.1$ 时，$y_{2009(1)} = 0.1 \times 54 + 0.9 \times 46.2 = 46.9$

当 $\alpha = 0.9$ 时，$y_{2009(1)} = 0.9 \times 54 + 0.1 \times 46.2 = 54.1$

通过上例的计算可以看出，应用指数平滑法需要较少的数据就能进行预测，并能对预测误差进行修正。这是进行时间序列预测的重要方法，尤其适用于短期预测。预测还可以通过调整 α 的值，使预测更准确。

五、最小平方法

趋势线配合法是依据数学模型，给动态数列拟合一条恰当的趋势线，从而表现出现象发展的总趋势。趋势线配合法的原理是最小二乘法。用数学公式表示就是：

$$\sum(y - y_c)^2 \text{ 是一个最小值}$$

式中，y_c 为趋势线的估计数值；

y 为原有数列的实际数值。

（一）直线趋势

如果动态数列的发展变化呈现较明显的上升或下降趋势，并且逐期增长量大致相同，那么可以采用直线配合法。趋势方程可以表现为：

$$y_c = a + bt$$

式中，a 为截距；

b 为直线的斜率。

上述方程中，a 和 b 为两个未定参数，根据最小平方法的要求，即，$\sum(y-y_c)^2$ 是一个最小值，可以用求偏导数的方法，导出下列联立方程组：

$$\sum y = na + b\sum t$$

$$\sum ty = a\sum t + b\sum t^2$$

式中，t 为动态数列的时间；

y 为动态数列中各期水平；

n 为动态数列的项数。

为了计算方便，我们可以假设时间：当时间项数为奇数时，可假设 t 的中间项为 0，这时时间项依次排列为：…，-3，-2，-1，0，1，2，3，…；当时间项数为偶数时，时间项依次排列为：…，-5，-3，-1，1，3，5，…，这时，原点 0 实际上是在数列正中相邻两个时间的中点。以上两种设 t 的方法是要让时间项正负相等，使 $\sum t = 0$，那么上述联立方程可以化简为：

$$\sum y = na$$
$$\sum ty = b\sum t^2$$

例如，某地区旅游接待人数的资料如表 4-7 所示。

表 4-7 某地区旅游接待人次 （万人次）

年份	接待人数	逐期增长量	年份	接待人数	逐期增长量
1994	217	—	1999	253	11
1995	230	13	2000	280	27
1996	225	-5	2001	309	29
1997	248	24	2002	343	34
1998	242	-6			

根据表 4-7 资料的初步计算，可以把逐期增长量看作大体相等，所以可以配合一个直线趋势方程，将计算的方法列于表 4-8 中。

表 4-8 抛物线方程计算表

年份	t	y	ty	t^2	y_c
1994	-4	217	-868	16	203.71
1995	-3	230	-690	9	217.98
1996	-2	225	-450	4	232.25
1997	-1	248	-248	1	246.51
1998	0	242	0	0	260.78
1999	1	253	253	1	275.05
2000	2	280	560	4	289.31
2001	3	309	927	9	303.58
2002	4	243	1472	16	317.85
合计	——	2347	856	60	2347.02

根据表 4-8 可知：$\sum y = 2347$

$$\sum ty = 856$$

$$\sum t^2 = 60$$

$n = 9$

代入上列联立方程组中，得：

$9a = 2347$

$60b = 856$

$\therefore a = 260.78$

$b = 14.267$

将 a, b 代入直线方程式，得：

$$y_c = 260.78 + 14.267t$$

接着，我们可以把各年的 t 值代入上列方程式，可以得到各年的趋势值 y_c，如表 4-8 最后的一栏所示。可见，$\sum y_c$ 和 $\sum y$ 的数值非常接近。

如果将趋势线向外延伸，可以预测该地区 2003 年的粮食产量。也即当 $t = 5$ 时，可得：

$$y_c = 260.78 + 14.267 \times 5 = 332.12$$

（二）抛物线趋势

当动态数列的散点图呈现抛物线时，也就是，其逐期增长的增长量大体相同，则可考虑曲线趋势——抛物线方程。抛物线的一般方程为：

$$y_c = a + bt + ct^2$$

方程计算如表 4-9 所示。

表 4-9　抛物线方程计算表

t	$y = a + bt + ct^2$	逐期增长量	二级增长量
1	$a + b + c$	—	—
2	$a + 2b + 4c$	$b + 3c$	—
3	$a + 3b + 9c$	$b + 5c$	$2c$
4	$a + 4b + 16c$	$b + 7c$	$2c$
5	$a + 5b + 25c$	$b + 9c$	$2c$

从表 4-9 看，各期的二级增长量都是 $2c$。

从上述抛物线方程中，有 a,b,c 三个未定参数，根据最小平方法的要求，同样用求偏导数的方法，导出由三个方程组成的联立方程：

$$\sum y = na + b\sum t + c\sum t^2$$
$$\sum ty = a\sum t + b\sum t^2 + c\sum t^3$$
$$\sum t^2 y = a\sum t^2 + b\sum t^3 + c\sum t^4$$

同样，为了计算方便，我们可以假设 t，使得 t 满足 $\sum t = 0, \sum t^3 = 0$，那么上列联立方程组可以简化为：

$$\sum y = na + c\sum t^2$$
$$\sum ty = b\sum t^2$$
$$\sum t^2 y = a\sum t^2 + c\sum t^4$$

上面的计算过程，我们可以通过表格展示其演算过程。如表 4-10 所示。

表 4-10 抛物线趋势的演算表

年份	t	团队数（10个）	ty_c	t^2	$t^2 y_c$	t^4	趋势值 y_c
1986	-7	7.0	-49	49	343	2401	6.5
1987	-6	9.1	-54.6	36	327.6	1296	8.4
1988	-5	9.7	-48.5	25	242.5	625	10
1989	-4	10.8	-43.2	16	172.8	256	11.3
1990	-3	11.7	-35.1	9	105.3	81	12.3
1991	-2	12.1	-24.2	4	48.4	16	13.2
1992	-1	13.1	-13.1	1	13.1	1	13.7
1993	0	14.3	0	0	0	0	14
1994	1	14.4	14.4	1	14.4	1	14
1995	2	14.8	29.6	4	59.2	16	13.8
1996	3	15	45	9	135	81	13.3
1997	4	12.3	49.2	16	196.8	256	12.6
1998	5	11.2	56	25	280	625	11.6
1999	6	9.4	56.4	36	338.4	1296	10.3
2000	7	8.9	62.3	49	436.1	2401	8.8
合计	0	173.8	45.2	280	2712.6	9352	173.8

根据上表中的资料，我们可以求得方程组为：

$$15a + 280c = 173.8$$
$$280b = 45.2$$
$$280a + 9352c = 2712.6$$

解得： $a = 13.99$
$b = 0.16$
$c = -0.13$

那么，趋势方程可以写为： $y_c = 13.99 + 0.16t - 0.13t^2$

根据趋势方程进行预测，2001 年接待团队数量为：

$$y_c = 13.99 + 0.16t - 0.13t^2$$
$$= 13.99 + 0.16 \times 8 - 0.13 \times 8^2$$
$$= 7.02$$

（三）指数曲线趋势

如果现象的发展，其环比发展速度或环比增长速度大体相同，那么，我们可以考虑指数曲线趋势。指数曲线的一般方程为：

$$y_c = ab^t$$

式中， a 为动态数列的基准水平；

b 为现象的一般发展速度；

c 为动态数列的时间。

其中， a, b 均为未定参数。公式表明了 t 年的变量等于基期水平乘上一般发展速度的 t 次方。进行指数曲线拟合时，我们通常会将它取对数转化为直线方程，然后按照直线方程确定出参数，最后对直线求得的结果查反对数得到 a, b 的值。先对上面的方程取对数，得到：

$$\log y_c = \log a + t \log b$$

设： $Y = \log y_c$
$A = \log a$
$B = \log b$

那么，方程可以重新写成： $Y = A + Bt$

到这里，方程的形式和求法与直线趋势方程完全一样。我们可以通过一个例子进行说明。如表 4-11 所示。

表 4-11 指数曲线方程的演算

年份	外汇收入（亿元）	t	$Y = \log y$	$t \log y$	t^2	$\log y_c$	y_c
1998	5.3	-5	0.72	-3.62	25	0.73	5.33
1999	7.2	-3	0.86	-2.57	9	0.85	7.15
2000	9.6	-1	0.98	-0.98	1	0.98	9.59
2001	12.9	1	1.11	1.11	1	1.11	12.82
2002	17.1	3	1.23	3.70	9	1.24	17.25
2003	23.2	5	1.37	6.83	25	1.36	23.13
合计	75.3	0	6.27	4.46	70		75.27

由表 4-11 资料可知：
$$\sum Y = \sum \log y = 6.27$$
$$\sum tY = \sum t \log y = 4.46$$
$$\sum t^2 = 70$$

代入联立方程组，得：　　$6A = 6.27$
　　　　　　　　　　　　$70B = 4.46$

所以：　　$A = 1.05$
　　　　　$B = 0.06$
　　　　$\because A = \log a = 1.05 \therefore a = 11.1$
　　　　$\because B = \log b = 0.06 \therefore b = 1.16$

所以，对数趋势的直线方程为：$Y = \log y = \log a + t \log b$
$$= 1.05 + 0.06t$$

指数曲线方程为：$y_c = ab^t = 11.1 \times 1.16^t$

我们可以利用这个指数曲线方程进行预测，该地区 2004 年创造的外汇收入将为：

$$y_c = ab^t = 11.1 \times 1.16^t = 11.1 \times 1.16^7 = 31.03 \text{（亿元）}$$

综上所述，我们在分析社会经济现象发展的长期趋势时，应该注意到，不论将哪一种趋势线向外延伸来预测未来可能达到的数值，都具有一定的假定性。因此，要作好经济预测工作，除了用必要的数学方法来建立数学模型外，一定要结合调查研究，具体情况具体分析，才能得出较为准确的结果。

第五节　旅游季节变动的测定与预测

在一个旅游动态数列中，除存在长期趋势外，往往还存在淡季和旺季的变动。例如，旺季的门票收入就会高于淡季；而每一个地方的淡季和旺季可能就不一样，比如东北地区的旺季可能在冬季，人们会在冬天去那里滑雪。

淡季和旺季的出现，会引起设备和劳动力使用不平衡，比如，在旅游业中劳动力的淡旺季波动比较明显，在旺季时，企业会临时增加劳动力；到淡季时，又会解雇他们。研究季节变动的目的，主要是为了认识它、掌握它，从而克服由于季节变动而引起的不良影响，以便合理组织生产。

测定季节变动的方法很多，从是否考虑受长期趋势的影响来看，有两种方法：

一是不考虑长期趋势的影响,直接根据原始的动态数列来计算,常用的方法是按月平均法;二是根据剔除长期趋势影响后的数列资料来计算,常用的方法是移动平均趋势剔除法。不管使用哪种方法来计算季节变动,都须用 3 年或更多年份的资料(至少 3 年)作为基本数据方法进行计算分析,这样才能较好地消除偶然因素的影响,使季节变动的规律性更切合实际。

一、按月平均法

按月平均法亦称按季平均法。若是月资料就是按月平均;若是季资料则按季平均。其计算的一般步骤如下:
(1)列表。将各年同月(季)的数值列在同一栏内;
(2)将各年同月(季)数值加总,并求出月(季)平均数;
(3)将所有月(季)数值加总,求出总的月(季)平均数;
(4)求季节比率(或季节指数)$S.I.$,其计算公式为

$$S.I. = \frac{各月平均数}{全期各月平均数} \times 100\%$$

例如,某旅行社 1996~1999 年每个季度接待的团队数量如表 4-12 所示。

由于是季度资料,季节比率之和应等于 400%。若相差过大,应作调整,方法是先求出校正系数($校正系数 = \frac{1200/400}{12/4个月的季节比率之和}$),再用此系数乘以原来的各月季节比率。如果是月度资料,则季节比率之和应等于 1200%。如果季节比率大于 100%,则说明是旺季,小于 100%则是淡季。可见,季节比率可以清楚地反映接待数量的季节变化规律。

这种方法计算方便,但是,在计算中没有考虑到长期趋势的影响。当动态数列有明显的长期趋势时,这种方法的计算不够准确。当动态数列的长期趋势不明显或循环波动不明显时,这种方法的效果比较好。

表 4-12 某旅行社每个季度接待的团队数

单位:(10 个)

季度 年度	一	二	三	四	合计
1996	2	8	4	1	15
1997	1	11	4	2	18
1998	2	14	3	2	21
1999	3	15	5	3	26
合计	8	48	16	8	80
季节平均数	2	12	4	2	5
季节比率(%)	40	240	80	40	400

根据季节变动资料也可进行某些经济预测。例如，已知 1999 年第一个季度接待旅游团队的数目为 20 个，预测今年第三季度的接待数量。

$$第三季度的接待数量 = \frac{20}{40\%} \times 80\% = 40（个）$$

二、移动平均趋势剔除法

这个方法是利用移动平均法来剔除长期趋势影响后，再来测定其季节变动。用移动平均法计算长期趋势和用按月（季）平均法求季节比率，前面已详细介绍过了。这里着重说明如何剔除长期趋势。

一般来说，对于各因素属于乘积形式的现象，应采用原数列除以长期趋势的方法剔除长期趋势；对于各因素属于和的形式的现象，应采用原数列减去长期趋势的方法剔除长期趋势。

举例说明某地区国内旅游收入的趋势剔除。如表 4-13 所示。

表 4-13 移动趋势剔除法的表格演示

季度		外汇收入（亿元）	四项移动平均	两项移动平均	趋势剔除	
					除法	减法
2005	1	216				
	2	63				
	3	18	138	141.625	12.71	-123.625
	4	255	145.25	146.75	173.76	108.25
2006	1	245	148.25	148.75	164.71	96.25
	2	75	149.25	164.625	45.56	-89.625
	3	22	180	185.375	11.87	-163.375
	4	378	190.75	193.75	195.097	184.25
2007	1	288	196.75	197.25	146.01	90.75
	2	99	197.75	200.375	49.41	-101.375
	3	26	203			
	4	399				

具体的操作过程如下：

1. 除法剔除长期趋势求季节比率

第一，用移动平均法求出长期趋势。表 4-13 中，因是季度资料，故先用四项移动平均后，再作二项移正平均，便得到趋势值 y_c。如表 4-13 第二栏和第三栏所示。

第二，剔除长期趋势。用原数列除以同一时期的趋势值。如表 4-13 中，第一年第三季度：18/141.625=12.71%，第四季度：255/146.75= 173.76%。其余以此类推。

第三，求季节比率。用表 4-13 中 y/y_c 得到的数据重新编排，成为如表 4-14 所示的基本数据，再按季求其平均的季节比率。

表 4-14　除法剔除长期趋势后季节比率计算表

	第一季	第二季	第三季	第四季	合计
2005			12.71	173.76	
2006	164.71	45.56	11.87	195.097	
2007	146.01	49.41			
合计	310.72	94.97	24.58	368.857	
平均	155.36	47.485	12.29	184.429	399.564
校正系数	1.0049	1.0049	1.0049	1.0049	1.0049
季节比率（%）	155.53	47.54	12.3	184.63	400

第四，调整季节比率，将求得的平均季节比率相加，各季的季节比率之和应为 400%，各月的季节比率之和应为 1200%，如果大于或小于 400%或 1200%，应计算校正系数进行校正。

第五，将校正系数乘上各季或各月的平均比率，使其总和等于 400%或 1 200%。如表 4-14 中所示，平均季节比率之和为 399.564，应予调整，先计算校正系数为 1.0049，再用 1.0049 乘以各季的平均季节比率，表中的第一季度的季节比率=1.0049×1.5536=1.5553（或 155.53%），其余类推。经校正后的各季（月）平均季节比率，即为应用移动平均趋势剔除法所求得的季节比率。

2. 减法剔除长期趋势求季节变差

第一，用移动平均法求出长期趋势。与前面第一步相同。

第二，剔除长期趋势。用原数列减去同一时期的趋势值。

如表 4-15 所示，第一年第三季度：18-141.625 = -123.625；第四季度：255-146.75 = 108.25。其余以此类推。

第三，计算同期平均数。用表 4-13 中（$y-y_c$）得到的数据重新编排，成为表 4-15 的基本数据，再计算同季平均数。

第四，分摊余数得季节变差 S.V.（Seasonal Variation）。把同期平均数合计数分摊到各时期的同期平均数中去。即：

$$S.V. = 同期平均数 = \frac{\sum 同期平均数}{时期数}$$

在表 4-15 中，第一季度季节变差=93.5-0.75/4=93.5-0.1875=93.3125，式中 0.1875 即为校正系数。

季节变差的意义是，以移动平均的长期趋势为基础，各季度上下波动的标准幅度。

表 4-15　减法提出长期趋势后季节变差计算表

	第一季	第二季	第三季	第四季	合计
2005			-123.625	108.25	
2006	96.25	-89.625	-163.375	184.25	
2007	90.75	-101.375			
合计	187	-191	-287	292.5	
平均	93.5	-95.5	-143.5	146.25	+0.75
校正系数	-0.1875	-0.1875	-0.1875	-0.1875	
季节比率（%）	93.3125	-95.6875	-143.6875	146.0625	0

第六节　动态数列的软件处理和运用

对于动态数列，我们可以计算所求数列中一个数值，然后按照第五节中提到的方法进行批"处理"，那么，一个完整的动态数列就完成了。本节我们主要讲解增长率的计算和几何平均法的计算及其图形的处理。

一、增长率的计算

我们以表 4-16 所示旅游收入为例来计算增长率动态数列。

表 4-16　国内旅游人数和旅游收入

年　份	旅游人数(百万人次)	旅游收入(亿元)
1994	524	1023.5
1995	629	1375.7
1996	640	1638.4
1997	644	2112.7
1998	695	2391.2
1999	719	2831.9
2000	744	3175.5
2001	784	3522.4
2002	878	3878.4
2003	870	3442.3
2004	1102	4710.7
2005	1212	5285.9
2006	1394	6229.7

资料来源：中国统计年鉴，2007。

第一步，先将数据输入到 Excel。

第二步，在单元格 D3 中输入 =（C3－C2）/C2*100。这样就计算出了 1995 年的增长率，其值为 34.41%。如图 4-2 和图 4-3 所示。

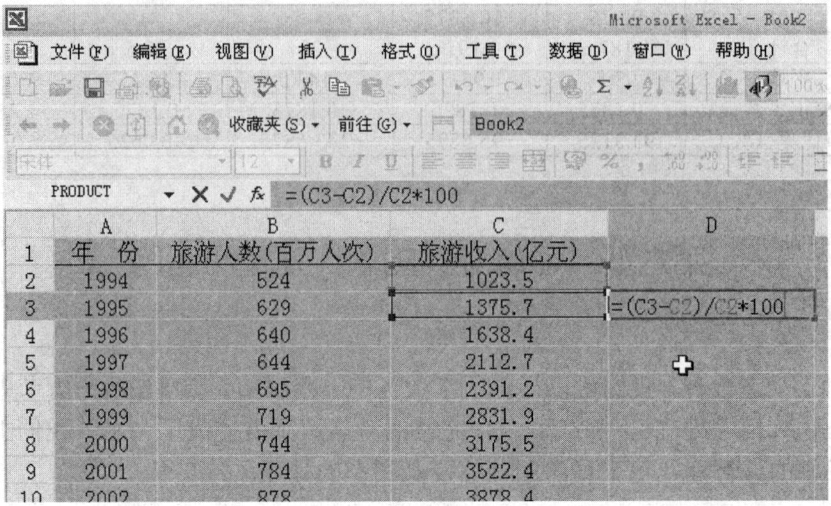

图 4-2

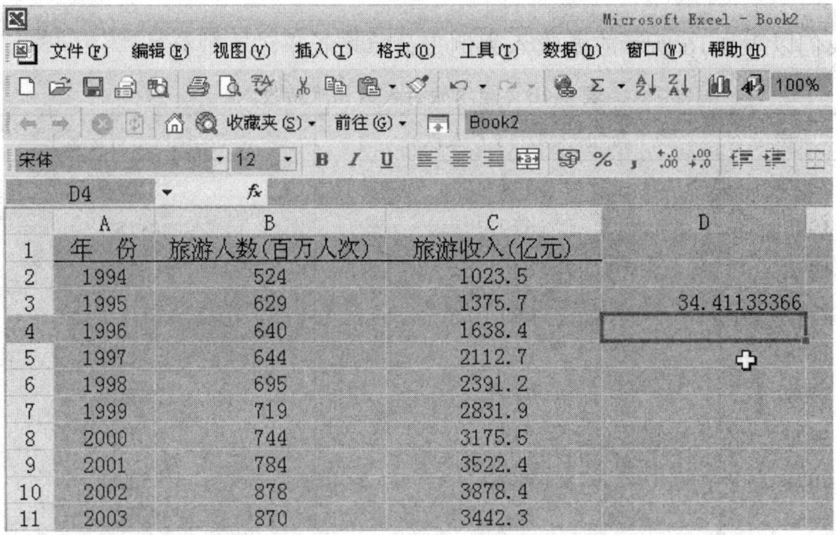

图 4-3

第三步，将鼠标移动到单元格 D3 的右下角，出现黑色十字号。按下鼠标左键，向下拖动，那么，1996 年到 2006 年的增长率就自动计算出来了。如图 4-4 和图 4-5 所示。

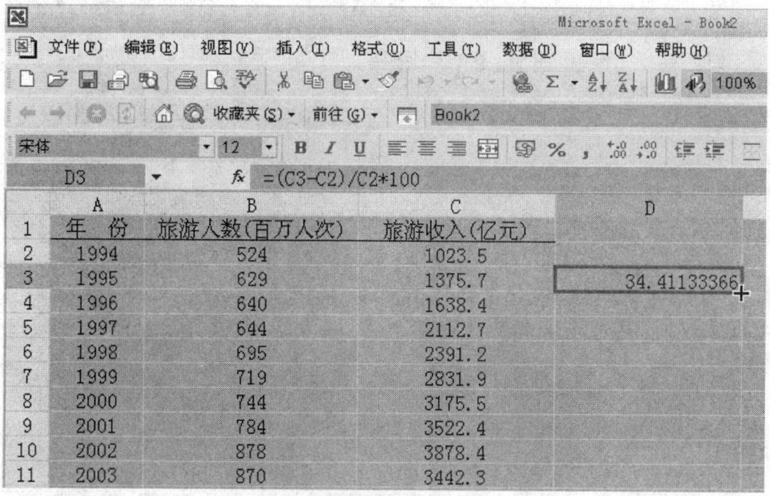

	A	B	C	D
1	年 份	旅游人数(百万人次)	旅游收入(亿元)	
2	1994	524	1023.5	
3	1995	629	1375.7	34.41133366
4	1996	640	1638.4	
5	1997	644	2112.7	
6	1998	695	2391.2	
7	1999	719	2831.9	
8	2000	744	3175.5	
9	2001	784	3522.4	
10	2002	878	3878.4	
11	2003	870	3442.3	

图 4-4

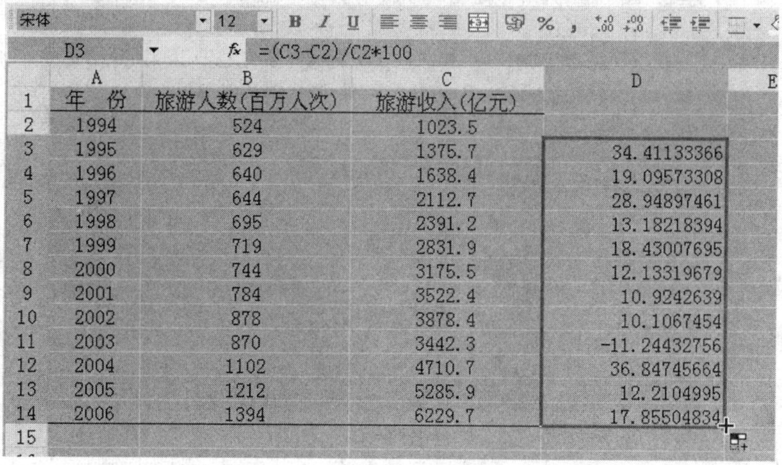

	A	B	C	D
1	年 份	旅游人数(百万人次)	旅游收入(亿元)	
2	1994	524	1023.5	
3	1995	629	1375.7	34.41133366
4	1996	640	1638.4	19.09573308
5	1997	644	2112.7	28.94897461
6	1998	695	2391.2	13.18218394
7	1999	719	2831.9	18.43007695
8	2000	744	3175.5	12.13319679
9	2001	784	3522.4	10.9242639
10	2002	878	3878.4	10.1067454
11	2003	870	3442.3	-11.24432756
12	2004	1102	4710.7	36.84745664
13	2005	1212	5285.9	12.2104995
14	2006	1394	6229.7	17.85504834
15				

图 4-5

二、移动平均数的计算（以三项移动平均为例）

我们仍然用表 4-16 中的旅游收入数据作为例子。其方法与上面的方法类似。

第一步，在单元格 D3 中输入 =（C2+C3+ C4 ）/ 3。这样就计算三项移动平均的第一个值，其值为 1 345.86。如图 4-6 和图 4-7 所示。

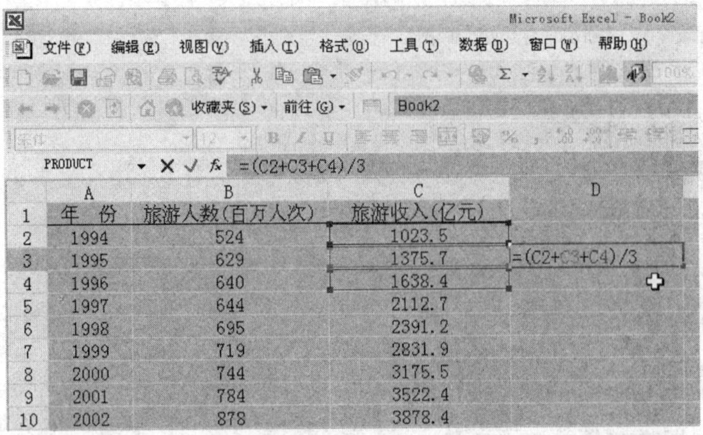

图 4-6

图 4-7

第二步，将鼠标移动到单元格 D3 的右下角，出现黑色十字号。按下鼠标左键，向下拖动，那么，三项移动平均序列就自动计算出来了。如图 4-8 和图 4-9 所示。

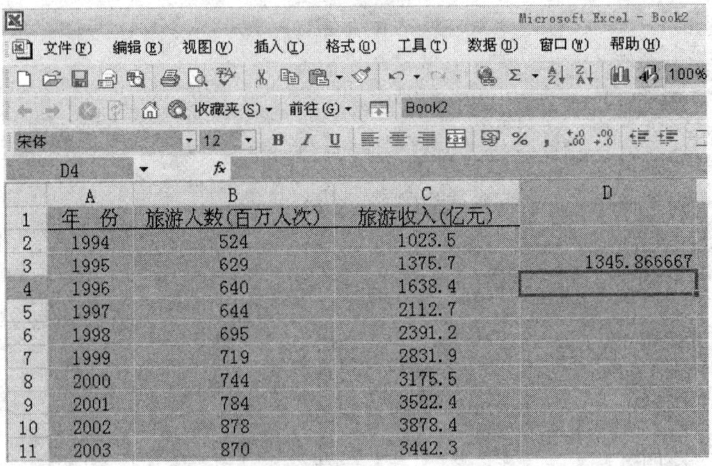

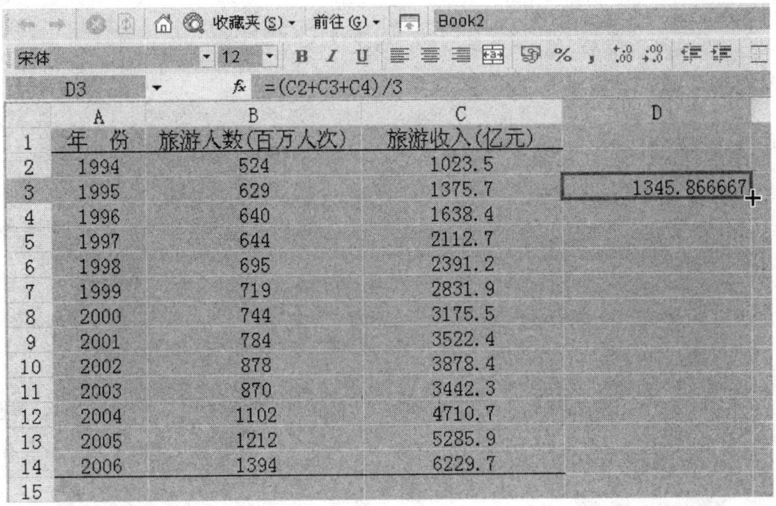

	A	B	C	D
1	年　份	旅游人数(百万人次)	旅游收入(亿元)	
2	1994	524	1023.5	
3	1995	629	1375.7	1345.866667
4	1996	640	1638.4	
5	1997	644	2112.7	
6	1998	695	2391.2	
7	1999	719	2831.9	
8	2000	744	3175.5	
9	2001	784	3522.4	
10	2002	878	3878.4	
11	2003	870	3442.3	
12	2004	1102	4710.7	
13	2005	1212	5285.9	
14	2006	1394	6229.7	
15				

图 4-8

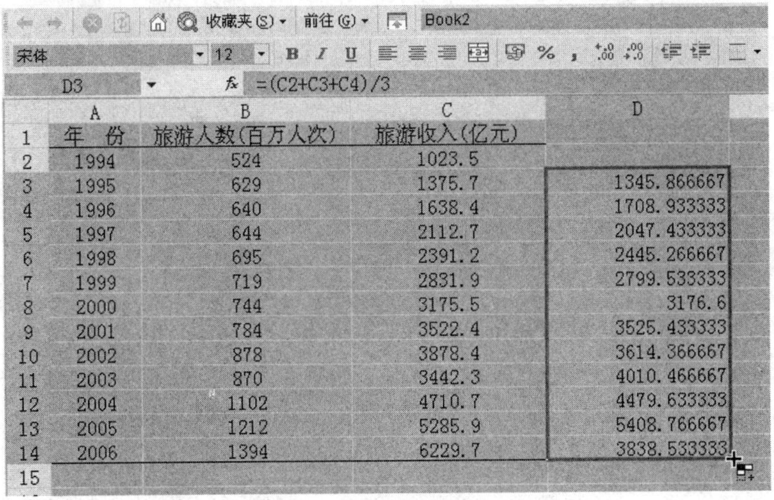

	A	B	C	D
1	年　份	旅游人数(百万人次)	旅游收入(亿元)	
2	1994	524	1023.5	
3	1995	629	1375.7	1345.866667
4	1996	640	1638.4	1708.933333
5	1997	644	2112.7	2047.433333
6	1998	695	2391.2	2445.266667
7	1999	719	2831.9	2799.533333
8	2000	744	3175.5	3176.6
9	2001	784	3522.4	3525.433333
10	2002	878	3878.4	3614.366667
11	2003	870	3442.3	4010.466667
12	2004	1102	4710.7	4479.633333
13	2005	1212	5285.9	5408.766667
14	2006	1394	6229.7	3838.533333
15				

图 4-9

三、移动平均制图

仍然以表 4-16 中的数据（旅游人数）为例。

第一步，点击快捷工具中的图表向导。显示如图 4-10 和图 4-11 所示数据。

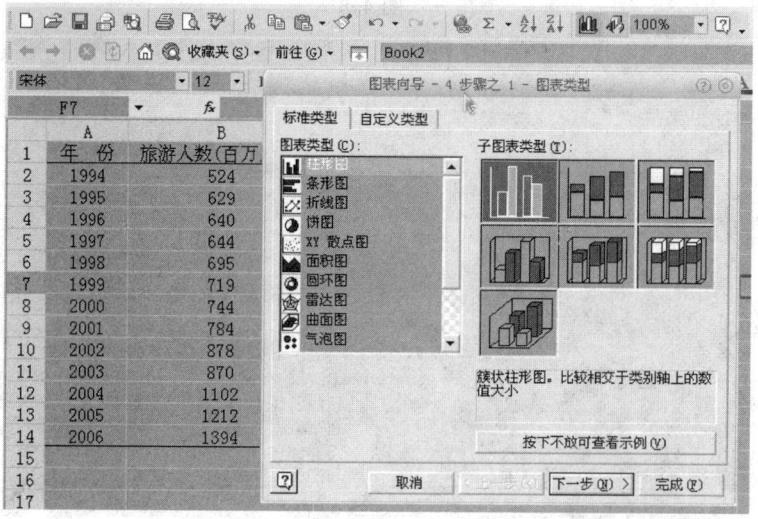

图 4-10

图 4-11

第二步,选择标准类型中的折线图。如果要制作其他类型的图形,可以选择其他图形类型。也可以通过自定义类型进行选择。如图 4-12 所示。

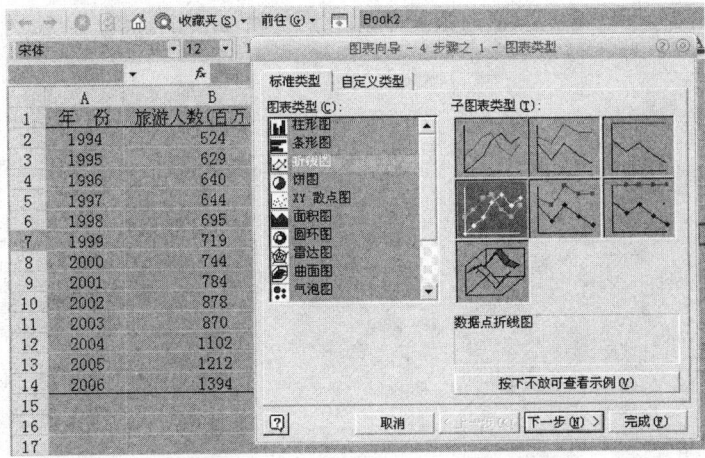

图 4-12

第三步，点击图 4-12 中的下一步。出现如图 4-13 所示内容。

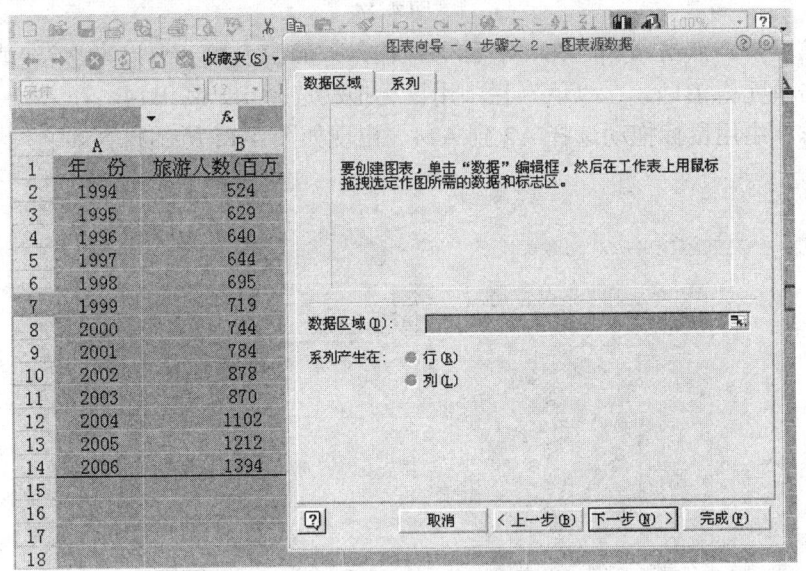

图 4-13

第四步，点击"系列"。出现如图 4-14 所示的内容

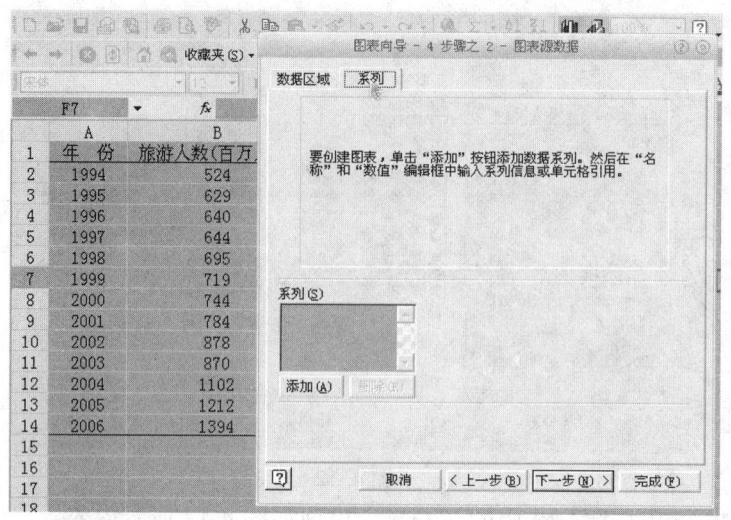

图 4-14

第五步，点击添加。在"名称"栏输入：旅游人数（百万人次）（或者用鼠标点击单元格 B1）。在"值"栏中用鼠标拖动选择 B2 到 B14。在"分类（X）轴标志"中用鼠标拖动选择 A2 到 A14。出现如图 4-15 所示内容。

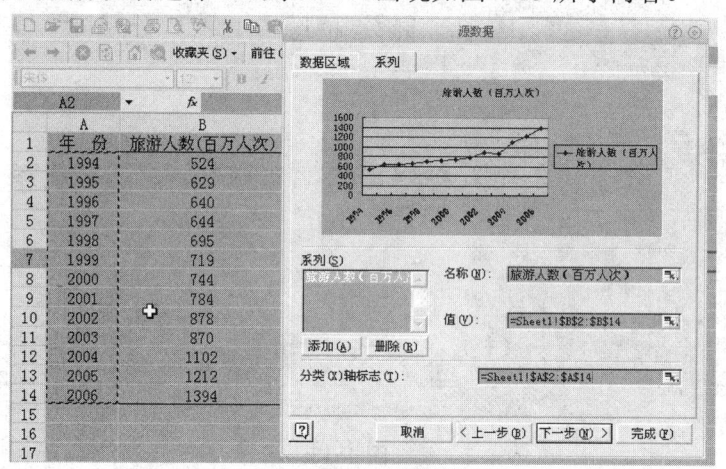

图 4-15

第六步，点击"下一步"，接着点击"完成"。出现如图 4-16 所示内容。

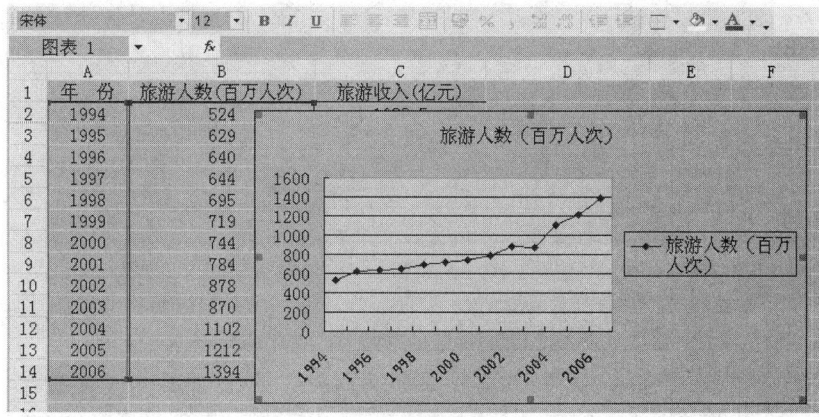

图 4-16

第七步，对上图进行调整。删除标题，对图例和数轴字体进行调整。如图 4-17 所示。

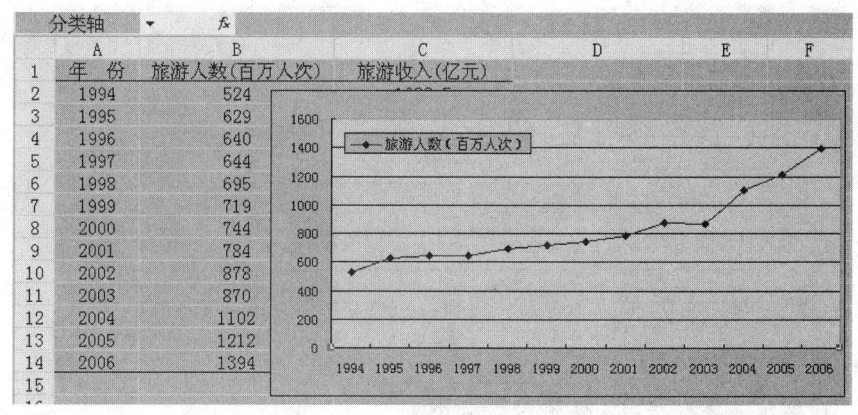

图 4-17

第八步，右键点击数据线上的点，选择弹出菜单中的"添加趋势线"。如图 4-18 和图 4-19 所示。

图 4-18

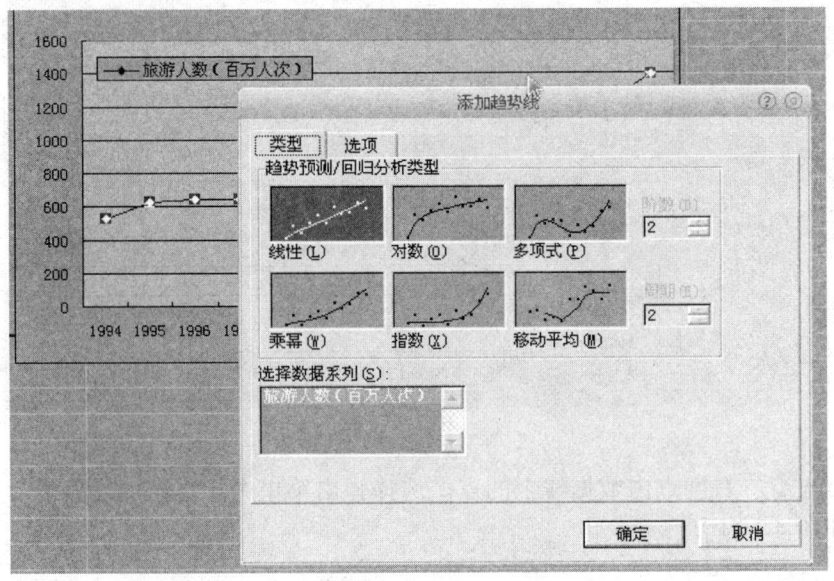

图 4-19

第九步,在趋势预测/回归分析中选择移动平均,将周期调整为 3。如图 4-20 所示,点击"确定"。在原来的数列中会出现一条新的曲线,就是 3 项移动平均的趋势线,如图 4-21 下方的新线。

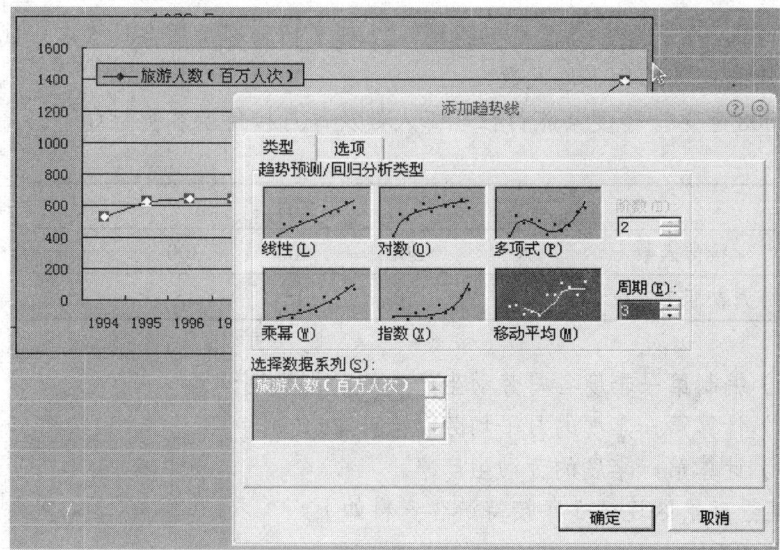

图 4-20

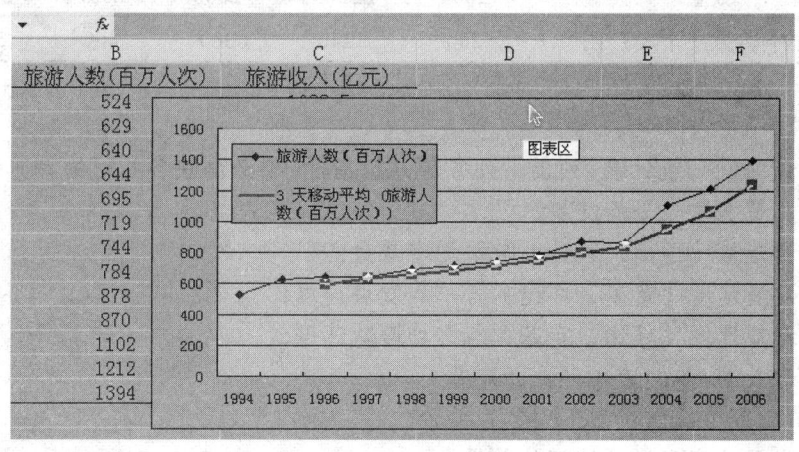

图 4-21

练习题
一、思考题
1. 什么是动态数列？
2. 定基发展速度和环比发展速度之间的联系是什么？
3. 动态数列的影响因素有哪些？它们之间有何关系？
4. 季节变动分析的原理是什么？

二、计算题
1. 饭店员工流动率非常高。某饭店职工人数 3 月份增减变动如下：1 日员工总数400人,15日有10名员工跳槽,22日又招聘客房服务员5名。试分别计算本月饭店全部员工的平均人数。

2. 2008年第一季度某旅行社职工人数及每月接待游客资料如下:

	单位	1月	2月	3月	4月
接待人数	人	300	400	300	
月初职工人数	人	10	15	15	20

要求:(1)编制第一季度各月劳动生产率的动态数列;
　　　(2)计算第一季度的月平均劳动生产率;
　　　(3)计算第一季度的劳动生产率。

3. 某景点景区连续5年接待游客资料如下:

数量	2004	2005	2006	2007	2008
接待人数(千人)	200	240	300	460	580

要求:
(1)试编制一统计表,列出下列各种分析指标(不必反映各指标的计算过程):
① 发展水平与平均发展水平;
② 增减量(逐期、累计)与平均增减量;
③ 发展速度(定基、环比)与平均发展速度;
④ 增减速度(环比、定基)与平均增减速度;
⑤ 增长1%绝对值(环比、定基)。
(2)就表中数字说明下列各种关系:
① 发展速度和增减速度的关系;
② 定基发展速度和环比发展速度的关系;
③ 增长1%的绝对值与基期发展水平的关系;
④ 增减量、增减速度与增长1%绝对值的关系;
⑤ 逐期增减量与累计增减量的关系;
⑥ 平均发展速度与环比发展速度的关系;
⑦ 平均发展速度与平均增减速度的关系。

第五章 旅游统计指数

第一节 统计指数的概念

一、指数的概念

统计指数概念产生于 18 世纪后半期，在这两百年多的历史中，指数的运用在发展，指数的理论在发展，关于指数的概念也在发展。同时，由于对事物观察的角度不同，统计学家对指数的解释也有所不同。

指数的编制是从物价的变动产生的。1675 年，英国经济学家伏亨（Rice Vaughan）在其所著《铸货币及其货币铸造论》一书中，为了测定当时劳资双方对于货币交换的比例，采用谷物、家畜、鱼类、布帛与皮革等样品，以 1352 年为基期，将 1650 年的价格与之作比较。这是价格指数的首创。

1707 年，英国主教佛里特伍德（Bishop Fleetwood）出于和伏亨同样的目的，为了计算货币交换价值，将 1440～1480 年间 5 英镑货币所购上列物品的数量加以比较，以研究这些物品数百年间价格的变动。

1738 年，法国学者杜托（Dutot）在其《从政治上考虑财政和商业》中，把路易十四（1638～1715）与路易十二（1462～1515）时代的价格，从总数上加以比较，即把两期价格单纯地加在一起，来对产品的价格变动加以综合说明，这是简单综合法的开端。

1764 年，意大利贵族卡里（Giovanni Rinaldo Carli），在其《铸币金属的价值与比例》中，用 1750 年的粮食、葡萄酒和植物油三类消费品的价格与 1500 年同样的三种产品的价格对比，再把计算出来的百分数（即分类指数）相加除以 3，这就是简单算术平均指数法。这种方法在各种产品价比基础上平均的方法，超脱了价格的总量形态，比杜托的简单综合法前进了一步。

1863 年，英国经济学家杰文斯（W. S. Jevons），在一篇《金价的暴跌》的论文中，提出了计算价格指数的简单几何平均法。为了证实这种方法的优越性，他编制了一种英国价格指数，并且通过对价格指数的分析研究而概括出金价跌落是由于1849年起黄金产量增加的缘故。

现在，物价指数编制已运用到我们生活的各个方面。

指数的含义有广义和狭义两种。广义的指数是指一切说明社会经济现象数量变动或差异程度的相对数，如动态相对数、比较相对数、计划完成相对数等都可称为指数。狭义的指数是一种特殊的相对数，即专指不能直接相加和对比的复杂社会经济现象综合变动程度的相对数。例如，零售物价指数，是说明全部零售产品价格总变动的相对数。统计指数理论主要是探讨复杂现象总体综合变动状况和对比关系。本章所述的指数，主要指这种狭义概念的指数。

狭义的指数具有以下特点：

1. 综合性。狭义指数不是反映一种事物的变动，而是综合反映多种事物构成的总体的变动，所以它是一种综合性的指数。如股票价格指数是综合反映所有上市公司股票交易的价格变动，而不是某一上市公司股票价格的变动。

2. 平均性。由于各个个体的变动是参差不齐的，狭义指数所反映的总体的变动只能是一种平均意义上的变动，即表示各个个体变动的一般程度。例如，上海证券交易所综合指数当天比昨天股票指数上涨了1.2%，表示平均来说上海证券交易所挂牌交易的上市公司平均股票价格今天比昨天上涨了1.2%，但有的上市公司上涨10%，也有的上市公司下跌了10%。

旅游统计指数是把现有统计指数中的理论及一些指数编制方法运用到旅游业中，用来分析每年的旅游收入、接待人数等变量在时间数列上发生的变化。通过指数的处理，使我们能够更清楚地看到旅游发展的本质和规律。

二、旅游指数的种类

由于着眼点不同，统计指数可以划分成不同的种类。

（一）按照说明现象的范围不同，分为旅游个体指数和旅游总指数

说明单项事物动态的比较指标称为个体指数，也叫单项指数。例如，说明饭店一间客房价格动态的个体价格指数，说明一个城市旅游接待人数的个体接待量指数，以及饭店客房销售量指数等。

说明多种旅游事物综合动态的比较指标称为旅游总指数。例如：工业生产中说明多种产品价格综合变动的批发价格指数、零售价格指数，说明多种产品生产量综合变动的工业产品生产量总指数，以及产品销售量总指数、成本总指数等。在旅游中，一条线路就是一个综合产品，食、住、行、游、购、娱众多环节，对于旅游业的分析，可以通过编制线路价格指数进行分析。对于旅游批发商而言，

他们的线路价格指数就相当于工业企业中的批发价格指数。

总指数的特点是多种事物计量单位不相同，不能够直接相加。为了解决这个问题产生了多种方法。

计算旅游统计指标时，可以同时使用旅游要素分组的方法，即对包含的多项事物的种类进行分类或分组，按每个类或组计算统计指数。这样在个体指数和总指数之间又产生了一个类指数。以我国零售产品分类来解释，零售产品分成如下几类：

Ⅰ．食品类

（1）粮食

①细粮

②粗粮

（2）肉禽及其制品

（3）蛋

（4）水产品

（5）鲜菜

（6）在外用餐

Ⅱ．衣着类

（略）

零售产品价格指数为总指数，细粮、粗粮等小类指数称为个体指数，那么食品类、衣着类指数就是类指数。类指数实质上也是总指数，因为它包含了不能直接相加的多种事物，只是它比总指数所包含的范围小而已。

对于旅游业而言，线路产品分为食、住、行、游、购、娱六个大类，在每个大类中又可以分为许多小类。然后按照统计指数的计算方法进行编制。在《中国旅游统计年鉴》中还没有关于产品和收入等方面的指数。下面，我们以一个假想的成熟的 10 人团队线路产品为例设计一个线路产品指数，这个线路指数可以包括如下几类：

1．饮食

（1）6 菜 1 汤

（2）8 菜 1 汤

（3）10 菜 1 汤

（4）酒水饮料：10 瓶酒（以一个酒类品牌为标准）

　　　　　　　　10 瓶饮料（以一个酒类品牌为标准）

　　　　　　　　5 瓶酒 5 瓶饮料（以一个酒类品牌为标准）

2．住宿

（1）二星级标准间

（2）三星级标准间

（3）四星级标准间

（4）五星级标准间

3．行程

（1）铁路

① 硬座

② 硬卧（上，中，下铺）

③ 软卧（上，下铺）

（2）公路

① 豪华长途巴士（可以用巴士品牌来表示）

② 普通长途巴士（可以用巴士品牌来表示）

（3）水路

① 轮船

② 游艇

（省略）

（二）按照统计指标的内容不同，分为旅游数量指标指数和旅游质量指标指数

旅游数量指标指数是说明旅游总体规模变动情况的指数。例如，入境旅游收入指数、旅游业职工人数指数等。

旅游质量指标指数是说明旅游总体内涵数量变动情况的指数。例如，旅游价格指数、旅游业工资水平指数、线路成本指数等。

这种分类和指数的计算方法有关系，要把这两个概念分辨清楚。

（三）按照指数表现形式不同，可分为旅游综合指数、旅游平均指标指数和旅游平均指标对比指数

旅游综合指数是通过两个有联系的旅游综合总量指标的对比计算的总指数；旅游平均指标指数是用加权平均的方法计算出来的指数，分算术平均数指数和调和平均数指数；旅游平均指标对比指数则是通过两个有联系的加权算术平均指标对比来计算的总指数。这三类指数之间既有区别，又有密切联系，各适用于说明不同的问题。

（四）按照指数所说明的因素多少，可分为旅游两因素指数和旅游多因素指数

旅游两因素指数反映由旅游要素中两个因素构成的总体变动情况，旅游多因素指数则反映由三个以上旅游因素构成的总体变动情况。两因素指数原理是基本的，多因素指数是两因素指数的推广。

（五）按照在一个指数数列中所采用的基期不同，指数可以分为旅游定基指数和旅游环比指数

指数时常是连续编制的，形成在时间上前后衔接的指数数列。凡是在一个指数数列中的各个指数都是以某一固定时期作为基期，叫做定基指数。凡是各个指数都是以前一期作为基期的，就是环比指数。

本章各节将以各种旅游数量指标指数和旅游质量指标指数为例，着重介绍旅游综合指数、旅游平均指标指数、旅游平均指标对比指数的编制方法及其在统计分析中的作用。

第二节　旅游综合指数

旅游总指数的计算形式有两种：旅游综合指数和旅游平均数指数。旅游综合指数是总指数的基本形式。

旅游综合指数的重要意义，在于它能最完善地显示出旅游现象的经济内容，即不仅在相对量方面反映，而且能在绝对量方面反映。

如何设计旅游综合指数的形式，关键是在旅游经济联系中寻找同度量因素，而后再把它固定不变，用以反映我们所要研究的旅游总体的某种现象的变化情况。归纳起来要解决以下两个问题：

1. 把什么因素作为同度量因素是合理的？
2. 同度量因素应该固定在哪个时期是恰当的？

旅游同度量因素是把不能直接相加的指标过渡为可以相加的因素。假设要求旅游线路产品零售价格总指数，由于饭店的单价与交通、景点景区不能相加而无法计算，用同度量因素把单价过渡为销售额就可以相加了。又如，假设求旅游纪念品销售量指数，由于实物量计量单位不同不能相加，用同度量因素把它过渡为销售额就可以相加了。同度量因素不是随意选定的，而是从它们的经济联系考虑，这个假设就是从下面的经济关系式出发的。

旅游产品销售额 = 旅游产品销售量 × 旅游产品销售价格

计算旅游产品销售价格总指数时以产品销售量为同度量因素；计算产品销售量总指数时，以产品销售价格为同度量因素。经济关系式中的三个指标各自独立而又互相联系，既可以把销售额作为销售量与销售价格的综合，又可以把销售量、销售价格视为销售额的分解。

旅游综合指数有两种，旅游数量指标综合指数和旅游质量指标综合指数。两

种综合指数在计算形式上基本道理是一样的,但是在处理方法上有联系也有区别。

一、旅游数量指标综合指数

(一) 旅游数量指标综合指数公式的建立

旅游数量指标综合指数是说明旅游总体规模变动情况的相对指标指数。例如,旅游纪念品销售量指数、线路产品销售量指数、旅游职工人数指数等。

以旅游产品销售量指数为例来说明旅游数量指标综合指数计算公式的形成过程。资料如表 5-1 所示。

表 5-1 三种旅游纪念品的销售量资料

产品	计量单位	基期销售量 q_0	报告期销售量 q_1
甲	件	480	600
乙	千克	500	600
丙	米	200	180

用 k 代表个体指数,上述产品销售量的个体指数为:

$$k_{甲} = \frac{q_1}{q_0} = \frac{600}{480} = 125\%$$

$$k_{乙} = \frac{q_1}{q_0} = \frac{600}{500} = 120\%$$

$$k_{丙} = \frac{q_1}{q_0} = \frac{180}{200} = 90\%$$

计算结果表明,甲种产品的销售量增加了 25%,乙种产品的销售量增加了 20%,丙种产品的销售量减少了 10%。

旅游产品销售量指数并非某种具体产品的个体指数,而是反映多种产品销售量的总指数。在编制旅游数量指标综合指数中要注意以下几个问题:

第一,各种产品的度量单位不相同,它们的产品销售量不能够直接相加。拿基期的产品销售量来讲,甲种产品销售量 480 件,乙种产品销售量 500 千克,丙种产品销售量 200 米,这三种产品销售量是无法直接相加的。

第二,使用同度量因素,使不能直接相加的指标过渡到能够相加的指标。我们将各个产品销售量乘以产品价格就可以得到产品销售额,即

产品价格×产品销售量=产品销售额

也即

$$q \times p = qp$$

这里，产品价格叫做同度量因素，它起着媒介作用，将不能相加的产品销售量过渡到能够相加的产品销售额，因而可以形成总销售额 $\sum qp$。为了比较，需要分别计算两个时期的总销售额。

第三，为了说明产品销售量的变动，同度量因素必须使用同一时期的，即假定两个时期的产品销售额是按同一个时期的价格计算的。用公式表示就是

$$\bar{K}_q = \frac{\sum q_1 p}{\sum q_0 p}$$

式中，$\bar{K}$ 为销售量总指数；
p 为同一时期的价格。

第四，同度量因素（价格）用哪一时期的，是报告期、基期还是用另外一个时期的价格？使用不同时期的价格会得到不同的结果，具有不同的经济内容。既然为了突出产量的变动就必须把价格固定下来，也就是分子分母所乘的价格必须是相同的。那么，三种价格究竟用哪种为好呢？对于这个问题统计学术界一向有不同看法和主张，因而就产生了采用不同的同度量因素的各种指数公式。

（二）用基期价格作为同度量因素的旅游综合指数

计算表的形式如表 5-2 所示。

表 5-2　旅游纪念品销售量综合指数计算表

产品	计量单位	基期销售量 q_0	报告期销售量 q_1	基期价格/元 p_0	报告期价格/元 p_1
甲	件	480	600	25	25
乙	千克	500	600	40	36
丙	米	200	180	50	70

$$\bar{K}_q = \frac{\sum q_1 p_0}{\sum q_0 p_0} = \frac{600 \times 25 + 600 \times 40 + 180 \times 50}{480 \times 25 + 500 \times 40 + 200 \times 50} = \frac{48000}{42000} = 114\%$$

$$\sum q_1 p_0 - \sum q_0 p_0 = 48000 - 42000 = 6000$$

计算结果，产品销售量总指数为 114.29%。

产品销售量综合指数的经济内容十分明显，它是两个产品销售额之比，两个产品销售额的数值不同只有一个原因，即各种产品销售量不同。因此，这个公式及其计算结果说明：

1. 多种产品销售量综合变动的方向和程度。例中有三个产品，销售量有增有减，程度不同，总的来讲，产品销售量增长了，总指数达到 114.29%。

2．产品销售量变动对产品销售额的影响程度。例中产品销售量增长了14.29%，也就是说，它的变动使产品销售额增长了14.29%。

3．分子和分母相减的差额说明由于产品销售量变动对销售额绝对值的影响。例中差额为6000元，即，商业企业由于多销售了产品使销售额增加了6000元。

（三）用报告期价格作为同度量因素的旅游综合指数

如果不用基期价格作为同度量因素，而用报告期价格作为同度量因素，结果就不同。

$$\bar{K}_q = \frac{\sum q_1 p_1}{\sum q_0 p_1} = \frac{49200}{44000} = 118.81\%$$

$$\sum q_1 p_1 - \sum q_0 p_1 = 49200 - 44000 = 5200（元）$$

计算结果，无论是产品销售量的增长程度如何对销售额的影响都小于用基期价格作为同度量因素的销售量指数。在另外的条件下，也可能产生大于前一个指数的情况。

（四）用不变价格作为同度量因素的旅游综合指数

如用固定价格（不变价格）作为同度量因素，公式为：

$$\bar{K}_q = \frac{\sum q_1 p_n}{\sum q_0 p_n}$$

式中，p_n 为某一时期的固定价格（不变价格）。

用固定价格编制的销售量指数，这种价格是汇总多种产品销售量并进行分析的有效工具，并可利用其作各种不同的换算。即各个环比指数的连乘积等于相应的定基指数；相邻的两个定基指数相除等于相应的环比指数，据此换算可节省计算的工作量。

通过以上三个指数公式的运算产生了这样一个问题，就是同样三种产品，为什么计算出来的产品销售量指数可能各不相同？于是就产生了如何正确选用权数的问题。这个问题比较复杂，现逐一具体分析。

先研究下述公式：

$$\bar{K}_q = \frac{\sum q_1 p_0}{\sum q_0 p_0}$$

这个公式是1864年由德国经济学家埃蒂恩·拉斯贝尔（Etienne Laspeyres）提出的，故称拉斯贝尔数量指标指数。

这个公式的优点在于用基期的价格 p_0 作权数，也就是假定价格未变动，使产品产量指数在计算过程中不受价格变动的影响，从而可以确切地只反映数量的变化。但这个公式也有缺点，就是容易脱离实际。因为随着生产技术的发展和劳动生产率的提高，新产品的不断涌现，老产品常被淘汰或降价，公式中的分子 $\sum q_1 p_0$ 是将报告期产品销售量用基期价格来计算，不但脱离了报告期价格的实际情况，而且有的新产品基期尚未问世，根本就没有基期价格，只能用比价的办法计算，而估算终究是不易准确的，这就影响了指数的准确性。

再看看下面的公式：

$$\bar{K}_q = \frac{\sum q_1 p_1}{\sum q_0 p_1}$$

这个公式是 1874 年德国经济学家哈曼·派许（Herman Paasche）提出的，因此称为派许数量指标指数。

这个公式以报告期的价格 p_1 作为权数，避免了上述用基期价格作为权数，脱离报告期实际的缺点。然而这个公式的主要问题也产生在采用报告期价格 p_1 作为权数的问题上。采用 p_1 作为权数，就把价格 p_0 变化到 p_1 这个变动影响带到指数中去了，因此所计算出来的指数数值和拉斯贝尔数量指标指数的值不相等。

二、旅游质量指标综合指数

（一）质量指标综合指数公式的建立

旅游质量指标指数是说明旅游总体内涵数量变动情况的比较指标指数。例如旅游产品价格指数、旅游业职工工资水平指数、饭店成本指数等。

我们用产品价格指数为例来说明旅游质量指标综合指数的编制方法。依然利用表 5-2 的数据计算。

根据表 5-2 的资料，如果计算产品价格的个体指数，按照前述方法计算可得

$$k_甲 = \frac{p_1}{p_0} = \frac{25}{25} = 100\%$$

$$k_乙 = \frac{p_1}{p_0} = \frac{36}{40} = 90\%$$

$$k_丙 = \frac{p_1}{p_0} = \frac{70}{50} = 140\%$$

计算结果表明，甲产品的价格保持不变，乙产品降价 10%，丙产品提价 40%。

（二）以基期销售量为同度量因素的综合指数

继续利用表 5-2 的资料，用公式表示如下：

$$\overline{K}_p = \frac{\sum p_1 q_0}{\sum p_0 q_0} = \frac{4400}{4200} = 104.76\%$$

$$\sum p_1 q_0 - \sum p_0 q_0 = 4400 - 4200 = 2000 \text{（元）}$$

这个公式是德国经济学家埃蒂恩·拉斯贝尔（Etienne Laspeyres）提出的，故称拉斯贝尔质量指标指数。

分子分母的差额表明，在维持基期生活水平不变的情况下，由于价格的上升，报告期生活支出比基期要多出 2000 元。

（三）以报告期销售量为同度量因素的旅游综合指数

继续利用表 5-1 的资料，用公式表示如下：

$$\overline{K}_p = \frac{\sum p_1 q_1}{\sum p_0 q_1} = \frac{49200}{48000} = 102.5\%$$

$$\sum p_1 q_1 - \sum p_0 q_1 = 49200 - 48000 = 1200 \text{（元）}$$

这个公式是 1874 年德国经济学家哈曼·派许（Herman Paasche）提出的，因此称为派许质量指标指数。

分子分母的差额表明，在维持报告期生活水平不变的情况下，由于价格的上升，报告期生活支出比基期要多出 1200 元。

（四）以固定期销售量/价格为同度量因素的综合指数

$$\overline{K}_q = \frac{\sum q_n p_1}{\sum q_n p_0}$$

式中，q_n 为某一时期的固定销售量（不变销售量）。

$$\overline{K}_q = \frac{\sum q_1 p_n}{\sum q_0 p_n}$$

式中，p_n 为某一时期的固定价格（不变价格）。

两个公式的用法与前面是一样的。同度量因素既不放在基期，也不放在报告期。

根据上面讨论，可见无论是旅游数量指标指数，还是旅游质量指标指数，取报告期作为同度量因素，都要在指数中包含同度量因素变动的影响。因此，从这个观点出发，应当承认，在综合指数中以采用基期指标作为同度量因素为好。

从上面讨论中，也不能因此认为使用报告期指标作同度量因素的综合公式都不能用。因为，除了上面考虑的因素之外，有时还要考虑研究的目的、资料的问题以及其他问题，因而，使用报告期指标作为同度量因素的综合指数公式，在某些情况下还是可以的。

三、其他可以借用的综合指数

(一) 马歇尔—艾奇沃斯指数公式

1887年英国经济学家马歇尔（Alfred Marshall, 1842~1924）提出以基期与报告期实物平均量作权数的综合物价指数，其计算公式为：

$$\frac{\sum p_1(q_0+q_1)/2}{\sum p_0(q_0+q_1)/2}$$

此公式又为英国统计学家艾奇沃斯（Francis Ysidro Edgeworth, 1845~1926）所推广，故被称为马歇尔—艾奇沃斯公式。此公式的思想又可用于计算综合物量指数，其计算公式为：

$$\frac{\sum q_1(p_0+p_1)/2}{\sum q_0(p_0+p_1)/2}$$

不难看出，用这组公式计算的指数数值在拉氏和派许指数公式之间。虽然从数量测定上似乎不偏不倚，但却失去了拉氏和派许公式的经济意义。

(二) 费雪理想指数公式

1911年美国统计学家费雪（Irving Fisher, 1867~1947）提出了交叉计算指数的公式，即拉氏与派许公式的几何平均公式：

$$\sqrt{\frac{\sum p_1q_0}{\sum p_0q_0}\times\frac{\sum p_1q_1}{\sum p_0q_1}}$$

$$\sqrt{\frac{\sum q_1p_0}{\sum q_0p_0}\times\frac{\sum q_1p_1}{\sum q_0p_1}}$$

第三节 旅游平均指标指数

旅游综合指数是编制总指数的基本形式，它正确地反映了旅游经济现象总体动态变化的客观实际内容。但在实际统计工作中，有时由于受到统计资料的限制，不能直接利用旅游综合指数公式编制总指数。这时，必须改变公式形式，根据旅游综合指数公式推导出旅游平均指标形式来编制总指数。以旅游个体指数为基础采取平均指标形式编制的总指数，叫作旅游平均指标指数（也称为旅游平均数指数）。从旅游综合指数公式推导出旅游平均数指数公式形式有两种：加权算术平均数指数形式和加权调和平均数指数形式。但是作为一种独立指数形式的平均数指数,不只是作为综合指数的变形来使用,它本身具有广泛的应用价值。

一、旅游平均指标指数的基本形式

(一) 加权算术平均数指数

1. 数量指标指数。

$$\bar{K}_q = \frac{\sum k p_0 q_0}{\sum p_0 q_0} = \frac{\sum \frac{q_1}{q_0} \times p_0 q_0}{\sum p_0 q_0} = \frac{\sum p_0 q_1}{\sum p_0 q_0}$$

其中,k 为个体指数,以 $p_0 q_0$ 为权数的个体数量指标指数的加权算术平均数等于数量指标综合指数。

2. 质量指标指数。

$$\bar{K}_p = \frac{\sum k p_0 q_1}{\sum p_0 q_1} = \frac{\sum \frac{p_1}{p_0} \times p_0 q_1}{\sum p_0 q_1} = \frac{\sum p_1 q_1}{\sum p_0 q_1}$$

其中,k 为旅游个体指数,以 $p_0 q_1$ 为权数的旅游个体质量指标指数的加权算术平均数等于质量指标综合指数。$p_0 q_1$ 是较难得到的资料,计算单位成本总指数时,$p_0 q_1$ 是由旅游企业计算出来上报的,只有拥有较健全的成本会计资料的国有大中型旅游企业,如中国国际旅行社等才能得到齐全的资料,但一般有齐全资料的旅游企业不用此方法,而是直接用综合指数变形形式进行计算。那么,是否可以就此认为这个公式是无用的呢?因为能得到 $p_0 q_1$ 资料的单位不用这个公式,想用这个公式的单位又得不到(或很难得到)$p_0 q_1$ 资料。

将表 5-1 的数据可以改成表 5-3 的数据,如表 5-3 所示。

表 5-3 加权平均数指数计算表

产品名称	销售量个体指数 $k_q = q_1/q_0$	基期销售额
甲	1.25	12000
乙	1.20	20000
丙	0.90	10000
合计	—	42000

利用数量指标指数公式,计算销售量总指数:

$$\overline{K}_q = \frac{\sum k_q p_0 q_0}{\sum p_0 q_0} = \frac{\sum \frac{q_1}{q_0} \times p_0 q_0}{\sum p_0 q_0}$$

$$= \frac{1.25 \times 12000 + 1.2 \times 20000 + 0.9 \times 10000}{42000}$$

$$= 114.29\%$$

$$\sum k_q p_0 q_0 - \sum p_0 q_0 = 48000 - 42000 = 6000(元)$$

这个结果与前面公式计算的结果完全一致。由此可见，当编制指数时只掌握个体指数基期资料，运用算术平均数公式编制总指数比较方便。

（二）加权调和平均数指数

1．数量指标指数。

$$\overline{K}_q = \frac{\sum p_0 q_1}{\sum \frac{1}{k} p_0 q_1} = \frac{\sum p_0 q_1}{\sum \frac{q_0}{q_1} p_0 q_1} = \frac{\sum p_0 q_1}{\sum p_0 q_0}$$

以 $p_0 q_1$ 为权数，个体指数为倒数的加权调和平均数等于综合指数。

2．质量指标指数。

$$\overline{K}_p = \frac{\sum p_1 q_1}{\sum \frac{1}{k} p_1 q_1} = \frac{\sum p_1 q_1}{\sum \frac{p_0}{p_1} p_1 q_1} = \frac{\sum p_1 q_1}{\sum p_0 q_1}$$

以 $p_1 q_1$ 为权数，个体指数为倒数的加权调和平均数等于综合指数。

将表 5-1 资料改成表 5-4 资料，如表 5-4 所示。

表 5-4　调和平均数指数计算表

产品名称	销售量个体指数 $k_q = \frac{p_1}{p_0}$	报告期销售额
甲	1.00	15000
乙	0.90	21600
丙	1.40	12600
合计		49200

利用加权调和平均数公式，计算价格指数：

$$\overline{K}_p = \frac{\sum p_1 q_1}{\sum \frac{1}{k} p_1 q_1} = \frac{\sum p_1 q_1}{\sum \frac{p_0}{p_1} p_1 q_1}$$

$$= \frac{49200}{\frac{1}{1} \times 15000 + \frac{1}{0.9} \times 21600 + \frac{1}{1.40} \times 12600}$$

$$= \frac{49200}{48000} = 102.5\%$$

$$\sum p_1 q_1 - \sum \frac{1}{k_p} p_1 q_1 = 49200 - 48000 = 1200（元）$$

同样道理，利用调和平均数计算的这个结果与前面公式计算的结果完全一致。利用调和平均数指数公式计算的价格指数，与运用综合指数公式计算的价格指数，在经济内容和实际意义上是一样的。

二、旅游平均指标指数的应用

上述加权算术平均数指数和加权调和平均数指数是综合指数的变形形式，除此之外，平均数指数还有一种独立形式。但在编制质量指标指数时，采用以报告期总量指标加权计算的调和平均数指数还是以基期总量指标加权计算的算术平均数指数，是值得加以具体考虑的。前者调和平均数指数，依据当前实际数量构成状态编制指数，较有优点，但取得当年资料难度较大；后者算术平均数指数，在应用资料条件上较为有利，如果两期数量指标没有明显变化，也能取得正确的结论，所以，平均数指数形式及其权数的应用，可以根据研究现象的实际情况以及资料条件，加以具体决定。平均数指数形式及其权数的应用与综合指数比较，表现出下面两点不同：

1. 综合指数主要适用于全面资料的编制。而平均数指数除了可以适用全面资料编制外，对于非全面资料的编制，更有其现实应用意义。以居民消费价格指数为例，市场上有成千上万种零售产品价格变动，不可能取得全面资料编制居民消费价格指数。我国居民消费价格调查在全国选择不同经济区域，以及有代表性的产品作为样本，对其市场价格进行经常性调查，以样本推断总体。目前我国抽选出的调查市、县 226 个。居民消费价格指数调查食品、衣着、服务项目等八大类，300 多种产品和服务项目的价格，计算权数根据 9 万多户城乡居民家庭消费支出构成确定。

2. 综合指数一般采用实际资料作为同度量因素来编制。仍以上述居民消费价格指数为例，计算综合指数，要用 400 种代表规格品价格相对应的实际零售量资料，既有困难，也不恰当。用平均数指数编制，除了可用实际零售额为权数外，也可以在实际零售资料的基础上推算确定零售比重进行加权平均计算。因此编制质量指标指数，既可以节省不少调查工作量，又能够保证指数计算结论的准确性。

鉴于以上两点情况，在国内外广泛运用加权算术平均数指数和加权调和平均数指数来编制一些重要的经济指数。这些经济指数的编制往往使用重点产品或代表产品的个体指数，权数则根据实际资料作进一步推算确定。下面以我国居民消费价格指数为例加以说明。

三、居民消费价格指数的编制

居民消费价格，是指城乡居民支付生活消费品和服务项目消费的价格，是社会产品和服务项目的最终价格。它同人民生活密切相关，在整个国民经济价格体系中具有极为重要的地位。居民消费价格指数，是反映一定时期内居民消费价格变动趋势和变动程度的相对数。编制这一指数的目的，在于全面观察居民消费价格变动对居民生活的影响，为党政领导和决策部门掌握消费价格状况，研究和制定居民消费政策、价格政策、工资政策、货币政策以及进行国民经济核算提供科学依据。居民消费价格指数还是反映通货膨胀的重要指标。

1. 产品分类。编制居民消费价格指数的产品和服务项目基本是根据用途进行分类的。分类一般为大类和中类两个层次，少数中类下又分若干小类，如食品大类下的粮食类又分为细粮和粗粮两个小类。

编制指数的全部产品和服务项目共分为 8 个大类，如食品、烟酒及用品、衣着、家庭设备用品及服务、医疗保健及个人用品、交通和通信、娱乐教育文化用品及服务、居住。食品类下设 6 个中类，如粮食、肉禽及其制品、蛋、水产品、鲜菜、在外用餐。其他大类也分别下设中、小类，一般在小类之下选择有代表性的产品和服务项目作为规格品编制指数。

2. 选择代表品和服务项目。居民消费价格指数的编制首先要选择代表产品和服务项目。国家根据 3 万户居民消费品和服务项目的消费支出情况，确定了 325 种必报产品和服务项目。国家允许各地区根据当地实际情况适当地增加部分产品和服务项目，但增加部分不得超过 45 种。

在国家规定的必报产品和地方增加的产品确定之后，须进一步确定代表产品的具体规格、等级或品牌及服务项目的具体等级。确定规格品的原则主要是：

（1）居民消费量大；

（2）生产和市场供应比较稳定；

（3）价格变动趋势和程度有较强的代表性。

随着科学技术的发展，产品的更新换代不断加快，选择代表规格品并保持其相对稳定性有一定难度。为使代表规格品更加科学并符合实际，必须经常注意掌握代表规格品的实际消费情况，一般每年根据居民的实际消费情况进行适当的调整,以确保代表规格品的代表性。

3．价格的采集和平均价格的计算。全国采用抽样调查的方法,从省、自治区、直辖市抽选若干市县,进行经常性的价格调查。

(1) 价格的采集

价格的采集方法主要是采用定点、定时、定人调查的方法。定点就是固定调查商店和农贸市场,以保障价格资料来源的稳定性和可比性。定时是固定调查日期和时间。时间不同,产品价格也存在差异。以鲜菜价格为例,一年四季,价格变动频繁,在同一天内价格也不一样,因此,在采集价格时,变动频繁的产品或是鲜活产品,除采价日期固定外,采价时间也要固定。定人是调查人员所调查的商店、市场在一定时期内相对稳定。这主要是由于有些产品的规格、等级、牌号难以把握,不同调查员会采集不同的规格、等级、牌号的价格,从而影响价格资料的可比性,因此,定人是为了避免人为的认识差异导致的价格差异,以保证价格资料的稳定性和连续性。

(2) 调查次数

代表规格品的调查次数是影响价格指数科学性、准确性的一个重要因素。目前我国编制产品零售价格指数的产品价格调查次数,是根据不同产品的价格变动规律来规定不同的调查次数。

① 对价格变动频繁,且与人民生活密切相关的生活必需品,如鲜菜、鲜果、肉禽蛋、水产品等价格,每月须采价 6 次,每逢 5、逢 10 采价,不得顺延。

② 对于价格比较固定的产品,一般每月可采 1~2 次价格,如中西药品、书报杂志、燃料等。

③ 对于衣着、家用电器等消费品的价格,每月调查 2~3 次。

(3) 平均价格的计算

按照国家的统一规定,在同一类产品中,一般要求大中城市确定 5~8 个零售商店或农贸市场的价格来计算平均价格;小城市和县城也要确定 3~6 个调查点的价格来计算平均价格。

平均价格的计算方法很多,主要有简单算术平均法、序时平均法、按数量加权平均法和按价格执行日加权平均法。目前,我国各调查市县的平均价格计算方法如下:

① 调查日平均价格的计算。对于每一个调查产品,每个调查日都从若干个调查商店或市场分别采集价格,一般采用简单算术平均法计算平均价格。

② 月度平均价格的计算。将代表产品月内每个调查日的平均价格用简单算术平均法计算,但对于仍由国家或政府定价管理的产品,如果出现价格调整,月度平均价格则按执行日加权平均法计算。

③ 年度平均价格计算。对于全年价格变动比较平稳的产品,用简单算术平

均法计算；对年度中更换过代表规格品的产品，其年度平均价格根据新的代表规格品的月度价格，用简单算术平均法计算。

4．居民消费价格指数的编制。居民消费价格指数采用加权算术平均公式编制。如表 5-5 所示。年度指数的计算以上年为基期的指数，月度指数计算分别以上年同期和上月为基期的同比和月环比两种指数。计算公式为：

$$\bar{K} = \frac{\sum kW}{\sum W}$$

式中，$\bar{K}$ 为居民消费价格总指数；

k 为产品（类）价格指数；

W 为权数。

表 5-5　居民消费价格指数的编制

产品的类别和名称	代表规格品的规格等级牌号	计量单位	平均牌价（元）		权数	个体指数 $k_p = \dfrac{p_1}{p_0}$ (%)	个体指数乘权数 k_pW (%)
			去年 p_0	本年 p_1			
（甲）	（乙）	（丙）	（1）	（2）	（3）	(4)=$\dfrac{(2)}{(1)}$	(5)=(4)×(3)
总指数					100		
（一）食品类					46	99.045	45.56
1. 粮食种类					18	94.620	17.03
（1）细粮小类					99	94.460	93.53
大米	二等粳米	千克	1.2	1.13	95	94.170	89.46
面粉	标准粉	千克	1.7	1.7	5	100.000	5.00
（2）粗粮小类					1	110.380	1.10
2. 肉禽及其制品					36	101.000	36.36
3. 蛋					5	101.000	5.05
4. 水产品					10	98.120	9.81
5. 鲜菜					16	95.360	15.25
6. 在外用餐					15	103.620	15.54
（二）烟酒及用品					8	102.340	8.19
（三）衣着					12	102.000	12.24
（四）家庭设备用品及服务					8	98.420	7.87
（五）医疗保健及个人用品					6	104.280	6.26
（六）交通和通信					7	100.540	7.04
（七）娱乐教育文化用品及服务					8	110.840	8.87
（八）居住					5	101.870	5.09

以表 5-5 所示资料为例，计算步骤如下：

（1）计算各个代表规格品的个体零售价格指数。如大米的个体价格指数为

$$\bar{k}_p = \frac{p_1}{p_0} = \frac{1.13}{1.20} = 94.17\%$$

（2）把各个个体物价指数乘上相应权数后相加，再计算其算术平均数，即得小类指数。如细粮小类指数为：

$$\bar{k}_p = \frac{\sum k_p p_0 q_0}{\sum p_0 q_0} = \sum k_p W$$

$$= 94.17\% \times 0.95 + 100\% \times 0.05 = 94.46\%$$

（3）把各个小类指数分别乘上相应的权数后，再计算其算术平均数，即得中类指数。如粮食中类指数为：

$$\bar{k}_p = \sum k_p W = 94.46\% \times 0.99 + 110.38\% \times 0.01$$

$$= 94.62\%$$

（4）把各个中类的指数乘上相应的权数后计算其算术平均数，即得大类指数。如食品类指数为：

$$\bar{k}_p = \sum k_p W$$

$$= 94.62\% \times 0.18 + 101\% \times 0.36 + 101\% \times 0.05$$

$$+ 98.12\% \times 0.1 + 95.36\% \times 0.16 + 103.62\% \times 0.15$$

$$= 99.045\%$$

（5）把各个大类指数乘上相应的权数后计算其算术平均数，即得总指数。

$$\bar{k}_p = \sum k_p W$$

$$= 99.045\% \times 0.46 + 102.34 \times 0.08 + 102\% \times 0.12$$

$$+ 98.42\% \times 0.08 + 104.28\% \times 0.06 + 100.54\% \times 0.07$$

$$+ 110.84\% \times 0.08 + 101.87 \times 0.05$$

$$= 101.2\%$$

在实际工作中，编制职工生活费用指数、产品零售物价指数也是采用加权算术平均数指数。

第四节 旅游平均指标对比指数

旅游平均指标对比指数是两个平均指标在不同时间上对比的相对指标指数。平均指标对比指数的中心内容是平均指标对比指数的分解。

一、平均指标对比指数的分解

我们知道，加权算术平均数受变量和权数两个因素的影响：

$$\bar{x} = \frac{\sum xf}{\sum f} = \sum x \times \frac{f}{\sum f}$$

两个时期的加权算术平均数进行对比时，仍然存在着这两个因素的影响。平均指标对比指数的分解，是把两个因素分开编制成两个独立的指数。

二、平均指标对比指数分解的一般公式

一般指数公式的产生关键在于确定同度量因素。同度量因素不同，指数的类型就不同。同度量因素放在数量上，指数就是质量指标；同度量因素放在质量上，指数就是数量指标。

在公式 $\bar{x} = \frac{\sum xf}{\sum f} = \sum x \times \frac{f}{\sum f}$ 中，我们在这里可以把 $\frac{f}{\sum f}$ 看成一个质量指标，因为它反映了事物内部的结构。事物的内部结构决定了事物的质量。把 $\sum x$ 看成一个数量指标。当我们把上面的公式运用到平均指标对比指数中时，上面的数量指标和质量指标的指定仍然保持不变，只不过，它们会变成比率的形式。平均指标对比指数的一般公式可以表示如下：

$$k = \frac{\bar{x}_1}{\bar{x}_0}$$

式中，$\bar{x}_1$ 为报告期某经济量的平均指标；

$\bar{x}_0$ 为基期某经济量的平均指标。

上面的平均指标对比指数可以转化为拉氏数量（质量）指数或者派许数量（质量）指数的形式。它的转化方法仍然利用同度量因素。

$$k = \frac{\bar{x}_1}{\bar{x}_0} = \frac{\dfrac{\sum x_1 f_1}{\sum f_1}}{\dfrac{\sum x_0 f_0}{\sum f_0}}$$

上述平均指数可以改写成如下公式：

$$K_{\bar{x}} = \frac{\sum x_1 \times \dfrac{f_1}{\sum f_1}}{\sum x_0 \times \dfrac{f_0}{\sum f_0}}$$

1. 将平均指标对比指数转化为拉氏数量指数与派许质量指数乘积的形式。

公式如下:

$$k = \frac{\overline{x_1}}{\overline{x_0}} = \frac{\dfrac{\sum x_1 f_1}{\sum f_1}}{\dfrac{\sum x_0 f_0}{\sum f_0}} = \frac{\dfrac{\sum x_1 f_0}{\sum f_0}}{\dfrac{\sum x_0 f_0}{\sum f_0}} \times \frac{\dfrac{\sum x_1 f_1}{\sum f_1}}{\dfrac{\sum x_1 f_0}{\sum f_0}}$$

2. 将平均指标对比指数转化为派许数量指数与拉氏质量指数的乘积形式。公式如下:

$$k = \frac{\overline{x_1}}{\overline{x_0}} = \frac{\dfrac{\sum x_1 f_1}{\sum f_1}}{\dfrac{\sum x_0 f_0}{\sum f_0}} = \frac{\dfrac{\sum x_1 f_1}{\sum f_1}}{\dfrac{\sum x_0 f_1}{\sum f_1}} \times \frac{\dfrac{\sum x_0 f_1}{\sum f_1}}{\dfrac{\sum x_0 f_0}{\sum f_0}}$$

对上面公式变化的解读仍然与拉氏数量（质量）指标指数或者派许数量（质量）指标指数的解读相同：平均指标对比指数反映两个因素的变动的影响，即数量变动的影响和质量（结构）变动的影响。当需要考察每一项因素单独带来的影响时，我们只需要控制同度量因素，逐项进行分解就可以了，分解方法与前面对拉氏数量（质量）指标指数或者派许数量（质量）指标指数的分解完全一样。

上面的两组公式如果换一个角度来看，以派许数量指数形式 $\dfrac{\sum x_1 f_1}{\sum f_1} \bigg/ \dfrac{\sum x_0 f_1}{\sum f_1}$ 表现出来的平均指标对比指数可以称为"固定构成指数"；而以拉氏质量指数形式 $\dfrac{\sum x_0 f_1}{\sum f_1} \bigg/ \dfrac{\sum x_0 f_0}{\sum f_0}$ 表现出来的平均指标对比指数可以称为"结构构成指数"。前者控制了事物报告期总体内部结构，看待"总数量"的变化带来的影响；后者控制了事物基期的总数量，看待"结构"的变化所带来的影响。这种分析方法在许多领域，如成本会计和企业管理等方面运用得非常普遍。

三、旅游平均指标对比指数的分析

任何两个不同时期的同一经济内容的平均指标对比都可以形成一个平均指标对比指数。平均指标对比指数主要用于分析。如表 5-6 所示。

表 5-6 平均指标因素分析表

旅行社	职工人数(人)		月平均工资(元)		工资总额(元)		
	基期 (f_0)	报告期 (f_1)	基期 (x_0)	报告期 (x_1)	基期 x_0f_0	报告期 x_1f_1	x_0f_1
甲旅行社	72	66	705	780	50760	51480	46530
乙旅行社	30	74	420	465	12600	34410	31080
合 计	102	140	621.18	613.5	63360	85890	77610

在表 5-6 中,我们要分析的问题是:总平均工资的变动情况,平均工资降低由哪些原因引起,各因素的影响程度多大。

分析:表中甲、乙两旅行社月平均工资均有不同程度的上升,对总的月平均工资起着提高的作用。而总的月平均工资仍然有所降低,原因在于高工资的甲车间人数比重由 70.59% 下降至 47.14%,低工资的乙旅行社人数比重由 29.41% 上升至 52.86%,即职工人数总体结构变化(质量)对总平均工资的影响。采用指数因素分析如下:

平均指标指数的总变动:

$$\frac{\sum x_1 f_1}{\sum f_1} \div \frac{\sum x_0 f_0}{\sum f_0} = \frac{x_1}{x_0} = \frac{613.50}{621.18} = 98.76\%$$

$$\frac{\sum x_1 f_1}{\sum f_1} - \frac{\sum x_0 f_0}{\sum f_0} = x_1 - x_0 = 613.5 - 621.18 = -7.68$$

从上面的计算可知,两个旅行社报告期的月平均工资是基期平均工资的 98.76%,平均每个工人减少工资 7.68 元。下面我们来对总的变动进行分解。

结构(质量)指数带来的变化:

$$\frac{\frac{\sum x_0 f_1}{\sum f_1}}{\frac{\sum x_0 f_0}{\sum f_0}} = \frac{\frac{77610}{140}}{\frac{63360}{102}} = \frac{544.36}{621.18} = 87.63\%$$

$$\frac{\sum x_0 f_1}{\sum f_1} - \frac{\sum x_0 f_0}{\sum f_0} = \frac{77610}{140} - \frac{63360}{102} = 544.36 - 621.18 = -76.82$$

上面计算表明,由于各旅行社工人的结构发生变动,使总平均工资报告期比基期降低了 12.37%,平均每人减少工资 76.82 元。

数量指数带来的变化:

$$\frac{\frac{\sum x_1 f_1}{\sum f_1}}{\frac{\sum x_0 f_1}{\sum f_1}} = \frac{\frac{85890}{140}}{\frac{77610}{140}} = \frac{613.5}{544.36} = 112.70\%$$

$$\frac{\sum x_1 f_1}{\sum f_1} - \frac{\sum x_0 f_1}{\sum f_1} = \frac{85890}{140} - \frac{77610}{140} = 613.5 - 544.36 = 69.14$$

上面计算表明，各旅行社平均工资的变动使总平均工资报告期比基期增加了 12.70%，平均每人增加工资 69.14 元。综合以上计算结果得到平均工资指数体系：

$$98.76\% = 87.63\% \times 112.70\%$$
$$-7.68 = (-76.82) + 69.14$$

计算结果表明该厂全体职工月平均工资报告期比基期下降 1.24%，减少了 7.68 元，是由于职工总体结构变化使之下降 12.37%，减少 76.82 元，以及两旅行社平均工资水平变化使之上升 12.70%，增加 69.14 元的结果。

第五节 旅游指数体系与因素分解

一、指数体系的意义及其作用

简单地说，旅游指数体系是由三个或三个以上有联系的旅游指数所组成的数学关系式。例如：

旅游销售额指数＝旅游销售量指数×旅游销售价格指数

旅游总产值指数＝旅游产量指数×旅游产品价格指数

旅游总成本指数＝旅游产量指数×旅游单位产品成本指数

旅游总产量（或总产值）指数＝旅游员工人数指数×旅游劳动生产率指数

旅游增加值指数＝旅游业员工人数指数×旅游劳动生产率指数×旅游增加值率指数

旅游销售利润指数＝旅游销售量指数×旅游销售价格指数×旅游销售利润率指数

上面所列举的就是旅游指数体系。在旅游指数体系中，例如，产品销售量与产品销售价格两个指数成为产品销售额指数的两个因素，在上面的关系式中是作为因式出现的。

旅游指数体系的作用可以概括为两点：

1. 可以用来推算体系中某一个未知的指数。如产品销售价格指数（物价指数）经常公布，可以用它来推算产品销售量指数。
2. 可以用来作因素分解的方法之一。

二、旅游总量变动的因素分析

（一）旅游总量指标指数体系

由旅游总量指数及其若干个因素指数构成的数量关系式，称为旅游总量指标指数体系。对于指数体系的理解，需要把握以下两个问题：

第一，在指数体系中，总量指数与各因素指数之间的数量关系表现为两个方面：一是从相对量来看，总量指数等于各因素指数的乘积，如以上所举几个例子；二是从绝对量来看，总量的变动差额等于各因素指数变动差额之和。

第二，在加权指数体系中，为使总量指数等于各因素指数的乘积，两个因素指数中通常一个为数量指数，另一个为质量指数，而且各因素指数中权数必须是不同时期的，比如数量指数用基期权数加权，质量指数则必须用报告期权数加权，反之亦然。

加权综合指数因所用权数所属时期的不同，可以形成不同的指数体系。但实际分析中比较常用的是基期权数加权的数量指数和报告期权数加权的质量指数形成的指数体系，即通常的拉氏数量指数和派许质量指数。该指数体系可表示为：

$$\frac{\sum q_1 p_1}{\sum q_0 p_0} = \frac{\sum q_1 p_0}{\sum q_0 p_0} \times \frac{\sum q_1 p_1}{\sum q_1 p_0}$$

因素影响差额之间的关系为：

$$\sum q_1 p_1 - \sum q_0 p_0 = \left(\sum q_1 p_0 - \sum q_0 p_0\right) + \left(\sum q_1 p_1 - \sum q_1 p_0\right)$$

（二）总量指标的两因素分析

总量指标两因素分析，就是通过总量指标指数体系将影响总量指标变动的两个因素分离出来加以计算，从而对总量指标的变动作出解释。

现以表5-7的资料为例，说明总量指标两因素的分析方法。

表5-7　某旅游景点小商品销售量和产品价格资料

产品名称	计量单位	销售量		价格		销售额			
		基期	报告期	基期	报告期	$p_0 q_0$	$p_1 q_1$	$p_0 q_1$	$p_1 q_0$
甲	支	400	600	0.25	0.20	100	120	150	80
乙	件	500	600	0.40	0.36	200	216	240	180
丙	个	200	180	0.50	0.60	100	108	90	120
合计	—	—	—	—	—	400	444	480	380

1．计算出销售额的总变动，即：

销售额总指数：

$$k_{qp}=\frac{\sum q_1 p_1}{\sum q_0 p_0}=\frac{444}{400}=111\%$$

销售额增加数：

$$\sum q_1 p_1 - \sum q_0 p_0 = 444-400 = 44(元)$$

它说明报告期三种产品的总销售额比基期增长了11%，增加的金额为44元。

2．分析销售额总变动的具体原因。通过销售额指数体系，就把销售额的变动归结为销售量和产品价格两个因素变动共同作用的结果。分析销售额总变动的具体原因，就是利用指数体系分离出销售量的变动和价格的变动对销售量变动的影响方向、程度和实际效果。分析过程如下：

（1）销售量变动影响。具体情况如下：

销售量指数：

$$k_q=\frac{\sum q_1 p_0}{\sum q_0 p_0}=\frac{480}{400}=120\%$$

对销售额的影响：

$$\sum q_1 p_0 - \sum q_0 p_0 = 480-400 = 80(元)$$

它说明了由于报告期产品销售量的变动而使产品销售额增长20%，由此引起的产品销售额增加的金额为80元。

（2）物价变动的影响。具体情况如下：

价格指数：

$$k_p=\frac{\sum q_1 p_1}{\sum q_1 p_0}=\frac{444}{480}=92.5\%$$

对销售额的影响：

$$\sum q_1 p_1 - \sum q_1 p_0 = 444 - 480 = -36（元）$$

它说明了由于物价的变动使报告期三种小商品的总销售额比基期下降了7.5%，由此引起的产品销售额减少的绝对额为36元。

上述分析使用的指数体系，代入数据可表示如下：
$$111\% = 120\% \times 92.5\%$$
其因素影响的绝对值之间的关系为：
$$44 \text{元} = 80 \text{元} + (-36 \text{元})$$

通过上述分析可以看出，该商店三种小商品的销售额报告期比基期增长11%，是由销售量增长20%与价格下降7.5%共同引起的。小商品销售额增加44元，是由于销售量变动使其增加80元和价格变动使其减少36元共同影响的。在本资料的销售量和价格两因素中，前者对销售额影响是正的，后者对销售额影响是负的。

（三）旅游总量指标变动的多因素分析

在具体分析任务的要求下，总量指标指数体系可以由更多的指数组成，用以分析多因素变动对现象总体变动的影响程度，说明总体现象变动的具体原因。例如，线路产品价格指数可以分解为食、住、行、游、购、娱六个大类，每个大类又可以分为许多小类，每个小类下面要素支出总额的变动可以分解为要素产量、单位产品消耗量和单位要素价格三个因素的变动影响，因此，需要编制要素支出总额指数及其包括的三个因素指数形成的旅游总量指标指数体系，来进行多因素变动的分析。

多因素现象的指标体系，由于所包含的现象因素较多，因此指数的编制过程比较复杂，所以，以下两点是编制多因素指数时需要加以注意的原则。

1. 在编制多因素指标所组成的综合指数时，为了测定某一因素指标的变动影响，要把其他所有因素都固定不变。

2. 综合指数中的各因素要按合理顺序排列，一般是数量指标在前，质量指标在后；主要指标在前，次要指标在后。总之，要根据旅游现象的经济内容，依据各因素之间的内在联系加以具体确定。例如，就饭店企业食品原材料支出总额的组成因素的排列顺序而言，要按产品产量、单位产品原材料消耗量（单耗）、单位原材料价格的顺序排列，如：

$$\text{原材料支出总额} = \text{产量} \times \text{单耗} \times \text{单位原材料价格}$$

上述公式中，产量与单耗的乘积为原材料消耗量，它具有经济意义；而单耗与单位原材料价格的乘积表示单位产品原材料的消耗额，也具有经济意义。可见上述公式中各因素的排列顺序，能够保持它们之间彼此适应和互相结合，因而是合理的。

设 q、m、p 分别代表产量、单耗和原材料单价，则原材料支出总额指数体系及绝对量关系式如下：

$$\frac{\sum q_1 m_1 p_1}{\sum q_0 m_0 p_0} = \frac{\sum q_1 m_0 p_0}{\sum q_0 m_0 p_0} \times \frac{\sum q_1 m_1 p_0}{\sum q_1 m_0 p_0} \times \frac{\sum q_1 m_1 p_1}{\sum q_1 m_1 p_0}$$

$$\sum q_1 m_1 p_1 - \sum q_0 m_0 p_0 \\ = (\sum q_1 m_0 p_0 - \sum q_0 m_0 p_0) + (\sum q_1 m_1 p_0 - \sum q_1 m_0 p_0) \\ + (\sum q_1 m_1 p_1 - \sum q_1 m_1 p_0)$$

例如,设某饭店生产三种糕点产品的产量、单耗和原材料单价的关系资料,以及原材料支出总额的计算资料分别如表5-8和表5-9所示。

表5-8 三种糕点产品的产量和单耗情况

产品名称	产量(个)		材料名称	单位产品原材料消耗量(公斤)		单位原材料价格(元)	
	基期 q_0	报告期 q_1		基期 m_0	报告期 m_1	基期 p_0	报告期 p_1
甲	50	60	A	150	145	3.0	3.20
乙	50	50	B	62	65	1.5	1.80
丙	150	200	C	90	90	0.5	0.85

表5-9 三种糕点产品原材料支出总额计算表

产品名称	原材料支出总额(元)			
	$q_0 m_0 p_0$	$q_1 m_1 p_1$	$q_1 m_0 p_0$	$q_1 m_1 p_0$
甲	22500	27000	26100	27840
乙	4650	4650	4800	5850
丙	10800	14400	14400	15300
合计	37950	46050	45300	48990

根据表5-8和表5-9资料,可以分析原材料支出总额的变动情况及其原因。
1. 原材料支出总额的变动情况,即:

原材料支出总额指数:

$$I_{qmp} = \frac{\sum q_1 m_1 p_1}{\sum q_0 m_0 p_0} = \frac{48990}{37950} = 129.09\%$$

原材料支出实际总差额:

$$\sum q_1 m_1 p_1 - \sum q_0 m_0 p_0 = 48990 - 37950 = 11040(元)$$

它说明该工厂报告期原材料支出总额比基期增长29.09%，增加金额即多用11040元。

2. 产量变动影响情况，即：

产量指数：

$$I_q = \frac{\sum q_1 m_0 p_0}{\sum q_0 m_0 p_0} = \frac{46050}{37950} = 121.34\%$$

产量影响差额：

$$\sum q_1 m_0 p_0 - \sum q_0 m_0 p_0 = 46050 - 37950 = 8100(元)$$

它说明由于产量增加使原材料支出额增长21.34%，多支出费用8100元。

3. 单位产品原材料消耗量变动影响，即：

产品单耗指数：

$$I_m = \frac{\sum q_1 m_1 p_0}{\sum q_1 m_0 p_0} = \frac{45375}{46050} = 98.53\%$$

产品单耗影响差额：

$$\sum q_1 m_1 p_0 - \sum q_1 m_0 p_0 = 45375 - 46050 = -675(元)$$

它说明由于单位产品原材料消耗量的降低使原材料支出额下降1.47%，少支出675元。

4. 单位原材料价格变动影响，即：

原材料价格指数：

$$I_p = \frac{\sum q_1 m_1 p_1}{\sum q_1 m_1 p_0} = \frac{48990}{45375} = 107.97\%$$

原材料价格影响差额：

$$\sum q_1 m_1 p_1 - \sum q_1 m_1 p_0 = 48990 - 45375 = 3615（元）$$

它说明由于原材料价格提高，使原材料支出额增加7.97%，绝对额增加3615元。

以上各指数之间的关系如下：

129.09% = 121.34% × 98.53% × 107.97%

其因素影响差额之间的关系为：

11040（元）= 8100（元）+（-675）（元）+ 3615（元）

可见，原材料支出总额增加29.09%（绝对额为11040元）是由于产量、单耗、原材料价格三个因素分别影响增支21.34%（或8100元）、−1.47%（或−675元）、7.97%（或3615元）共同变动共同作用而造成的。

通过相对数和绝对数两个方面的分析，影响超支的因素一目了然，便于管理者找出控制成本费用的方法，改善企业的经营管理。事实上，因素分析作为一个非常有用的统计分析方法，可以被引入企业财务分析等诸多领域。

多因素指数分析方法和前面的两因素分析方法基本类似，只是由于研究目的和要求不同，对影响现象的因素分解的程度不同。因此，通过因素之间的合并，多因素指数体系可以变成两因素指数体系。如上例，若把单位原材料消耗量与单位原材料价格合并，上述指数体系则变成了单位产品原材料消耗额和产量两因素构成的指数体系。相反，我们也可根据实际经济分析的需要把两因素进一步分解为多个因素。明确了这个道理，也就掌握了多因素指数体系的应用。

三、旅游平均指标变动的因素分析

在资料分组条件下，平均指标的变动受两个因素的影响，一是受各组平均指标变动的影响，二是受各组单位数在总体中所占比重变动的影响。这样，我们可以运用指数因素分析方法来分析这两个因素变动对平均指标变动的影响方向和影响程度，即进行平均指标的两因素分析。

根据指数因素分析方法的要求，对于平均指标变动进行两因素分析，首先必须建立一个平均指标指数体系。其通用公式为：

可变构成指数 = 固定构成指数 × 结构影响指数

上述公式可以对应前面讲述过的公式：

综合指数 = 派许数量指数 × 拉氏质量指数

固定构成指数和结构影响指数本质上是派许数量指数和拉氏质量指数的一个变形。派许数量指数可以看成固定构成指数；拉氏质量指数可以看成结构影响指数。上式可以用符号表示为：

$$\frac{\sum x_1 f_1}{\sum f_1} \div \frac{\sum x_0 f_0}{\sum f_0} = (\frac{\sum x_1 f_1}{\sum f_1} \div \frac{\sum x_0 f_1}{\sum f_1}) \times (\frac{\sum x_0 f_1}{\sum f_1} \div \frac{\sum x_0 f_0}{\sum f_0})$$

因素影响差额之间的关系为：

$$\frac{\sum x_1 f_1}{\sum f_1} - \frac{\sum x_0 f_0}{\sum f_0} = (\frac{\sum x_1 f_1}{\sum f_1} - \frac{\sum x_0 f_1}{\sum f_1}) + (\frac{\sum x_0 f_1}{\sum f_1} - \frac{\sum x_0 f_0}{\sum f_0})$$

上述各项指数的具体涵义说明如下：

1. 可变构成指数（I_{xf}）。统计上把在分组条件下包含各组平均水平及其相应的单位数结构这两个因素变动的总平均指标指数，称为可变构成指数。其计算公式为：

$$I_{xf} = \frac{\bar{x}_1}{\bar{x}_0} = \frac{\sum x_1 f_1}{\sum f_1} \div \frac{\sum x_0 f_0}{\sum f_0}$$

式中，$\bar{x}$ 代表总平均指标，x 为各组标志值即平均水平，f 为各组单位数。

2. 固定构成指数（I_x）。为了单纯反映变量值变动的影响，就需要消除总体中各组单位数所占比重变化的影响，即需要将总体内部结构固定起来计算平均指标指数，这样的指数叫固定构成指数。它只反映各组平均水平对总平均指标变动的影响。其计算公式可表示为：

$$I_x = \frac{\sum x_1 f_1}{\sum f_1} \div \frac{\sum x_0 f_1}{\sum f_1}$$

3. 结构影响指数（I_f）。为了单纯反映总体结构变动的影响，就需要把变量值固定起来，这样计算的平均指标指数叫结构影响指数。它只反映总体结构变动对总平均指标变动的影响。其计算公式为：

$$I_f = \frac{\sum x_0 f_1}{\sum f_1} \div \frac{\sum x_0 f_0}{\sum f_0}$$

例如，设某饭店员工人数和月平均工资的分组资料如表5-10所示。试对该饭店员工平均工资的变动进行因素分析。

表5-10 某饭店员工工资情况表

工资等级	月工资（元）		员工数（人）		工资总额（元）		
	基期 x_0	报告期 x_1	基期 f_0	报告期 f_1	$x_0 f_0$	$x_0 f_1$	$x_1 f_1$
1	800	850	50	40	40000	32000	34000
2	1000	1050	100	85	100000	85000	89250
3	1200	1300	200	175	240000	204000	227500
4	1500	1600	70	125	105000	187500	192000
5	2000	2150	50	55	100000	110000	118250
6	2500	2650	30	25	75000	62500	66250
合计			500	500	660000	681000	727250

根据表5-10资料,具体分析步骤如下:
1. 计算出平均工资的总变动。

基期平均工资:$\bar{x}_0 = \dfrac{\sum x_0 f_0}{\sum f_0} = \dfrac{660000}{500} = 1320$

报告期平均工资:$\bar{x}_1 = \dfrac{\sum x_1 f_1}{\sum f_1} = \dfrac{728750}{500} = 1457.5$

可变构成指数:$I_{xf} = \dfrac{\bar{x}_1}{\bar{x}_0} = \dfrac{1457.5}{1320} = 110.42\%$

月平均工资增加额:$\bar{x}_1 - \bar{x}_0 = 1457.5 - 1320 = 137.5$(元)

它说明该公司员工总平均工资报告期比基期提高了10.42%,平均每人增加月工资137.5元。

2. 进一步分析总平均工资变动的具体原因。这需要利用平均工资指数体系,分离出组平均工资和员工人数结构变动对总平均工资的影响程度和绝对数量。因此,总平均工资的变动,决定于组平均工资水平和员工人数结构的影响。采用平均指标体系分析如下:

(1)平均工资(变量值)变动影响

固定构成指数:

$$I_x = \dfrac{\sum x_1 f_1}{\sum f_1} \div \dfrac{\sum x_0 f_1}{\sum f_1} = 1457.5 \div \dfrac{681000}{500} = 1457.5 \div 1362$$

$=107.01\%$

对总平均工资的绝对影响数:

$$\dfrac{\sum x_1 f_1}{\sum f_1} - \dfrac{\sum x_0 f_1}{\sum f_1} = 1457.5 - 1362 = 95.5 \text{(元)}$$

(2)总体结构变动影响

结构影响指数:

$$I_f = \dfrac{\sum x_0 f_1}{\sum f_1} \div \dfrac{\sum x_0 f_0}{\sum f_0} = 1362 \div 1320 = 103.18\%$$

对总平均工资的绝对影响数:

$$\frac{\sum x_0 f_1}{\sum f_1} - \frac{\sum x_0 f_0}{\sum f_0} = 1362 - 1320 = 42 \text{（元）}$$

上述三个指数之间的关系，可表示如下：

110.42%= 107.01% × 103.18%

各因素影响的绝对数之间的关系为：

137.5 元 =95.5 元 + 42 元

计算结果表明，由于各等级工资水平的变化，使平均工资提高 7.01%，即增加了 95.5 元；由于员工工资分布的结构变化，使平均工资提高 3.18%，即增加了 42 元；两者共同影响，使得全公司员工的总平均工资提高 10.42%，即增加了 137.5 元。

第六节　定基指数、环比指数和综合指数的软件处理

本节主要讲述如何利用 Excel 软件编制定基指数、环比指数和综合指数。我们以表 5-11 中的数据为例进行讲述。

表 5-11　指数编制原始资料

年 份	旅游收入（亿元）	城镇居民（百万人次）	农村居民（百万人次）
1994	1023.51	205	319
1995	1375.7	246	383
1996	1638.38	256	383
1997	2112.7	259	385
1998	2391.18	250	445
1999	2831.92	284	435
2000	3175.54	329	415
2001	3522.37	375	409
2002	3878.36	385	493
2003	3442.27	351	519
2004	4710.71	459	643
2005	5285.86	496	716
2006	6229.7	576	818

资料来源：中国统计年鉴，2007。

一、环比指数的计算编制（以农村居民出游人次数为例）

第一步，将数据导入 Excel。在单元格 E3 中，输入=(D3/D2)*100（将上一年的数据看成 100）。回车。得到 1995 年的环比指数。如图 5-1 所示。

C	D	E
城镇居民（百万人次）	农村居民（百万人次）	农村居民出游指数
205	319	100
246	383	=(D3/D2)*100
256	383	
259	385	
250	445	
284	435	
329	415	
375	409	
385	493	
351	519	
459	643	
496	716	
576	818	

图 5-1

第二步，将鼠标移到单元格 E3 的右下角，出现黑色十字号，按住左键，向下拖动。环比指数就自动计算出来了。如图 5-2 和图 5-3 所示。

C	D	E
城镇居民（百万人次）	农村居民（百万人次）	农村居民出游指数
205	319	100
246	383	119.99
256	383	
259	385	
250	445	
284	435	
329	415	
375	409	
385	493	
351	519	
459	643	
496	716	
576	818	

图 5-2

第五章　旅游统计指数

C	D	E
城镇居民（百万人次）	农村居民（百万人次）	农村居民出游指数
205	319	100
246	383	119.99
256	383	100.00
259	385	100.44
250	445	115.58
284	435	97.75
329	415	95.40
375	409	98.55
385	493	120.54
351	519	105.27
459	643	123.89
496	716	111.35
576	818	114.25

图 5-3

二、定基指数的计算和编制

定基指数的编制基本上与环比指数一样，只是在第一步公式处理上不同。需要将=(D3/D2)*100 公式改成=(D3/$D$2)*100 就可以了。如图 5-4 和图 5-5 所示。

B	C	D	E
旅游收入（亿元）	城镇居民（百万人次）	农村居民（百万人次）	农村居民出游指数
1023.51	205	319	100
1375.7	246	383	=(D3/$D$2)*100
1638.38	256	383	
2112.7	259	385	
2391.18	250	445	
2831.92	284	435	
3175.54	329	415	
3522.37	375	409	
3878.36	385	493	
3442.27	351	519	
4710.71	459	643	
5285.86	496	716	
6229.7	576	818	

图 5-4

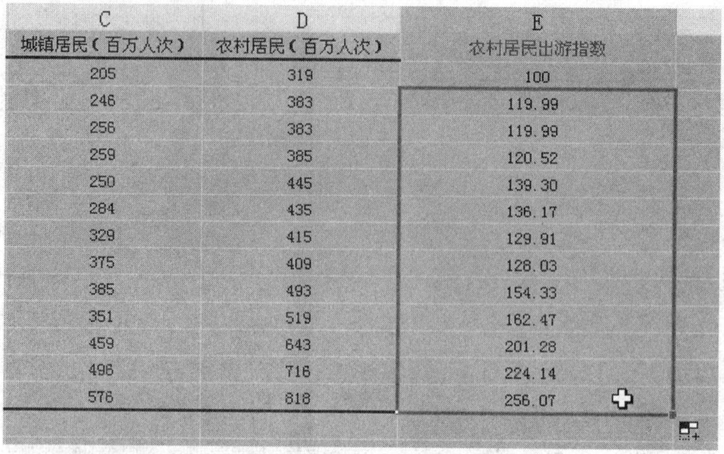

C	D	E
城镇居民（百万人次）	农村居民（百万人次）	农村居民出游指数
205	319	100
246	383	119.99
256	383	119.99
259	385	120.52
250	445	139.30
284	435	136.17
329	415	129.91
375	409	128.03
385	493	154.33
351	519	162.47
459	643	201.28
496	716	224.14
576	818	256.07

图 5-5

三、综合指数的计算和编制

综合指数的编制过程与定基指数和环比指数的程序大体相同，差别是，综合指数增加了一个求和的过程，比前面两种指数麻烦。用下面表 5-12 中的数据作例子。

表 5-12 综合指数编制资料

产品	价格			数量		
	2005	2006	2007	2005	2006	2007
甲（个）	4	5	7	10	8	12
乙（米）	3	5	6	9	11	13
丙（件）	5	5	6	6	11	12

1．编制拉氏数量指数

第一步，计算$\sum p_0q_0$（把 2005 年作为基期）。在单元格 I5 中输入=C5*F5。出现黑色十字号，按住鼠标左键，向下拖动，然后求和（点击求和按钮$\sum$ ）。出现如图 5-6 和图 5-7 所示数据。

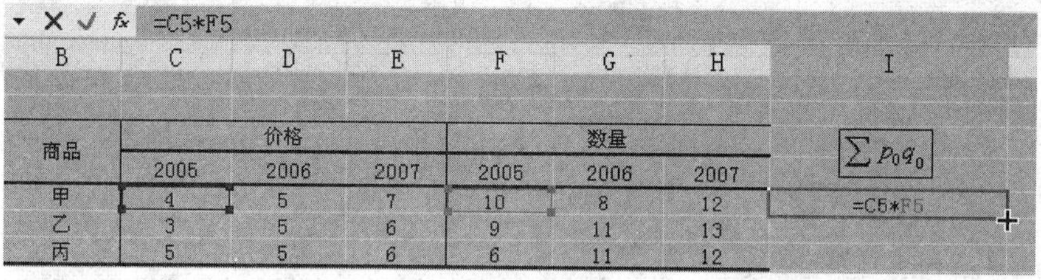

=C5*F5

B	C	D	E	F	G	H	I
商品	价格			数量			$\sum p_0q_0$
	2005	2006	2007	2005	2006	2007	
甲	4	5	7	10	8	12	=C5*F5
乙	3	5	6	9	11	13	
丙	5	5	6	6	11	12	

图 5-6

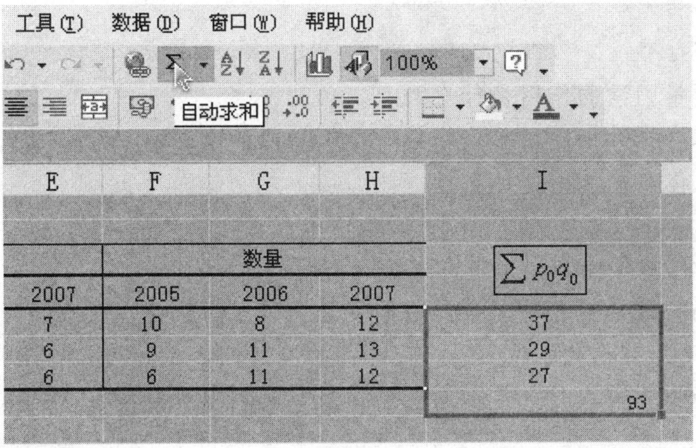

图 5-7

第二步，用同样的方法计算 $\sum p_0 q_1$（注意，这里 2006 年的数量数据就是 q_1）。出现如图 5-8 所示数据。

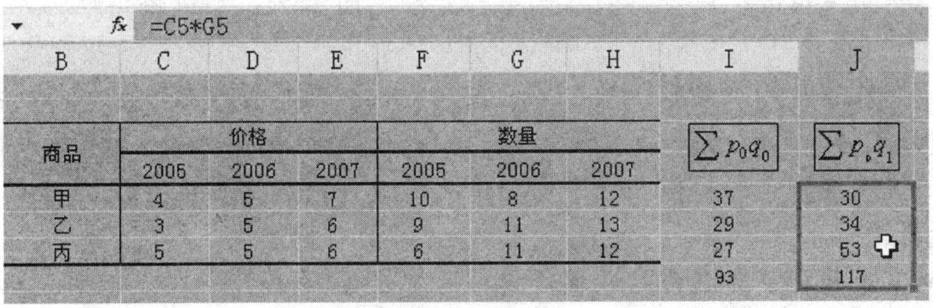

图 5-8

第三步，计算 $\bar{K}_q = \dfrac{\sum p_0 q_1}{\sum p_0 q_0} = \dfrac{117}{93} = 126\%$。任选一个空白单元格，输入 =J8/I8*100。如果要计算 2007 年的指数，方法与此类似。结果如图 5-9 所示。

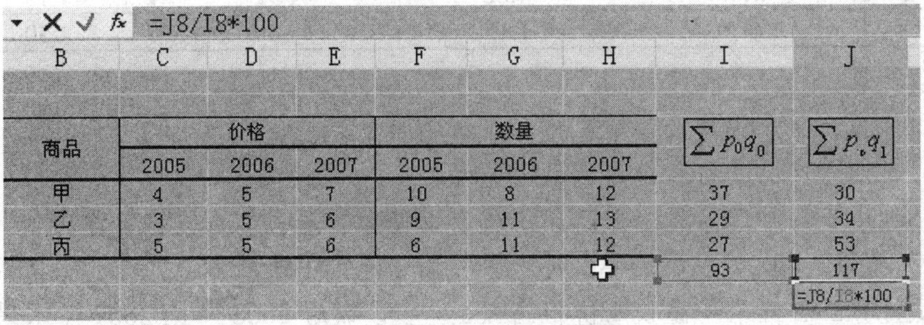

图 5-9

练习题

一、思考题

1. 同度量因素的作用是什么？
2. 与综合指数相比，平均指数有什么特殊的意义？
3. 指数体系的作用是什么？

二、判析题

1. 统计指数的本质是对简单相对数的平均。（ ）
2. 在编制综合指数时，虽然将同度量因素加以固定，但是，同度量因素仍起权数作用。（ ）
3. 在编制总指数时经常采用非全面统计资料仅仅是为了节约人力、物力和财力。（ ）
4. 拉氏数量指数并不是编制数量指标综合指数的唯一公式。（ ）
5. 在由三个指数构成的指数体系中，两个因素指数的同度量因素指标是不同的。（ ）
6. 价格降低后，同样多的人民币可多购产品15%，则价格指数应为85%。（ ）
7. 固定权数的平均数指数公式在使用时，数量指标指数和质量指标指数有不同的公式。（ ）
8. 说明现象总的规模和水平变动情况的统计指数是质量指数。（ ）

三、计算题

1. 某市几种主要副食品调整价格前后资料如下：

	调整前		调整后	
	零售价（元/500克）	销售量（万担）	辆售价（元/500克）	销售量（万担）
蔬菜	0.30	5.00	0.40	5.20
猪肉	2.20	4.46	2.44	5.52
鲜蛋	1.80	1.22	1.92	1.15
水产品	6.80	1.15	7.60	1.30

试计算：

（1）各产品零售物价和销售量和个体指数。
（2）四种产品物价和销售量的总指数。
（3）由于每种产品和全部产品价格变动使该市居民增加支出的金额。

2. 某饭店2007~2008年三种水果收购资料如下表所示。

试计算三种鲜果产品收购价格指数，说明该饭店2008年比2007年水果收购价格的提高程度，以及由于收购价格提高所导致的成本增加额度。

	2007年		2008年	
	旺季平均价格（元/担）	收购额（万元）	旺季平均价格（元/担）	收购额（万元）
芦柑	110	250	118	300
香蕉	120	300	128	330
鲜桃	98	80	106	120

3. 旅游集团公司三条线路产品收入和接待人数增长量的资料如下表所示，试计算三种产品产量总指数，以及由于产量增加使企业所增加的产值。

产品	实际产值（万元）		2008年比2007年接待人数增长（%）
	2007年	2008年	
甲	4000	4260	74
乙	1024	1135	10
丙	1246	1432	40

4. 某企业资料如下表所示。

产品名称	总产值（万元）		报告期出厂价格比基期增长（%）
	基期	报告期	
甲	145	168	12
乙	220	276	15
丙	350	378	5

要求：（1）计算出厂价格指数和由于价格变化而增加的总产值；
（2）计算总产值指数和产品产量指数；
（3）试从相对数和绝对数两方面简要分析总产值变动所受的因素影响。

5. 某饭店全员劳动生产率资料如下表所示。

旅行社	平均职工人数（人）		全员劳动生产率（元/人）	
	一季度	二季度	一季度	二季度
甲	800	700	1500	2000
乙	1000	1200	2800	3400

要求：试从相对数和绝对数两方面简要分析该饭店全员劳动生产率二季度比一季度变动所受的因素影响。

6. 某旅行社报告期生产的甲、乙、丙三条线路产品的总收入分别是80万元、32万元、150万元，线路产品价格报告期和基期相比分别为105%、100%、98%，该旅行社总收入报告期比基期增长了 8.5%。试计算三种线路产品价格总指数以及对总收入的影响。

7. 某地区社会产品零售额报告期为 9.89 亿元，比基期增加 1.29 亿元，零售物价指数涨了 3%，试分析报告期比基期的产品销售量的变动情况。

8. 某地区市场销售额，报告期为 40 万元，比上年增加了 5 万元，销售量与上年相比上升 3%，试计算：

（1）市场销售量总指数；

（2）市场销售价格指数；

（3）由于销售量变动对销售额的影响。

9. 某地区，甲、乙、丙、丁四种产品的个体零售价格指数分别为：110%、104%、108.5%、118%，它们的固定权数分别为 11%、29%、35%、25%，试计算这四类产品的零售物价指数。

第六章 旅游抽样调查

第一节 旅游抽样调查的基本概念和理论依据

一、全及总体和抽样总体

（一）全及总体，简称总体

在抽样调查中，有两种不同的总体，即全及总体和抽样总体。

全及总体是指所要认识对象的全体，总体是由具有某种共同性质的许多单位组成，因此，总体也就是具有同一性质的许多单位的集合体。例如，我们要研究旅游行业职工的生活水平，那么，旅游行业的全部职工构成全及总体。

全及总体按各单位标志性不同，可以分为变量总体和属性总体两类。构成变量总体的各个单位可以用一定的数量标志加以计算。例如，研究居民的收入水平，每户居民的收入就是它的数量标志，反映各户的数量特征。但并非所有标志都是可以计量的，有的标志只能用一定的文字加以描述。例如，要研究入境旅游的社会学特征，可以用"男"和"女"等文字作为品质标志来描述，这种用文字描述属性特征的总体称为属性总体。区分变量总体和属性总体是很重要的，由于总体不同，认识这一总体的方法也就不同。

对于变量总体可分为无限总体和有限总体两类。无线总体所包含的单位为无限多，因而单位的变量也就有无限多的取值。这种无限变量又有两种情况：一种是可列的无限变量，即变量值的大小可以按照顺序一一列举直至无穷；另一种情况是不可列的无限变量，它是一种连续变量，在任何一个区间内都有很多的变量，不可能按顺序一一加以列举。有限总体所包含的单位是有限的，因而它的变量值也是有限的，当然可以按顺序逐一列举。

通常全及总体的单位数用大写的英文字母 N 来表示。作为全及总体，单位数 N 即使有限，但总是很大，大到几千、几万、几十万、几百万。例如，国内旅游人数，旅行社的数量等等。对无线总体的认识只能采用抽样的方法，而对于有限总体的认识，理论上虽可以应用全面调查来收集资料，但实际上往往由于不可能或不经济而借助抽样的方法以求得对有限总体的认识。

（二）抽样总体，简称样本

抽样总体是从全及总体中随机抽取出来，代表全及总体部分单位的集合体。抽样总体的单位数通常用小写英文字母 n 表示。对于全及总体单位数 N 来说，n 是个很小的数，它可以是 N 的几十分之一、几百分之一、几千分之一、几万分之一。一般说来，样本单位数达到或超过30个称为大样本，而在30个以下称为小样本。以很小的样本来推断很大的总体，这是抽样调查的一个特点。

如果说全及总体是唯一确定的，那么，抽样样本就完全不是这样，一个全及总体可能抽取很多个抽样总体，全部样本的可能数目和每一样本的容量有关。不同的样本容量和取样方法，样本数目可能也会有很大的差别，抽样本身是一种手段，目的在于对总体作出判断，因此，样本容量要多大，要怎样取样，样本的数目可能有多少，它们的分布又怎样，这些都是关系到对总体判断的准确程度，都需要加以认真地研究。

二、全及指标和抽样指标

（一）全及指标

根据全及总体各个单位的标志值或标志特征计算的，反映总体某种属性的综合指标，称为全及指标。由于全及总体是唯一确定的，根据全及总体计算的全及指标也是唯一确定的。

不同性质的总体，需要计算不同的全及指标。对于变量总体，由于各单位的标识可以用数量来表示，所以可以计算总体平均数。

$$\bar{X} = \frac{\sum X}{N}$$

对于属性总体，由于各单位的标志不可以用数量来表示，只能用一定的文字加以描述，所以，就应该计算结构相对指标，称为总体成数。用大写字母 P 表示，它说明总体中具有某种标志的单位数在总体中所占的比重。变量总体也可以计算成数，以及总体单位数在所规定的某变量值以上或以下的比重。

设总体 N 个单位中，有 N_1 个单位具有某种属性，N_0 个单位不具有某种属性，$N_1 + N_0 = N$，P 为总体中具有某种属性的单位数所占的比重，Q 为不具有某种属性的单位数所占的比重，则总体成数为：

$$P = \frac{N_1}{N}$$

$$Q = \frac{N_0}{N} = \frac{N - N_1}{N} = 1 - P$$

此外，全及指标还有总体标准差 σ 和总体方差 σ^2，它们都是测量总体标志分散程度的指标。

$$\sigma^2 = \frac{\sum (X - \bar{X})^2}{N}$$

$$\sigma = \sqrt{\frac{\sum (X - \bar{X})^2}{N}}$$

（二）抽样指标

由抽样总体各个标志值或标志特征计算的综合指标称为抽样指标。和全及指标对应的还有抽样指标平均数 $\bar{x}$、抽样成数 p、样本标准差 σ_i 和样本方差 σ_i^2 等。

$$\bar{x} = \frac{\sum x}{n}$$

设样本 n 个单位中有 n_1 个单位具有某种属性，n_0 个单位不具有某种属性，$n_1 + n_0 = n$，p 为样本中具有某种属性的单位数所占比重，q 为不具有某种属性的单位数所占的比重，则抽样成数为：

$$p = \frac{n_1}{n}, q = \frac{n_0}{n} = \frac{n - n_1}{n} = 1 - p$$

样本的方差和样本标准差分别为：

$$\sigma_i^2 = \frac{\sum (x - \bar{x})^2}{n}$$

$$\sigma_i = \sqrt{\frac{\sum (x - \bar{x})^2}{n}}$$

由于一个全及总体可以抽取许多个样本，样本不同，抽样指标的数值也就不同，所以抽样指数的数值不是唯一确定的。实际上抽样指标是样本变量的函数，它本身也是随机变量。

三、抽样方法和样本可能数目

样本的可能数目既和每个样本的容量有关，也和抽样的方法有关。当样本容量为既定时，则样本的可能数目便决定于抽样方法。抽样方法不同又可以从取样方式不同和对样本的要求不同等方面来研究。

根据抽样的方式不同，抽样方式可分为重复抽样和不重复抽样两种。

重复抽样的方式是这样来安排的：从总体 N 个单位中要随机抽取容量为 n 的样本，每次从总体中抽取一个，把它看作一次试验，连续进行 n 次试验构成抽样样本。每次抽出一个单位把结果登记下来又放回，重新参加下一次的抽选。因此，重复抽样的样本是由 n 次相互独立的连续实验所作成的。每次实验是在完全相同的条件下进行的。每个单位中选或不中选机会在每次都完全一样。

不重复抽样的方法是这样安排的：从总体 N 个单位中要抽取容量为 n 的样本，每次从总体中抽取一个，连续进行 n 次抽选，构成抽样样本。但每次抽选一个单位就不再放回参加下一次抽选，因此，不重复抽样有这些特别：样本由 n 次连续抽选的结果组成，实质上等于一次同时从总体中抽 n 个组成抽样样本。连续 n 次抽选的结果不是相互独立的，第一次抽选的结果影响下一次抽样，每抽一次总体的单位数就少一个，每个单位的中选或不中选机会在各次是不同的。

根据对样本的要求不同，抽样方法又有考虑顺序抽样和不考虑顺序抽样两种。

考虑顺序的抽样，即从总体 N 个单位中抽取 n 个单位构成样本，不但要考虑样本各单位的不同性质，而且还要考虑不同性质单位的中选顺序。相同构成成分的单位，由于顺序不同，也作为不同样本，例如，从 1、2、3 三个数中取两个数排成一个两位数，显然十位数取 1、个位数取 2 和十位数取 2、个位数取 1 是完全不同的意义。应该视为两种不同的样本。

不考虑顺序的抽样，即从总体 N 个单位中抽取 n 个单位构成样本，只考虑样本各单位的组成成分如何，而不问单位的抽选顺序。如果样本成分相同，不论顺序有多大不同，都作为一种样本。例如，从三个产品抽取两个进行质量检验。从第一个选取 1 号产品、第二个选取 2 号产品组成一组，和第一个选取 2 号产品、第二个选取 1 号产品组成一组，是没有什么差别的。

以上抽样方法两种分类还存在交叉情况，因而有：考虑顺序的不重复抽样，考虑顺序的重复抽样，不考虑顺序的不重复抽样和不考虑顺序的重复抽样等四种。

（一）考虑顺序的不重复抽样数目

即通常所说的不重复排列数，一般地说，从总体 N 个不同单位每次抽取 n 个不重复排列，组成样本的可能数目记作 A_N^n，由下列公式进行计算：

$$A_N^n = N(N-1)(N-2)\cdots(N-n+1) = \frac{N!}{(N-n)!}$$

（二）考虑顺序的重复抽样数目

即通常所说的可重复排列数。一般地说，从总体 N 个不同单位每次抽取 n 个允许重复的排列，组成样本的可能数目记作 B_N^n，由下列公式计算：

$$B_N^n = N^n$$

（三）不考虑顺序的不重复抽样数目

即通常所说的不重复组合数。一般地说，从总体 N 个不同单位每次抽取 n 个不重复的组合，组成样本的可能数目记作 C_N^n，由下列公式计算：

$$C_N^n = \frac{N(N-1)(N-2)\cdots(N-n+1)}{n!}$$

$$= \frac{N!}{n!(N-n)!}$$

（四）不考虑顺序的重复数目抽样

即通常所说的可重复组合数。一般地说，从 N 个不同单位抽取 n 个允许重复组合记作 D_N^n，它等于 $N+n-1$ 个不同单位每次抽取 n 个的不重复组合，亦即，$D_N^n = C_{N+n-1}^n$。

应用以上共识，首先应该注意分析样本的要求，采用恰当的抽样方法，针对提出的问题确定样本的数目，有时还需要多种方法结合起来应用。

四、抽样调查的理论依据

就数量关系来说，抽样调查是建立在概率论的大数定律基础上，大数定律的一系列订立为抽样推断提供了数学依据。

1. 大数定律

（1）独立同分布大数定律：独立的随机变量 $x_1, x_2, \ldots, x_n$ 具有相同分布，且存在有限的数学期望 $E(x_i) = X$ 和方差 $D(x_i) = \sigma^2$，则对任何小的正数 ε，有：

$$\lim_{n \to \infty} P(|\frac{1}{n}\sum_{i=1}^{n} X_i - \frac{1}{n}\sum_{i=1}^{n} EX_i| < \varepsilon) = 1$$

该定律表明，当 n 足够大时，独立同分布的一系列随机变量的算术平均数接近（依概率收敛于）数学期望，即平均数具有稳定性。该定律提供了用样本平均数估计总体平均数的理论依据。

（2）伯努利大数定律：设 m 是 n 次独立随机试验中事件 A 发生（成功）的次数，p 是事件 A 在每次试验中发生的概率，则对于任意小的正数 ε，有：

$$\lim_{n \to \infty} P(|\frac{m}{n} - p| < \varepsilon) = 1$$

该定律表明，当 n 足够大时，事件 A 发生的频率接近（依概率收敛于）事件 A 发生的概率，即频率具有稳定性。该定律提供了用频率代替概率的理论依据。

具体地说，大数的意义可以归纳为如下四个方面。

① 现象的某种总体规律性，只有当具有这种现象的足够多数的单位综合汇总在一起的时候，才能显示出来。因此，只有从大量现象的总体中，才能研究这些现象的规律性。

② 现象的总体性规律，通常是以平均值的形式表现出来。

③ 当所研究的现象总体包含的单位越多，平均数也就越能够正确地反映出这些现象的规律性。

④ 各单位的共同倾向（这些表现为主要的、基本的因素）决定着平均数的水平，而各单位对平均数的离差（这些表现为次要的、偶然的因素）则会由于足够多数单位的综合汇总的结果，而相互抵消，趋于消失。

大数定律论证了抽样平均数（成数）趋近于总体平均数（成数）的趋势，这为抽样推断提供了重要的理论依据。但是，抽样平均数（成数）和总体平均数（成数）的离差究竟有多大，离差不超过一定范围的概率究竟有多少，这个离差的分布怎样，大数定律并没有给出什么信息。这个问题要利用另一重要定理，即中心极限定理来研究。

2. 中心极限定律

（1）独立同分布中心极限定律：随机变量 $x_1, x_2, x_3, \cdots$ 独立且服从同一分布，若存在有限的数学期望 $E(x_i) = X$ 和方差 $D(x_i) = \sigma^2$，当 $n \to \infty$ 时，随机变量的总和 $\sum x_i$，趋于均值 nx、方差 $n\sigma^2$ 的分布（或算术平均数 $\frac{1}{n}\sum x_i = \bar{x}$ 趋于均值为方差 $\frac{\sigma^2}{n}$ 的分布）。即 $n \to \infty$ 时，有：

$$\sum x_i \sim N(nx, n\sigma^2) \quad \text{或} \quad \bar{x} \sim \left(X, \frac{\sigma^2}{n}\right)$$

由上述定理可以得出如下结论：不论总体服从何种分布，只要他的数学期望和方差存在，从中抽取容量为 n 的样本，则这个样本的总和 $\sum x_i$ 或平均数 $\bar{x}$ 是个随机变量，当 n 充分大时，$\sum x_i$ 或 $\bar{x}$ 趋于正态分布。

（2）德莫夫—拉普拉斯中心极限理论：如果用 x 表示 n 次独立试验中事件 A 发生的次数，p 是事件 A 在每次试验中发生的概率，则 x 服从二项分布 $B(n,p)$，当 $n \to \infty$ 时，x 趋于均值为 np、方差为 npq 的正态分布，即：

$$X \sim (np, npq)$$

这个结论对于抽样推断是十分重要的,因为在经济现象中变量和的分布是普遍存在的。例如,旅游外汇总收入是全国各个城市旅游外汇收入之和,所以旅游外汇总收入可以视为各个城市接待入境人数外汇收入总和的分布。又如,产品标准规格的偏差是由许多独立因素综合而成的,所以产品规格离差的分布可以视为许多独立因素之和的分布等等。

根据中心极限理论,我们有理由相信,这些分布都趋近正态分布。也可以这样说,在现实生活中,一个随机变量服从于正态分布未必很多,但多个随机变量和分布趋近于正态分布是普遍存在的。抽样平均数也是一种随机变量的分布,因此,在抽样单位数 n 充分大的条件下,抽样平均数也趋近于正态分布,这为抽样误差的概率估计提供了一个极为有效而且方便的条件。

第二节 旅游抽样平均误差

一、抽样误差概念

抽样误差是指样本指标和总体指标之间数量上的差别。以数学符号表示为:$|\bar{x} - \bar{X}|$ 和 $|p - P|$。是抽样调查使用样本指标推断总体指标的一种调查方法,从而推断的根据就是抽样误差。因此,怎样计算、使用和控制抽样误差是抽样调查的重要问题。为此,首先要把抽样误差的概念搞清楚。理解抽样误差可以从下面两方面着手。

第一,抽样误差是指由于抽样的随机性而产生的那一部分代表性误差,在旅游统计中,不包括旅游登记误差,也不包括可能发生的偏差。

旅游登记性误差,即在旅游调查中由于主、客观因素引起的登记、汇总或计算等方面的差错造成的误差;另一类是旅游代表性误差,是由于样本结构与总体结构不同,样本不能完全代表总体而产生的样本指标与总体指标之间的误差。

代表性误差也有两种。一种是偏差,是指破坏了抽样的随机原则而产生的误差,如抽选了一个单位后,调查者认为它偏低或偏高,把它们剔除而产生的误差。这种偏差在进行抽样调查时是应该设法避免的,它不包括在抽样误差这个概念之内。另一种是指遵守了随机原则但可能抽到各种不同的样本而产生的误差。这种误差是必然会产生的，但可以对它进行核算，并设法加以控制，抽样误差就是指这种随机误差。

第二，随机误差有两种：实际误差和抽样平均误差。实际误差是一个样本与总体指标之间的差别 $|\bar{x}-\bar{X}|$ 或 $|p-P|$，这是无法知道的误差。抽样平均误差是指所有可能出现的样本指标和总体指标的平均离差。抽样实际误差是无法知道的，而抽样平均误差是可以计算的。在讨论抽样误差时指的是抽样平均误差。

二、影响抽样平均误差的因素

为了计算和控制抽样平均误差，需要分析影响抽样平均误差的因素。抽样平均误差大小主要受以下几方面的影响。

（一）全及总体标志的变动程度

全及总体标志变动程度越大，抽样平均误差就越大；反之，全及总体标志变动程度越小，则抽样平均误差越小。两者成正比关系的变化。例如，总体各单位标志值都相等，即标准差为零时，那么抽样指标就等于全及指标，抽样平均误差也就不存在了。这时每个单位都可作代表，平均指标也无须计算了。

（二）抽样单位数的多少

在其他条件不变的情况下，抽取的单位数越多，抽样平均误差越小；样本单位越少，抽样平均误差越大。抽样平均误差的大小和样本单位数成相反关系的变化，这是因为抽样单位越多，样本单位数在全及总体中的比例越高，抽样总体越接近全及总体的基本特征，总体特征就越能在抽样总体中得到真实地反映，假定抽样单位数扩大到与总体单位数相等时，抽样调查就变成全面调查，抽样指标等于全及指标，实际上就不存在抽样误差。

（三）抽样组织方式

抽样平均误差除了受上述两种因素影响外，还受不同的抽样组织方式的影响。

三、抽样平均误差的意义

在对某一全及总体进行抽样调查时，在总体中可以抽取一个抽样总体进行综合观察，也可以连续抽取几个甚至一系列抽样总体进行综合观察，每个抽样总体都可以计算出相应的抽样指标。由于每一抽样总体包含的具体样本单位不同，它们的综合指标也是各不相同的，因而它们与全及综合指标之间的差数也是各不相同的。所以，这些抽样误差也是一个随机变量。

抽样误差反映了抽样指标对全及指标代表性程度；就抽样调查整体来说，可以有许多个抽样总体和许多个抽样误差,我们可否任取某一次抽样所得的抽样误差,作为衡量抽样指标对于全及指标的代表性数据呢?

这显然是不恰当的。某一次抽样结果的抽样误差只是一系列抽样结果可能出现的误差数值之一,它不能概括一系列抽样结果所产生的所有抽样误差。

平均指标的代表性程度只能用各单位的标志值对平均指标离差平方的平均数方根——标准差来衡量。标准差概括了所有单位标志值与平均指标离差的所有结果。那么,测定抽样指标的代表性程度的抽样误差,也可以用同样的原理求得。即把各个可能的抽样指标与全及指标之间都存在的抽样误差的所有结果都考虑进去,用平方平均数的方法求得标准差,即抽样平均误差。也就是说,抽样平均误差是一系列抽样指标的标准差。

在进行抽样调查时,所有的抽样指标都可能与全及指标产生误差,即抽样指标可能比全及指标大一些,也可能小一些,但用抽样平均误差来表示的抽样误差,它可以概括地反映所有可能的结果,它既是运用于衡量抽样指标对于全及指标代表性程度的一个尺度,也是计算抽样指标与全及指标之间变异的一个根据。

四、抽样平均误差的计算

下面分别讨论抽样平均数平均误差和抽样成数平均误差的计算问题。

(一)抽样平均数的抽样平均误差

抽样平均误差,是一系列抽样指标的标准差。我们通常用符号 $\mu_{\bar{x}}$ 表示抽样平均误差。按照抽样平均误差的概念,它的计算公式为:

$$\mu_{\bar{x}} = \sqrt{\frac{\sum(\bar{x} - \bar{X})^2}{K}}$$

式中,$\bar{x}$ 为抽样平均指标;

$\bar{X}$ 为全及平均指标;

K 为抽样平均指标或抽样成数的个数。

上式公式只是为了说明抽样平均误差的实质,实际计算一般不用这个公式。这是因为,首先在实际工作中从全及总体中一般只抽取一个抽样总体,不可能抽取所有可能的抽样总体,并计算它们的平均数;其次,在进行抽样调查所有可能的全过程中,全及平均数 $\bar{X}$ 是未知的,因而上述抽样平均误差的公式是无法计算的。

1. 重复抽样样本的抽样平均数的抽样平均误差。根据数理统计理论,在重复抽样条件下,抽样平均误差与全及总体的标准差成正比关系;与抽样总体单位数平方根成反比关系,从而可以得出一个计算抽样平均误差的转化公式:

$$\mu_{\bar{x}} = \sqrt{\frac{\sigma^2}{n}} = \frac{\sigma}{\sqrt{n}}$$

数理统计证明如下:

$$\mu_{\bar{x}}^2 = E(\bar{x}_i - \bar{X})^2 \quad (i = 1, 2, 3, \cdots)$$

式中,E 为数学期望;

$\bar{x}_i$ 为各个抽样平均指标。

将上面的式子展开为:

$$\mu_{\bar{x}} = E\left[\frac{x_1 + x_2 + x_3 + \cdots + x_n}{n} - \frac{n\bar{X}}{n}\right]^2$$

$$= E\left[\frac{(x_1 - \bar{X}) + (x_2 - \bar{X}) + (x_3 - \bar{X}) + \cdots + (x_n - \bar{X})}{n}\right]^2$$

$$= \frac{1}{n^2}\left[\begin{array}{l}E(x_1 - \bar{X})^2 + E(x_2 - \bar{X})^2 + E(x_3 - \bar{X})^2 + \cdots \\ + E(x_n - \bar{X})^2 + 2\sum_{i \neq j} E(x_i - \bar{X})(x_j - \bar{X})\end{array}\right]$$

由于 x_i 和 x_j 相互独立,那么上式中

$$E(x_i - \bar{X})(x_j - \bar{X}) = 0, \quad 又由于 E(x_i - \bar{X})^2 = \sigma_i^2$$

所以

$$\mu_{\bar{x}}^2 = \frac{1}{n^2}(\sigma_1^2 + \sigma_2^2 + \sigma_3^2 + \cdots + \sigma_n^2)$$

$$= \frac{n\sigma^2}{n^2} = \left(\frac{\sigma}{\sqrt{n}}\right)^2$$

上式表明抽样平均数的平均误差仅为全及总体标准差的 $\frac{1}{\sqrt{n}}$。例如,当样本单位数为 100 时,则平均误差仅为总体标准差的 $\frac{1}{10}$。这说明,一个总体的某一标志的变动度可能很大,但抽取若干单位加以平均之后,抽样平均数的标准差会大大地缩小。所以,抽样平均数作为估计量是有效的。从上式还可以看出,抽样

平均误差和总体标志变动度的大小成正比,而和样本单位的平方根成反比。例如,抽样平均误差要减少 $\frac{1}{2}$,则样本单位数必须增加到 4 倍;抽样平均误差要减少为原来的 $\frac{1}{3}$,则样本单位数要扩大到原来的 9 倍等等。

【例 1】某旅行社,7、8、9、10 月每月接待团队数分别是 40、50、70、80 个,现在随机从中抽取两个月的数据,求平均接待团队的个数,用以代表 4 个月的总体平均接待水平。

第一种计算方法:

样本平均数的平均数 $E(\bar{X}) = \dfrac{\sum \bar{x}}{\text{样本可能数目}} = \dfrac{960}{16} = 60$

$\mu_x = \sqrt{\dfrac{\sum \left[\bar{x} - E(\bar{X})\right]^2}{\text{样本可能数目}}} = \sqrt{\dfrac{2000}{16}} = 11.18$

第二种计算方法:

总平均产量 $\bar{X} = \dfrac{\sum X}{N} = \dfrac{240}{4} = 60$

标准差 $\sigma = \sqrt{\dfrac{\sum (X - \bar{X})^2}{N}} = \sqrt{\dfrac{1000}{4}} = 15.81$

抽样平均误差 $\mu_{\bar{x}} = \dfrac{\sigma}{\sqrt{n}} = \dfrac{15.81}{\sqrt{2}} = 11.18$

上例计算表明:①抽样平均数的平均数等于全及平均数,$E(\bar{x}) = \bar{X}$。上例两者都等于 60;②抽样平均误差,即抽样平均数的标准差等于总体标准差的 $\dfrac{1}{\sqrt{n}}$,$\mu_{\bar{x}} = \dfrac{\sigma}{\sqrt{n}}$。上例两者的计算结果都等于 11.18。

2. 不重复抽样平均数的抽样平均误差。在不重复抽样的情况下,这时样本变量 $x_1, x_2, \cdots, x_n$ 不是相互独立的。

$$\mu_{\bar{x}}^2 = \left[\frac{x_1 + x_2 + x_3 + \cdots + x_n}{n} - \frac{n\bar{X}}{n}\right]^2$$

$$= E\left[\frac{(x_1 - \bar{X}) + (x_2 - \bar{X}) + (x_3 - \bar{X}) + \cdots + (x_n - \bar{X})}{n}\right]^2$$

$$= \frac{1}{n^2}\left[\begin{array}{l} E(x_1 - \bar{X})^2 + E(x_2 - \bar{X})^2 + E(x_3 - \bar{X})^2 + \cdots \\ + E(x_n - \bar{X})^2 + \sum_{i \neq j} E(x_i - \bar{X})(x_j - \bar{X}) \end{array}\right]$$

$$= \frac{1}{n^2}\sum_i E(x_i - \bar{X})^2 + \frac{1}{n^2}\underbrace{\sum_{i \neq j} E(x_i - \bar{X})(x_j - \bar{X})}_{\text{共有}n\times(n-1)\text{个乘积}}$$

现在分别计算 $\sum E(x_i - \bar{X})^2$ 和 $\sum_{i \neq j} E(x_i - \bar{X})(x_j - \bar{X})$。

$$\sum E(x_i - \bar{X})^2 = \sum_i^n p_j(x_j - \bar{X})^2$$

$$= \frac{1}{N}\sum_{j=1}^N (x_j - \bar{X})^2$$

$$= \sigma^2$$

p_j 表示第 j 个被抽取的单位取值为 x_j 的概率。

$$E(x_i - \bar{X})(x_j - \bar{X}) = \sum_{K \neq L} P_{KL}(x_K - \bar{X})(x_L - \bar{X})$$

$$\frac{1}{N(N-1)}\sum_{K \neq L}(x_K - \bar{X})(x_L - \bar{X})$$

式中，$K, L = 1, 2, \cdots, N$。

P_{KL} 表示第 i 个被抽中的单位取值为 x_K，第 j 个被抽中的单位取值为 x_L 的概率。其概率等于 $\frac{1}{N(N-1)}$。

而且

$$\sum_{K \neq L}(x_K - \bar{X})(x_L - \bar{X}) = \left[\sum_{j=1}^{N}(x_j - \bar{X})\right]^2 - \sum_{j=1}^{N}(x_j - \bar{X})^2$$
$$= -N\sigma^2$$

$$\therefore E(x_i - \bar{X})(x_j - \bar{X}) = \frac{1}{N(N-1)}(-N\sigma^2) = \frac{-\sigma^2}{N-1}$$

代入上述公式求 $\mu_{\bar{x}}^2$，得：

$$\mu_{\bar{x}}^2 = \frac{1}{n^2}\sum_{i \neq j} E(x_i - \bar{X})^2 + \frac{1}{n^2}\sum_{i \neq j} E(x_i - \bar{X})(x_j - \bar{X})$$

$$= \frac{1}{n^2}\sum_{i=1}^{n}\sigma^2 + \frac{1}{n^2}\sum_{i \neq j}\frac{-\sigma^2}{N-1}$$

$$\left[其中 \sum_{i \neq j} 共有 n(n-1) 项\right]$$

$$= \frac{\sigma^2}{n} + \frac{-(n-1)\sigma^2}{n(N-1)}$$

$$= \frac{\sigma^2}{n}\left[1 - \frac{n-1}{N-1}\right]$$

$$= \frac{\sigma^2}{n}\left[\frac{N-n}{N-1}\right]$$

$$\therefore \mu_{\bar{x}} = \sqrt{\frac{\sigma^2}{n}\left[\frac{N-n}{N-1}\right]}$$

在总体单位数很大的情况下，可以近似地表示为：

$$\mu_{\bar{x}} = \sqrt{\frac{\sigma^2}{n}\left(1 - \frac{n}{N}\right)}$$

从上述公式我们可以看出，不重复抽样平均方差增加了一个校正因子 $\sqrt{\left(1-\frac{n}{N}\right)}$。而 $\sqrt{\left(1-\frac{n}{N}\right)}$ 一定是大于 0 而小于 1 的正数，$\sqrt{\frac{\sigma^2}{n}}$ 乘上这个小于 1 的正数，必然小于原来的数。所以，不重复抽样平均误差的数值一定小于重复抽样的抽样平均误差。在一般情况下，总体单位数很大，抽样比例 $\frac{n}{N}$ 很小，则 $\sqrt{1-\frac{n}{N}}$ 接近于 1，因此，$\sqrt{\frac{\sigma^2}{n}\left(1-\frac{n}{N}\right)}$ 与 $\sqrt{\frac{\sigma^2}{n}}$ 的数值是很接近的。实际工作中，在没有掌握总体单位数的情况下或者总体单位数 N 很大时，一般均用重复抽样平均误差公式来计算不重复抽样的平均误差。

【例2】以某个旅行社接待团队数量为例，7、8、9、10 四个月接待团队数量分别是 40、50、70、80 个。现用不重复抽样的方法，随机抽取 2 个月接待的团队个数，求平均产量、所有可能样本以及样本平均数。

$$样本平均数的平均数 E(\bar{X}) = \frac{\sum \bar{x}}{样本可能数目} = \frac{720}{12} = 60$$

$$\mu_x = \sqrt{\frac{\sum[\bar{x}-E(\bar{X})]^2}{样本可能数目}} = \sqrt{\frac{1000}{12}} = 9.13$$

根据已经计算的总体平均数 $\bar{X}=60$，总体标准差 $\sigma=15.81$，也就可以计算出不重复抽样的平均误差为：

$$\mu_{\bar{x}} = \sqrt{\frac{\sigma^2}{n}\left[\frac{N-n}{N-1}\right]} = \sqrt{\frac{250}{2}\left(\frac{4-2}{4-1}\right)} = 9.13$$

由此可见，不重复抽样的抽样平均误差 9.13 小于重复抽样平均误差 11.3。

（二）抽样成数的抽样平均误差

在掌握抽样平均数的平均误差公式的基础上，再来探索抽样成数的平均误差公式是比较简单的。只需将全及成数的标准差平方代替公式中的全及平均数的标准差的平方，就可以得到抽样成数的平均误差公式。

全及成数标准差平方，也称"交替标志的方差"。有些社会经济现象的标志具体表现为两种情况，非此即彼，交替出现。如产品分为合格品与不合格品，邮件分为航空和非航空，把水稻品种分为杂交品种与非杂交品种等等。这种用"是"与"否"或"有"与"无"来表示的标志，称为交替标志。

为计算交替标志的方差，必须将交替变异的标志过渡到数量标志。交替变异标志仍以 x 表示，我们用 $x=1$ 表示单位具有这一标志，用 $x=0$ 表示单位不具有这一标志。具有这一标志的单位数用 N_1 来表示，不具有这一标志的单位数用 N_0 来表示。那么这两部分单位数占全及总体单位数成数为：

具有这一标志的单位数占全及总体的比重 $p=\dfrac{N_1}{N}$

不具有这一标志的单位数占全及总体的比重 $q = \dfrac{N_0}{N}$

这两个成数之和等于 1，即，$p + q = \dfrac{N_0}{N} + \dfrac{N_1}{N} = 1, q = 1 - p$。

那么，有：
$$\bar{X} = \dfrac{\sum xf}{\sum f} = \dfrac{1 \times p + 0 \times q}{p + q} = p$$

交替标志的标准差为：
$$\sigma_p = \sqrt{\dfrac{\sum (x - \bar{X})^2 f}{\sum f}} = \sqrt{\dfrac{(1-p)^2 p + (0-q)^2}{p+q}}$$
$$= \sqrt{\dfrac{q^2 p + p^2 q}{1}} = \sqrt{\dfrac{qp(q+p)}{1}} = \sqrt{qp}$$

因为，$q + p = 1, q = 1 - p$

所以，$\sigma_p = \sqrt{qp} = \sqrt{p(1-p)}$

$\sigma_p^2 = p(1-p)$

可见成数的平均数就是成数本身；成数的标准差平方就是 $p(1-p)$。根据抽样平均误差与总体标准差平方之间的关系，抽样成数的平均误差计算公式为：

在重复抽样条件下
$$\mu_p = \sqrt{\dfrac{p(1-p)}{n}}$$

在不重复抽样条件下
$$\mu_p = \sqrt{\dfrac{p(1-p)}{n}(1 - \dfrac{n}{N})}$$

在上面计算抽样平均误差的转化公式里，无论是平均数的标准差 σ，还是交替标志的方差 $p(1-p)$，都是指全及总体而言的。但是在抽样调查的实践中，这两个指标一般都是未知的，因此，通常可以采用以下四种方法解决：

1. 用过去调查所得到的资料。可以用全面调查的资料，也可以用抽样调查的资料。如果有几个不同的总体方差的资料，则应该用数值较大的。

2. 用样本方差的资料代替总体方差。概率论的研究从理论上作了证明，样本方差可以相当接近于总体方差。这是实际工作中经常使用的方法之一，但它只能调查之后才能计算。

3. 用小规模调查资料。如果既没有过去的资料，又需要在调查之前就估计出抽样误差,实在迫不得已时,可以在大规模调查之前,组织一次小规模实验性调查。

4. 用估计的材料。例如,在旅游接待人数抽样调查中用接待人数预计估算资料,根据预计估算的资料,计算出接待人数的总体方差。

【例3】从"黄金周"旅游调查回收报告的10000份材料中,随机抽取1000份进行调查,测得有85份为投诉或不满报告。试求黄金周期间旅游线路产品合格率的抽样平均误差。

根据条件可知,合格率 $p = \dfrac{915}{1000} = 91.5\%$

1. 在重复抽样条件下

$$\mu_p = \sqrt{\dfrac{p(1-p)}{n}} = \sqrt{\dfrac{0.915 \times (1-0.915)}{1000}} = 0.88\%$$

2. 在不重复抽样条件下

$$\mu_p = \sqrt{\dfrac{p(1-p)}{n}(1-\dfrac{n}{N})}$$

$$= \sqrt{\dfrac{0.915 \times 0.085}{1000} \times 0.90} = 0.836\%$$

第三节 旅游全及指标的推断

抽样调查的目的是用样本指标去推断总体指标,由于存在抽样平均误差,这种推断不可能是很精确的,问题在于对这个误差的大小要有一个科学的判断。在参数估计中,如果只得出一个估计值而不进一步对这个估计值的误差大小作说明,那么,这样的估计值便没有什么意义。

另一方面也要看到,要确切地指出某一种抽样指标究竟误差有多大,这几乎是不可能的,因为抽样指标是随机变量函数,它本身也是随机变量,而抽样误差又是抽样指标的函数,它本身还是随机变量。抽样误差是随着样本的不同而变化的,我们只能把抽样误差控制在一定范围内,这就需要研究抽样极限误差问题。

一、抽样极限误差

由于未知的全及指标是一个确定的量,而抽样指标会随着各个可能样本的不同而变动,它围绕着全及指标上下波动。它与全及指标可能产生正离差,也可能产生负离差,这样,抽样指标与全及指标之间就有一个误差范围的问题。

抽样误差范围就是指变动的抽样指标与确定的全及指标之间的离差的可能范围。它是根据概率论,以一定可靠程度保证抽样误差不超过一定范围。统计上把这个给定的抽样误差范围叫作抽样极限误差,也称置信区间。

设 $\Delta_{\bar{x}}$、Δ_p 分别表示抽样平均数极限误差和抽样成数极限误差,则有:

$$\Delta_{\bar{x}} = |\bar{x} - \bar{X}|$$

$$\Delta_p = |p - P|$$

上面等式可以变换为下列的不等式关系:

$$\bar{X} - \Delta_{\bar{x}} \leq \bar{x} \leq \bar{X} + \Delta_{\bar{x}}$$

$$P - \Delta_p \leq p \leq P + \Delta_p$$

上面第一式表明抽样平均数 $\bar{x}$ 是以总体平均数 $\bar{X}$ 为中心,在 $\bar{X} - \Delta_{\bar{x}}$ 至 $\bar{X} + \Delta_{\bar{x}}$ 之间变动,区间 $[\bar{X} - \Delta_{\bar{x}}, \bar{X} + \Delta_{\bar{x}}]$ 称为样本平均数的区间估计,区间的总长度为 $2\Delta_{\bar{x}}$,在这个区间内样本平均数和总体平均数的绝对离差不超过 $\Delta_{\bar{x}}$。

同样,上面第二式表明,抽样成数是以总体成数 p 为中心,在 $P - \Delta_p$ 至 $P + \Delta_p$ 之间变动,抽样成数在 $[P - \Delta_p, P + \Delta_p]$ 区间内与总体成数的绝对离差不超过 Δ_p。

由于总体平均数和成数是未知的,它要用实测的抽样平均数和成数来估计。因而极限抽样误差的实际意义是希望总体平均数 $\bar{X}$ 落在抽样平均数 $\bar{x} \pm \Delta_{\bar{x}}$ 的范围内。总体 P 落在抽样成数 $p \pm \Delta_p$ 的范围内。因此上述不等式可推导为:

$$\bar{x} - \Delta_{\bar{x}} \leq \bar{X} \leq \bar{x} + \Delta_{\bar{x}}$$

$$p - \Delta_p \leq P \leq p + \Delta_p$$

所以,全及指标 $\bar{X}$,P 的范围估计(或称区间估计)可以按下列公式计算:

$$\bar{X} = \bar{x} \pm \Delta_{\bar{x}}$$

$$P = p \pm \Delta_p$$

二、可信程度

抽样平均误差 μ 是表明抽样估计的准确度。抽样误差范围即抽样极限误差 Δ 是表明抽样估计准确程度的范围。在给定的准确度范围内的抽样估计,还要研究其估计的可靠程度,即可信程度。

例如,大学生的平均体重 58 千克,抽样误差 1 千克时,大学生的平均体重在 57 千克到 59 千克之间 $(\bar{x} \pm 1\mu_{\bar{x}})$，判断的可靠程度为 0.6827。如果将误差范围扩大一倍，即 2 千克，也就是说，推断大学生平均体重在 56 千克到 60 千克的范围内 $(\bar{x} \pm 2\mu_{\bar{x}})$，判断的可靠程度为 0.9545。如果抽样误差扩大到三倍 $(\bar{x} \pm 3\mu_{\bar{x}})$，那么大学生的平均体重可靠程度为 0.9973，可信程度接近 100%。

上例说明，抽样误差范围 Δ 与抽样平均误差 μ 的关系，即：Δ 是用一定倍数的 μ 表示的抽样指标与全及指标之间的绝对离差。这里的倍数通常用 t 来表示。t 为概率度，它是指以抽样平均误差 μ 为尺度用来衡量的相对误差范围，在数理统计中常称为置信度。公式表示即：

$$\Delta_{\bar{x}} = |\bar{x} - \overline{X}| = t\mu_{\bar{x}}$$

$$\Delta_p = |p - P| = t\mu_p$$

$$t = \frac{\Delta_{\bar{x}}}{\mu_{\bar{x}}} = \frac{|\bar{x} - \overline{X}|}{\frac{\sigma}{\sqrt{n}}}$$

$$t = \frac{\Delta_p}{\mu_p} = \frac{|p - P|}{\sqrt{\frac{p(1-p)}{n}}}$$

这个公式的意义在于，在一定的 μ 条件下，概率度 t 越大，则抽样误差范围越大，可能样本落在误差范围内的概率越大，从而抽样估计的可信度也就越高；反之，抽样估计的可信程度就越低。

怎样求得样本指标落在一定误差范围内的概率和确定抽样估计的可靠度呢？数理统计证明，概率度和概率之间保持一定的函数关系，即概率是概率度的函数。用 P 表示概率以说明抽样估计的可靠程度，其函数关系可表示为：

$$P = F(t)$$

在正态分布的情况下，从总体中随机抽取一个样本加以观察，则该样本抽样指标落在某一个范围（$\bar{x} - t\mu_{\bar{x}} \leftrightarrow \bar{x} + t\mu_{\bar{x}}$）内的概率，是用占正态曲线面积的大小表示的。即：

$$F(t) = P\{\bar{x} - t\mu_{\bar{x}} \leq \overline{X} \leq \bar{x} + t\mu_{\bar{x}}\}$$

$$= \frac{1}{\sqrt{2\pi}} \int_{-t}^{t} e^{-\frac{t^2}{2}} dt$$

正态分布曲线与横轴围成的面积等于 1。用正态分布曲线说明抽样指标出现的概率，按上述积分公式计算，就是当以全及平均数 $\bar{X}$ 为中心加减一个平均误差 $\mu_{\bar{x}}$ 为范围时所包括的面积为 68.27%，表明落在这个范围内的各个抽样指标占总体所有可能样本抽样指标的 68.27%，或者说，从总体中随机抽取一个样本的抽样指标落在这个范围内的概率为 68.27%。而当以 $(\bar{x} \pm 2\mu_{\bar{x}})$ 为范围时所包括的曲线面积为 95.45%，表明落在这个范围内的各个抽样指标占总体所有可能样本抽样指标的 95.45%，或者说，从总体中任取一个样本的抽样指标落在这个范围内的概率为 95.45%，等等。由此可见，随着概率度 t 的不断增大，概率 P 的数值也随着增大以致逐渐接近于 1，使抽样推断达到完全可靠的程度。正态分布及其曲线下的面积如图 6-1 所示。

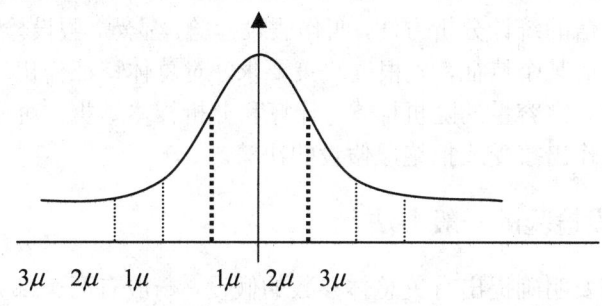

图 6-1　正态分布曲线图

应用正态分布曲线，把概率度 t 和抽样误差范围 Δ 联系起来，便可得到抽样推断全及指标在一定范围内的概率保证程度。在统计抽样推断中常用的数据如表 6-1 所示。

表 6-1　概率度与概率对照表

概率度	误差范围	概率	概率度	误差范围	概率
0.50	0.50μ	0.3829	1.960	1.96μ	0.9500
1.00	1.00μ	0.6827	2.000	2.00μ	0.9545
1.50	1.50μ	0.8664	3.000	3.00μ	0.9973

第四节　假设检验

一、假设检验的概念

我们已经知道，根据随机样本提供的信息，可以对总体未知参数作出一定可靠程度的估计，但是反过来，我们能否先对总体的未知参数作一个假设，然后根据样本信息，对这个假设是否可信作出判断呢？

例如，某厂生产一批产品，产品总数 $N=1000$ 件，必须经检验合格方能出厂，按规定次品率不能超过 5%，否则不准出厂。

在这个例子中，我们事先对这 1000 件产品（称为总体）的次品率（称为总体未知参数）一无所知。但是我们可以根据以往的资料假设其次品率不超过 5%（称为原假设），然后随机抽取 50 件样品，检验出其次品率为 8%（称为样本参数值），现在的问题是：我们能否根据这 8% 的样本次品率来判断整批产品的次品率不超过 5%，且伴有一定的可信程度呢？

像这种根据一定随机样本所提供的信息，用它来判断总体未知参数事先所作的假设是否可信的统计分析方法，叫作假设检验。显然，假设检验的基本思想是：为了判断总体的某个特征，先根据决策要求，对总体特征作出一个原假设，然后从总体中抽取一定容量的随机样本，计算和分析样本数据，对总体的原假设作假设检验，进而作出接受或拒绝原假设的决策。

二、假设检验的一般方法

首先我们要明确提出有关总体参数的假设，一般有两个部分，即原假设和替代假设。原假设是接受检验的假设，记作 H_0；替代假设是当原假设被否定时生效的另一种假设，记作 H_1。原假设和替代假设相互对立，如原假设 H_0 是真实的，则替代假设 H_1 不真实；如原假设 H_0 可能不真实，这意味着替代假设 H_1 是真实的。原假设 H_0 和替代假设 H_1 在统计学中称为统计假设。例如，关于总体平均值的假设有三种情况：

(1) $H_0: X = X_0$　　$H_1: X \neq X_0$

(2) $H_0: X \geqslant X_0$　　$H_1: X < X_0$

(3) $H_0: X \leqslant X_0$　　$H_1: X > X_0$

第一种类型的假设检验称为双边检验，第二、第三种类型的假设检验称为单边检验。

假设检验的依据是样本，通过计算合适的检验统计量，分析样本统计值与参数值的差距。差距越小，假设值真实性可能就越大；反之，差距越大，假设值真实可能性就越小。因此，只要分析结果说明它们之间的差距是显著的，就否定原假设，故假设检验又称显著性检验。但是要注意的是，这种分析是建立在原假设 H_0 为真的基础上，只有当分析完成时，概率很小的事情发生了，我们才能接受原假设非真的想法。这里用到这样一个基本思想，即在一次试验或一次观察中小概率事件几乎不可能发生。因此，一般在个体检验中，先认为提出的"原假设"是正确的，而某事件 A 在原假设为真的条件下发生的概率很小（这里概率很小一般在试验之前就确定了，这就是显著水平α，如 5%、10%等）。但是经过抽样观察，如果小概率事件 A 居然发生了，这就要怀疑原假设的正确性。

如果不能否定原假设，仅仅意味着我们由于没有足够的证据否定它，才接受了原假设，并不意味着它完全正确。

上面曾说到检验统计量，一般说来，它的基本形式可表示如下：

$$检验统计量 = \frac{样本统计量 - 被假设参数}{统计量的标准差}$$

例如，检验总体平均值的统计量有：

$$Z = \frac{\overline{x} - X_0}{\sigma / \sqrt{n}}, \quad t = \frac{\overline{x} - X_0}{S / \sqrt{n}}$$

当计算得出结果，要作出决策时，可能有以下四种情况，如表6-2所示。

表6-2 假设检验决策结果

选择的正确性	假设可能状态 H_0 真实	不真实
不否定	正确	犯第二类错误
否定	犯第一类错误	正确

当 H_0 为真实时，不否定原假设当然是正确的。但是，当 H_0 本来是真实的时候，却也有可能错误地被否定掉，这种否定真实原假设的错误称为第一类错误，它的概率就是显著水平 α。

另一种可能犯的错误是当原假设 H_0 非真实时作出接受 H_0 的选择，这种错误称为第二类错误，用 β 表示犯第二类错误的概率。α 越大，就越有可能犯第一类错误，即越有可能否定真实的原假设。β 越大，就越有可能犯第二类错误，即越有可能接受非真实的原假设。

我们希望犯这两类错误的概率都尽可能小，但是在一定样本容量下，减少 α 会引起 β 增大，减小 β 会引起 α 增大。例如，某饭店准备购买一批较便宜的原材料制作糕点，厂家决定，要是这批原材料的次品率达到 5%以上，就拒绝购买。然后逐批检验，当检验结果是拒绝购买，就有可能犯第一类错误，即工厂可能拒购一批合格的材料，而另出高价购买原材料，这样便会增加产品成本；反之，如果厂方接受这批原材料，就有可能犯第二类错误，即工厂可能购进一批不合格的原材料，产品的次品率就要上升。显然，工厂决策者有必要搞清哪类错误造成损失较小，才能减少成本。

一般的检验原则是，实现规定允许犯第一类错误的概率 α，然后尽量减少犯第二类错误的概率 β，有了 α，再根据检验统计量的分布求出在原假设 H_0 为真实时，检验统计量所有取值，我们把 H_0 假设为真实时，统计量大于某一数值，我们不能接受的区域称为否定域，否定域的端点就叫作临界值，其余的取值范围称为接受域。因为原假设 H_0 为真实时，检验统计量落在否定域的概率很小，几乎是不可能的。如果由样本算得的检验统计量的值落在否定域里（包括临界值），说明在一次观察中小概率事件发生了，而这几乎是不可能的，因而判断原假设 H_0 是非真实的，作出否定原假设 H_0 的决策。

有了否定域之后，根据搜集到的样本数据，算出相应的检验统计量值。如果检验统计量的值落在否定域里，说明有 $100(1-\alpha)\%$ 的可靠程度否定原假设。

综上所述，假设检验的一般步骤为：

① 根据题意，提出统计假设。

② 选择显著性水平，即允许犯第一类错误的概率（最常用 α 取 0.05 或 0.01，一般的研究项目中显著水平都是给定的）。

③ 选定合适的检验统计量，且能在原假设 H_0 成立的条件下知其分布。

④ 根据显著性水平确定统计量的否定域临界值，并注意是双边检验还是单边检验。

⑤ 根据样本数据计算统计量的数值并由此作出决策。如果统计量的值落在否定域内（包括临界值），就说明原假设与样本描述的情况有显著差异，应该否定原假设。反之，如果落在接受域内，说明样本和原假设描述情况的差异是不显著的，接受原假设 H_0。

三、正态总体参数的检验

正态分布有两个重要参数，均值 $\bar{x}$ 和方差 σ^2，一旦这两个参数确定之后，正态总体就完全确定了。因此，对服从正态分布总体的检验问题，就是检验这两个参数的问题。

（一）方差已知时对一个正态总体均值的检验

当正态总体的方差 σ^2 已知，要检验总体的均值，其原假设为 $H_1:X=X_0$。而与之相应的替代假设可能有三种，分别是：

$$X \neq X_0, \quad X < X_0, \quad X > X_0。$$

在检验中替代假设选择哪一种，应根据具体问题而定。

1. $H_0:X=X_0 \quad H_1:X \neq X_0$

为了检验此假设,首先从总体中抽出一个容量为 n 的样本,可得样本均值 $\bar{x}$,若假设是真的,则统计量 $Z = \dfrac{\bar{x} - X_0}{\sigma/\sqrt{n}}$ 服从标准正态分布,查标准正态分布表,可得临界值 $Z_{\frac{\alpha}{2}}$,使 $|Z| \geqslant Z_{\frac{\alpha}{2}}$ 是概率为 α 的小概率事件。这时检验的拒绝区间置于分布的两侧,如图 6-2 所示。这是因为原假设是真的,样本平均数是总体平均数 $\bar{X}_0$ 的估计量,两者近似,则统计量 $Z = \dfrac{\bar{x} - X_0}{\sigma/\sqrt{n}}$ 很可能在 0 的附近取值。若某一次抽样的样本统计量值 Z 落在区间 $(-Z_{\frac{\alpha}{2}}, Z_{\frac{\alpha}{2}})$ 中,显然其概率为 $1-\alpha$,即小概率事件没有发生,故接受原假设。区间 $(-Z_{\frac{\alpha}{2}}, Z_{\frac{\alpha}{2}})$ 为接受区间。反之,如样本平均数与 $\bar{X}_0$ 相差很大,统计量 $Z = \dfrac{\bar{x} - X_0}{\sigma/\sqrt{n}}$ 的值会落在图 6-2 所示的两侧阴影区间的某一边,而统计量 Z 落在 $(-\infty, Z_{\frac{\alpha}{2}}]$ 和 $[Z_{\frac{\alpha}{2}}, \infty)$ 的概率为 α,小概率事件发生了,则拒绝原假设,$(-\infty, Z_{\frac{\alpha}{2}}]$ 和 $[Z_{\frac{\alpha}{2}}, \infty)$ 为检验的拒绝区间。

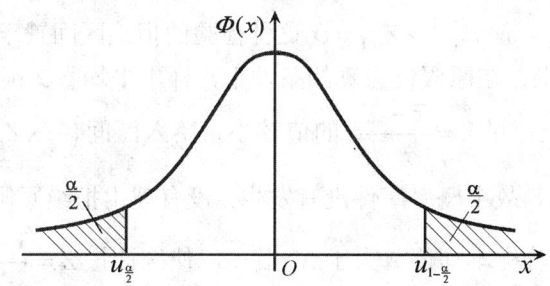

图 6-2 双边检验的否定域和接受域

【例 4】设总体服从标准差为 50 的正态分布,从总体抽出某容量为 25 的随机样本,得出样本平均值为 70,试以 $\alpha = 0.05$ 的显著水平检验原假设 $\bar{X}_0 = 90$。

提出假设:
$$H_0 : X = X_0 = 90$$
$$H_1 : X \neq X_0 = 90$$

我们想要研究的是总体平均数,其样本估计量是 $\bar{x}$,在正态总体假设下,$\bar{x}$ 的抽样分布也是正态分布,期望值为 $\bar{x}$,方差 σ^2/n。若 H_0 为真,我们选择检验统计量

$$Z = \dfrac{\bar{x} - X_0}{\sigma/\sqrt{n}}$$

Z 服从正态分布。由于现在是一个双边检验问题,如果统计量的数值过大或过小,都将否定原假设,因为在原假设下,样本平均数分布集中在 $\bar{X}_0 = 90$ 的周

围，$\bar{x}$ 的数值过分高于或低于 $\bar{X}_0 = 90$ 的概率很小。

$\alpha = 0.05$ 时，对应的临界值 $-Z_{0.025} = -1.96, Z_{0.025} = 1.96$。检验得：

$$Z = \frac{\bar{x} - X_0}{\sigma/\sqrt{n}} = \frac{70 - 90}{50/\sqrt{25}} = -2$$

因为 $Z < -1.96$（见附表），落在否定域内，所以否定原假设 H_0，也就是说，有95%的可靠程度否定原假设。

2. $H_0 : X = X_0$，$H_1 : X > X_0$（或 $H_1 : X \leqslant X_0$，$H_1 : X > X_0$）

在另一些假设检验中，我们仅关心总体的平均数是否有显著的提高。如对某一旅游景点采用了新的促销手段或增加了营销费用，该景点的接待数量是否有所提高；如果既推出新的促销手段又增加营销费用，旅游景点的平均接待数量是否有显著提高等。这种检验的假设为 $H_1 : X = X_0$，$H_1 : X > X_0$。

当原假设 H_0 为真时，统计量 $Z = \dfrac{\bar{x} - X_0}{\sigma/\sqrt{n}}$ 服从标准正态分布，查标准正态分布表可得临界值 Z_α，使 $P\{Z > Z_\alpha\} = \alpha$ 这种检验的拒绝区间置于分布的右侧。如图6-3所示。实际上，在原假设为真的条件下，样本平均数 $\bar{x}$ 很可能小于总体平均数 X_0，从而使统计量 $Z = \dfrac{\bar{x} - X_0}{\sigma/\sqrt{n}}$ 的值较小，落入区间 $(-\infty, Z_\alpha]$，Z 值落入该区间的概率为 $1-\alpha$，故小概率事件没有发生，没有理由拒绝原假设，$(-\infty, Z_\alpha]$ 为接受区间；反之，若样本均值 $\bar{x}$ 大于 X_0 很多，使统计量 $Z = \dfrac{\bar{x} - X_0}{\sigma/\sqrt{n}}$ 的值相对较大，大到了 $Z \geqslant Z_\alpha$，即 Z 落入区间 $[Z_\alpha, \infty)$，而 Z 落入区间 $[Z_\alpha, \infty)$ 的概率为 α，小概率事件发生了，故拒绝原假设，$[Z_\alpha, \infty)$ 为拒绝区间。右侧检验的 P 值 $= P\{Z \geqslant z\}$。

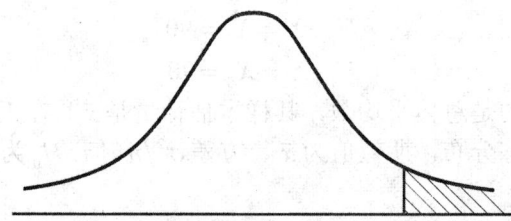

图6-3 单边检验的否定域和接受域

【例 5】某旅游景区推出一种新的娱乐产品，原来每月接待游客人数 x 服从平均值 $X = 75$（千人）、方差 $\sigma^2 = 75$ 的正态分布。推出一种新的娱乐产品，为了考察接待人数是否提高，抽查了 6 个月的接待量，求得平均接待人数是 78（千人），假设方差不变，在显著性水平 $\alpha = 0.05$ 下，推出一种新的娱乐产品后，每月接待人数是否有明显提高？

样本平均值为 78，可能是总体平均接待人数提高了，也可能是从平均接待人数不超过 75 的总体中抽出的样本平均数偏高所致，现用假设检验的方法来判断。

如把接待人数减少作为原假设的话，只要否定原假设，就可说明接待人数在提高。可用下面假设：

$H_0: X \leq X_0 = 75$，$H_1: X > 75$

注意：在双边检验中，原假设值只有一个参数值，而单边检验中的原假设则有大量参数值。可以证明，如在相等点 $H = H_0$ 上否定 H_0 了，则在原假设所含的任何点上也将否定 H_0。

原假设总体均值不大于 75，要是由样本数据算出的检验统计量 $Z > Z_\alpha$，就可否定原假设 H_0，否则，就不否定，因此，否定域将位于统计量分布曲线的右尾，在显著性水平 α 下，尾部的面积为 α，临界值为 Z_α。当 $\alpha = 0.05$ 时，对应的临界值为 $Z_{0.05} = 1.645$（见附表），统计量的值为：

$$Z = \frac{78 - 75}{\sqrt{75}/\sqrt{6}} = 1.964$$

因为 $Z > 1.645$，故否定原假设，这说明推出新的娱乐项目后，月接待人数有明显提高。

3. $H_0: X = X_0 \quad H_1: X < X_0$（或 $H_0: X \geq X_0$，$H_1: X < X_0$）

除上述的右侧检验，检验总体的平均数是否有显著的降低也是常常会遇到的事。例如，改革生产工艺后，某种化工产品中有害物质的含量是否有显著性降低，这就需要检验假设 $H_0: X = X_0$，$H_1: X < X_0$。其检验的统计量与前面的两种检验的统计量相同，即：$Z = \dfrac{\bar{x} - X_0}{\sigma/\sqrt{n}}$，所不同的是这种检验的拒绝区间位于分布的左侧，如图 6-4 所示。查标准正态分布表可得临界值 $-Z_\alpha (-Z_\alpha, \infty)$ 为接受区间，$(-\infty, -Z_\alpha)$ 为拒绝区间。左侧检验 P 值 $= P\{Z \leq z\}$。

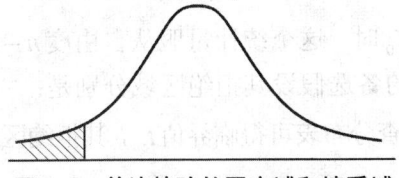

图 6-4　单边检验的否定域和接受域

【例 6】旅游线路产品转换需要时间与成本，某旅行社线路设计人员在说服公司经理改变线路节点时，必须说明在保证质量的同时，新节点线路能降低成本才行。假定，目前的线路其平均成本为 500 元，标准差为 20 元，新节点线路试行了一段时间，发现 25 个产品的平均成本为 480 元，且方差不变。假定线路产品的成本服从正态分布，试以 $\alpha=0.05$ 的显著性水平说明该旅行社是否应该转换新的节点线路产品。

为了决定新节点线路是否确能降低成本，我们考虑下面的统计假设：
$$H_0: X = 500, \quad H_1: X < 500$$

由于总体服从方差已知的正态分布，所以，在原假设下，用检验统计量
$$Z = \frac{\bar{x} - X_0}{\sigma/\sqrt{n}}$$

它服从标准正态分布。

当 $\alpha=0.05$ 时，对应的临界值为 $Z_{0.05} = -1.645$（见附表），统计量值为：
$$Z = \frac{480 - 500}{20/\sqrt{25}} = -5$$

因为 $Z = -5 < -1.645$，故拒绝原假设 H_0，即说明新的节点线路确能降低企业成本，旅行社经理应采用新节点线路。

（二）方差未知时对一个正态总体均值的检验

Z 检验法仅适用于方差已知的正态总体，其检验的统计量为 $Z = \frac{\bar{x} - X_0}{\sigma/\sqrt{n}}$，当正态总体的方差未知时，若需要检验如下的假设

$$H_0: X = X_0; \quad H_1: \begin{cases} X \neq X_0 \\ X > X_0 \\ X < X_0 \end{cases}$$

统计量为 $Z = \frac{\bar{x} - X_0}{\sigma/\sqrt{n}}$ 已不适用了，因为 Z 中含了未知参数 σ，应取检验量

$$t = \frac{\bar{x} - X_0}{S/\sqrt{n}}$$

我们知道，当 $X = X_0$ 时，这个统计量服从自由度 $n-1$ 为 t 的分布。给定显著水平 α，对于三种不同的备选假设其拒绝区域分别是：

（1）若 $H_1: X \neq X_0$，查分布表可得临界值 $t_{\frac{\alpha}{2}}$，其拒绝区域为 $\left(-\infty, t_{\frac{\alpha}{2}}\right]$ 和 $\left[t_{\frac{\alpha}{2}}, \infty\right)$。

（2）若 $H_1: X > X_0$，查分布表得临界值 t_α，其拒绝区域为 (t_α, ∞)。

（3）若 $H_1: X < X_0$，查分布表可得临界值 $-t_\alpha$，其拒绝区域为 $(-\infty, -t_\alpha)$。

【例 7】 某景点景区在某核心媒体黄金时段增加了 1.5 分钟的广告，该景点在正常情况下每周接待 25000 人。一年后，随机抽取 15 周接待人数进行广告效果检验，得到的平均值和标准差分别为 27000 人和 5000 人。假定接待人数近似服从正态分布，试问是否可以相信黄金时段增加的广告具有明显的效果？（$\alpha = 0.05$）

要对广告效果取得强有力的支持，必须把每周接待少于等于 25000 人作为原假设，而把每周接待人数大于 25000 人作备选假设。于是建立假设

$$H_0 : X \leqslant 25000 , \quad H_1 : X > 25000$$

由于总体近似服从正态分布，总体方差未知，所以其观测值为：

$$t = \frac{\bar{x} - X_0}{S/\sqrt{n}} = \frac{27000 - 25000}{5000/\sqrt{15}} = 1.55$$

查 t 分布表，如表 6-3 所示，得，$t_{0.05(14)} = 1.76$。由于 $t < t_{0.05(14)} = 1.76$，所以只能接受 H_0，也即没有充分的理由证明黄金时段增加的广告具有显著效果。

四、总体成数的假设检验

对总体成数的假设检验实际上是对两点分布总体均值的检验，所以必须在大样本条件下进行检验，其检验步骤与 Z 检验法相同，只是统计量不相同。

当我们要检验总体的成数是否等于某一常数时，其假设为：

（1）$H_0 : P = P_0, H_1 : P \neq P_0$

（2）$H_0 : P \leqslant P_0, H_1 : P > P_0$

（3）$H_0 : P \geqslant P_0, H_1 : P < P_0$

检验的统计量为 $Z = \dfrac{P - P_0}{\sqrt{P(1-P)/n}}$（其中 P 为样本参数），在原假设为真时，Z 渐进服从标准正态分布，用显著水平 α，查标准正态分布表得临界值。

若 $H_1 : P \neq P_0$，当 $|Z| \geqslant Z_{\alpha/2}$，拒绝原假设，否则接受原假设。

若 $H_1 : P > P_0$，当 $Z \geqslant Z_{\alpha/2}$，拒绝原假设，否则接受原假设。

若 $H_1 : P < P_0$，当 $Z < -Z_{\alpha/2}$，拒绝原假设，否则接受原假设。

【例 8】 某饭店餐饮部负责人发现收购回来的食材有大量不合格材料，而且他断定这些材料中，过期的材料会占 20% 以上。于是，随机抽取了 400 份检查，发现过期的食材有 100 份，即占 25%。试计算是否可以证明负责人的判断正确。（$\alpha = 0.05$）

按题意建立假设：

$$H_0 : P \leqslant 0.2 , \quad H_1 : P > 0.2$$

选取检验统计量为：

$$Z = \frac{P - P_0}{\sqrt{P(1-P)/n}}$$

其观测值为：

$$Z = \frac{\frac{100}{400} - 0.2}{\sqrt{\frac{0.2(1-0.2)}{400}}} = 2.5$$

由于 $\alpha = 0.05$，查表得临界值 $Z_\alpha = 1.645$，因为 $Z > Z_\alpha = 1.645$（见附表），故拒绝原假设，即通过检验，以 5%的显著水平，认为这些数据可以证明负责人的判断是正确的。

表 6-3　t 检验临界值表

	单侧	0.1	0.05	0.025	0.01	0.005
	双侧	0.2	0.1	0.05	0.02	0.01
自由度数 m	1	3.078	6.31	12.71	31.82	63.66
	2	1.89	2.92	4.3	6.96	9.92
	3	1.64	2.35	3.18	4.54	5.84
	4	1.53	2.13	2.78	3.75	4.6
	5	1.48	2.02	2.57	3.37	4.03
	6	1.44	1.94	2.45	3.14	3.71
	7	1.41	1.89	2.37	3	3.5
	8	1.4	1.86	2.31	2.9	3.36
	9	1.38	1.83	2.26	2.82	3.25
	10	1.37	1.81	2.23	2.76	3.17
	11	1.36	1.8	2.2	2.72	3.11
	12	1.36	1.78	2.18	2.68	3.05
	13	1.35	1.77	2.16	2.65	3.01
	14	1.35	1.76	2.14	2.62	2.98
	15	1.34	1.75	2.13	2.6	2.95
	16	1.34	1.75	2.12	2.58	2.92
	17	1.33	1.74	2.11	2.57	2.9
	18	1.33	1.73	2.1	2.55	2.88
	19	1.33	1.73	2.09	2.54	2.86
	20	1.33	1.72	2.09	2.53	2.85
	21	1.32	1.72	2.08	2.52	2.83
	22	1.32	1.72	2.07	2.51	2.82
	23	1.32	1.71	2.07	2.5	2.81
	24	1.32	1.71	2.06	2.49	2.8
	25	1.32	1.71	2.06	2.49	2.79
	26	1.31	1.71	2.06	2.48	2.78
	27	1.31	1.7	2.05	2.47	2.77
	28	1.31	1.7	2.05	2.47	2.76
	29	1.31	1.7	2.05	2.46	2.76
	30	1.31	1.7	2.04	2.46	2.75
	40	1.3	1.68	2.02	2.42	2.7
	60	1.3	1.67	2	2.39	2.66
	120	1.29	1.66	1.98	2.36	2.62
	∞	1.28	1.64	1.96	2.33	2.58

第五节 抽样、统计推断和假设检验的软件处理

本节我们讲述如何使用软件，主要是用 Excel 来进行抽样、统计推断和假设检验。我们用表 6-4 中的数据作为例子来说明（参见表 6-4）。

表 6-4 软件说明的原始数据

年 份	旅游人数（百万人次）	旅游收入（亿元）	人均花费（元）
1994	524	1023.5	195.3
1995	629	1375.7	218.7
1996	640	1638.4	256.2
1997	644	2112.7	328.1
1998	695	2391.2	345.0
1999	719	2831.9	394.0
2000	744	3175.5	426.6
2001	784	3522.4	449.5
2002	878	3878.4	441.8
2003	870	3442.3	395.7
2004	1102	4710.7	427.5
2005	1212	5285.9	436.1
2006	1394	6229.7	446.9

资料来源：中国统计年鉴，2007。

由于抽样、统计推断和假设检验等功能需要使用 Excel 扩展功能，如果您的 Excel 尚未安装数据分析，请依次选择"工具"→"加载宏"，在安装光盘中加载"分析数据库"。加载成功后，可以在"工具"下拉菜单中看到"数据分析"选项。

一、抽样

第一步，将数据输入 Excel。我们对人均花费序列作抽样。

第二步，依次选择"工具"→"数据分析"→"抽样"后，如图 6-4 所示，选"确定"出现如图 6-5 所示的对话框。

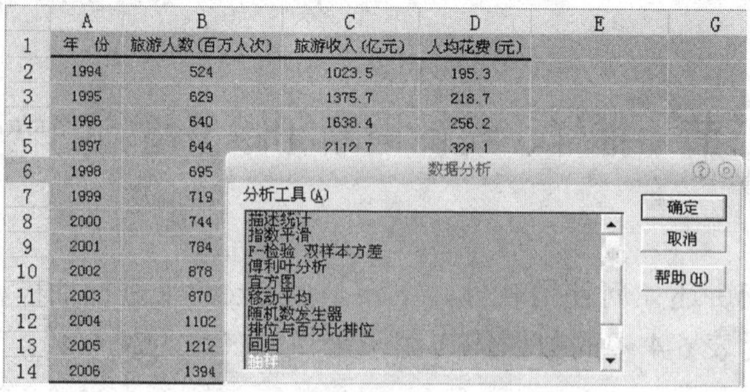

图 6-5

第三步，将光标放在"输入区域"对话框，然后用鼠标拖动选择单元格 D2 到 D14 里面的数据。我们采用随机的方法进行抽样。

输入区域：把原始总体数据放在此区域中，数据类型不限，数值型或者文本型均可。

抽样方法：有间隔和随机两种。间隔抽样需要输入周期间隔，输入区域中位于间隔点处的数值以及此后每一个间隔点处的数值将被复制到输出列中。当到达输入区域的末尾时，抽样将停止（在本例题中没有采用）；随机抽样是指直接输入样本数，电脑自行进行抽样，不用受间隔的规律限制。

样本数：在此输入需要在输出列中显示需要抽取总体中数据的个数。每个数值是从输入区域中的随机位置上抽取出来的。请注意：任何数值都可以被多次抽取！所以抽样所得数据实际上会有可能小于所需数量。

输出区域：在此输入对输出表左上角单元格的引用。所有数据均将写在该单元格下方的单列里。如果选择的是"周期"，则输出表中数值的个数等于输入区域中数值的个数除以"间隔"。如果选择的是"随机"，则输出表中数值的个数等于"样本数"（参见图 6-6）。

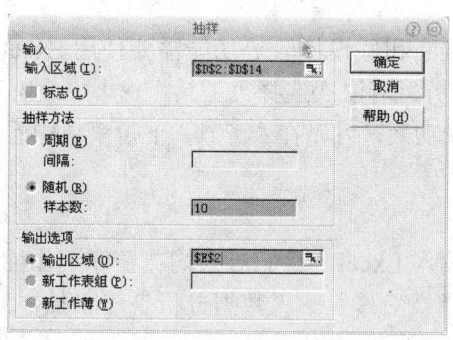

图 6-6

第四步，点击确定，抽样结果在单元格 E2 显示出来。如图 6-7 所示。

	A	B	C	D	E
1	年 份	旅游人数(百万人次)	旅游收入(亿元)	人均花费(元)	抽样
2	1994	524	1023.5	195.3	328.1
3	1995	629	1375.7	218.7	195.3
4	1996	640	1638.4	256.2	218.7
5	1997	644	2112.7	328.1	426.6
6	1998	695	2391.2	345.0	394
7	1999	719	2831.9	394.0	345
8	2000	744	3175.5	426.6	449.5
9	2001	784	3522.4	449.5	256.2
10	2002	878	3878.4	441.8	449.5
11	2003	870	3442.3	395.7	446.9
12	2004	1102	4710.7	427.5	

图 6-7

二、假设检验

假设检验是一种常用的分析工具。主要是运用统计方法对原假设（零假设）作出检验，进而作出推断。在 Excel 的数据分析工具库中，主要包括 F 检验、t-检验和 z-检验 3 种，其中 t-检验包括两个样本间的均值和方差检验等。

表 6-5　软件说明的原始数据

年份	旅游人数（百万人次）	城镇居民	农村居民
1994	524	205	319
1995	629	246	383
1996	640	256	383
1997	644	259	385
1998	695	250	445
1999	719	284	435
2000	744	329	415
2001	784	375	409
2002	878	385	493
2003	870	351	519
2004	1102	459	643
2005	1212	496	716
2006	1394	576	818

以表 6-5 所示资料为例作检验操作。

1. t-检验（双样本平均差检验）

第一步，将数据导入 Excel。我们主要检验城镇居民出游的人次数是否与农村居民出游的人次数存在显著的差别。

第二步，选择"工具"→"数据分析"→"t-检验：平均值的成对二样本分析"后，出现如图 6-8 所示对话框。

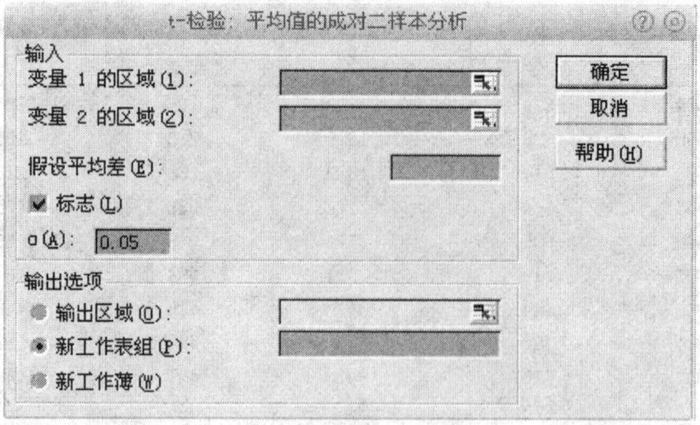

图 6-8

第三步，将光标分别放在"变量1的区域"和"变量2的区域"，然后，拖动选择单元格$D$1:$D$14 和$E$1:$E$14。在假设"平均差"框中填入"0"。勾选"标志"。勾选"输出区域"为$F$2。点击确定。出现如图6-9和图6-10所示结果。

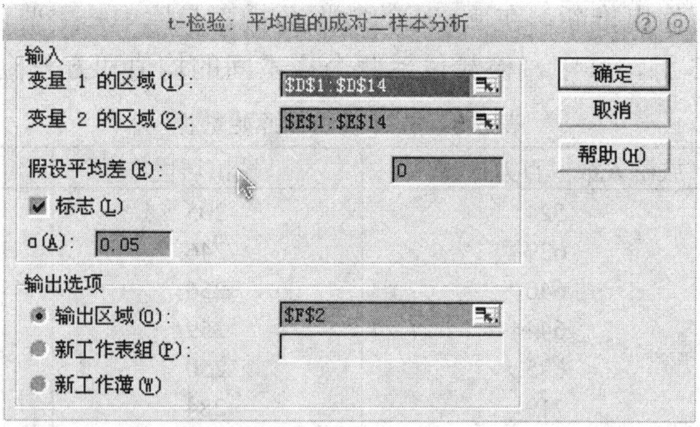

图 6-9

t-检验：成对双样本均值分析		
	城镇居民	农村居民
平均	343.88	489.54
方差	12462.32	21919.53
观测值	13.00	13.00
泊松相关系数	0.94	
假设平均差	0.00	
df	12.00	
t Stat	-9.28	
P(T<=t) 单尾	0.00	
t 单尾临界	1.78	
P(T<=t) 双尾	0.00	
t 双尾临界	2.18	

图 6-10

从检验结果看，城镇居民和农村居民的出游人次数存在很大差别。t-检验的统计量显著地拒接了平均差相等的零假设。

2. z-检验（双样本平均差检验）

该检验的方法与 t-检验相同，差别在于事前计算两个变量序列各自的方差，然后将方差填入方差对话框。其程序和过程与上面 t-检验相同。检验结果如图 6-11 和图 6-12 所示。

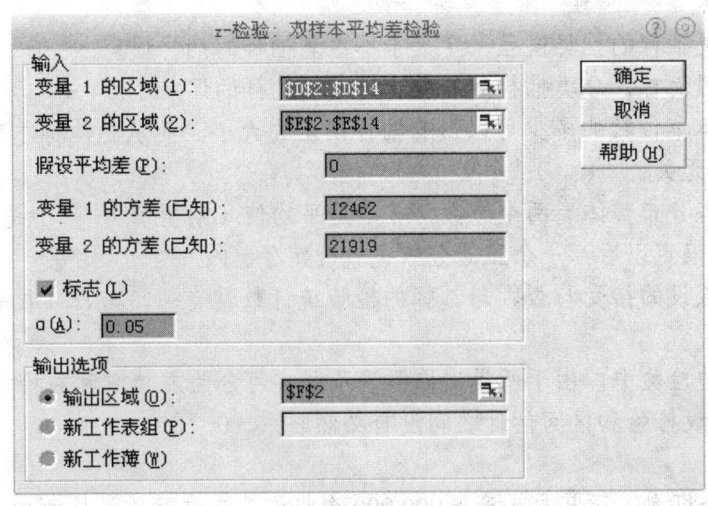

图 6-11

z-检验：双样本均值分析		
	204.55	319.45
平均	355.4916667	503.7166667
已知协方差	12462	21919
观测值	12	12
假设平均差	0	
z	-2.76919048	
P(Z<=z) 单尾	0.002809846	
z 单尾临界	1.644853476	
P(Z<=z) 双尾	0.005619692	
z 双尾临界	1.959962787	

图 6-12

练习题

一、思考题

1. 简述假设检验的基本特点。
2. 什么是抽样平均误差？它的大小受哪些因素的影响？

3. 单边检验和双边检验的区别是什么？

二、判断题

1. 所有可能的样本平均数，等于总体平均数。（ ）
2. 抽样误差是不可避免的，但人们可以调整总体方差的大小来控制抽样误差的大小。（ ）
3. 抽样极限误差是反映抽样指标与总体指标之间的抽样误差的可能范围的指标。（ ）
4. 重复抽样的抽样误差一定大于不重复抽样的抽样误差。（ ）
5. 一般而言，分类抽样的误差比纯随机抽样的误差小。（ ）
6. 样本单位数的多少可以影响抽样误差的大小，而从总体标志变异的程度和抽样误差无关。（ ）
7. 正态分布整体有两个参数，一个是平均值（期望值），一个是均方差 σ，这两个参数确定以后，一个正态分布也就确定了。（ ）
8. 原假设的接受与否，与选择的检验统计数量有关，与 α（显著水平）无关。（ ）
9. 单边检验中，由于所提出原假设不同，可分为左检测和右检测。（ ）
10. 假设检验和区间估计之间没有必然联系。（ ）

三、计算题

1. 某个灯泡工厂某月生产 5 000 000 个灯泡，在进行质量检测中，随机抽取 500 个进行检验，这 500 个灯泡的耐用时间如下表所示：

耐用时间	灯泡数	耐用时间	灯泡数
800～850	35	950～1000	103
850～900	127	1000～1050	42
900～950	185	1085～1100	8

试求：

（1）该厂全部灯泡的平均耐用时间的取值范围（概率保证程度 0.9973）；

（2）检查 500 个灯泡中不合格占 0.4%，试在 0.6827 概率保证下，估计全部产品中不合格的概率取值范围。

2. 某服装厂对当月生产的 20000 件衬衫进行质量检查，结果在抽查的 200 件衬衫中 10 件不合格，要求：

（1）以 95.45% 概率推算该产品合格率范围；

（2）该月生产的产品是否超过 8% 的不合格率（概率不变）。

3. 某企业对某批产品零件的质量进行抽样检查，随机抽验 250 个零件，发现有 15 个零件不合格，要求：

（1）按 68.27% 的概率推算该批零件的不合格率范围；

（2）按 95.45% 的概率推算该批零件的不合格率；并说明置信区间和把握程度间的关系。

4. 某砖瓦厂对所生产的砖进行质量抽样检查，要求该概率程度为 0.6827，抽样误差范围不超过 0.015。并知过去进行几次同样调查，产品的不合格率分别为 1.25%、1.83%、2%。要求：

（1）计算必要的抽样单位数目。

（2）假定其他条件不变，现在要求抽样误差范围不超过 0.03，即比原来的范围扩大一倍，则必要的抽样单位数应该是多少？

5. 假定根据另行抽样求得下表数字，使用 0.9545 概率估计总体平均数范围。

区域	抽取单位	标志平均数	标准差
甲	600	32	20
乙	300	36	30

6. 某手表厂在某阶段时间内生产 100 万个零件，用简单随机抽样方法不重复抽取 1000 个零件进行检验，测得废品率为 2%，如果以 99.73% 的概率保证，试确定该厂这种零件的废品率的变化范围。

7. 某学校随机抽查 10 个男生，平均身高 170cm，标准差 12cm，问有多大把握估计全校男生身高介于 160.5～179.5cm 之间？

8. 对某厂日产 1 万个灯泡的使用寿命进行抽样检查，抽取 100 个灯泡，测得其平均寿命为 1800 小时，平均差为 6 小时。要求：

（1）按 68.27% 概率计算抽样平均数的极限误差；

（2）按 68.27% 概率计算抽样误差不超过 0.4 小时，应抽取多少只灯泡进行测试？

（3）按以上条件，若概率提高到 95.45%，应抽取多少灯泡进行测试？

（4）若极限误差为 1.6 小时，概率为 95.45%，应抽取多少灯泡进行测试？

（5）通过以上计算，说明允许误差、抽样单位数和概率之间的关系。

9. 设某总体服从正态分布，其标准差 σ 为 12，现抽取了一个样本容量为 400 的子样本，计算的平均值为 $\bar{x}=21$，试以显著水平 $\alpha=0.05$ 确定总体的平均值是否不超过 20？

10. 某食品加工厂用自动装袋机包装食品，每个包装袋标准重量为 50 克，每隔一段时间抽取包装袋进行检测。现抽取 10 袋，测得其重量依次为（单位：

克）:
　　49.8，51，50.5，48.9，49.2，50.2，51.2，50.3，49.7，50.6。
　　若每袋重量服从正态分布，每袋重量是否合乎要求。(α=0.10)

　　11. 某食品厂生产果酱，标准规格是每罐净重 250 克。根据以往经验，标准差为 3 克。现在该厂生产一批这种罐头，从中抽取 100 罐检验，其平均净重是 251 克，按规定，显著性水平 α=0.05，该批罐头是否合乎标准？

　　12. 某工厂原来某产品的废品率是 17%，经对该产品的生产设备进行技术改造后再投产，从中抽取 200 件产品检验，发现有次品 28 件，能否认为技术改造后提高了产品的质量？（α=0.05）

第七章 相关分析在旅游中的运用

第一节 相关分析的意义和任务

一、相关关系的概念

在旅游中存在的许多事物或现象,彼此之间都是有机地相互联系着,相互赖着,相互制约着。这些旅游现象之间具有一定的联系,一种现象的变化往往依存于其他现象的变化。所有各种现象之间的相互联系,都可以通过数量关系反映出来。例如,旅游收入和旅游接待人数之间,一般随着接待人数的增加,旅游接待收入会上升。

旅游现象之间的相互联系可以区分为两种不同的类型。

（一）函数关系

它反映现象之间存在着严格的依存关系,在这种关系中,对于某一变量的每一数值,都有另一个变量的确定值与之对应,并且这种关系可以用一个数学表达式反映出来。例如, $S = \pi R^2$,这里,圆的面积是随半径大小而变动的。自然界中,广泛存在着函数关系。在旅游中,旅游收入和接待人数之间呈现出类似的关系。

（二）相关关系

它反映现象之间确实存在的,而关系数值不固定的相互依存关系。例如,景点景区的接待人数和旅游广告支出之间的关系。饭店接待人数与景区数量之间的关系等等。理解相关关系要把握两个要点:

1. 相关关系是现象之间确实存在数量上的相互依存关系。两个现象之间,一个现象发生数量上的变化,另一个现象也会相应地发生数量上的变化。例如,旅游收入一般会随着旅游人数的增加而提高。饭店劳动生产率提高相应地会使成本降低、利润增加等。

在具有相互依存关系的两个变量中,作为根据的变量叫作自变量,发生对应变化的变量叫作因变量。自变量一般用 x 表示,因变量用 y 表示。

2. 现象之间数量依存关系的具体关系不是固定的。在相关关系中,对于某项标志的每一数值,可以由另外标志的若干个数值与之相适应,在这些数值之间表现出一定的波动性,但又总是围绕着它们的平均数并遵循一定的规律而变化。例如,个人收入与出游次数之间存在着一定的依存关系。在一般条件下,收入增加,出游次数便相应地提高,但在出游次数增长与收入增长之间,并不存在严格的依存关系;因为对出游次数来说,除了收入这一因素外,它还受价格、交通等其他因素的影响。但即使如此,它们之间仍然存在着一定的规律性,即在一定范围内,随着收入的增加,出游次数便相应地提高。

相关关系与函数关系有区别,但是它们之间也有联系。由于测量误差等原因,函数关系在实际中往往通过相关关系表现出来。在研究相关关系时,又常常要用函数关系的形式来表现,以便找到相关关系的一般数量表现形式。

二、相关关系的种类

现象之间的相互关系是很复杂的,它们各自以不同的方向、不同的程度相互作用着,并表现出不同的类型和形态。

(一) 从相关关系涉及的因素多少来划分,可分为单相关和复相关

两个因素之间的相关关系叫作单相关,即研究时只涉及一个自变量和一个因变量。三个或三个以上因素的相关关系叫作复相关,即研究涉及两个或两个以上的自变量和因变量。

(二) 从相关关系的表现形态来划分,可分为直线相关和曲线相关

相关关系是一种数量上不严格的相互依存关系。如果这种关系近似地表现为一条直线则称为直线相关,如果这种关系近似地表现为一条曲线则称为曲线相关。曲线相关也有不同的种类,如抛物线、指数曲线、双曲线等。

研究现象的相关关系,究竟取哪种形态,要对现象的性质作理论分析,并根据实际经验,才能得到较好解决。

(三) 从直线相关变化的反向来划分,有正相关和负相关

自变量(x)的数值增加,因变量(y)的数值也相应地增加,这叫做正相关。例如,旅游人数增加,旅游接待收入也增加。自变量数值增加,因变量数值相应减少;或者自变量数值减少,因变量数值相应增加,这叫作负相关。例如,一般一个旅游团队的规模越大,旅行社拿到的折扣越低,旅行社的经营成本越低。

(四) 按相关的程度来划分,可分为完全相关、不完全相关和无相关

两种现象中一个现象的数量变化,随另一现象的数量变化而确定,这两种现

象间的依存关系，就称为完全相关，如，$S=\pi R^2$，在这种情况下，相关关系就是函数关系。两种现象的数量各自独立，互不影响称为无相关，如饭店的生产成本与员工的年龄之间，称为不完全相关。通常相关分析主要是不完全相关分析。

以上相关关系种类，如图 7-1 所示。

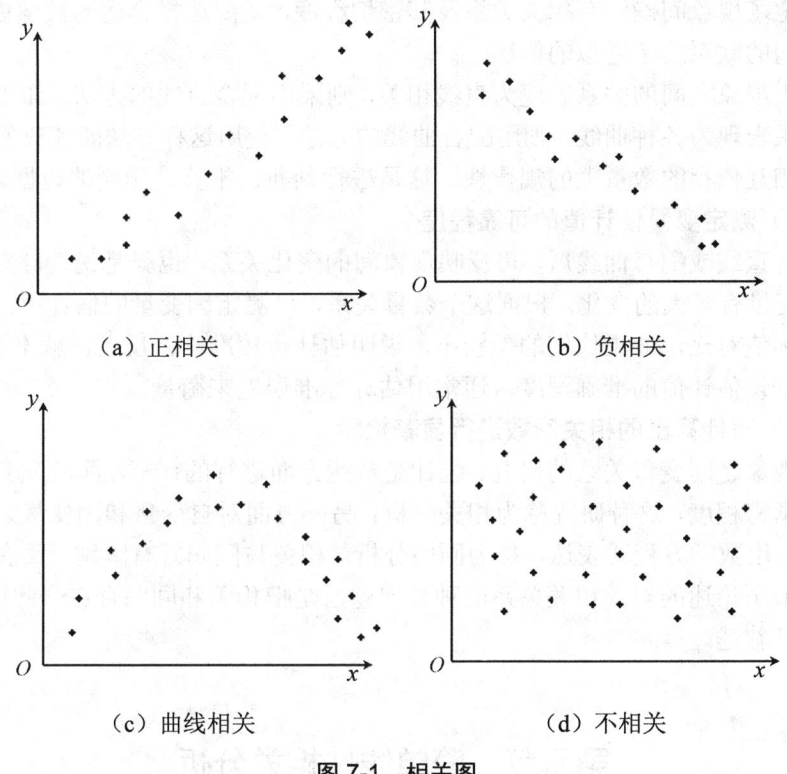

图 7-1　相关图

三、相关分析的主要内容

旅游相关分析是用以分析旅游经济现象间的依存关系，其目的就是从现象的复杂关系中消除非本质的偶然影响，从而找出旅游现象间相互依存的形式和密切程度以及依存关系变动的规律性。这在实际工作中运用得非常广泛。相关分析的主要内容如下。

（一）确定旅游现象之间有无关系，以及相关关系的表现形式

这是相关分析的出发点。有相互依存关系才能用相关方法进行分析，没有关系而当作有关系会使认识发生错误。关系表现为什么样的形式就需要使用什么样的分析方法，把曲线相关当作直线相关来进行分析，也会使认识发生偏差。

（二）确定相关关系的密切程度

相关分析的目的之一，就是从不严格的关系中判断其关系的密切程度。判断的主要方法是，可以把自变量和因变量的数据资料编制成散点图或相关表，帮助我们作一般分析，判断相关的密切程度，进而计算出相关系数。

（三）选择适合的数学模型

确定了现象间确实有相关关系及其密切程度，就要选择合适的数学模型，对变量之间的联系给予近似的描述。

如果现象之间的关系表现为直线相关，则采用配合直线的方法；如果现象之间的关系表现为各种曲线，则用配合曲线的方法。使用这种方法能使我们找到现象之间相互依存的数量上的规律性。这是进行判断、推算、预测的根据。

（四）测定变量估计值的可靠程度

配合直线或配合曲线后，可反映现象间的变化关系，也就是说，自变量变化时，因变量有多大的变化。根据这个数量关系，可测定因变量的估计值。把估计值与实际值对比，如果他们的差别小，说明估计得较准确；反之，就不够准确。这种因变量估计值的准确程度，通常用估计标准误差来衡量。

（五）对计算出的相关系数进行显著检验

对现象之间变量关系的研究、统计是从两方面进行的：一方面研究变量之间关系的紧密程度，这种研究称为相关分析；另一方面对自变量和因变量之间的变动关系，用数学方程式表达，称为回归分析。相关与回归既有区别，又有密切联系。本节所论述的有关相关关系的种种问题，是把相关和回归合在一起讨论的，下面分开叙述。

第二节　简单线性相关分析

一、相关图和相关表

判断旅游现象间的相关关系，一般先作定性分析，然后作定量分析。定性分析就是根据经济理论、有关专业知识和实际工作经验，进行科学的分析研究，初步确定现象间有无关系。如果确有关系，进一步编制相关图或相关表，可以直接地判断现象之间大致上呈现何种关系形式，以此计算相关系数作定量分析，精确反映相关关系的方向和程度。

（一）简单相关表与绘制相关图

简单相关表表示利用未分组的原始资料，将两变量的值一一对应地填列在同一张表格上，这张表格就叫简单相关表。

在简单相关表中，我们可以确定自变量和因变量，然后将两个变量值一一对应，按照自变量的值由小到大排列。这样，可以直观地从表中看出两者之间的关系。

绘制相关图是利用各种软件如 Excel、Spss、Eviews、Openoffice 等软件对数据进行处理，然后绘制相关图。以表 7-1 所列资料为例绘制的相关图如图 7-2 所示。

表 7-1　国内人数旅游与国内旅游收入相关表

年　份	旅游人数（百万人次）	城镇居民	农村居民	旅游收入（亿元）
1994	524	205	319	1023.5
1995	629	246	383	1375.7
1996	640	256	383	1638.4
1997	644	259	385	2112.7
1998	695	250	445	2391.2
1999	719	284	435	2831.9
2000	744	329	415	3175.5
2001	784	375	409	3522.4
2002	878	385	493	3878.4
2003	870	351	519	3442.3
2004	1102	459	643	4710.7
2005	1212	496	716	5285.9
2006	1394	576	818	6229.7

资料来源：中国统计年鉴，2007。

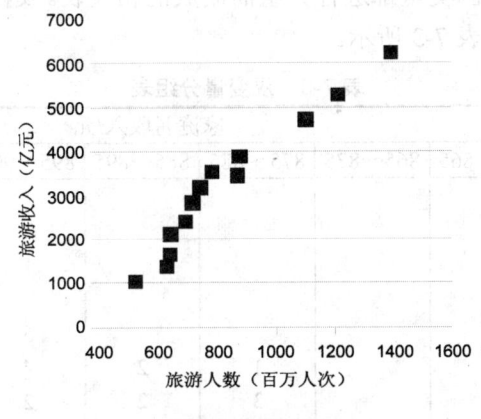

图 7-2　散点图

注：该图利用 Openoffice 中的 Calc 绘制。

从图 7-2 可以看出，旅游人数和旅游收入各个点虽不完全在一条直线上，但有形成一条直线的趋势。

（二）分组相关表

如果原始资料很多，据此编制的简单相关表一般比较长，使用起来不方便。由于相关点太多，相关图也不好绘制，在这种情况下，可以编制分组相关表。分组相关表就是将原始数据进行分组而编制的相关表。根据分组的情况不同，分组表有两种：

1. 单变量分组表

有相关关系的两个变量中，只根据一个变量进行分组，另一个变量不进行分组，只是计算出次数和平均数，这种表叫做单变量分组表。如表 7-2 所示。

表 7-2　单变量分组相关表

月收入	人数	月平均支出
856	2	799.50
858	2	800.50
862	3	806.00
865	4	812.00
870	2	820.00
880	5	848.80
885	4	854.75
898	7	965.72
902	5	863.40
915	6	868.83

2. 双变量分组相关表

这是将自变量和因变量都进行分组而制成的相关表。这种表的形状如棋盘，故又称棋盘式表。如表 7-3 所示。

表 7-3　双变量分组表

家庭月支出 元	家庭月收入/元						合计
	855~865	865~875	875~885	885~895	895~905	905~915	
895~905						1	1
885~895				1			1
875~885				1	1		1
865~875					1		1
855~865					5	2	7
845~855			1	2	4	1	8
835~845			3	2	2		7
825~835		1	1				2
815~825		2					3
805~815	2	3					5
795~805	5						5

制作双变量分组表，必须注意将自变量放在横栏，按变量值从小到大顺序自

左向右排列，将因变量放在纵栏，按变量值从大到小自上而下排列。这样作的目的是将相关表与相关图一致起来，便于判断相关关系。

二、相关系数的测定与应用

相关图表对了解现象之间的相关关系是有用的，但这只是初步的判断，是相关分析的开始，为了说明现象之间的密切程度，可以计算相关系数。

根据表 7-4 所示资料，相关系数（r）的计算方法如下。

（一）积差法

$$r = \frac{\sigma_{xy}^2}{\sigma_x \sigma_y}$$

式中，r 为相关系数；

σ_{xy}^2 为自变量数列和因变量数列的协方差：

$$\sigma_{xy}^2 = \frac{\sum(x-\bar{x})(y-\bar{y})}{n} = \frac{1}{n}\sum(x-\bar{x})(y-\bar{y})$$

σ_x、σ_y 为自变量数列和因变量数列的标准差：

$$\sigma_x = \sqrt{\frac{\sum(x-\bar{x})^2}{n}} = \sqrt{\frac{1}{n}\sum(x-\bar{x})^2}$$

$$\sigma_y = \sqrt{\frac{\sum(y-\bar{y})^2}{n}} = \sqrt{\frac{1}{n}\sum(y-\bar{y})^2}$$

所以，相关系数也可以写成：

$$r = \frac{\sigma_{xy}^2}{\sigma_x \sigma_y} = \frac{\sum(x-\bar{x})(y-\bar{y})}{\sqrt{\sum(x-\bar{x})^2 \cdot \sum(y-\bar{y})^2}}$$

自变量数列的平均值 $\bar{x} = \frac{\sum x}{n} = \frac{662}{10} = 66.2$

因变量数列的平均值 $\bar{y} = \frac{\sum y}{n} = \frac{473}{10} = 47.3$

表 7-4　相关系数计算表

可支配收入（千元）x	消费支出（千元）y	$x-\bar{x}$	$y-\bar{y}$	$(x-\bar{x})^2$	$(y-\bar{y})^2$	$(x-\bar{x})(y-\bar{y})$
18	15	−48.2	−32.3	2323.24	1043.29	1556.86
25	20	−41.2	−27.3	1697.44	745.29	1124.76
45	30	−21.2	−17.3	449.44	299.29	366.76
60	40	−6.2	−7.3	38.44	53.29	45.26
62	42	−4.2	−5.3	17.64	28.09	22.26
75	53	8.8	5.7	77.44	32.49	50.16
88	60	21.8	12.7	475.24	161.29	276.86
92	65	25.8	17.7	665.64	313.29	456.66
98	78	32.8	22.7	1075.84	515.29	744.56
99	70	31.8	30.7	1011.24	942.49	976.26
662	473	—	—	7831.60	4134.10	5620.40

将表 7-4 中计算结果代入公式可得：

$$r=\frac{\sum(x-\bar{x})(y-\bar{y})}{\sqrt{\sum(x-\bar{x})^2}\times\sqrt{\sum(y-\bar{y})^2}}=\frac{5620.4}{\sqrt{7831.6}\times\sqrt{4134.1}}=\frac{5620.4}{5690.6}=0.988$$

计算结果说明居民的消费支出与可支配收入之间存在着高度的相关关系。

（二）相关系数简捷计算方法

积差法相关系数在计算过程中要使用两个数列的平均值计算比较繁琐，相关系数的基本计算公式，还可以利用代数推理的方法形成许多的简捷公式，如：

$$r=\frac{n\sum xy-\sum x\sum y}{\sqrt{n\sum x^2-\left(\sum x\right)^2}\cdot\sqrt{n\sum y^2-\left(\sum y\right)^2}}$$

所有这些计算方法，其实只是积差法相关系数的变形。了解了公式中各项指标的关系，可以根据已有的材料选用适当的方法。

三、相关系数的密切程度

1. 相关系数的取值范围在 −1 和 +1 之间，即：$-1\leqslant r\leqslant 1$。
2. 计算结果，若 r 为正，则表明两变量为正相关；若 r 为负，则表明两变量为负相关。
3. 相关系数 r 的数值越接近于 1（−1 或 +1），表示相关系数越强；越接近于 0，表示相关系数越弱。如果 $r=1$ 或 −1，则表示两个现象完全直线性相关。如果 $r=0$，则表示两个现象完全不相关（不是直线相关）。
4. 判断两变量线性相关密切程度的具体标准为：$0\leqslant |r|<0.3$，称为微弱相

关；$0.3 \leqslant |r| < 0.5$，称为低度相关；$0.5 \leqslant |r| < 0.8$，称为显著相关；$0.8 \leqslant |r| < 1$ 称为高度相关。

按照上述分类标准来进行判断，计算相关系数的原始根据要比较多，例如在 50 个以上。计算时根据的材料多，则关系程度是可以相信的；如果材料太少则可信度会降低。判断有相关关系的起点值要提高，要以 0.4 或 0.5 为起点。

四、分组表计算的相关系数

（一）单变量分组表计算相关系数

从单变量组也可以计算相关系数，和简单相关不同的是要进行加权公式为：

$$r = \frac{\sum(x-\bar{x})(y-\bar{y})f}{\sqrt{\sum(x-\bar{x})^2 f} \times \sqrt{\sum(y-\bar{y})^2 f}}$$

可以用另一个简捷的公式表示为

$$r = \frac{\sum f \sum xy - (\sum xf)(\sum yf)}{\sqrt{\sum f \sum x^2 - (\sum xf)^2} \times \sqrt{\sum f \sum y^2 - (\sum yf)^2}}$$

（二）双变量分组表计算相关系数

当原始数据较多，自变量和因变量都进行了分组，计算相关系数公式为：

$$r = \frac{\sum f_{xy}(x-\bar{x})(y-\bar{y})}{\sqrt{\sum(x-\bar{x})^2 f_x} \times \sqrt{\sum(y-\bar{y})^2 f_y}}$$

式中，f_x 为 x 组的频数；

f_y 为 y 组的频数；

f_{xy} 为 x 与 y 交错组的频数。

$\sum f_x = \sum f_y = \sum f_{xy} = N$

第三节 回归分析

一、回归分析的概念

为了说明变量之间的相关关系，可以用相关系数来加以反映。但是，相关系数仅能说明相关关系的方向和紧密程度，而不能说明变量之间因果数量关系。当给出自变量某一数值时，不能根据相关系数来估计或预测因变量可能发生的数值。回归分析就是对具有相关关系的变量之间数量变化的一般关系进行测定，确定一个相关的数学表达式，以便于进行估计或预测的统计方法。

相关关系是一种数量关系不严格的相互依存关系。回归分析就是要根据这些数量关系不严格、不规则的材料找出现象的规则来。方法就是配合直线或配合曲线。用一条直线来代表现象之间的一般数量关系，这条直线在数学上叫做回归直线，表现这条直线的数学公式称为直线回归方程。用曲线来代表现象之间的一般数量关系，这条曲线在数学上叫做回归曲线，表现这条曲线的数学公式称为曲线回归方程。

二、直线回归

（一）简单直线回归分析

1．简单直线回归分析的特点：

（1）在两个变量之间，进行回归分析时，必须根据研究目的，具体确定哪个是自变量，哪个是因变量。

（2）在两个现象互为根据的情况下，可以根据两个回归方程——y 倚 x 回归方程和 x 倚 y 回归方程。这和用以说明两个变量之间关系密切程度的相关关系只能计算一个是不相同的。

（3）回归方程的主要作用在于给出自变量的数值来估计因变量的可能值。一个回归方程只能作一种推算。推算的结果表明变量之间的具体变动关系。

2．简单直线回归方程的确定：

（1）基本方法。简单直线回归方程又称一元一次回归方程，基本形式是：

$$y_c = a + bx$$

a 是直线的截距，b 是直线的回归系数。a、b 都是待定参数。估计这些参数可有不同的方法，统计中使用最多的是最小平方法。就 y 倚 x 回归线来讲则是：

$$\sum(y-y_c)^2 = 最小值$$

这里讨论的最小平方法与动态数列一章中长期趋势测定的最小平方法是同一方法。实际上，长期趋势测定也是回归法的一种，那是把时间作为自变量，动态指标作为因变量计算的。因此，那里讲的有关公式，这里都适用，只要把时间变量的符合 t 改为自变量 x 或自变量 y 即可：

$$\sum(y-y_c)^2 = 最小值$$

可以写成：
$$Q = \sum(y-a-bx)^2 = 最小值$$

利用数学求极值的方法，可知：当 $\dfrac{\partial Q}{\partial b}=0$ 时，函数有极小值。

即：$\dfrac{\partial Q}{\partial a}=-2\sum(y-a-bx)=0$

$\dfrac{\partial Q}{\partial b}=-2\sum(y-a-bx)=0$

得到方程组：
$$\sum y = na + b\sum x$$
$$\sum xy = a\sum x + b\sum x^2$$

从以上一对联立方程组中，我们可以解出 a 和 b：
$$b = \dfrac{n\sum xy - \sum x \sum y}{n\sum x^2 - (\sum x)^2}$$

$$a = \bar{y} - b\bar{x}$$

我们可以利用这两个公式算出 a 和 b，从而得出 y 倚 x 回归方程：
$$y_c = a + bx$$

如果已经用积差法计算了相关系数，有相应的资料，也可以用如下的方法求解：
$$b = \dfrac{\sum(x-\bar{x})(y-\bar{y})}{\sum(x-\bar{x})^2}$$

$$a = \bar{y} - b\bar{x}$$

（二）多元线性回归分析

在实际中，通常影响因变量的因素不只是一个，而是很多个。因此，我们必须应用两个或更多的自变量来估计因变量，这叫做多元线性回归分析。

多元线性回归分析的步骤、方法和一元线性回归分析基本上是相同的，不过在计算上比较复杂些。为了便于理解，我们先介绍二元线性回归方程，即以一个因变量 y 和两个自变量 x_1 和 x_2 线性回归，其方程式为：
$$y_c = a + b_1 x_1 + b_2 x_2$$

式中，y_c 为因变量估计值；

a、b_1、b_2 为为三个待估参数。

确定待估参数 a，b_1，b_2 的数值，也要用最小平方法，使得 $\sum(y-y_c)^2$ =最小值。因为方程中有三个参数，确定如下的三个方程式：

$$\begin{cases} \sum y = na + b_1 \sum x_1 + b_2 \sum x_2 \\ \sum x_1 y = a \sum x_1 + b_1 \sum x_1^2 + b_2 \sum x_1 x_2 \\ \sum x_2 y = a \sum x_2 + b_1 \sum x_1 x_2 + b_2 \sum x_2^2 \end{cases}$$

求解上述方程组得:

$$a = \bar{y} - b_1 \bar{x}_1 - b_2 \bar{x}_2$$

$$b_1 = \frac{(\sum yx_1)(\sum x_2^2) - (\sum yx_2)(\sum x_1 x_2)}{(\sum x_1^2)(\sum x_2^2) - (\sum x_1 x_2)^2}$$

$$b_2 = \frac{(\sum yx_2)(\sum x_1^2) - (\sum yx_1)(\sum x_1 x_2)}{(\sum x_1^2)(\sum x_2^2) - (\sum x_1 x_2)^2}$$

【例1】某饭店2000~2006年销售额、广告费和利润额的资料如表7-5所示，试找出利润额和广告费与销售额之间的关系。

表7-5 某饭店2000~2006年销售额、广告费和利润额的资料

年份	销售额 x_1	广告额 x_2	利润额 y	$x_1 y$	$x_2 y$	$x_1 x_2$	x_1^2	x_2^2	y_c
2000	50	3.3	12	600	39.6	165.0	2500	10.89	12.4334
2001	49	3.0	11	539	33.0	147.0	2401	9.00	11.2437
2002	52	3.4	13	676	44.0	176.8	2704	11.56	13.0425
2003	53	3.5	14	742	49.0	185.5	2809	12.25	13.5241
2004	58	3.5	15	870	52.5	203.0	3364	12.25	14.1616
2005	60	3.7	15	900	55.5	222.0	3600	13.69	15.1247
2006	65	3.9	16	1040	62.4	253.5	4225	15.21	16.4703
	387	24.3	96	5367	336.0	1352.8	21603	84.85	96.0003

将上述数值代入方程组中，则有:

$$7a + 387b_1 + 24.3b_2 = 96$$
$$387a + 21603b_1 + 1352.8b_2 = 5367$$
$$24.3a + 1352.8b_1 + 84.85b_2 = 5367$$

可以解得: $a = -5.6259$
$b_1 = 0.1275$
$b_2 = 3.5407$

则二元线性回归方程为:

$$y_c = -5.6259 + 0.1275x_1 + 3.5407x_2$$

上面的方法推广到多个自变量,设因变量 Y 受 n 个自变量 $X_1, X_2, \cdots, X_n$ 的影响,其回归方程式讨论如下。

对于含有 k 个解释变量的多元线性回归模型

$$Y_i = \beta_0 + \beta_1 X_{1i} + \beta_2 X_{2i} + \cdots + \beta_k X_{ki} + \mu_i \quad (i = 1, 2, \cdots, n)$$

设 $\hat{\beta}_0, \hat{\beta}_1, \cdots, \hat{\beta}_k$ 分别作为参数 $\beta_0, \beta_1, \cdots, \beta_k$ 的估计量,得样本回归方程为:

$$\hat{Y}_i = \hat{\beta}_0 + \hat{\beta}_1 X_{1i} + \hat{\beta}_2 X_{2i} + \cdots + \hat{\beta}_k X_{ki}$$

观测值 Y_i 与回归值 $\hat{Y}_i$ 的残差 e_i 为:

$$e_i = Y_i - \hat{Y}_i = Y_i - (\hat{\beta}_0 + \hat{\beta}_1 X_{1i} + \hat{\beta}_{2i} + \cdots + \hat{\beta}_{ki} X_{ki})$$

由最小二乘法可知 $\hat{\beta}_0, \hat{\beta}_1, \cdots, \hat{\beta}_k$ 应使全部观测值 Y_i 与回归值 $\hat{Y}_i$ 的残差 e_i 的平方和最小,即使

$$Q(\hat{\beta}_0, \hat{\beta}_1, \hat{\beta}_2, \cdots, \hat{\beta}_k) = \sum e_i^2 = \sum (Y_i - \hat{Y}_i)^2$$
$$= \sum (Y_i - \hat{\beta}_0 - \hat{\beta}_1 X_{1i} - \hat{\beta}_2 X_{2i} - \cdots - \hat{\beta}_k X_{ki})^2$$

取得最小值。根据多元函数的极值原理,Q 分别对 $\hat{\beta}_0, \hat{\beta}_1, \cdots, \hat{\beta}_k$ 求一阶偏导,并令其等于零,即:

$$\frac{\partial Q}{\partial \hat{\beta}_j} = 0, \quad (j = 1, 2, \cdots, k)$$

即:

$$\begin{cases} \frac{\partial Q}{\partial \hat{\beta}_0} = 2\sum (Y_i - \hat{\beta}_0 - \hat{\beta}_1 X_{1i} - \hat{\beta}_2 X_{2i} - \cdots - \hat{\beta}_k X_{ki})(-1) = 0 \\ \frac{\partial Q}{\partial \hat{\beta}_1} = 2\sum (Y_i - \hat{\beta}_0 - \hat{\beta}_1 X_{1i} - \hat{\beta}_2 X_{2i} - \cdots - \hat{\beta}_k X_{ki})(-X_{1i}) = 0 \\ \cdots \cdots \\ \frac{\partial Q}{\partial \hat{\beta}_k} = \sum (Y_i - \hat{\beta}_0 - \hat{\beta}_1 X_{1i} - \hat{\beta}_2 X_{2i} - \cdots - \hat{\beta}_k X_{ki})(-X_{ki}) = 0 \end{cases}$$

化简得下列方程组:

$$\begin{cases} n\hat{\beta}_0 + \hat{\beta}_1 \sum X_{1i} + \hat{\beta}_2 \sum X_{2i} + \cdots + \hat{\beta}_k \sum X_{ki} = \sum Y_i \\ \hat{\beta}_0 \sum X_{1i} + \hat{\beta}_1 \sum X_{1i}^2 + \hat{\beta}_2 \sum X_{2i} X_{1i} + \cdots + \hat{\beta}_k \sum X_{ki} X_{1i} = \sum X_{1i} Y_i \\ \cdots \cdots \\ \hat{\beta}_0 \sum X_{ki} + \hat{\beta}_1 \sum X_{1i} X_{ki} + \hat{\beta}_2 \sum X_{2i} X_{ki} + \cdots + \hat{\beta}_k \sum X_{ki}^2 = \sum X_{ki} Y_i \end{cases}$$

三、可线性化的回归分析

现实经济活动复杂多变,并不能都抽象为线性形式。非线性计量经济学模型的理论与方法的研究是计量经济学理论与方法研究中的另一个广泛领域。在 20 世纪 70 年代末,非线性模型理论与方法已经形成了一个与线性模型相对应的体系,包括基于最小二乘法原理和最大似然原理的一整套方法,也包括随机误差项违背基本假设的非线性问题的估计方法。

(一)模型变量的直接代换

直接代换法适用于变量之间关系虽然是非线性的,但被解释变量与参数之间关系却是线性的非线性模型。这时可以利用变量直接代换的方法将模型线性化。对于以下形式的非线性方程我们可以直接进行变量代换转换为线性方程:

$$Y = \beta_0 + \beta_1 \frac{1}{X} + u$$
$$Y = \beta_0 + \beta_1 \sqrt{X} + u$$
$$Y = \beta_0 + \beta_1 \log X + u$$
$$\log Y = \beta_0 + \beta_1 X + u$$
$$\log Y = \beta_0 + \beta_1 \log X + u$$

我们可以分别令 $X^* = \frac{1}{X}$,$X^* = \sqrt{X}$,$X^* = \log X$,$Y^* = \log Y$,以及 $X^* = \log X$,$Y^* = \log Y$,则上述几个模型就变换为:

$$Y = \beta_0 + \beta_1 X^* + u$$
$$Y = \beta_0 + \beta_1 X^* + u$$
$$Y = \beta_0 + \beta_1 X^* + u$$
$$Y^* = \beta_0 + \beta_1 X + u$$
$$Y^* = \beta_0 + \beta_1 X^* + u$$

直接代换法一般步骤是:

第一步,根据有关理论或变量之间的散点图判断回归模型形式。

第二步,根据模型本身特点对模型或数据进行变量变换,使变换后的模型或数据具有线性回归模型形式。

第三步，对变换后的线性模型进行拟合，并进行回归检验。

第四步，对检验符合要求的模型用原变量写出回归模型，并用于预测或控制，对检验不符合要求的模型重新拟合，直到符合要求为止。

在以上的这几类模型形式中尤其应该指出的是双曲线模型 $Y = \beta_0 + \beta_1 \frac{1}{X} + u$，它是一条双曲线，常用于考察产量与平均固定成本、失业率与通货膨胀率之间的关系，由于该模型对 X 作倒数变换后转化为标准形式的线性回归模型，所以有时也称为倒数模型。

在对经济变量进行配合回归方程时，常遇到的问题是因变量和自变量间的关系并不是直线型，而是曲线型。这时通常采用变量代换法将非线形模型线形化，再按照线形模型的方法处理。

（二）模型变量的间接代换

在某些经济问题中，经济变量之间的非线性关系，不能通过直接变量代换转化为线性形式，需要先通过方程形式的变形后再进行变量代换，转化为线性形式，这种代换方法称为间接代换法。进行变量间接代换应用最广泛的模型就是指数模型与幂函数模型。

1. 指数模型

$$Y = \beta_0 X^{\beta_1} e^u$$

由于 $\beta_1 = \frac{dY}{Y} \Big/ \frac{dX}{X}$，所以 β_1 称为 Y 对 X 的弹性系数，它表示 X 变化 1% 所引起的 Y 变化的百分比。

对上式取对数，则有：

$\ln Y = \ln \beta_0 + \beta_1 \ln X + u$

令 $Y^* = \ln Y$，$X^* = \ln X$，$\beta_0^* = \ln \beta_0$，变换后有：

$Y^* = \beta_0^* + \beta_1 X^* + u$

由于该模型同时对 X 和 Y 作对数变换，所以有时也称该模型为双对数线性模型。

对上述变换后的模型，利用 OLS 估计可得到参数估计值 $\hat{\beta}_0^*$、$\hat{\beta}_1$。由此可得到原模型的样本回归方程：

$$\hat{Y} = \hat{\beta}_0 X^{\hat{\beta}_1} = e^{\hat{\beta}_0^*} X^{\hat{\beta}_1}$$

2. 幂函数模型

幂函数模型常用于人口增长、产值或利润增长、劳动生产率以及就业等问题。这类模型的一般形式为：

$$Y = \alpha_0 \alpha_1^X e^u$$

对上述模型两边同时取对数,则有:
$$\ln Y = \ln \alpha_0 + X \ln \alpha_1 + u$$

令 $Y^* = \ln Y$,$\beta_0 = \ln \alpha_0$,$\beta_1 = \ln \alpha_1$,则变换后有:
$$Y^* = \beta_0 + \beta_1 X + u$$

由于该模型只对 Y 作对数变换而对 X 不变,所以有时也称该模型为半对数线性模型。

我们以幂函数为例来演示这种方法的使用。设:
$$y_c = ab^x$$

其中,a、b 均为未定参数。进行指数曲线拟合时,我们通常会将它取对数转化为直线方程,然后按照直线方程确定出参数,最后对直线求得的结果查反对数得到 a、b 的值。先对上面的方程取对数,得到:
$$\log y_c = \log a + x \log b$$

设:
$$Y = \log y_c$$
$$A = \log a$$
$$B = \log b$$

那么,方程可以重新写成: $Y = A + Bx$

经过代换之后转化成为直线关系方程的形式,这就可以按照前面求直线回归方程中参数的方法求得 a、b 的值。根据最小平方原理,上式中的 A、B 应满足下列一组方程:
$$\sum Y = nA + B\sum x$$
$$\sum xY = A\sum x + B\sum x^2$$

根据表 7-6 所示资料计算得到的数据 $n=12$,$\sum x = 455$,$\sum x^2 = 20825$,$\sum xY = 855.71$,将它们代入上述方程组得:

$$12A + 455B = 23.35$$
$$455A + 20825B = 855.71$$

解得:
$$A = 2.26$$
$$B = -0.0083$$
$$Y = A + Bx$$
$$= 2.26 - 0.0083x$$

然后,可以分别求 A、B 的反对数,由 $\log a = A$,$\log b = B$ 得到:
$$\begin{cases} a = 182.43 \\ b = 0.98 \end{cases}$$

这样，指数曲线回归方程可以表达为：
$$y_c = ab^x = 182.43 \times 0.98^x$$

表 7-6　12 个旅行社的月收入与单位成本曲线回归计算表

企业编号	x	y	x^2	$Y = \log y$	xY	$Y = \log y_c$	y_c
1	10	160	100	2.204	22.04	2.178	150.66
2	16	151	256	2.178	34.86	2.128	134.32
3	20	114	400	2.056	41.13	2.094	124.42
4	25	128	625	2.107	52.68	2.053	113.07
5	31	85	961	1.929	59.81	2.003	100.81
6	36	91	1296	1.959	70.52	1.961	91.61
7	40	75	1600	1.875	75	1.928	84.86
8	45	76	2025	1.88	84.63	1.887	77.12
9	51	66	2601	1.819	92.79	1.837	68.76
10	56	60	3136	1.778	99.57	1.795	62.49
11	60	61	3600	1.785	107.11	1.762	57.88
12	65	60	4225	1.778	115.57	1.721	52.6
合计	455	1127	20825	23.348	855.71	23.347	/

第四节　估计标准误差

一、估计标准误差的概念

直线回归是在直线相关条件下，反映变量之间一般数量关系的平均线。根据直线回归方程，知道了自变量的数值，就可以推算出因变量的数值。但是，推算出来的因变量的数值并不是精确的数值，它是一个估计值，和实际值之间有差异。我们不仅用回归方程推算已有实际值的估计值，还要推算未知的值。这样就有了推算的数值与实际值相差多大的问题，这直接关系到推算的准确性。从另一方面讲，这种差别大小也反映着回归直线的代表性大小。

估计标准误差就是用来说明回归方程推算结果的准确程度的统计分析指标，或者说是反映回归直线代表性大小的统计分析指标。

二、简单直线回归估计标准误差的测定

估计标准误差有两种计算方法。

（一）根据因变量实际值和估计值的离差计算

计算公式如下：

$$S_{yx} = \sqrt{\frac{\sum(y-y_c)^2}{n-2}}$$

公式中的 S_{yx} 代表估计标准误差。估计标准误差和有两条回归直线一样,也可以计算两个,另一个估计标准误差也可以用 S_{xy} 表示。

式中,y 为因变量数列的实际值;

y_c 为是根据回归方程推算出来的估计值;

$y-y_c$ 为因变量实际值和估计值的估计误差,如果将估计误差总和相加,结果是 $\sum(y-y_c)=0$;

n 为因变量的项数。

由于在 $\sum(y-y_c)^2 = \sum(y-a-bx)^2$ 公式中,参数 a 和 b 是由实际资料计算的,从而丧失了两个自由度。

从计算公式可以看出,计算的结果实际上也是个平均误差。但不是简单平均的,而是经过乘方、平均、再开方的过程,这和标准差的计算过程一样。它的作用是说明估计的准确程度,所以叫做估计标准误差,也有叫做估计标准差或回归标准差的。

(二)根据 a、b 两个参数值计算估计标准误差

估计标准误差可以用平均误差来表现,但是计算比较麻烦,须计算出所有的估计值。如果已知直线回归方程的参数值,有一个比较简单的计算方法。计算公式如下:

$$S_{yx} = \sqrt{\frac{\sum y^2 - a(\sum y) - b\sum(xy)}{n-2}}$$

三、相关系数和估计标准误差的关系

相关系数和标准误差之间存在着某种关系。这两个指标在数量上的关系可以用下面的公式表示:

$$r = \sqrt{\frac{\sigma_y^2 - S_{yx}^2}{\sigma_y^2}} = \sqrt{1 - \frac{S_{yx}^2}{\sigma_y^2}}$$

所以实际工作中常常采用另一种推算方法,即根据相关系数 r 去推算估计标准误差 S_{yx},推算公式可以从上述关系公式推演出来。

由于
$$r=\sqrt{1-\frac{S_{yx}^2}{\sigma_y^2}}$$

$$r^2=1-\frac{S_{yx}^2}{\sigma_y^2}$$

$$S_{yx}^2=\sigma_y^2(1-r^2)$$

$$S_{yx}=\sqrt{\sigma_y^2(1-r^2)}$$

由上面的公式可以看出，相关系数和估计标准误差在数值的大小上表现为相反的关系。

（一）r 值越大，S_{yx} 值越小

r 值越大，说明相关程度越密切，这时 S_{yx} 值越小，也就是相关点距离回归直线比较近。当 r 值大到 $r=\pm 1$ 时，即完全相关时，则 $S_{yx}=\sigma_y\sqrt{(1-r^2)}=\sigma_y \cdot 0=0$，即估计标准误差等于 0。从相关图上看，就是说所有的相关点全在回归直线 y_c 上，这也就是完全相关。

（二）r 值越小，S_{yx} 值越大

r 值越小，说明相关程度不密切，这时 S_{yx} 值越大。从相关图上看，也就是相关点距离回归直线比较远。当 r 值小到 $r=0$ 时，即不相关时，则 $S_{yx}=\sigma_y\sqrt{(1-r^2)}=\sigma_y \cdot 1=\sigma_y$，即估计标准误差等于 y 数列的标准差。这说明相关点与回归直线的距离和相关点与 y 数列的平均线的距离一样，也就是说，回归直线和 y 数列的平均线是同一条直线。在这种情况下，相关点的 x 值不管怎样变化，y_c 的值始终不变，永远等于 y 数列的平均值，这当然就是不相关了。

相关系数和估计标准误差可以从不同角度说明相关关系密切与否。由于相关系数表明关系程度比较明确，而且能直接辨别出是正相关或是负相关，所以一般情况下相关系数用得多。

四、多元线性回归估计标准误差的测定

与简单直线回归估计标准误差的测定方法相似，多元线性回归估计标准误差的测定公式为（以二元回归为例）：

$$S_{yx} = \sqrt{\frac{\sum(y-y_c)^2}{n-3}}$$

式中，y 为因变量的实际值；

y_c 为回归方程式计算的估计值；

n 为样本单位数。

二元回归有两个自变量，估计标准误差就有 n-3 个自由度。

上式计算公式过程较复杂，可应用下列简捷公式：

$$S_{yx} = \sqrt{\frac{\sum y^2 - a(\sum y) - b_1\sum(x_1 y) - b_2\sum(x_2 y)}{n-3}}$$

第五节 相关关系和回归分析的软件处理

本节主要运用 Excel、Eviews 进行相关分析和回归分析的处理。我们以下表中的数据为例进行说明（参见表 7-7）。

表 7-7 软件处理的原始数据

年份	旅游收入（亿元）	城镇居民（百万人次）	农村居民（百万人次）
1994	1023.51	205	319
1995	1375.7	246	383
1996	1638.38	256	383
1997	2112.7	259	385
1998	2391.18	250	445
1999	2831.92	284	435
2000	3175.54	329	415
2001	3522.37	375	409
2002	3878.36	385	493
2003	3442.27	351	519
2004	4710.71	459	643
2005	5285.86	496	716
2006	6229.7	576	818

一、相关分析

第一步，将数据导入 Excel。

第二步，点击"工具"→"数据分析"。如图 7-3 所示。

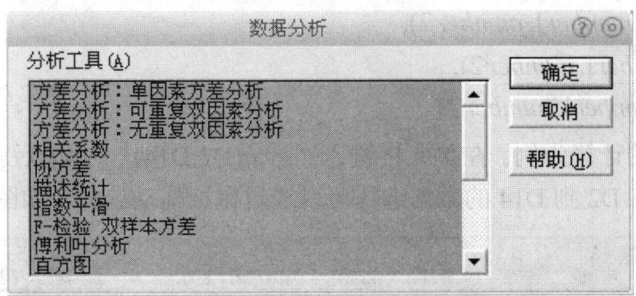

图 7-3

第三步，选择分析工具中的"相关系数"，点击"确定"，在"输入区域"对话框输入$C$1:$D$14。勾选"逐列"（变量以列的形式出现），勾选"标志位于第一行"（序列的名称，本例中分别是：旅游收入（亿元），城镇居民（百万人次），农村居民（百万人次））。点选"输出区域"为$F$1。如图 7-4 所示。

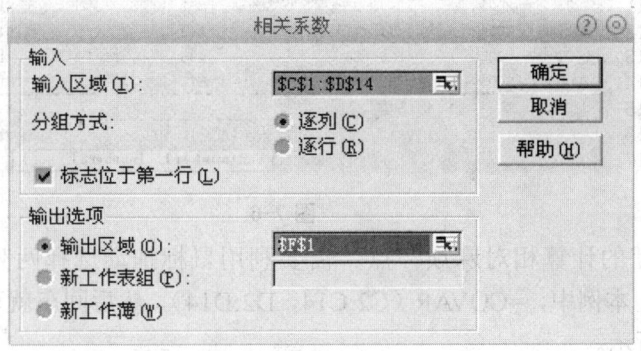

图 7-4

第四步，点击"确定"，旅游收入和城镇居民的相关系数就计算出来了，它们的相关关系是 0.98。如图 7-5 所示。

	旅游收入（亿元）	城镇居民（百万人次）
旅游收入（亿元）	1	
城镇居民（百万人次）	0.983022895	1

图 7-5

二、对方差、标准差、均值（算术平均数）以及协方差的计算

均值（算术平均数）、方差、标准差以及协方差的计算是在统计分析中最常见的，也是在统计中经常要运用到的。我们通过简单的 Excel 函数调用就可以实

现。对于均值（算术平均数）、方差、标准差，Excel 中对应的函数是：

average(*number*1,*number*2),

var(*number*1,*number*2),

stdev(*number*1,*number*2)

以方差的计算为例。在单元格输入"=var(D2:D14)"，回车后就可以得到方差的值。单元格 D2 到 D14 的数据选择可以通过鼠标拖动选择。如图 7-6 所示。

	A	B	C	D	E
1	年份	年份	旅游收入(亿元)	城镇居民(百万人次)	农村居民(百万人次)
2	1994	1994	1023.51	205	319
3	1995	1995	1375.7	246	383
4	1996	1996	1638.38	256	383
5	1997	1997	2112.7	259	385
6	1998	1998	2391.18	250	445
7	1999	1999	2831.92	284	435
8	2000	2000	3175.54	329	415
9	2001	2001	3522.37	375	409
10	2002	2002	3878.36	385	493
11	2003	2003	3442.27	351	519
12	2004	2004	4710.71	459	643
13	2005	2005	5285.86	496	716
14	2006	2006	6229.7	576	818
15					
16				=var(D2:D14)	
17				VAR(**number**1, [number2], ...)	

图 7-6

协方差的计算相对麻烦一点。需要利用鼠标拖动选择两列数据（array1，array2）。在本例中，=COVAR（C2:C14，D2:D14），然后回车就可以得到协方差。如图 7-7 所示。

	A	B	C	D	E
1	年份	年份	旅游收入(亿元)	城镇居民(百万人次)	农村居民(百万人次)
2	1994	1994	1023.51	205	319
3	1995	1995	1375.7	246	383
4	1996	1996	1638.38	256	383
5	1997	1997	2112.7	259	385
6	1998	1998	2391.18	250	445
7	1999	1999	2831.92	284	435
8	2000	2000	3175.54	329	415
9	2001	2001	3522.37	375	409
10	2002	2002	3878.36	385	493
11	2003	2003	3442.27	351	519
12	2004	2004	4710.71	459	643
13	2005	2005	5285.86	496	716
14	2006	2006	6229.7	576	818
15					
16				=COVAR(C2:C14,D2:D14)	
17				COVAR(array1, **array2**)	

图 7-7

三、回归分析

我们用两个软件 Excel、Eviews 来说明回归分析，Excel 只能用来作简单的二元回归，多元回归我们用 Eviews 来说明。我们继续使用表 7-7 中提供的数据。把旅游收入作为被解释变量（y），把城镇居民旅游人次数作为解释变量（x）。

1．用 Excel 来作二元回归分析

第一步，点击"工具"→"数据分析"，然后选择对话中的"回归"。出现下面图 7-8 所示"回归"对话框。

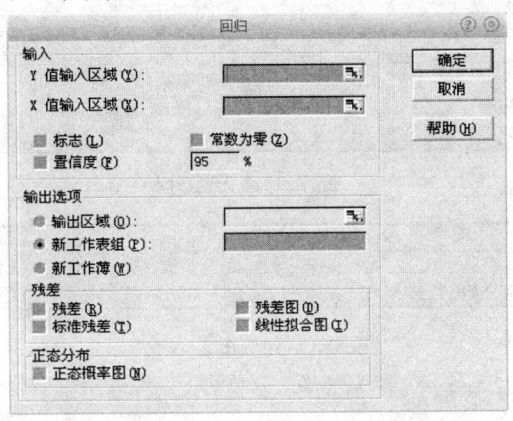

图 7-8

第二步，在图 7-9"输入"对话框里分别用鼠标拖动选择被解释变量和解释变量序列。勾选标志，点选输出区域，选择一个空白的单元格（本例中选择 $A$16）。勾选线性拟合图（其他内容可以选择，也可以不选。如果选中，就会输出相应的结果）。

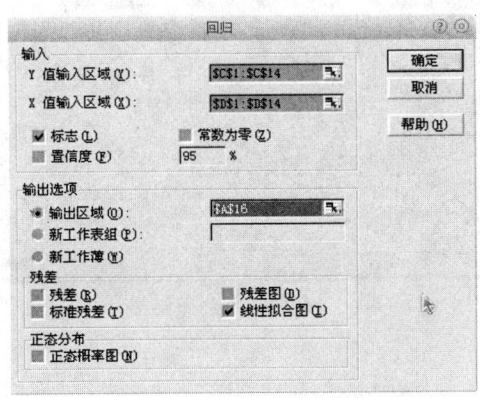

图 7-9

第三步，点击"确定"。结果和输出见以下各图。输出结果包括五个部分：

回归统计，方差分析，回归参数，残差结果和线性拟合图。如图 7-10~7-14 所示。

回归统计	
Multiple R	0.98
R Square	0.97
Adjusted R Square	0.96
标准误差	297.46
观测值	13

图 7-10　回归统计

方差分析					
	df	SS	MS	F	Significance F
回归分析	1	27937906.06	27937906.06	315.74	2E-09
残差	11	973325.1439	88484.10399		
总计	12	28911231.21			

图 7-11　方差分析

	Coefficients	标准误差	t Stat	P-value	Lower 95%	Upper 95%
Intercept	-1498.78	277.08	-5.41	0.00	-2108.64	-888.93
城镇居民（百万人次）	13.67	0.77	17.77	0.00	11.98	15.36

图 7-12　回归参数

RESIDUAL OUTPUT

观测值	预旅游收入(亿元)	残差
1	1297.02	-273.51
2	1859.46	-483.76
3	2002.97	-364.59
4	2041.24	71.46
5	1918.23	472.95
6	2382.95	448.97
7	2998.01	177.53
8	3626.74	-104.37
9	3763.42	114.94
10	3298.71	143.56
11	4774.86	-64.15
12	5280.57	5.29
13	6374.02	-144.32

图 7-13　残差结果

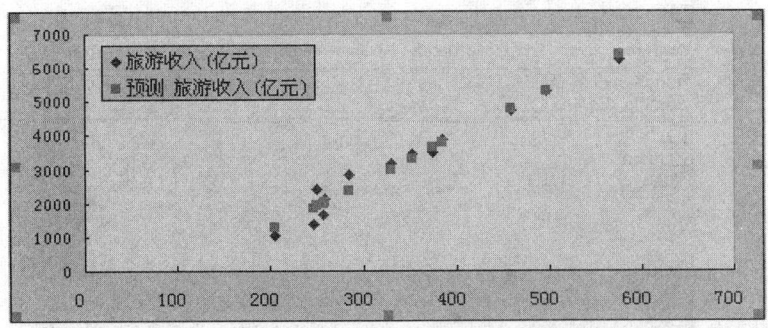

图 7-14　线性拟合图

对于回归结果的解读，我们主要通过图 7-12 "回归参数" 来分析。从回归参数来看，城镇居民出游的次数在高度显著（低于 1%）的水平下，拒绝了零假设。说明镇居民出游的次数显著影响旅游收入。每增加一百万人次的出游，旅游收入会提高 13.67 亿元。

它的方程式可以写成：

$$y(旅游收入)=-1498.78+13.67x(城镇居民出游人次数)$$

2. 用 Eviews 作多元回归（以三元回归为例）

第一步，建立工作文件。打开 Eviews，点击 "New"→"Workfile"。在对话框中 Start 中输入 1994，End 中输入 2006。点击 "OK"。如图 7-15 和图 7-16 所示。

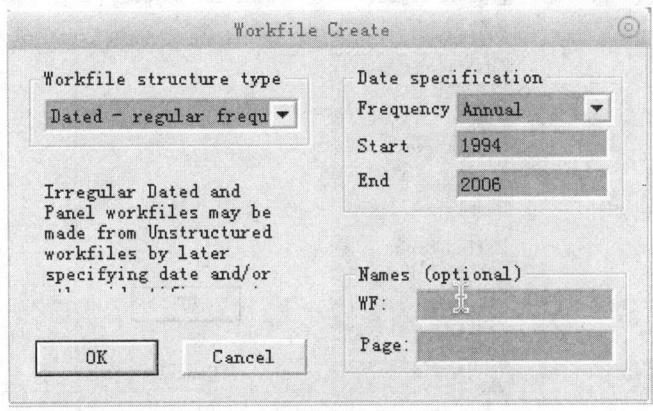

图 7-15

图 7-16

第二步,点击"Object"→"New object"。在"Type of object"中,选择 Series,并把它命名为"y"。同样的方法再建两个序列,分别命名为 x_1 和 x_2。如图 7-17 和图 7-18 所示。

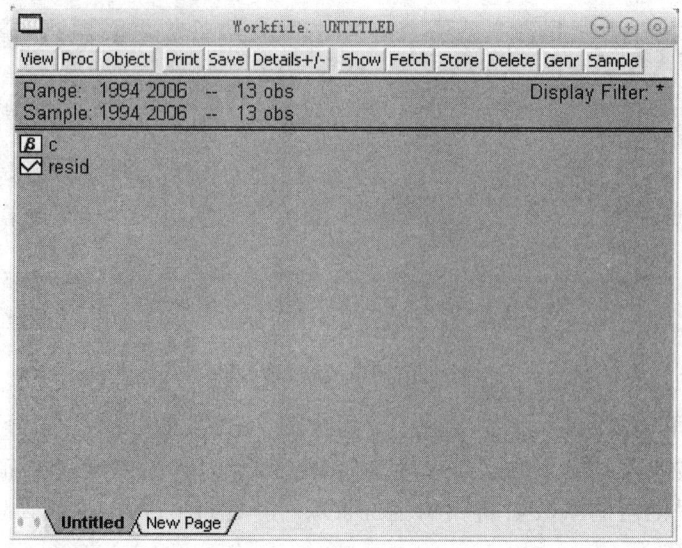

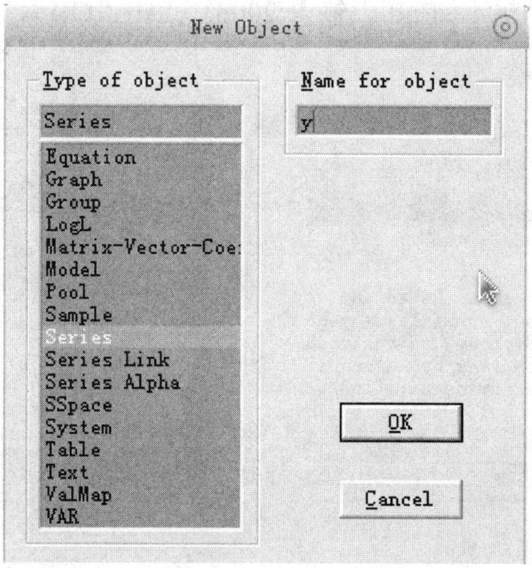

图 7-17

第七章 相关分析在旅游中的运用 261

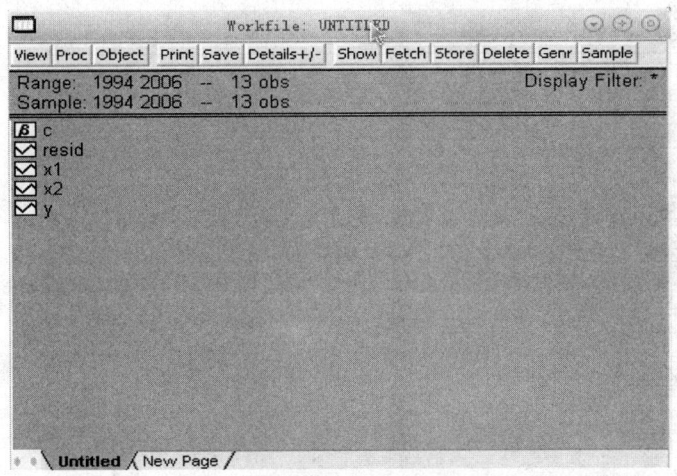

图 7-18

第三步，按住 Ctrl 键，选择 y（旅游收入），x1（城镇居民出游人次数），x2（农村居民出游人次数）。以群组（Group）的方式打开。点击，Edit 按钮。然后，把数据粘贴到里面来。如图 7-19 和图 7-20 所示。

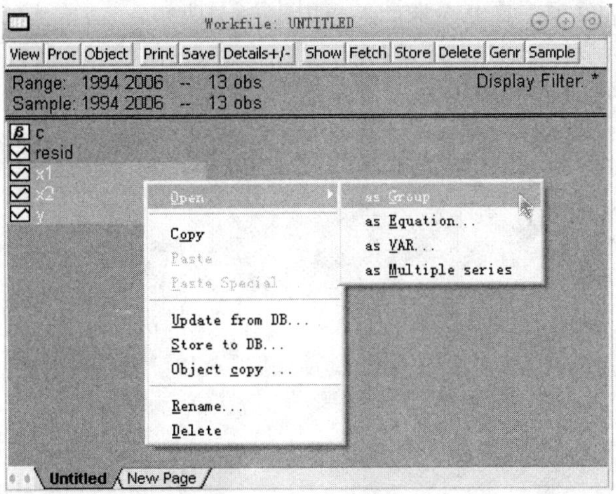

图 7-19

obs	Y	X1	X2
1994	1023.510	205.0000	319.0000
1995	1375.700	246.0000	383.0000
1996	1638.380	256.0000	383.0000
1997	2112.700	259.0000	385.0000
1998	2391.180	250.0000	445.0000
1999	2831.920	284.0000	435.0000
2000	3175.540	329.0000	415.0000
2001	3522.370	375.0000	409.0000
2002	3878.360	385.0000	493.0000
2003	3442.270	351.0000	519.0000
2004	4710.710	459.0000	643.0000
2005	5285.860	496.0000	716.0000
2006	6229.700	576.0000	818.0000

图 7-20

第四步，点击"Proc"→"Make equation"。注意，最左边的变量就是被解释变量，千万不能搞错。C 是常数项，系统默认。在 Estimation settings 中，Method 选择 LS – least squares（最小二乘法）。如图 7-21 所示。

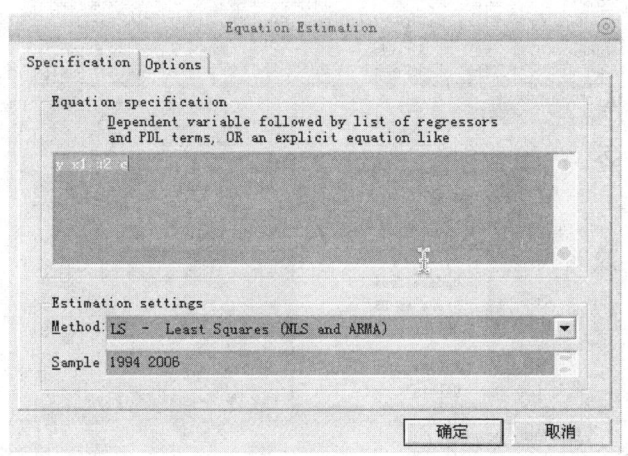

图 7-21

第五步，点击"确定"。回归的结果显示出来（关于结果的具体解读，可以参考其他书籍，这里不再说明）。如图 7-22 所示。

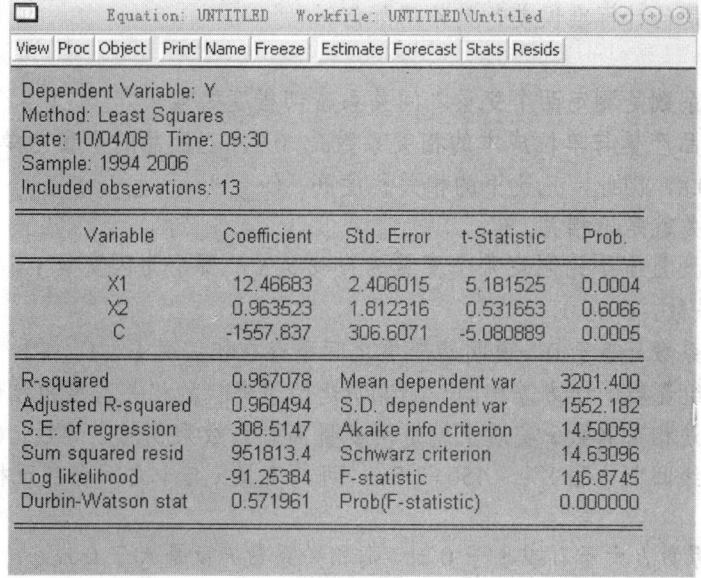

图 7-22

第六步,点击"View"。我们看到得出的具体方程。如图 7-23 所示。

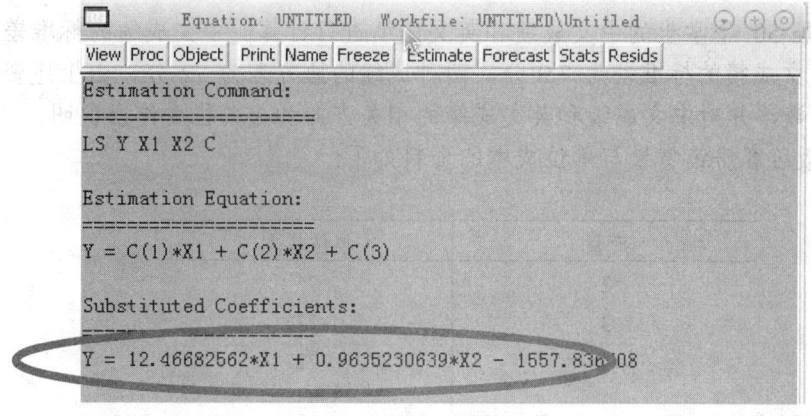

图 7-23

练习题
一、思考题
1. 什么是相关关系?相关关系有什么特点?
2. 简述相关关系的种类,相关关系的主要内容包括哪些?
3. 简述回归分析的概念与特点。
4. 如何构建直线模型?

5. 什么是估计标准误差？其作用如何？

二、判析题

1. 相关系数是测定两个变量之间关系密切程度的唯一方法。（　　）
2. 甲产品产量与单位成本的相关系数是-0.9，乙产品的产量与单位成本的相关系数是0.8，因此，乙比甲的相关程度高。（　　）
3. 零相关就是不相关。（　　）
4. 两个变量中不论假定哪个变量为自变量 x，哪个为因变量 y，都只能计算一个相关系数。（　　）
5. 相关系数 r 等于0，说明两变量之间不存在相关关系。（　　）
6. 如两组资料的协方差相同，则说明这两组资料的相关程度也相同。（　　）
7. 积差法相关系数 r 实质上就是两变量离差系数乘积的平均数。（　　）
8. 由直线回归方程 $Y_c = -450 + 2.5x$，可知变量 x 与 y 之间存在正相关关系。（　　）
9. 回归系数 b 大于0或小于0时，则相关系数 r 也是大于0或小于0。（　　）
10. 当变量 x 与 y 之间存在严格的函数关系时，x 倚 y 回归直线和 y 倚 x 的回归直线才能重合。（　　）

三、计算题

1. 根据50个学生的中文成绩和英文成绩进行计算，中文成绩的标准差为9.75分，英文成绩的标准差为7.9分，两种成绩的协方差为72分，由上述资料计算相关系数，并对中文成绩和英文成绩的相关方向和相关程度作出说明。

2. 某饭店客房销售量与单位成本的资料如下：

产量	单位成本
2	75
3	73
4	72
3	73
4	69
5	68

要求：
（1）计算相关系数 r，判断其相关方向和相关程度；
（2）建立直线回归方程。

3. 有8个企业的可比产品成本降低率和销售利润资料如下表：

企业编号	可比产品成本降低率	销售利润（万元）
1	2.1	4.0
2	2.0	4.5
3	3.0	7.6
4	3.2	10.5
5	4.1	20.0
6	4.2	21.0
7	4.0	23.0
8	3.8	25.0

要求计算：

（1）相关系数 r；
（2）直线回归方程；
（3）说明回归系数 b 的经济含义；
（4）估计标准误差。

4. 某饭店某种客房销售量与单位成本资料如下：

年份	2001	2002	2003	2004	2005	2006	2007	2008
客房销售量	20	30	40	30	40	50	60	70
单位成本	73	72	71	73	69	68	66	65

要求：

（1）根据上述资料，绘制相关图，判别该数列相关与回归的种类；
（2）配合适当的回归方程；
（3）根据回归方程，指出每当产品产量增加 1 万件时，单位成本的变化情况；
（4）计算相关系数和估计标准误差；
（5）产量为 8 万件时，在 95.45% 的概率保证程度下，对单位成本作区间估计。

第八章 统计与旅游卫星账户

第一节 旅游卫星账户介绍

卫星账户是联合国（United Nations）提出的，用来测度那些在国民账户中没有被作为产业进行定义的经济部门的规模。例如，旅游业是一些产业的混合体，这些产业包括运输业、住宿业、食品饮料业、休闲娱乐业和旅行社等等。

当站在访问者（visitor）的角度来定义旅游时，旅游业是一种非常独特的现象。旅游者购买物品和劳务，这些物品和劳务既与旅游相关，也与旅游不相关。旅游产出测度的关键是把旅游者购买的物品和劳务与一个国家内这些产品的供给联系起来。

卫星账户是一种新的统计工具，它按照国际通行的概念、定义和分类标准来测度物品和劳务的产出。它能够让国家之间的不同行业进行有效的比较。这种测度也可以和国际上其他经济统计进行比较。

一、旅游卫星账户（TSA，Tourism Satellite Account）的背景与发展历程

在过去数十年，估算旅游业所带来的经济作用引起了世界各地的广泛重视。旅游业与其他经济活动的不同之处，在于它涉及多个经济产业的众多领域。因此，在国民经济账户（National Accounts）里不能界定旅游业为一个单一的产业。基于此，旅游业的经济产值不能直接展示出来，详细而具体的旅游业数据也因此很大程度上在主流的统计体系里并不存在。以上种种原因促使人们开始谋求一些国际认可的方法来估算旅游业的经济效用。

卫星账户是联合国提出的一个术语。它利用国民经济账户里的数据，以及基于国民经济核算的会计准则来估算而包含在国民经济账户里，但并不能明确地鉴别出来其经济价值或活动。它们的运用主要是能够使一个经济体系里传统明确的

产业（例如农业或制造业）和非传统明确的产业（如旅游业）在经济规模和重要性方面可以有所比较。再者，这些卫星账户的资料更有助于提升政策规划和发展的功效。

旅游卫星账户（TSA）是从这种概念最先发展出来的一套卫星账户。这种统计工具包含了概念、定义、加总和分类，以及提供一个指导性的过程来辅助各国建立其本身的旅游业统计体系。

旅游卫星账户提供了一个框架来整合货币性（Monetary）与非货币性（Non-monetary）的数据，特别是对提升旅游业分析以及确定经济作用分析方面尤其有用。

在1993年修订的国民账户核算体系（System of National Accounts）里，最后的章节记载了有关编制国民经济账户的最新建议，即所谓的"功能导向的卫星账户"（Functionally-Oriented Satellite Accounts），作为日后纳入核算体系新发展的参考。这些账户将会扩大国民经济核算体系在某一特定领域的分析范围，而不会使当前的核心架构负荷过重。它们可以应用在多个不同的领域方面，例如文化、教育、保健、旅游、环境、研发、运输、房屋和通讯等。

事实上，具有实质意义的旅游统计工作，始于1937年，当时国际联盟理事会为了统计目的而提出了一个"国际旅游者"的定义。然而，编制关于旅游业的卫星账户的工作，只能追溯到20世纪70年代后期，那时，法国开展了关于旅游业经济作用的计量研究。紧随其后，世界旅游组织（World Tourism Organization）于1983年根据1968年联合国采用的国民经济核算体系框架的概念，描述了旅游业的概况，并借此推动旅游业统计的国际可比性。

其后，加拿大统计局在1991年于渥太华举办的国际旅游及观光统计会议期间，提出了一项评估旅游经济活动与国内其他行业关系的计划，而该项计划是根据其工作组在1987年5月份发表的报告中，所提出的关于旅游卫星账户的构想。另一方面，经济合作与发展组织（Organisation for Economic Co-operation and Development）也尝试就旅游业对其成员国的经济作用进行了探讨，并且在1991年出版了具有指导性的《旅游经济账户手册》。

在1994年，联合国统计委员会出版了《旅游统计建议》及《旅游业活动的国际标准分类》。在1998年，世界旅游组织统计程序委员会通过了《旅游卫星账户：概念与框架》。此后，在2000年统计委员会第三十一届会议上，联合国统计委员会通过了经由欧洲共同体（European Communities）、经济合作与发展组织、联合国和世界旅游组织共同草拟并修订的《旅游卫星账户：建议的方法框架》。

另外，世界旅游及观光协会也在量化旅游及观光事业的经济作用方面作了大量的研究工作。他们的方法着重于通过建构经济模型，对游客消费（旅游及观光产业）的经济作用以及总需求（旅游及观光经济）进行量化。世界旅游及观光协会倾向用一种以需求面的方法来量化旅游业；而他们所定义的涵盖范围较广，几乎包括所有旅游及观光相关产业。

旅游卫星账户的发展历程可以简略概括如下：

1983年世界旅游组织提出了"在国民经济核算体系的框架内估算影响旅游经济活动的重要性"；

1991年世界旅游组织在渥太华（Ottawa）召开了旅游与旅行统计的国际会议；

1992年世界经济合作与开发组织（OECD）推出了它的旅游经济账户；

1993年联合国采取了最新的国民账户体系（System of National Accounts，SNA）；

1994年联合国（UN）和世界旅游组织（WTO）通过并出版了《旅游统计建议》，同年，加拿大宣布建立了第一个国家旅游卫星账户；

1995年经济开发与合作组织（OECD）出版首个建立旅游卫星账户（TSA）指引；同年，欧盟统计署（Eurostat）确立了一个法定的系统框架，整合旅游业供求的基本信息；

1999年世界旅游组织在尼斯（Nice）举办Enzo Paci"衡量旅游业经济作用的"国际性会议；

1999年为发展编制旅游卫星账户的方法设计制定共同的概念框架，由世界旅游组织（WTO）、经济合作与发展组织（OECD）以及欧盟统计署（Eurostat）共同成立了常务秘书处工作小组；

2000年联合国统计委员会通过并采用了《旅游卫星账户：方法与框架》。

二、编制旅游卫星账户的目的

在世界范围内，旅游业在一个国家的经济中扮演着越来越重要的角色,然而，我们严重短缺这方面的信息。因此，我们需要利用一个与其他产业一样的定义、概念和测量方法来为旅游业的重要性和规模提供可靠的数据。有了旅游卫星账户，政府、企业家和居民能够更科学地制定旅游发展的政策，规划旅游商业战略，评估旅游的效果和效率。

旅游卫星账户是一个联合国所采用的会计记账框架，其设计的目的是依照国际的标准、概念、分类和定义来估算旅游业所牵涉到的物品及服务贸易活动情况。由于旅游业是一个经济现象，它的各个层面大都涵盖在国民经济账户内。虽然如此，旅游业并没有在国民经济账户中被界定为单一的经济活动，而且不容易清晰地加以区分。因此，旅游卫星账户的目的是把国民经济账户里的资料加以重组，并辅以一些附加的概念及数据，从而编辑成相对可靠的并且能够反映旅游业不同层面的量化数值。建构旅游卫星账户能达到多个目标，其中较为重要的方面分别列示如下（UN *et al.* 2001）：

- 能提供一组清晰及可靠的旅游业账户供各国进行比较。
- 可量化估算旅游业的增加值，从而分析旅游业对经济的重要性。
- 可界定现时旅游产业的就业情况，以及旅游业在创造就业方面所扮演着的角色。
- 通过界定旅游产业与其他经济体系的相互关系，可提供一个建立旅游业的经济活动和就业影响模型的框架。
- 为设计更有效的旅游产业和就业政策等方面提供一个工具。
- 让不同的直接或间接参与旅游的人认识到旅游经济活动的重要性；更进一步，让所有为旅游者提供物品和劳务的产业认识到旅游业的重要。

三、旅游卫星账户的概念与范围

卫星账户的起始点是国民经济核算体系，而核算体系是一组指引，能够把经济体内的资料编列成实用的数据。国民经济核算体系规范了基本概念、定义、分类以及会计准则，以此提供了一个可以分析经济体内的产量、投资、收入，以及金融和非金融资产的库存和流动情况的全面性框架。

国民经济核算体系基本上由三个账户组成，包括经常账户（Current Accounts）、累积账户（Accumulation Accounts）和资产负债表（Balance Sheets），其中经常账户是这里所探讨的重点部分。经常账户也依次由生产账户（Production Account）、收益分配账（Distribution of Income Account）和收益使用账（Use of Income Account）构成。本地生产总值可以反映在以上三个账户里，即所有增加值的总额，或最终物品及服务消费的总和，或是所有经济体内产生第一次收益的加总。

卫星账户与国民经济核算体系的区别在于前者主要集中在交易的功能或目的方面。在核算体系内，经济体系里发生的交易在开始时是依照其属性分析的，然而，某些形式的交易（例如旅游业、保健和环境）均按支出方面来分析。但在卫星账户里，分类所使用的分析单位并非产业活动的基层单位（Establishment），而是以交易（Transaction）或成组交易（Groups of Transactions）来估算。

需要为旅游业建立卫星账户的原因之一，是因为旅游业并非国民经济核算体系所定义的单一产业。再者，旅游是一种需求方的概念，它是以使用（Use）而并非产出（Output）来定义的（UN *et al.* 2001）。例如，在国民经济账户中包括的航空运输、酒店和餐饮业，不论是本地居民或游客所消费，它们所生产的均被视为等同产出。虽然这些产业的总产出通常都能够被国民经济账户所涵盖，但其实只是旅游经济所定义的游客消费而已（旅游活动增加值总额的一部分）。因此，旅游业事实上只是一个经济现象，因为要满足旅游需求，其中所牵涉的物品及服务（包括生产和消耗），通常都被国民经济核心账户里的其他要素所覆盖；纵使它已经包含在国民经济账户内，但也未能显示出来。无论如何，旅游卫星账户提供了一种方法，它不但能够合理地划出旅游业涉及的多个经济层面，并且能独立分析，而且其结果与国民经济账户其他部分相互关联。

四、旅游卫星账户的框架及其图表

如果依据联合国及世界旅游组织的统计方法，旅游卫星账户设有一组共十个图表。前三个图表是按产品和旅游种类识别的最终旅游消费情况（入境、本地和出境）。第四个图表综合了全部的最终旅游消费（包括以非货币性交易的旅游消费），通过它来估算境内旅游消费（Internal Tourism Consumption）和旅游境内消费（Tourism Internal Consumption）。第五个图表采用以境内旅游消费作为比较的形式，列示具有旅游特征的产业和其他产业（与旅游业有联系的产业）的生产账户。第六个图表是旅游卫星账户的核心部分，它将旅游业的供给面和需求面作系统比较，由此，可以推算旅游业的增加值和旅游业的本地生产总值，所得出的结果能够有助于编制旅游业的经济总量及其对总体经济的重要程度。再者，由于其中列示出游客消费的分类资料和所消费的商品情况（即究竟是属于本地产品还是进口产品），因此也可评估在经济体内联系（Linkages）和外溢（Leakages）效应的程度。

第七个图表主要是关于估算旅游业的就业情况和一些与旅游业相关的就业指标。图表八列示了旅游业和旅游相关产业的固定资本形成总额。图表九展示按政府职能和级别编制旅游业的公共非市场服务（Collective Non-Market Service）。最后一个图表显示一些非货币性的定量指标，其中有些资料已经被前几个图表所引用，例如，旅游种类、停留时间统计、入境人次、关于住宿形式的指标、入境旅客所使用交通工具的情况以及那些具有属于旅游业特征、从事相关活动的基层单位数目和规模。

构建以上十个图表需要大量的资料，但其中很多资料往往难以搜集。联合国与世界旅游组织建议世界各国或地区，在开始时应该集中利用前六个图表来估算旅游业的增加值，利用第七个图表计算旅游业的就业情况。沿用联合国与世界旅游组织所建议的方法的好处是图表的构建可以视资料的多寡而以循序渐进方式进行。

五、旅游卫星账户的种类

现在有两个旅游卫星账户的不同版本，虽然它们的主体资料接近，但仍然存在相当部分的差异。所指的版本是联合国与世界旅游组织的版本和世界旅游及观光协会的版本。

联合国与世界旅游组织的版本是以标准的国民经济账户里的"供给和使用表"（由此推算投入产出表）作为基础，稍作改进适用于解读旅游业的情况。透过消费调查可把旅客购买的商品货物鉴别出来，因此，提供相关物品或服务的产业也可以清楚获得确认。一些产业（如采矿）因为较少提供涉及旅游业的产品或服务而不被纳入分析范围，而一些产业被认为提供了物品或服务给旅客时，所涉及旅客的商品比例可以通过旅游需求与本地总需求的比例计算出来。

世界旅游及观光协会的版本也是利用国民经济账目作为一个分析架构的基础，但它主要是集中于旅游需求与以支出法估算的本地生产总值之间的比例，并且能分析旅游产业的生产总值。两个版本之间主要的差异在于世界旅游及观光协会采用了一个较为广泛的旅游需求定义。例如，世界旅游及观光协会认为当一个单独的个体从使用其汽车度假或商务旅游开始，其中涉及汽车一定比例的资本成本（如折旧）和在行程中的实际费用应被视为与旅游业相关。再者，某些出远门的人士，诸如边境地区的工人、移民、难民和学生等均包括在世界旅游及观光协会的旅游及观光定义之内（Smith，1997）。

本章主要从需求的角度提供对旅游卫星账户的介绍，并附以相关的一些图表说明。

第二节　旅游卫星账户基本概念和定义

旅游是一种综合现象，由于它的特殊性，旅游统计具有特别的挑战性。大多数传统的旅游统计指标都是非货币性的，集中在与入境旅游相关的旅游人数的测度和描述上。如果不低估旅游信息的重要性，下面的建议能够极大地拓展旅游的范围和视野。

要对旅游进行明确的统计，第一步就是要对旅游的相关概念进行明确的可操作性的定义。因此，本节主要介绍：把旅游定义为旅行的一个子集，完善旅游者和行程（Tourism Trips）的概念背景，确定不同的旅游类型，就旅游人数的测定提供建议。

一、旅游卫星账户的基本概念

（一）旅行和旅游

旅行是旅行者的一种活动。旅行者是一个人因任何目的在不同的地域之间进行移动，并且可以在任何地方滞留任意长的时间。

当地居民（或定居者）（Residents）在本国进行的旅行称为国内旅行（Domestic

Travel)。外国居民（或非定居者）(Non-Residents) 旅行到另一个国家称为入境旅行（Inbound Travel)。本国居民旅行到国外成为出境旅行（Out-Bound Travel)。相应地，作出上述行为的人，可以分别称为国内旅行者、入境旅行者和出境旅行者。

行程（Trip）指的是一种特定的旅行，它是某人离开他的常住地（Usual Residence)，然后返回；它是一个环程旅程（来回旅程）(Round Trip)。一个行程由不同的访问地组成。

入境行程（Inbound Trip)指的是到达一个国家后的旅行；国内行程（Domestic Trip)指的是离开常住地然后返回的旅行（在常住国)；出境行程（Out-Bound Trip)指的是离开常住地到另一个国家的旅行。

一个访问者（Visitor）是指一个旅行者，他/她利用一个行程，因任何主要目的（商务、休闲或其他个人目的）离开他/她的惯常环境（Usual Environment)，少于一年；在这一段时间里，他/她不会被他/她所访问的地方或国家的某个实体（Resident Entity）所雇佣。这个访问者所经历的这个行程才能称为旅游行程（Tourism Trip)。旅游指的就是访问者（Visitor）的活动。

同样地，在一个旅游行程中的国内、入境或者出境旅行者就被分别称为国内、入境和出境访问者。更进一步，国内、入境或者出境访问者的旅行就被分别称为国内、入境和出境旅游。

因此，旅游是旅行的一个子集；访问者是旅行者的一个子集。这样进行区分的关键是为了对旅游者和旅行者的数据进行汇编；同时也是为了旅游统计的可信性。

一个访问者（国内、入境和出境)，如果他/她的行程包含过夜停留，可以看作旅游者（Tourist）或者过夜访问者（Overnight Visitor）；否则，他/她就应该归类为一日访问者（Same-Day Visitor或者Excursionist)。

（二）住地（Residence）：常住国（Country of Residence)，常住地（Place of Usual Residence)

根据访问者的原住地，住地的概念可以解释访问者的分类、目的地的特点；依靠这些，可以区分不同的旅游形式。

家庭常住地的定义和国际收支（Balance of Payment）以及国民账户体系（System of National Accounts）中的定义是一样的。在旅游统计中，所有的例外和特别情形也都要考虑到。这样，关于国际旅行者和访问者的支出、国际旅行者和访问者数量的测度、不同的数据来源等问题可以进行协调处理。

例如，关于国内旅游（Domestic Tourism）的测量，常住民是一个重要的概念，可行的方法是，在一个给定的国家，常住民应该根据他的常住地进行分类；至于是否是常住地，这由家庭住户调查决定。常住地的决定以及家庭主要住所（Principal Dwelling）并不总是清楚明白，因为一些人可能不止在一个地方呆很长时间（例如，退休人员）。

（三）个人的惯常环境（Usual Environment）

个人的惯常环境，是旅游统计中的一个关键概念，指个体从事日常生活事务的地理区域。这个概念是对常住国概念和常住地概念的一个补充。常住国概念来自于国民账户和国际收支；常住地概念来自家庭住户统计。

引入惯常环境这个概念的目的是排除一些在常住地和其他地方之间有规律地往返的旅行者，主要包括常住地和工作或学习地之间，常住地与亲戚朋友家庭之间，甚至是购物中心、宗教、康复中心等机构之间。这些地方和常住地具有切实的距离或者在另一个管理地区，但是个人可以有规律地频繁地访问。

根据主流运动习惯，可行的方法是，在旅游统计中，每个国家都要根据具体的环境给"规律"（Regular）和"频繁"（Frequent）作出精确的定义。

个体的惯常环境包括家庭常住地、工作或学习的地方以及任何其他的有规律地频繁访问的地方，即使这个地方距离他们的常住地很远。不过，这不包括家庭别墅（Vacation Home）。

每个家庭（住户）都有一个主要住所（Principal Dwelling），它的定义通常与住在那儿的时间有关；主要住所的位置也限定了住户和所有家庭成员的常住国和常住地。所有其他的住所（自有的或租用的）都是第二住所（Secondary Dwellings）。

家庭别墅（有时也用 Holiday Home）是第二住所，它是家庭成员们进行度假或休闲用的地方。家庭成员行程不会太频繁，呆的时间也不会太长，否则就可能会把第二住所变成主要住所。

通往家庭别墅的行程通常是旅游行程。越来越多的国家认识到这种行程的重要性，也因为相应的旅游支出和活动的明确性，旅游统计汇编者更是有责任出于分析和国家之间进行比较的目的对它们进行单独的测算。在分时度假（Timeshare）的制度下，家庭别墅产权的创新性采用，对于旅游统计的分类、测度和分析都提出了额外的挑战；正是认识到这一点，许多国家用专门的文件说明如何处理家庭别墅的旅游行程，并把它作为旅游统计的一部分。

（四）旅游行程和访问

访问者采用的行程叫旅游行程。国内旅游行程或出境旅游行程指访问者离开他/她的常住地然后返回的整个旅行。因此，它是一个环程旅程（来回旅程）。入境旅游行程指一个访问者到达另一个国家旅游，然后离开的整个旅行。在旅游行程的所有特点中，首要目的地（Main Destination）是最主要的。

旅游行程的首要目的地指访问的地方是访问者作出行程决定的核心原因。如果无法鉴别首要目的地，那么，就用他/她花费时间最长的地方来代替，或者用离常住地最远的地方来代替。

国内行程指访问者常住国的一个首要目的地；入境行程或出境行程都指常住国之外的一个首要目的地。一条出境旅游行程或许还会包括访问常住国内的其他地方；国内旅游行程或许还会包括访问常住国外的其他地方；而入境旅游行程，无论怎样，只包括对相关国家（Country of Reference）的访问。

术语"旅游访问"指在旅游行程中停留在访问的地方。停留并需要过夜才可以称为旅游访问。不过，停留的含义必须以停止逗留为前提。进入一个地理区域而没有逗留就不能称为访问这个地区。可行的方法是，每个国家都要定义一个最短停留时间，有了这个最短停留时间，就可以确定旅游访问。

对旅游行程和访问的考察与对访问者的考察不一样。在三种旅游类型的统计中，术语访问者通常被用来代替旅游访问（Tourism Visit）或者旅游行程（Tourism Trip）。因此，要明晰地定义这些概念，并且在统计运作和信息展示中区分它们。

（五）旅游类型（Forms of Tourism）

有三种基本的旅游类型要区分：

- 国内旅游（Domestic Tourism），它包括相关国家（Country of Reference）定居访问者（Resident Visitor）的活动，它要么是作为国内行程的一部分，要么是作为出境行程的一部分。
- 入境旅游（Inbound Tourism），它包括入境行程中相关国家非定居访问者（Non-Resident Visitor）的活动。
- 出境旅游（Outbound Tourism），它包括定居访问者在相关国家之外的活动，它要么是出境行程的一部分，要么是国内行程的一部分。

上述三种类型的旅游可以各种方式结合起来，衍生出其他类型的旅游；在这种情况下，有三种定义会被使用到：

- 境内旅游（Internal Tourism），它包括国内旅游和入境旅游，也就是说，相关国家定居访问者和非定居访问者的活动可以作为国内旅行或国际旅程的一部分。
- 国民旅游（National Tourism），包括国内旅游和出境旅游，也就是说，定居访问者在相关国家内和之外的活动要么是国内旅程的一部分，要么是出境旅程的一部分。
- 国际旅游（International Tourism），它包括入境旅游和出境旅游，也就是说，定居访问者在相关国家之外的活动要么是国内旅程的一部分，要么是出境旅程的一部分；而非定居访问者在相关国家内的活动也是如此。

（六）国际访问者

国际旅行（International Travel）由入境旅行和出境旅行构成，主要指旅行者的常住国与访问国不同。进行国际旅行的人称为国际旅行者（International Travelers）。从相关国的角度看，国际旅行者要么是入境旅行者，要么是出境旅行者。

站在相关国家的角度，一个国际旅行者要成为国际访问者（International Visitors）必须具备两个条件：一是他/她正在旅游行程中，二是他/她是作为一个非定居访问者在相关国家旅行或作为定居访问者在常住国之外旅行。

因此，从进入边境来看，国际旅行者包括两类：一类是国际访问者（International Visitors），主要包括作为定居者返回的出境访问者和作为非定居者到达的入境访问者；另一类是其他的国际旅行者，他们不被包括在旅游者之列。

根据行程的首要目的，国际旅行者可以从国际访问者中区分出来：一是构成雇佣与被雇佣的关系，例如边境工作人员、季节性和其他短期工人等等；二是仍然处于惯常环境中。满足上面任何一个条件，都是国际旅行者，而不是国际访问者。考虑到个体会变更他们的常住国，这部分人应该从旅游中排除掉。原则上，国际访问者指那些合法前往其他国家的人和未经法律许可前往其他国家的人，后者虽然应该被识别，但是几乎不可能被识别。

依据国际收支账户和国民账户的原则，外交官、领事、外国政府的军事人员以及随行或陪同人员不被认为进入了另一个国家的经济地域。他们不能被视为访问者。

流浪者和难民比较特别，应该另外考虑。对于流浪者，根据惯例，他们访问的所有地方都是他们的惯常环境的一部分，因此，毫无疑问，这种情形决定了访问的地方就是他们的常住国。他们不能被看作访问者。对于难民或被迫离开常住国的人，他们没有常住地，他们当前所居的地方就可以看作是他们的惯常环境，因此，他们也不能被看作为访问者。

同样道理，按照国际收支账户的准则，演习中的武装部队也应该被排除出访问者之列。

（七）国内访问者

站在相关国家的角度，一个国内旅行者要成为国内访问者必须满足两个条件：一是他/她处在旅游行程中，二是他/她作为定居者在相关国家旅行。

综上，入境旅行者的分类如图 8-1 所示。

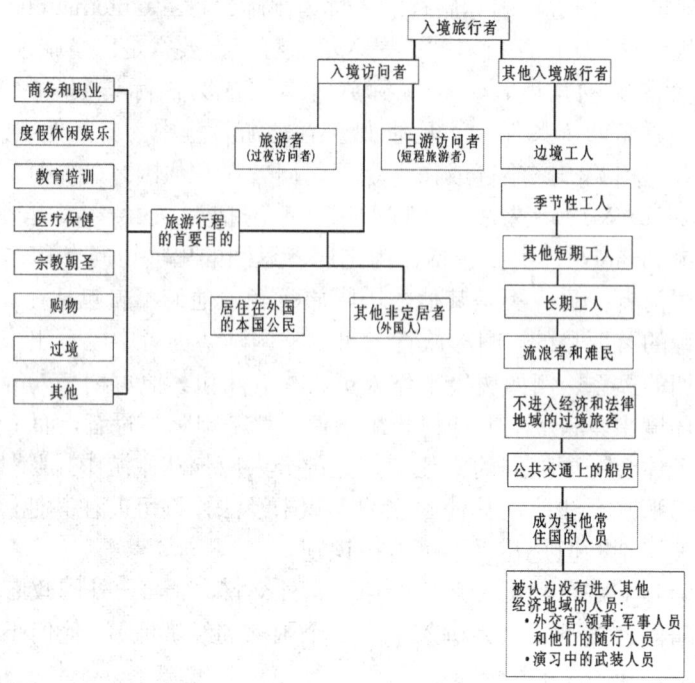

图 8-1　入境旅行者分类

二、访问者流量的测度

（一）惯常环境（The Usual Environment）：一个建议的准则

是否一个行程可以被看作旅游行程，这个问题，很多国家把它扔给相关部门去解决。无论怎样，为了确保数据在时间上、在国家之间的可比性，一个可行的方法是，国家统计局、旅游部门和其他与旅游统计直接相关的机构应该合作建立一个国家标准，使惯常环境的这个概念具有更好的可操作性。

因为旅游访问者流量和相关变量的测度，对惯常环境的定义具有高度敏感性，因此，建议相邻国家或者隶属于同一个跨国界组织的国家互相协商，确保统计数据的可比性并便于进行汇编。

国家之间由于人口密度、交通可进入性、文化行为和边境距离等存在差异，这些差异阻碍了发展出一个统一的、世界范围内关于惯常环境的标准。不过，惯常环境的决定仍然必须遵循下面的准则：一是行程的频率（不包括对家庭别墅的访问），二是行程的延续时间，三是边界的交接，四是离开常住地的距离。

除了使用频率和时间长短标准来决定惯常环境外，在实践中，还应该将边境交界与距离结合起来对惯常环境作出限制。这样作的原因主要包括以下几个方面：一是即使在一个国家内，管理单位规模大小很不一样；二是即使大都市是一个紧凑的或连续的地理区域，它们仍然可能会延展到边界上；三是一些人的常住地可能非常靠近边界，以至于地理上的交接不适合作旅游分析。

（二）入境访问者流量

对入境旅行者流量测度，在国际收支账户和国民账户的汇编中也有体现。可行的方法是，国家应该敦促国家旅游管理局、国家统计局、中央银行、边境管理部门和其他相关部门，让他们联合努力改进旅游统计的测度工作；尽可能以整体的方式将不同来源的数据整合起来。

在有些国家，根本不存在边境管理部门，旅行者的数据不可能获得。在这种情况下，应该在旅行者的住宿地进行调查，这种调查还要与其他数据调查并行（例如，在流行的景点、景区或其他目的地调查）。

如果边境旅行的测度可以进行，建议将出入境卡管理办法与边境调查结合起来；尤其在旅行者离开目的地国家的时刻，效果更好。

旅游统计的主要目的是将访问者从旅行者的其他子集中区分开来。由于这个目的，一些非定居旅行者的类别与统计数据汇编和分析具有很大的关联性：比如，定居在国外的本国公民、过境旅客、船员、航游旅客和游艇旅客、频繁跨越边境的人员等。

定居在国外的本国公民：从相关国家的角度看，这些人属于非定居者，应该包含在非定居旅行者之列。出于分析的目的，这些旅行者中的部分访问者应该单独显示出来进行识别。

过境旅客：这些人中，停留时间没有超过一夜的，是短程旅游者（Excursionist）；停留超过至少一夜的，是旅游者。

船员：不管是有规律性还是没有规律性地出现在公共交通工具上，都应该认为是出于他们的惯常环境中，不能称为访问者；如果出现在私人交通工具上（协和式喷气机、游艇等），就应该称为访问者。

航游旅客和游艇旅客：在许多国家，航游旅客和游艇旅客代表着一个很大的旅游市场。由于要与国民账户和国际收支中的常住地和经济地域的概念相一致，这种情况在旅游统计中的处理，就取决于这些概念对游艇到达和离开的适用性。

频繁跨越边境的人员：根据旅游活动的定义，这种行为的测度体现了理论和实际操作的困难。从概念的角度看，应该惯常环境与边境共享国家结合起来；从实际操作角度看，那些生活在边境的人们可能不需要边境出入卡，或者他们穿越边境根本不与海关和移民局打交道。结果是，这种人员流动的数据非常贫乏，容易导致错误的分类。如果这种行为真的与旅游相关，出于分析的目的，这部分人应该作为备忘项目进行单独记录。

除了上述类别外，还有其他类别也需要仔细考虑。

学生：那些选择短期课程（少于一年）的学生可以归类为访问者；而超过一年的学生，他/她学习的地方应该被认为是他/她的常住地，这样，他/她就不能称为访问者。当移民管理局的数据不能识别外国学生的真实情况，尤其当这些学生仅仅只有一个可更换的一年期签证时，就需要更多的数据来进行识别。

病人：因为长期病人才出现了这类问题。在国际收支账户和国民账户中，这类的旅行者被认为是原住国的定居者，而不管他在接受治疗的地方呆的时间有多长。在旅游统计中，那些超过一年的病人，接受治疗的地方就被当成他的惯常环境；那些少于一年的病人才被当作访问者。这种情形的识别应该获得移民局的帮助。

商务和职业访问者：识别他们主要根据工作目的。那些不能作为访问者看待的人，通常需要收集更多的信息，而不仅仅只是根据出入境管理卡。根据边境跨越的频率首先要识别边境工人，短期工人则根据雇佣与被雇佣的关系识别。

综上，国际到访者和访问者与其他旅行者分类之间的关系如图 8-2 所示。

（三）国内访问者流量的测度

近年来，国内旅游经济重要性日益显现。许多国家对国内旅游的统计测度已经达到一个新的阶段。正如旅游卫星账户显示的那样，国内旅游的经济贡献已经超过了入境旅游。

由于没有边境，国内旅游流量的测度需要不同的统计程序。就过夜旅游（Overnight Tourism）而言，住宿统计是国内访问者和入境访问者的一个重要的信息统计源头。要在统计上将访问者与旅行者分开，国内访问者与入境访问者分开，面临着不小的挑战。不过，通过在某个时期，和人们访谈旅游行程获得家庭住户这方面的资料，可以解决一点这方面的问题。

建立在分层样本上的家庭住户调查，采用了空间的、人口学的、社会经济的准则，是一种有效、合适的工具；它可以测度国内旅游活动和相关的支出。它也能够提供关于一日游和过夜访问者的广泛的信息。

样本的规模和设计与待测度的变量的显著性和准确性具有强烈的关联度。在设计国内调查分析旅游时，需要考虑两个不同的问题：旅游的不均衡分布和旅游行为的人口异质性程度。

从一个广泛的家庭住户调查角度来看，观察访问者的返回行程是可能的；不仅行程中的访问，甚至某一点上移动都可以观察到。这为访问者行为的考察提供了更为广阔的视角。

在旅游的家庭住户调查中，行程（Trip）是一个核心概念。关于住宿统计，过夜数是一个必须测度的变量，并且是一个国家旅行规模的重要变量；它不仅反映了访问本身，同时也反映了停留时间的长度。

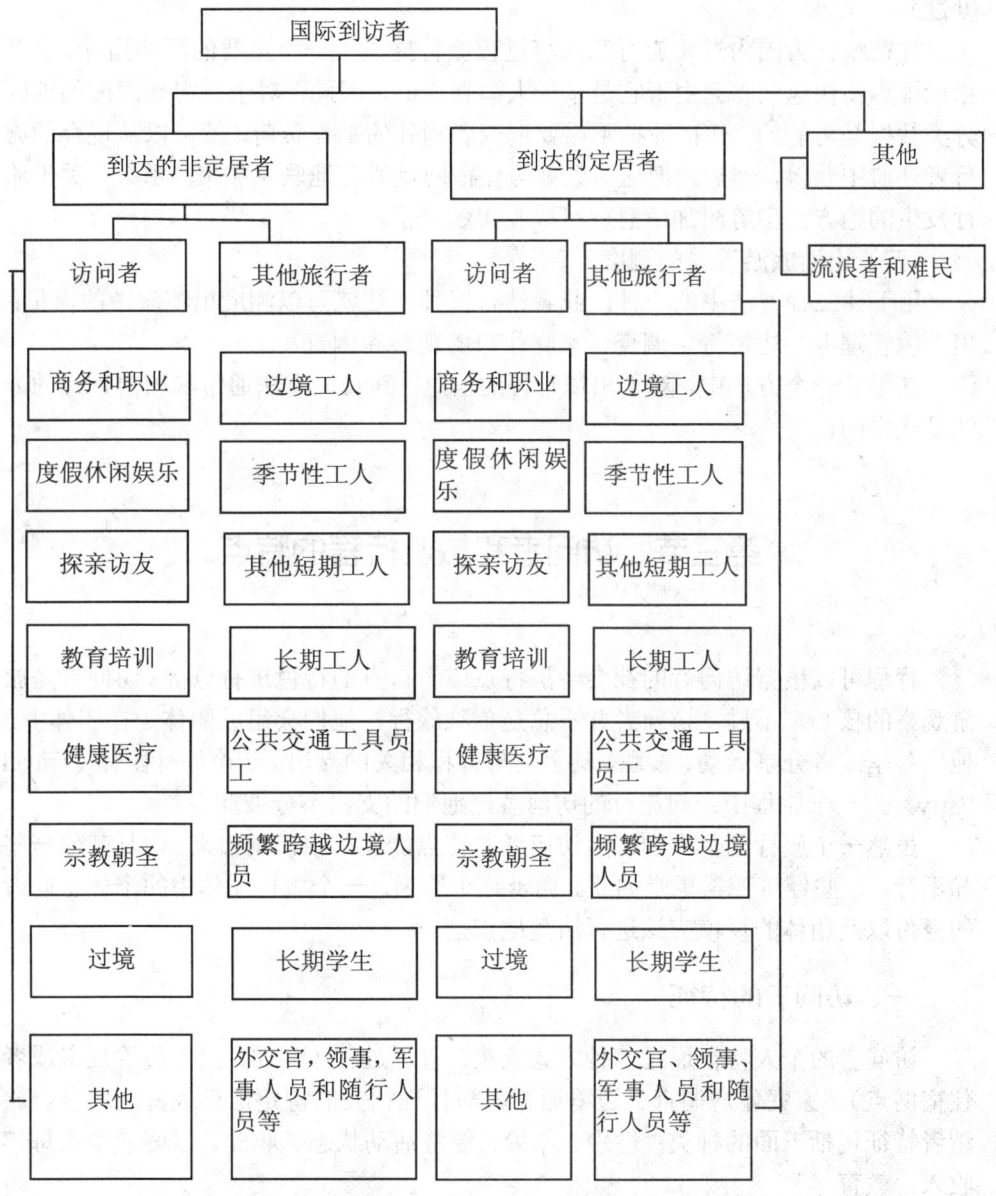

图 8-2　国际到访者和访问者与其他旅行者分类之间的关系

住宿统计通常以人口普查为基础，覆盖了所有提供支付食宿的网点；它通常使用一个基准点来计算特定的床位数或房间数。部分过夜旅行可以归于非住宿支付旅行,这部分应该排除(例如,和朋友亲戚呆在一起,或者在自家的家庭别墅度过)。

住宿统计为国内过夜旅行和入境过夜旅行提供了一个重要的短期指标,这个指标很容易快速获得。由于它是基于人口普查的,因此,对于获得更深度的地区分类数据是可能的。住宿数据不需要调查者额外的工作负荷,就可以从现存的旅行者注册中获得,然后,把这些数据与住宿网点所在地联系起来,那么,关于旅行发生的地方类型等附加信息就可以收集起来了。

(四)出境旅游流量的测度

用下述三种方法中的一种,或者结合三种方法就可以测度出境旅游的流量:出入境管理卡、边境特别调查、家庭住户的观察和调查。

在最后一个方法中,对于出境行程的信息,其收集方法通常和国内行程的方法是一样的。

第三节 访问者和旅游行程的特点

行程可以根据访问者的社会经济特点或者自身的特色进行分类。访问者是旅游观察的核心。不过,访问者并不总是单独旅行,他们会组成团体,在团体中,他们共享或者分享活动、参观、甚至是与行程相关的支出。一个旅行团体(Travel Party)指一个旅程中一起旅行的访问者,他们的支出不分彼此。

虽然一个旅行团体中的许多访问者的特点能够单独识别出来,但是其他一些却不行,一些经济变量更是如此。由于这个原因,一个旅行团体中的个体访问者的身份以及团体的规模应该进行清楚地识别。

一、访问者的特征

访问者的个人特征通过5种方式收集:管理过程(例如,出入境管理卡或者住宿网点)、家庭住户调查、边境调查、与行程相关的特定地点或特别场合。旅游者特征包括下面的种类:性别、年龄、经济活动状态、职业、家庭或个人每年收入、教育。

只要与旅游相关,其他的一些特征也应该包括进来,例如,常住地的人口总量、离开边境的距离等等,因为这些因素都可能影响旅游的倾向。

考虑到社会人口学特征,国际劳动组织(International Labor Organization,ILO)和联合国教科文组织(United Nations Educational Scientific And Cultural

Organization，UNESCO）的标准也应该采用，然后根据各个国家的具体情况进行适度调整。

二、旅游行程的特征

行程与不同的旅游形式相联系，它的特征主要从以下几个方面进行归纳：首要目的、旅游产品的类型、旅程/访问/停留时间的长短、客源地和目的地、交通方式、食宿的类型。

（一）旅游行程的首要目的

行程的首要目的指缺少了这个目的，该行程不会发生。

行程的首要目的有助于判定该行程是否属于旅游行程，旅行者是否属于访问者。例如，只要访问者在旅程中，在他/她停留期间，获得收入是一种次要的附带的行为，他/她仍然可以算作旅游者（访问者，例如年轻人的背包旅游）。不过，如果首要目的是通过受雇而获得收入，那么，行程就不再是旅游行程，他/她就不能被看作旅游者而是其他旅行者。

关于旅游行程首要目的的信息，对于描述旅游支出模式非常有用；在判断细分旅游需求上也很重要，是计划、营销和促销的依据。

至于旅游团体，其中的成员可能具有不同的个人目的；但行程的首要目的只能是一个，它是所有人作出决定的核心原因。

行程的分类主要依据旅程的首要目的，而首要目的又与行程中的主要活动相关。根据这个原则，由雇主组织和支付，作为雇员奖励的激励性行程应该包括在旅游之内。

虽然访问者在行程中可能进行其他次要的活动，但是每个旅游行程有且仅有一个首要目的。每个首要目的都和旅程中的一组主要活动相关，如图8-3所示。

  1. 私人目的
    1.1 度假、休闲和娱乐
    1.2 走亲访友
    1.3 教育和培训
    1.4 保健和医疗
    1.5 宗教/朝圣
    1.6 购物
    1.7 过境
    1.8 其他
  2. 商务和职业的目的

图 8-3 根据首要目的作出的旅游行程分类

（二）旅游产品的类型

一个旅游产品代表着访问地、交通、住宿、特定活动等不同方面围绕一个利益中心，如历史文化遗址、运动、海滩等的结合。旅游产品的含义与经济统计中"产品"的概念没有联系，而是与旅游商务中的专业人员所使用的用来进行营销的产品概念相关。这样，我们可以谈论旅游产品的特别类型，例如生态旅游、城市旅游、农业旅游、保健旅游等等。这种情况出现得越来越多，并且被作为旅游利益相关者进行营销的一种工具。

因为这些"产品"还不足以用统一的方式描述其中的特点，因此，对于分类的运用国际上还没有建议的标准。

（三）停留的时间

旅游的总量特征可以通过线程数量和过夜数量进行描述。行程上停留时间长短是评估旅游服务需求水平的一个重要的投入指标，例如过夜住宿服务。另外，在停留时间和总支出之间具有很高的相关性，因此，停留时间在估算旅游支出上具有重要的作用。

除去花费在不同地方进行往返的时间，访问者报告和感知的行程上停留的时间会与访问地停留的总时间有出入。

包含过夜的行程时间按照过夜数进行计算；从出发的第一天到回来的最后一天，没有必要进行任何调整。不包含过夜停留的旅程只能是一日游，不管访问者在旅程上花费了多少小时。

根据停留时间的长短，过夜旅程可以进行分组。每个国家（区域组织）应该根据自身的情况决定它的类别。例如，一些国家把停留4夜及以上的作为长行程，反之，则为短行程。至于国际旅游，长行程可以进一步细分，以与移民局公布的停留类型相匹配，确保信息上的合作和交换。在一些国家，特别是国内旅游方面，长短行程与长短周末相关，涉及到1、2甚至3个晚上的停留。在另一些国家，退休旅游访问家庭别墅是很重要的，可能要建立一些特别长的行程类别才能解决问题。

（四）客源地和目的地

对于入境行程，基本的要件是根据常住国而不是国籍来进行分类；因为，如果考虑到行程的组织和安排，访问者是在自己的常住国作出决策并付诸实施的。至于出境行程，应该根据旅程的目的地对离境进行分类。

国家和地域的分类也可以运用到常住地和出境目的地中，不过，所有这些分类都应该基于联合国统计署（United Nations Statistics Division）的《统计运用中的国家和地区标准代码》（Standard Country And Area Codes for Statistical Use）。

对于国内旅游的分析，根据访问者的常住地、个人特征和行程的主要目的地找出行程的特点是必要的。这些信息，通常通过家庭住户调查获得，以矩阵的方式显示出依据客源地和目的地统计的行程数量和停留时间。

（五）交通方式

交通方式是指访问者在行程中所使用的最主要的交通工具。主要交通方式按照不同的方法建立并且基于下面的情形：最长里程所采用的方式、花费最多时间的方式、总成本中份额最高的方式、其他方式。

以国际旅行为例，交通的主要方式通常是以跨越的距离为基础；或者以跨越国家边界为基础，这种情形对于海岛国家更为适用。交通方式的标准分类如图8-4 所示。

主要分组　　　　　次要分组
1. 航空　　　1.1　列入日程安排的飞行
　　　　　　 1.2　没有列入日程安排的飞行
　　　　　　 1.3　私人分机
　　　　　　 1.4　其他飞行模式

2. 水路　　　2.1　轮渡航线
　　　　　　 2.2　航游轮船
　　　　　　 2.3　游艇
　　　　　　 2.4　其他水上交通工具

3. 陆地　　　3.1　铁路
　　　　　　 3.2　长途公共汽车和其他公共道路交通工具
　　　　　　 3.3　带司机的其他出租工具
　　　　　　　　　A. 出租车、小型巴士和私人出租
　　　　　　　　　B. 人力出租或畜力运载工具
　　　　　　 3.4　私人拥有的运载工具（可容8人或以上）
　　　　　　 3.5　无司机的出租运载工具
　　　　　　 3.6　其他陆地运载工具：马拉、自行车、摩托车等等
　　　　　　 3.7　步行

图8-4　交通方式的标准分类

（六）住宿类型

过夜访问者通常需要不同的住宿类型，并且住宿代表了行程总支出中非常重要的一个份额。旅游政策的一个重要领域与酒店业和其他类型的住宿业的发展相

关。旅游局需要关于住宿类型的不同数据，以便对未来的住宿需求作出预测。

短期住宿的供给有三种方式：（1）通常由市场提供，这是一种有偿服务（Paid Service），即使这种支付会得到补贴；（2）非市场提供，通常表现为没有收费的亲戚或朋友；（3）自己支付，主要表现为在家庭别墅度假。访问者也可能不选择任何住宿，例如，背包旅游者可以睡在野外的账篷里。

在旅游住宿中，家庭别墅的断权购买是一种备选方式，近来，许多新的家庭别墅的交易方式出现了，例如，租赁。这些形式中包括了分时度假、产权酒店等其他形式的共享方式，这些方式模糊了有偿住宿和地产所有权或家庭别墅之间的界限。由于这些方式的复杂性，访问者也很难识别他们究竟接受的是一种什么样的住宿服务。

联合国最近修改了经济活动与国际标准产业分类（ISIC and CPC；International Standard Industrial Classification of All Economics，Central Product Classification），这个分类是旅游特色产品和活动分类的基础；而旅游特色产品和活动主要包括了旅游住宿服务。因此，1993年推出的旅游住宿标准分类也需要修正。国家统计局、国家旅游局和国际性组织应该行动起来，共同协商对旅游住宿分类进行修正。

三、访问者和旅游行程特征的测度

在所有关于访问者和旅游行程的调查和程序中，收集的数据应该提供关于访问者的详细信息，这些信息主要用于分析和识别不同目标群体或市场的性质和特征。数据收集之后，还要进行数据的分类，例如，住宿业的类型、交通方式、客源国等必须与同一访问者调查范围内的旅游支出和产品供给相一致。

在许多国家，行程和访问者的特征是建立在问卷调查基础上的，这些问卷调查包括出入境管理卡、边境调查、目的地住宿调查以及部分家庭住户调查。对于入境旅游，世界旅游组织曾经建立了一个边境调查的模型。在模型中，访问者停留时间长短作为重点问题出现。

通过出入境管理卡，移民管理局能够获得入境和出境访问者的基本信息，包括性别、年龄、国籍、当前住址、到达日期等。通常移民管理局是基于访问者的到达日期收集数据的，在这种情况下，对于入境旅行者，管理卡上显示的是他/她期望停留的时间；为了反映真实的停留时间，一些国家对入境和出境进行调整，使数据相互匹配。

一些国家，在边境上缺乏有效措施对入境旅行者进行控制。作为一种替代方法，他们通常对集体宿舍的游客进行调查。数据的使用者如果没有其他的方法弥补这种缺陷，必须记住以下几点：首先，不是所有的访问者都会住在集体宿舍；

其次，访问者可能不会只呆在一个集体宿舍，这样会导致对访问者人数的过高估计而对行程停留的过低估计。

一个到访者是否与定居者或非定居者之间具有某种关系；如果是非定居者，他是否是一个访问者；这些问题的回答主要根据到访者停留时间的长短。在一些情况下，一些国家有数量众多的外国退休定居者，当他们频繁地从一个地方移动到另一个地方，并且没有对某个固定的地方作深度访问时，很难判定某些旅行者的主要常住地。这些人的分类是一个很特别的挑战，因为移民局所获得的信息不足以作出正确的决定。

在上述国家中，这种情况非常普遍，因此，国家有理由允许一个"灰色"类别存在，在这个类别中对个体进行分类，并且将这个类别扩展到旅游支出领域。

同样的情形在其他领域仍然会存在。例如，学生或者病人访问的地方，在他们访问期间被短期滞留等原因打断，该地仍然会被作为他们的惯常居住地。在这种情况下，长期学生或者病人的识别就应该依据学生接受的课程长短或病人接受的治疗时间长短来决定。

第四节 旅游卫星账户中的旅游支出

一、旅游支出的定义和范围

旅游支出是指为了旅游或在旅游行程中，个人为了自身使用或赠与（买回去送给别人）等原因，为购买的消费品、贵重物品和服务等作出的支付数量。它包括旅游者自身的支付，也包括旅游者支付给他人或他人对旅游者的赔偿。

除了旅游者购买消费品和服务的直接货币支出外，特别地，旅游支出还包括：

◆ 雇主为员工的商务旅行所购买的消费品和服务的直接货币支出。

◆ 旅游者的货币支出，但是因为"产品问题"由第三方团体，要么是雇主（商业机构，政府，NPISH, Non-Profit Institutions Serving Households）、其他住户或者社会保险机构（Social Insurance Scheme）对旅游者作出了退款补偿（Refund）。

◆ 旅游者的货币支付，但是，这部分费用得到了政府提供的补贴和资助；政府提供补贴和资助的领域有教育、健康和艺术表演等。

◆ 行程中不需要员工及其家人支付的服务（Out of Pocket Payments），主要由雇主支付。这些内容包括：交通补贴、住宿、在雇主自己拥有的度假地休憩，或者其他服务等。
- 追加的支出（Supplementary Payments），这些支出主要包括访问者受邀参加体育运动或文化活动等。这些费用主要由商业机构、政府或NPISH支付。

旅游支出不包括那些与物品和服务不相一致的购买支出。例如，税负、利息、金融资产或非金融资产的购买等。
- 不属于访问者购买的产品价格的税收和关税。
- 行程期间和准备行程时支付的各类利息，包括那些旅游支出所带来的利息。
- 金融资产和非金融资产的购买，包括土地和房地产，但是不包括贵重物品。
- 无论是第三方还是自己支付，出于再次出售的目的而购买的物品。
- 所有现金转移支付如慈善捐款或捐给其他人。

购买住宅和房地产、与房屋修缮相关的所有支出，根据1993年的国民账户体系（SNA1993）和国际收支平衡账户，它们都属于资本支出，因此，必须从消费的概念中剔除掉。同样，也要从旅游支出中剔除掉。

二、旅游支出的类别

与旅游的三种形式相对应，旅游支出的三种类别是以交易者常住国为基础的，它可以定义为：
- 国内旅游支出。它是定居访问者（Resident Visitor）在相关经济体（Economy of Reference）内的旅游支出。
- 入境旅游支出。它是非定居访问者（Non-Resident Visitor）在相关经济体内的旅游支出。
- 出境旅游支出。它是定居访问者在相关经济体之外的旅游支出。

并不是所有的特定行程的支出都属于同一旅游支出类别，而且国内旅游支出和入境旅游支出都包括从另一个经济体引进的物品。但是，这些物品需要从相关国家的供应商手上购买才能成为国内旅游或国际旅游支出。

一个特别的例子是交通运输服务产生的旅游支出，它可能是由非定居国企业在相关经济地域内发送给定居者。现在这种情况在公共领空出现得越来越多，国际收支账户也曾经特别提到过。另一个有问题的例子是，在互联网上通过国际供应商为国内旅游行程购买物品。在这种情况下，由非定居者提供的购买服务本能地被看作国内旅游支出的一部分，因为没有发生经济地域之外的访问。出于概念一致的需要，这些支出，由定居者到非定居者的交易，被计算在出境旅游的支出中，虽然访问者没有跨越地理边界。

入境旅游支出仅仅包括发生在相关经济体内的购买行为。把一个行程上的入境旅游支出与其他经济体相同行程上的旅游支出相加，也可以把同一行程上不同经济体内的旅游支出进行比较,最后的结果对政策制定具有意义。

出境旅游支出并不包括出境访问者购买的所有物品和劳务,仅仅包括发生在相关经济体之外的所有购买支出。出境访问者在常住国购买的所有物品和服务都只能计算在国内旅游支出中。

利用已经定义的旅游方式,旅游支出的类别还可以分为下面的两种类型:

◆ 境内旅游支出(Internal Tourism Expenditure)。它包括访问者的所有旅游支出,即定居者和非定居者在相关经济体内的全部支出。它是国内旅游支出和入境旅游支出的总和,它包括从常住国外进口的卖给旅游者的物品和服务。这一指标对旅游者在相关经济体内的旅游支出提供最广泛的测度。

◆ 国民旅游支出(National Tourism Expenditure)。它包括定居者在相关经济体内外所有的旅游支出。它是国内旅游和出境旅游支出的总和。

国际旅游支出也可以定义,但是它的经济意义不大。它把相关经济体内非定居访问者的旅游支出(出口)和定居访问者经济体之外的旅游支出(进口)结合起来了。

旅游支出的评价取决于相关物品和劳务的购买方式。在市场交易中,市场价格与访问者支付的单位商品的价值是一致的。这个价格既是含税价,也包含了住宿和饮食服务中流行的自愿小费和强制性消费。对非定居者进行折扣和销售税或者抵扣增值税(VAT,Value Added Tax),即使这些物品在边境制造,如果与旅游支出相关,也应该考虑,因为它们降低了访问者实际支付的价格。

三、分类

为了把访问者的旅游需求和经济体的旅游供给结合起来,不仅要收集旅游支出的总量价值,也要收集总体构成。

把特定物品和服务的旅游需求与供给结合起来,需要一个中介。在需求和供给统计中,物品和服务的普通分类可以满足这个要求。在工业统计和国民账户中,产品通常通过分类来进行分析,这一点可以参见联合国的核心产品分类(CPC)。

不过,旅游支出的产品分类通常是以访问者提供的直接信息为基础,因此,产品分类必须尽可能让访问者容易理解和申报。

结果是,为了旅游支出的数据收集,产品分类主要按照访问者的目的来安排。识别访问者支出的最普通的方法是,让访问者按照他们的出游目的对支出进行分组。这样作的原因也是为了与个人消费的国际分类(International Classification of Individual Consumption By Purpose)和联合国的核心产品分类进行对接。后两个国际标准大多适用于居民统计调查中的个人消费描述。至于旅游分析,通常使用的分类和建议如下：包价旅行、包价旅游和包价休假，住宿，食物和酒水，地方交通，国际交通，娱乐、文化和体育活动，购物，其他。

无论在哪里，调查都会把支出分解成不同的物品和服务；但是，收集的信息必须按照与访问者或旅行团体或者行程等相关特征进行交叉分类并根据样本的大小来设计。这种要求可能过于严厉，但它是我们充分利用所收集的信息的关键。

四、旅游支出的测度

在对入境旅游访问者的调查中，不管是在边境还是在其他任何可观察的地方，国家应该有一个特定的支出调查单元。

边境调查要么以月、季度或年为单位持续进行，要么在特定的某个时点进行（淡季或旺季）。一些国家的调查可能是间歇性的，但是他们通过大样本容量和良好的设计，利用获得的数据进行推断。同样地，也可以精心设计一些固定的调查点来开展这项工作。

在开放的陆地边界中，很难进行边境调查，一些国家将住宿地的访客调查和客源国非定居访问者的出境旅游支出与出境访客的统计结合起来进行，可以利用信用卡数据等其他来源数据进行补充。

至于国内旅游和出境旅游支出，要么采用特定的家庭住户调查，要么对总体家庭支出进行周期性调查。这种调查可以持续进行。无论怎样，从短期来看，如果消费模式是相对稳定的，调查没有必要太频繁，但必须与利用模型进行的测算程序相关，这在入境旅游支出中应用普遍。

对国内旅游支出的测度，为了分配计算访问者流动对相关地方经济的影响，要识别服务和物品接受自哪一个经济体。任何一种测算方式都必须考虑到不同类型的数据。

要求访问者详细申报与特定行程和访问相关的支出，需要专家的特别关注以确保数据足够的准确性；当参考期限很长或时间很远时，这点特别重要。

在一些国家，信息按照一个很简洁的分类数目进行收集，并且将按照目的的类别与支付方式结合起来。例如，访问者可能会被问到酒店账单的总值和支付的方式；访问者的账单，除了住宿之外，可能还包括食物和其他服务如衣服干洗、电话、商业设施设备的使用、氧吧和其他在同一个地方提供的娱乐服务。结果是，单独把这些项目分开来是不可行的。这样，需要另外的估算程序。

相关的一些有争议的测度以概要的方式列在下面：

◆ 清楚地识别访问者和他们的行程的关键性特征至关重要；用这种方法可以将信息与在其他统计调查程序中观察到的访问者范围对接起来；同时，

还可以将收集到的数据进行合理的扩展。
- 访问者购买的物品和服务可以按照入境旅游、国内旅游或出境旅游支出进行分类，而这种分类是根据访问者或供给者的常住国进行；因此，访问者和供给者的常住国必须能够被准确识别。这对于旅游行程开始之前的国际交通服务的购买进行判别非常重要。
- 对于选择报价旅游的访问者，信息收集可以按照集中方法展开：总支付费用；包价的组成部分和推出包价的旅行社或旅游经营上的常住国；访问者和不同供应商的常住国。
- 到达目的地时采用的交通方式、在相关国家旅行和离开时的交通方式，包括部分包价服务，应该清楚明白地陈述。
- 为了估算旅游支出，一些国家发现经常统计访问者人数和他们的特征非常有用，但是这仅仅限于对旅游支出的不经常调查（每2年或5年）。利用以往的访问者消费模型可以估算当前时期旅游者的消费支出，利用相关的总量数据（例如，访问者流量、人数）和价格指数可以推断总的价值。
- 清楚地确定旅游者利用自身的资源作出的旅游消费很重要，同时，了解其他人因为受益而作出的消费支出也非常重要。
- 旅游支出中的多数项目都是家庭最终消费的一部分。不过，一些支出则不是，例如访问者因为商务和职业行程对住宿和交通的支付不算在内。国民账户体系把它作为中间消费的一部分。贵重物品也是如此，它不被看作是家庭住户最终消费支出的部分，而是对应于最终需求的非消费种类。这些旅游支出应该单独列出来，以促进其他宏观经济框架的比较。
- 访问者在行程中购买的贵重物品和消费耐用品，不管它的单位价值如何，它都是旅游支出。与此相对照，那些价值超过国家海关规定标准的物品，根据国际收支账户和国民账户，被作为商业贸易看待，从非定居者旅行支出中排除。既然这类物品会影响到上述框架的可比性，那么，这类消费支出也应该单独列出来。
- 上面提到的旅行团体也应引起特别的注意，原因是：在旅行团体中，部分或全部的支出都是相关联的，因此，支出调查报告中的不同数据都是针对团体而不是每个成员。一些国家发现同等规模的部分或全部旅游支出是互相关联的，当前在家庭预算分析中实际就是如此。在住宿（多人共享一个房间）和交通中，比较团体旅行和个人旅行中的个体支出，可以发现，支出共享会导致每个人的支出下降。
- 应该在访问地收集旅游信息，并且搞清楚在每个地方的停留时间。

第五节 旅游产品和旅游活动的分类

本节对旅游产品和旅游活动的分类提出一些建议。这些分类主要用于进行旅游测度和旅游分析，这样作的目的包括两个方面：数据的国际可比、在国内与其他统计可以对接。这些分类主要指属于旅游支出的产品和用来定义旅游产业的生产性活动。

旅游产品和旅游活动的分类主要集中于两个方面：第一，访问者直接购买的物品和服务，它是家庭住户实现的个人消费支出的一部分（属于目的性的个人消费分类，Classification of Individual Consumption By Purpose）；第二，与访问者直接相关、为访问者服务的生产性活动。它把旅游投资，为生产提供支持的服务，促销、管理和咨询等推进旅游发展与旅游强烈相关但不被访问者直接获取的服务排除在外。

旅游卫星账户是全面理解与旅游供给和需求相关的旅游数据的一个概念性框架，它能够思考更全面的旅游需求，这些需求不仅可以包括个体旅游消费，也包括旅游集体消费和旅游总固定资本的形成。由于这个原因，可以看出，现行的分类满足了两个不同类型的要求：一是旅游消费的测度，二是更广泛的旅游需求概念的测度。有了这样的想法，旅游产品和活动的分类，除了消费产品外，还包括相关经济体中所有与旅游相关联的其他产品。因此，产品分类还包含两个子类：旅游消费产品和非旅游消费产品。

联合国的核心产品分类（CPC）也服从上述两个要求，可以作为分类的参考。另外，使用联合国的核心产品分类（CPC）的分类产品和使用经济活动的与国际标准产业分类（ISIC and CPC；International Standard Industrial Classification of All Economics，Central Product Classification）的生产性活动分类之间要保持良好的协调和一致。旅游产品和旅游活动的分类是以联合国统计署 2006 年通过的上述两个标准的近期修订版本为基础的。

一、基本原则

旅游卫星账户在一个更广的国民经济统计框架内为旅游统计与其他产业统计的对接提供了概念框架和组织结构。因为旅游卫星账户在结构上是与 1993 年的国民账户相对接的，应该遵守卫星账户的设置的建议。

按照1993年的国民账户第21节的内容，建立旅游卫星账户应该以"旅游联系产品"（Tourism-Related Products）的识别为起点。它由两个子类组成：旅游特征产品（Tourism Characteristic Products）和旅游关联产品（Tourism Connected Products）。这两类产品是根据它们在世界范围内或者相关经济体内与旅游链接的紧密程度来确定的。这两个子类毫无疑义地指消费产品。

对于旅游特色产品，搞清楚它们是如何生产的，描述它们的生产过程、资本投入和中间消费以及所需要的劳动力，在不同国家跨时比较产品的使用和生产是特别有意思的。旅游的国际可比性应该被限制在旅游特色产品和与之相联系的活动中。

旅游特色产品必须能够满足下面一个或者两个原则：
◆ 在产品上的旅游支出应该代表总体旅游支出一个最显著的份额（支出份额/需求份额条件）。
◆ 在产品上的旅游支出应该代表经济体在产品供给上最显著的份额（供给份额条件）。这个原则意味着在缺乏访问者时，旅游特色产品一个有意义的数量不再存在。

旅游特色活动是典型地生产旅游特色产品的活动。在类似的核心产品分类（CPC）中，产品的产业源头并不适合于总体产品，在产品和生产该产业主要产品之间，并不存在严格的一一对应关系。由两个不同的ISIC产业生产的两款相似的特色产品并不会被分在CPC的同一个产品分类中。

至于旅游关联产品，尽管它们与旅游的联系是在一个有限的范围内，但是，在相关经济体中的旅游分析的重要性已经被认识到了。结果是，许多这类产品都具有特定国家（Country-Specific）的性质。

一些消费产品，虽然被访问者购买，但并不与该行程相关而落在两类产品之外。这样，它们只能被归于其他种类之中。

二、旅游产品和活动的分类

在目的性的个人消费分类（COICBP: Classification of Individual Consumption By Purpose）定义中，属于家庭住户消费支出的个人消费应该称为消费产品；所有其他的物品和服务都是非消费产品，这两者之间有明确的区别。但是，必须观察到，当一个产品被生产者获得，而这个产品又属于这个分类，那么，它可以是中间消费品，或者总的固定资本形成。

这些分类会被发展，它的基本要素被定义如下：

A. 消费产品。

A.1 旅游特色产品。由两个子类组成：

A.1.1 国际上可以进行比较的旅游特色产品，它代表着旅游支出国际比较的核心产品。

A.1.2 特定国家的旅游特色产品。对于这类产品，它们的生产活动具有旅游特色，这种主要生产活动具有旅游特色的产业称为旅游产业。

A.2 其他消费产品。由两个子类组成。它们都由特定国家决定。

A.2.1 旅游关联产品。由其他与旅游分析具有关联的产品组成。

A.2.2 非旅游联系产品。不属于上面提到的所有其他消费物品和服务。

B. 非消费产品。按照它们的性质，不是消费物品和服务的所有产品，既不是旅游支出的一部分，也不是旅游消费的一部分。不过，访问者在行程中购买的贵重物品要排除在外，它可以分为两类：

B.1 贵重物品。

B.2 其他非消费产品。包括所有与旅游总固定资本形成和集体消费相关的产品。

旅游特色活动指旅游特色产品中的两个子类。运用上面提到的一些原则，一些产品可以分类为特色产品，这些产品和相应的活动支持了联合国的核心产品分类（CPC）和经济活动的国际标准产业分类（ISIC）中的产品可比性的要求。如表 8-1 所示。

表 8-1 旅游特色消费产品和旅游分类活动列表

产品	活动
1.提供给访问者的住宿服务	1.对访问者的食宿提供
2.食物和酒水服务	2.食物和酒水服务活动
3.铁路旅客运输服务	3.铁路旅客运输
4.陆路旅客运输服务	4.陆路旅客运输
5.水路旅客运输服务	5.水路旅客运输
6.航空旅客运输服务	6.航空旅客运输
7.运输设备出租服务	7.运输设备出租
8.旅行社和其他预订服务	8.旅行社和其他预订活动
9.文化服务	9.文化活动
10.运动和休闲服务	10.运动和休闲活动
11.特定国家旅游特色产品	11.特定国家旅游特色产品零售交易
12.特定国家旅游特色服务	12.特定国家旅游特色活动

表 8-1 把旅游特色消费产品进行了分类，一共 12 类。从第 1 类到第 10 类包含了国际可比的旅游核心产品，这些类别也可以在联合国的核心产品分类（CPC）和经济活动的国际标准产业分类（ISIC）中找到。其他两类是特定国家的旅游特色产品，其中第 11 类覆盖了旅游特色物品和相应的零售交易活动，第 12 类是旅

游特色服务和活动。

三、识别旅游消费产品和活动

访问者关于旅游支出的信息是以建议的分类标准为基础进行收集的。总体来说，可以分为如下几组：包价旅行、包价旅游和包价休假，住宿，食物和酒水，地方交通，国际交通，娱乐、文化和体育活动，购物，其他。

上面的每一组都包含物品和服务。组中的进一步分类根据支出的目的，不考虑生产方式和实体性质。

物品和服务按照访问者购买的目的进行分组。例如，油气和备用零件等属于"地方交通和国际交通"组里的交通服务；在旅游行程中购买设备进行户外活动就属于"娱乐、文化和体育活动"组；"食物和酒水"组就包含了食物和饮料服务以及消费用的食物购买。按照相似的原则，预订服务包括所卖出的服务，如航游包价旅行，在"交通"组中的交通，"娱乐、文化和体育活动"组的表演和节目。卫星账户的建立，建议使用这些分类作为产品和活动分类选择的基础。

就核心产品分类（CPC）的次类而论，许多潜在地与旅游需求相关的服务可以在按照目的进行分组后，提取出来。对于旅游统计中消费物品和贵重物品的特别条款，将会在后面进行分析。

CPC次类被包含在列表中并不意味着所有属于次类的产品都与旅游相关，只是说明它包含的产品属于旅游支出。例如，CPC 67190 "其他货物与装卸服务"在列是因为访问者支付装卸服务费用给包裹装卸工人；类别中剩下的其他基本产品通常是由生产购买的。类似地，CPC 85961"会议辅助和组织服务"和CPC 85962"交易展示辅助和组织服务"也被包括在内是因为访问者可能会直接支付其入场费。

列表中某些层面的CPC内含条款还需要进一步考虑以保证其准确性：

- ◆ CPC 第66条提到"经营商交通工具的出租服务"。因为包价旅游按照最后结果来计算，所以，与"经营上长途公共汽车出租服务"（CPC 66011）对应的部分事实上是由旅游运营商购买，然后作为旅游支出分派。
- ◆ 包含在第67条"支持与辅助交通服务"要么指在火车站、汽车站、机场、高速公路等地方提供给旅客的服务，要么指私人业主提供给访问者的交通服务。
- ◆ CPC 859 类提到"其他支持服务"，主要包括两类：第一，有酒店商务中心或者独立机构提供给商务访问者或其他访问者的服务（CPC 85953 "文案准备和其他特别办公支持服务"）；第二，有访问者支付的注册费，如会费，展销会等（CPC 85961 "会议辅助和组织服务"）。
- 包含在第 92 条中的项目（"教育服务"）和第 93 条（"身心健康与社会看护服务"）提到访问者在教育和健康支付的费用。一般来说，短期教育和身心治疗可以构成行程的主要目的。

四、旅游特色产品和活动的国际可比性

与"其他"组不同，所有的CPC次类都归属于按目的分组的旅游支出组，这些次类都应该被包括在按产品计算的旅游支出的测度中。遵循 1993 年的国民账户体系原则，这些产品可以作为国际可比的旅游特色产品。因此，一个建议是，国家应该单独把物品从服务中区分开来。

不过，唯一能够被作为世界性的旅游特色服务的是那些能够满足前面提出的原则的服务。那些产业会把这些服务作为它们的主要产出。

在国际可比的旅游特色产品中，CPC分类内含的一些条款需要作一些解释：
- CPC 63399 "其他食品供应服务"与食物的提供相关。这些供给点包括无座的快餐店、茶点摊、冰淇淋室等。
- 第 72 条"房地产服务"包括与家庭别墅相关的服务，租给短期访问者的主要住所和分时度假产权等，如CPC 72111 "涉及到自身或契约型住所产权的租赁服务"，CPC 72123 "分时度假产权的交易服务"，还有CPC 7221 基于契约的"产权管理服务"。

还有一些CPC次类之外的类型需要进行辨析：
- 例如，访问者消费了不同类型的产品，典型的如 ISIC 4921 "城市与郊区旅游陆地交通"，CPC 64111 "城市与郊区旅客铁路运输服务"，CPC 64113 "城市与郊区旅客交通服务的混合方式"。无论怎样，这些访问者消费的服务与常住地总人口的消费的服务相比是非常小的。把这些旅游特色服务囊括进来很显然没有什么兴趣。这解释了为什么这些产品不被认为具有旅游特色。与此相对，典型产品 ISIC 4922"其他旅客陆地交通"在所有国家大多数都被访问者消费，因此，这些产品被认为具有旅游特色。
- 同样的论据也被用来排除第 68 条"邮递和急件服务"、第 84 条"电信"等，以及第 97 条"其他服务"的组成部分，这些服务中都提到了商业和个人服务，访问者使用的服务，酒店、独立机构单独提供的发票服务，远离家乡时的邮件接收和邮政服务等。

国际可比的旅游特色活动在 10 个主要类别中分组，这些分组与 经济活动的

国际标准产业分类（ISIC）相关。由于核心产品分类（CPC）直接联系着供给分析，因此，比之于产品和活动目的分类，生产和供给更加重要。例如，与预订和类似服务相关的所有产品和活动，都被分组在一个单一的目录下。还有，远距离旅客交通按照交通方式进行分组。核心产品分类（CPC）在旅游卫星账户中也被使用到。

五、建立特定国家旅游特色产品和旅游相关产品的分类

每个国家都可以用特定国家的旅游特色产品对国际可比的旅游特色产品进行补充完善。所以，任何国家都可以分别把物品从服务中区分出来。

部分CPC次类暂时性地可以作为潜在旅游消费产品对待。那些以前没有国际比较基础的类别可以构成一个体系，任何国家可以利用这个体系来决定国家类别的旅游特色产品和旅游相关产品。时机成熟时，联合国世界旅游组织会回顾这些国家特定分类列表，决定是否修改国际可比的旅游特色产品和活动。

选择特定国家旅游特色产品的建议标准依据如下两点：

◆ 在产品上的旅游支出应该代表总体旅游支出中一个最显著的份额（支出份额/需求份额条件）。

◆ 在产品上的旅游支出应该代表经济体在产品供给上最显著的份额（供给份额条件）。这个原则意味着在缺乏访问者时，旅游特色产品一个有意义的数量不再存在。

在每个国家，这个准则应该被最大限度地利用。

特定国家的旅游特色产品和特定国家的旅游特色活动构成了旅游特色产品和活动中详细分类的 12 个类别。它们包括按目的分类的所有产品和活动。最后，每个国家都会决定旅游相关产品的分类列表，这些分类列表都以它们对旅游理解的重要性作为基础（参见表 8-2、表 8-3 和表 8-4）。

表 8-2 按目的分组的消费产品列表、国际可比的旅游特色产品分类

CPC Ver.2	描述	类别	相应的活动 ISIC Rev.4
次类			
包价旅行、包价度假和包价旅游（a）			
64122	旅客内陆航游水运服务	X	5021
64232	旅客游船滨海跨洋水运服务	X	5011
85524	包价旅游预订服务	X	7911，7920
85540	旅游经营商服务	X	7912
85523	航游预订服务	X	7911，7920

续表

CPC Ver.2	描述	类别	相应的活动 ISIC Rev.4
住宿			
63111	提供给访问者的带每日家务客房住宿	X	5510
63112	提供给访问者的不带每日家务客房住宿	X	5510
63113	以分时产权提供给访问者的客房住宿	X	5510
63114	提供给访问者的客房具有多用途	X	5510
63120	综合服务	X	5520
63130	休闲度假营地服务	X	5520
63210	学生宿舍提供的客房服务	X	5590
63290	所有其他客房住宿服务	X	5590
72111	自居或住宅产权租用的出租服务（b）	X	6810
72123	分时度假产权的交易服务	X	6810
72211	缴费或契约型住宅产权管理服务（b）	X	6820
72213	缴费或契约型分时度假产权管理服务	X	6820
72221	缴费或契约型住宅销售服务（b）	X	6820
72223	缴费或契约型的分时度假产权销售服务	X	6820
85521	住宿预订服务（b）	X	7911，7920
85522	分时度假交易服务	X	7920
食品和饮料（c）			
63310	全餐馆式的进餐服务	X	5610
63320	有限服务的进餐服务	X	5610
63399	其他食品服务	X	5610，5629
63400	酒水服务	X	5630
地方和国际交通（d）			
64111	旅客城市和郊区铁路交通服务		4921
64112	按日程安排旅客城市和郊区铁路交通服务		4921
64113	混合方式的旅客城市和郊区铁路交通服务		4921
64114	按日程安排的具有特别目的的旅客城市和郊区道路交通服务		4921
64115	出租车服务	X	4922
64116	带司机的旅客轿车出租服务	X	4922
64117	旅客人力或畜力运载道路出租服务	X	4922
64118	非日程安排的地方公汽和长途汽车服务	X	4922
64119	其他陆地旅客运输服务	X	4922
64121	旅客内河轮渡运输服务	X	5021
64129	所有其他内河水运运输服务	X	5021

续表

CPC Ver.2	描述	类别	相应的活动 ISIC Rev.4
64131	铁路观光服务	X	4911
64132	陆路观光服务（不包括铁路）	X	4922
64133	水路观光服务	X	5021
64134	航空观光服务	X	5110
64210	城市之间旅客交通服务	X	4911
64221	城市之间按日程安排的旅客交通服务	X	4922
64222	城市之间按日程安排的特别目的的旅客交通服务	X	4922
64223	非日程安排长距离公汽或长途汽车服务	X	4922
64231	滨海和跨洋轮渡水运服务	X	5011
64239	所有其他滨海和跨洋旅客水运服务	X	5011
64241	按日程安排的旅客国内航空运输服务	X	5110
64242	没有按日程安排的旅客国内航空运输服务	X	5110
64243	按日程安排的旅客国际航空运输服务	X	5110
64244	没有按日程安排的旅客国际航空运输服务	X	5110
64250	旅客太空运输服务	X	5110
66011	带司机的巴士和长途汽车运输出租服务		4922
66021	带司机的滨海轮船出租服务和跨洋水运出租服务		5011，5012
66022	带司机的内河轮船运输出租服务		5011，5012
66031	带司机的飞机旅客出租服务		5110
67190	其他货物包裹装卸服务		5224
67309	其他铁路运输支持服务		5221
67410	巴士车站服务		5221
67420	高速公路，桥梁和隧道经营服务		5221
67430	停车货品服务		5221
67440	商业和私人车辆的牵引服务		5221
67511	滨海和跨洋水域港口和航道服务		5221
67512	内河航道经营服务		5222
67521	滨海和跨洋水域领航和停泊服务		5222
67522	内河领航和停泊服务		5222
67531	滨海和跨洋水域沉船打捞和浮起服务		5222
67532	内河沉船打捞和浮起服务		5222
67610	航空运营服务		5223
67620	航空交通管制服务		5223
67730	航空交通其他支持服务		5223
73111	与轿车相关的租赁服务和不带司机的小型货车租赁	X	7710

续表

CPC Ver.2	描述	类别	相应的活动 ISIC Rev.4
73114	不带司机的与陆地运输设备相关的租赁服务		7730
73115	不带司机的与船舰相关的租赁服务		7730
73116	不带司机的与航空器相关的租赁服务		7730
85511	航空运输预订服务		7911，7920
85512	铁路运输预订服务		7911，7920
85513	汽车运输预订服务		7911，7920
85514	车辆预订服务		7911，7920
85519	其他交通安排和预订服务		7911，7920
87141	机动车辆维修和保养服务		4520
87142	摩托车和雪车维修和保养服务		4540
87143	拖车、半拖车和其他机动车辆维修和保养服务		4520
87149	其他运输设备的维修和保养服务		3315
休闲文化与体育活动（e）			
73240	与身心休闲设备出租相关的服务		7721
85539	项目订票服务和娱乐休闲服务	X	7920
85550	导游服务	X	7912
85562	访问者信息服务	X	7920
96151	电影放映服务		5914
96152	录像带放映服务		5914
96220	艺术生产和展示服务	X	9000
96310	艺术表演服务	X	9000
96411	博物馆服务，不包括历史文物景点和建筑物	X	9102
96412	历史遗迹和建筑保护服务	X	9102
96421	植物和动物公园服务	X	9103
96422	自然保护区服务包括野生动物保护服务	X	9103
96511	运动和休闲运动项目的促销服务		9319
96512	运动俱乐部服务		9312
96520	运动和休闲运动设施经营服务	X	9311
96590	其他运动和休闲运动服务	X	9319
96620	与运动和休闲相关的支持服务		9319
96910	娱乐公园和类似吸引物服务	X	9321
96929	其他赌博服务	X	9200
96930	投币式娱乐机械服务	X	9329
96990	其他休闲和娱乐服务	X	9329

续表

CPC Ver.2	描述	类别	相应的活动 ISIC Rev.4
购物（f）			
	购物活动中访问者购买的物品		
其他			
71134	信用卡服务		6492
71131	机动车辆保险服务		6512
71134	其他财产保险服务		6512
71137	旅行保险服务		6512
71592	外汇交易服务		6512
73260	与纺织、服装鞋类相关的出租服务		7729
73290	与其他物品相关的出租服务		7729
83811	画像拍照服务		7420
83820	照片处理服务		7420
85953	文案准备和其他特别办公支持服务		8219
85961	会议辅助和组织服务		8230
85962	交易展示和组织服务		8230
87290	其他物品的维修保养服务		9529
92330	高中教育服务		8521
92340	普通高中教育服务、技校和职校教育服务		8522
92410	普通大学预科非高等教育服务		8521
92420	普通大学预科非高等教育服务，技校和职校教育服务		8522
92510	高等教育第一阶段服务		8530
92520	高等教育第二阶段服务		8530
92911	文化教育服务		8542
92912	运动和休闲教育服务		8541
92920	其他教育和培训服务		8549
93111	病人医疗服务		8550
93112	妇科和妇产科病人服务		8610
93119	其他病人服务		8610
93122	特别医疗服务		8610
93123	牙科服务		8620
93191	投递及相关服务		8620
93192	护理服务		8620
93121	普遍医疗服务		8610
93193	物理治疗服务		8690
93194	救护车服务		8690

续表

CPC Ver.2	描述	类别	相应的活动 ISIC Rev.4
93195	医疗实验室服务		8690
93196	图像诊断服务		8690
93199	其他身心健康服务		8690
	其他难以识别的服务		
	其他难以识别物品		

注释：没有X的类别意味着产品没有被作为国际可比的旅游特色产品，但可以作为其他任何类型看待。国家不同，分类可能也不同。

(a) 包裹的组成部分的价值也包含在内；
(b) 仅指家庭别墅；
(c) 也包括消费直接购买和之前作准备时的购买；
(d) 包括物品购买如汽油、备用零件等；
(e) 包括与目的相关的物品；
(f) 仅包括物品：单一目的的消费贵重物品；纪念品、手工艺品和任何其他主要带回家的物品。

表 8-3　旅游特色活动列表（旅游产业）和根据 ISIC Rev.4 主要分类作出的分组

	旅游产业	ISIC Rev.4	描述
1	供给访问者的住宿业	5510	短期住宿活动
		5520	休闲泊车、拖车停靠、账篷营地
		5590	其他住宿
		6810	自有或出租产权的房地产活动*
		6820	缴费和契约基础的房地产活动*
2	食品和酒水服务活动	5610	餐馆和送餐服务活动
		5629	其他食品服务活动
		5630	酒水服务活动
3	铁路旅客运输	4911	旅客铁路运输
4	陆地旅客运输	4922	其他旅客陆地运输
5	水路旅客运输	5011	海洋和滨海旅客水上运输
		5021	内陆旅客水上运输
6	航空旅客运输	5110	旅客航空运输
7	交通设备出租	7710	机动车辆出租
8	旅行社和其他预订服务活动	7911	旅行社服务活动
		7912	旅游经营商活动
		7920	其他预订服务活动
9	文化活动	9000	创新性艺术与娱乐活动
		9102	博物馆活动和历史遗迹与建筑经营
		9103	植物园和动物园与自然保护区活动

续表

	旅游产业	ISIC Rev.4	描述
10	运动和休闲活动	7721	休闲与运动物品出租
		9200	博彩活动
		9311	运动器材经营活动
		9319	其他运动活动
		9321	娱乐公园和主题公园的运营
		9329	其他娱乐和休闲活动
11	特定国家旅游特色物品零售交易		免税商店**
			特别零售纪念品**
			特别零售手工艺品**
			其他特别零售旅游特色物品交易**
12	特定国家旅游特色活动		

注释：* 部分与第二住所和分时度假产权相关

** 不是4位的ISIC。

表8-4 旅游特色产品列表和按照 CPC Ver.2 分类作出的分组

1	提供给访问者的住宿服务	4	陆地旅客运输服务
	63111 提供给访问者的带每日家务客房住宿		64115 出租车服务
	63112 提供给访问者的不带每日家务客房住宿		64116 带司机的旅客轿车出租服务
			64117 旅客人力或畜力运载道路出租服务
	63113 以分时产权提供给访问者的客房住宿		64118 非日程安排的地方公汽和长途汽车服务
	63114 提供给访问者的客房具有多用途		64119 其他陆地旅客运输服务
	63120 综合服务		64221 城市之间按日程安排的旅客交通服务
	63130 休闲度假营地服务		
	63210 学生宿舍提供的客房服务		64222 城市之间按日程安排的特别目的的旅客交通服务
	63290 所有其他客房住宿服务		
	72111 自居或住宅产权租用的出租服务（b）		64223 非日程安排长距离公汽或长途汽车服务
	72123 分时度假产权的交易服务		64132 陆路观光服务（不包括铁路）
	72211 缴费或契约型住宅产权管理服务（b）	5	水路旅客运输服务
			64121 旅客内河轮渡运输服务
			64129 所有其他内河水运运输服务
	72213 缴费或契约型分时度假产权管理服务		64133 水路观光服务
			64231 滨海和跨洋轮渡水运服务
	72221 缴费或契约型住宅销售服务（b）	6	航空旅客运输服务
	72223 缴费或契约型的分时度假产权销售服务		64134 航空观光服务
			64241 按日程安排的旅客国内航空运输服务
2	食物和酒水服务		
	63310 全餐馆式的进餐服务		64242 没有按日程安排的旅客国内航空运输服务
	63320 有限服务的进餐服务		
	63399 其他食品服务		64243 按日程安排的旅客国际航空运输服务
	63400 酒水服务		
3	铁路旅客运输服务		64244 没有按日程安排的旅客国际航空运输服务
	64131 铁路观光服务		
	64210 城市之间旅客交通服务		64250 旅客太空运输服务

续表

7	交通设备出租		96411 博物馆服务，不包括历史文物景点和建筑物
	73111 与轿车相关的租赁服务和不带司机的小型货车租赁		96412 历史遗迹和建筑保护服务
8	旅行社和其他预订服务		96421 植物和动物公园服务
	85511 航空运输预订服务		96422 自然保护区服务包括野生动物保护服务
	85512 铁路运输预订服务		
	85513 汽车运输预订服务	10	运动和休闲服务
	85514 车辆预订服务		96520 运动和休闲运动设施经营服务
	85519 其他交通安排和预订服务		96590 其他运动和休闲运动服务
	85539 项目订票服务和娱乐休闲服务		96620 与运动和休闲相关的支持服务
	85550 导游服务		96910 娱乐公园和类似吸引物服务
	85562 访问者信息服务		96929 其他赌博服务
9	文化服务		96930 投币式娱乐机械服务
			96990 其他休闲和娱乐服务
	96220 艺术生产和展示服务	11	特定国家旅游特色物品
	96310 艺术表演服务	12	特定国家旅游特色服务

思考题

1. 什么是卫星账户和旅游卫星账户？
2. 在旅游卫星账户中，旅游者包括哪些类别？
3. 什么是旅游特色产品？
4. 什么是特定国家的旅游特色产品？
5. 旅游支出的定义什么？

附录：我国旅游统计调查

——以深圳市为例

第一节　旅游统计调查的总则

一、为了有效、科学地组织全市旅游统计工作，了解和掌握我市旅游业的基本情况，保证旅游统计资料的准确性、及时性和全面性，为市政府制定政策和进行宏观经济管理提供依据，根据《中华人民共和国统计法》及其实施细则和《旅游统计管理办法》的有关规定，制定本制度。

二、本调查制度是国家统计调查的一个组成部分，是我国国民经济与社会发展统计体系的一部分，也是政府综合统计对国务院有关部门和各省、自治区、直辖市旅游局的综合要求。各区旅游局、各旅游企事业单位应按照本制度的统计范围、统计方法、统计口径认真组织实施，按时报送。

三、本调查制度由基层统计报表、部门统计报表、专业统计报表、旅游抽样调查、旅游统计分析和附录等六部分组成。基层统计报表主要包括：旅游单位基本情况、旅行社外联和接待情况、旅行社接待国内游客情况、旅行社组团国内旅游情况、旅行社经营出境旅游情况、旅游住宿设施接待情况、旅游景区(点)基本情况、旅游企业经营情况、旅游企业主要财务指标等；部门统计报表主要包括：入境旅游人员情况、入境外国游客情况、中国（大陆）公民出境情况和入境游客花费构成情况等；专业统计报表主要包括：旅游院校基本情况和旅游行业职工教育培训情况等；旅游抽样调查主要包括：入境游客花费情况、国内居民旅游及花费情况、地方接待国内游客情况等；统计分析主要包括：对旅游统计分析报告的内容和报送时间的要求；附录为旅游统计基本概念和主要指标解释、统计法及实施细则、旅游统计管理办法和各区旅游局通讯录。

四、本调查制度的资料来源和报送方式。

1. 基层统计报表

由各旅游住宿设施、旅行社、旅游景区(点)及其他旅游企事业单位（独立核算服务企业），根据制度统一要求，将报告期内单位的有关接待和经营情况上报本辖区旅游局。各旅游企业登陆深圳市旅游局政务网 www.szta.gov.cn 填报。

2. 部门统计报表

入境旅游人员情况、入境外国游客情况、中国（大陆）公民出境情况等资料来源于深圳出入境边防检查总站，其有关资料按制度要求，报市统计局并抄送市旅游局。

3. 专业统计报表

旅游院校和旅游行业职工教育培训情况，由各区旅游局负责收集、审核、汇总后，报市旅游局。

4. 旅游抽样调查

全市性的对入境游客花费、国内居民出游和花费情况的抽样调查，每年由市旅游局统一组织实施。

市旅游局将汇总后的全市旅游统计资料报市统计局。各区旅游局将基础数据资料报市旅游局的同时，送各区统计局。

五、各项统计调查的报告期别、报送单位、报达单位、报送日期和报送方式均按《旅游统计调查制度》的要求严格执行。

七、本调查制度从 2005 年 12 月起实施，有效期至 2008 年 3 月。

第二节　旅游统计调查目录

表号	表名	期别	表别	报送单位	报达单位	统计范围	报送日期	
							各区旅游局	各企业报出
一、基层统计报表								
SD-FLY001 表	旅游单位基本情况表	年报	全面调查	所有旅游企事业单位和旅游行政管理部门	本辖区旅游局	辖区内所有旅游企事业单位和旅游行政管理部门	年后 3 日前	年后 1 日前
SD-FLY002 表	旅行社外联、接待情况基层月报表	月报	全面调查	国际旅行社、国内旅行社	本辖区旅游局	辖区内所有旅行社	月(年)后 5 日前	月(年)后 3 日前
SD-FLY003 表	旅行社接待国内游客情况基层月报表	月报	全面调查	国际旅行社、国内旅行社	本辖区旅游局	辖区内所有旅行社	月(年)后 5 日前	月(年)后 3 日前
SD-FLY004 表	旅行社组团国内旅游者情况基层月报表	月报	全面调查	国际旅行社、国内旅行社	本辖区旅游局	辖区内所有旅行社	月(年)后 5 日前	月(年)后 3 日前
SD-FLY005 表	旅游企业经营情况基层季报表	季报	全面调查	所有旅游企业	辖区旅游局	辖区内所有旅游企业	季(年)后 18 日前	季(年)后 15 前
SD-FLY006 表	旅行社经营出境旅游情况基层月报表	月报	全面调查	经国家旅游局批准经营中国公民出国旅游和赴港澳地区旅游业务的旅行社	本辖区旅游局	辖区内所有经国家旅游局批准经营中国公民出国旅游和赴港澳地区旅游业务的旅行社	月(年)后 5 日前	月(年)后 3 日前
SD-FLY007 表	旅行社经营出境旅游情况基层月报表	月报	全面调查	经国家旅游局批准经营中国公民出国旅游和赴港澳地区旅游业务的旅行社	本辖区旅游局	辖区内所有经国家旅游局批准经营中国公民出国旅游和赴港澳地区旅游业务的旅行社	月(年)后 5 日前	月(年)后 3 日前
SD-FLY008 表	旅游住宿设施接待情况基层月报	月报	全面调查	旅游饭店、公寓、招待所等旅游住宿设施所有旅游企事业单位和旅游行政管理部门	本辖区旅游局	辖区内一定档次规模旅游住宿设施	月(年)后 5 日前	月(年)后 3 日前

表号	表名	期别	表别	报送单位	报达单位	统计范围	报送日期	
							各区旅游局	各企业报出
SD-FLY009 表	旅游企业主要财务指标基层年报表	年报	全面调查	旅游景区（点）包括高尔夫球场、旅游娱乐设施	本辖区旅游单位	辖区内所有企业	年后 30 日前	年后 15 日前
SD-FLY010 表	旅游景区（点）统计报表	月报	全面调查		本辖区旅游局	辖区内景区（点）、高尔夫球场、对游客开放的宗教场所、博物馆、旅游娱乐设施	月（年）后 5 日前	月（年）后 3 日前
二、部门统计报表								
旅统综 1 表	入境游客情况	月报	全面调查	边防检查总站	市旅游局	在深圳口岸入境的海外旅游者	月 15 日以前	
旅统综 2 表	入境外国游客情况	月报	全面调查	边防检查总站	市旅游局	在深圳口岸出入境的海外旅游者	月 15 日以前	
旅统综 3 表	中国（大陆）公民出境情况	月报	全面调查	边防检查总站	市旅游局	在深圳口岸出境的中国（大陆）公民	月 15 日以前	
旅统综 4 表	海外旅游者花费构成情况	年报	全面调查	市旅游局	上级主管部门	本市接待的海外旅游者		
三、专业统计报表								
旅统专 1 表	全国旅游院校基本情况年报表	年报	全面调查	旅游院校	本辖区旅游局	辖区内开办旅游专业的高中等院校	年后 20 日	年后 20 日
旅统专 2 表	全国旅游行业职工教育培训情况年报表	年报	全面调查	所有旅游企事业单位和旅游行政管理部门	本辖区旅游局	辖区内所有旅游企事业单位和旅游行政管理部门	年后 5 日	年后 1 日
四、旅游抽样调查								
SD-FLY011 表	入境游客在深圳花费情况调查表	月报	全面调查	定点调查单位	市旅游局	本市接待的入境游客		
SD-FLY012 表	旅行社外联（接待）入境游客收入调查表	月报	全面调查	定点调查单位	市旅游局	本市接待的入境游客		
SD-FLY013 表	国内游客抽样调查问卷（A）	月报	全面调查	定点调查单位	市旅游局	接待的国内游客		
SD-FLY014 表	国内游客抽样调查问卷（B）	月报	全面调查	定点调查单位	市旅游局	接待的国内游客 各区旅游局、旅游企业单位		
五、统计分析	旅游统计分析	季报		各区旅游局、旅游企业				
	旅游统计报表说明	月报		各区旅游局、旅游企业		各区旅游局、旅游企业单位		
六、附录1	旅游统计基本概念和指标解释							
附录2	中华人民共和国统计法							
附录3	中华人民共和国统计法实施细则							
附录4	旅游统计管理办法							
附录5	各区旅游局通讯录						季（年）后 15 日前 月（年）后 15 日前	季（年）后 12 日前 月（年）后 12 日前

第三节 基层统计报表

基层统计报表（一）：旅游单位基本情况表

200×年

表　　号：SD-FLY001 表
制表机关：深圳市旅游局
批准机关：深圳市统计局
批准文号：深统法字〔2005〕10 号
有效期至：2008 年 3 月
填报单位名称（盖章）：

序号	项目	单位基本情况
甲	乙	丙
01	法人单位编码	□□□□□□□□-□
02	法定代表人（负责人）	
03	单位所在地（地址）	
04	邮政编码	□□□□□□
05	行政区划码	□□□□□□
06	电话号码	□□□□□□□□□□
07	传真号码	□□□□□□□□□□
08	互联网网址	http://
09	电子邮件信箱	E-mail
10	企业登记注册类型	内资企业：国有企业□、集体企业□、股份合作企业□、联营企业□、有限责任公司□、股份有限公司□、私营企业□、其他企业□ 港澳台投资企业：合资经营企业（港或澳、台资）□、合作经营企业（港或澳、台资）□、港、澳、台商独资经营企业□、港、澳、台商投资股份有限公司□ 外商投资企业：中外合资经营企业□、中外合作经营企业□、外资企业□、外商投资股份有限公司□ 企业单位□　事业单位□　行政单位□
11	单位类别	□□□□年□□月
12	开业时间	5星□　4星□　3星□　2星□　1星□　未评星级□
13	饭店星级	国际□　国内□
14	旅行社类别	AAAAA级□、AAAA级□、AAA级□、AA级□、A级□、未评定A级□
15	旅游区（点）等级	

宾馆酒店填报单位补充资料：拥有客房_____间，床位_____张。
单位负责人：_____　填表人：_____　电话：_____
填表日期：　　年　　月　　日

基层统计报表（二）：旅行社外联和接待情况基层月报表

表　　　号：SD-FLY002 表
制表机关：深圳市旅游局
批准机关：深圳市统计局
批准文号：深统法字〔2005〕10 号

填报企业（盖章）：　　　　　年　月　　有效期至：2008 年 3 月

		序号	人数（人）						人天数（人天）					
			入境游客小计	外国人	香港	澳门	台湾	国内游客	入境游客小计	外国人	香港	澳门	台湾	国内游客
甲	乙		01	02	03	04	05	06	07	08	09	10	11	12
本期	外联（组团）合计	01												
	旅游者（过夜）	02												
	一日游游客	03							－	－	－	－	－	
	接待合计	04												
	旅游者（过夜）	05												
	一日游游客	06							－	－	－	－	－	
	提供单项服务人数	07												
累计	外联（组团）合计	08												
	旅游者（过夜）	09												
	一日游游客	10							－	－	－	－	－	
	接待合计	11												
	旅游者（过夜）	12												
	一日游游客	13							－	－	－	－	－	
	提供单项服务人数	14												

单位负责人：　　　　　　　　填表人：
电话：　　　　　　　　　　　填表日期：　　　年　　月　　日

填表说明：1. 统计旅行社接待人数（人天数）时，只计算由本社派地陪接待的人数（人天数）；一日游游客不计算人天数。
　　　　　2. 外联（组团）人天数是指旅行社外联（组团）的旅游者实际停留的人夜数。
　　　　　3. 单项服务是指旅行社为散客提供的各项服务。

上报时间：本表由旅行社于月（年）后 3 日前登录深圳市旅游局政务网填报。

基层统计报表（三）：旅行社接待国内游客情况基层月报表

表　　号：SD-FLY003 表
制表机关：深圳市旅游局
批准机关：深圳市统计局
批准文号：深统法字〔2005〕10 号

填报企业（盖章）：　　　　　年　　月　　有效期至：2008 年 3 月

序号	甲	本月			本月止累计			序号	甲	本月			本月止累计			序号	甲	本月			本月止累计		
		人数合计	过夜人数	一日游人数	人天数	人数合计	过夜人数	一日游人数	人天数			人数合计	过夜人数	一日游人数	人天数	人数合计	过夜人数	一日游人数	人天数			人数合计	过夜人数	一日游人数	人天数	人数合计	过夜人数	一日游人数	人天数
1	国内团合计								23	重庆								45	省内团合计							
2	省外团合计								24	四川								46	广州							
3	北京								25	云南								47	深圳							
4	天津								26	贵州								48	珠海							
5	河北								27	西藏								49	汕头							
6	内蒙古								28	陕西								50	韶关							
7	山西								29	甘肃								51	河源							
8	辽宁								30	宁夏								52	梅州							
9	吉林								31	青海								53	惠州							
10	黑龙江								32	新疆								54	汕尾							
11	上海								33									55	东莞							
12	江苏								34									56	中山							
13	浙江								35									57	江门							
14	山东								36									58	佛山							
15	安徽								37									59	阳江							
16	福建								38									60	湛江							
17	河南								39									61	茂名							
18	湖北								40									62	肇庆							
19	湖南								41									63	清远							
20	广西								42									64	潮州							
21	海南								43									65	揭阳							
22	江西								44									66	云浮							

企业负责人：　　　　　　　　　　　填表人：
电话：　　　　　　　　　　　　　　填表日期：　　　年　　月　　日

填表说明：1. 一日游游客不计算人天数。2. 本表为旅行社接待国内游客人数按来源地分地区统计，本表由旅行社于月（年）后 3 日前登录深圳市旅游局政务网 www.szta.gov.cn 填报。
3. 指标关系：1=2+45　2=3+4+……+32　45=46+47+……+66。

基层统计报表（四）：旅行社组团国内游情况基层月报表

表　　号：SD-FLY004 表
制表机关：深圳市旅游局
批准机关：深圳市统计局
批准文号：深统法字〔2005〕10 号

填报企业（盖章）：　　　年　　月　　有效期至：2008 年 3 月

序号	甲	本月				本月止累计				序号	甲	本月				本月止累计			
		批次	人数合计	过夜人数	一日游人数	人天数	批次	人数合计	过夜人数	一日游人数	人天数			批次	人数合计	过夜人数	一日游人数	人天数	批次	人数合计	过夜人数	一日游人数	人天数

序号	甲	批次	人数合计	过夜人数	一日游人数	人天数	序号	甲	批次	人数合计	过夜人数	一日游人数	人天数
1	组团国内人数合计						26	省内组团人数					
2	组团省外人数						27	广州					
3	北京						28	深圳					
4	天津						29	珠海					
5	河北、内蒙						30	汕头					
6	黑龙江、吉林、辽宁						31	韶关					
7	山东						32	河源					
8	上海						33	梅州					
9	安徽						34	惠州					
10	浙江						35	汕尾					
11	江苏						36	东莞					
12	福建						37	中山					
13	江西						38	江门					
14	四川						39	佛山					
15	重庆						40	阳江					
16	陕西						41	湛江					
17	河南						42	茂名					
18	湖南						43	肇庆					
19	广西						44	清远					
20	海南						45	潮州					
21	云南						46	揭阳					
22	贵州						47	云浮					
23	甘肃、宁夏、青海						48	其他					
24	新疆						49						
25	其他						50						

企业负责人：　　　　　　　　　　　填表人：
电话：　　　　　　　　　　　　　　填表日期：　　　年　　月　　日

填表说明：1．一日游游客不计算人天数；2．填报企业请按表中相同的线路填上，由旅行社于月（年）后 3 日前登录深圳市旅游局政务网 www.szta.gov.cn 填报。
3．指标关系：1=2+26　2=3+4+…+25　26=27+28+…+48。

基层统计报表（五）：旅游企业经营情况基层季报表

年　　季

表　　号：SD-FLY005 表
制表机关：深圳市旅游局
批准机关：深圳市统计局
批准文号：深统法字〔2005〕10 号
有效期至：2008 年 3 月

填报单位名称（盖章）：

序号	项目	计量单位	本季	本年本期止累计
	（甲）	（乙）	1	2
	一、营业收入构成			
01	营业收入总额	万元		
02	客房收入	万元		
03	餐饮收入	万元		
04	商品销售收入	万元		
05	景点门票收入	万元		
06	其他收入	万元		
	二、主要经济指标			
07	营业成本	万元		
08	营业费用	万元		
09	营业税金及附加	万元		
10	经营利润	万元		
11	管理费用	万元		
12	#税金	万元		
13	#劳动待业保险费	万元		
14	#财产保险费	万元		
15	财务费用	万元		
16	#利息支出	万元		
17	营业利润	万元		
18	投资收益	万元		
19	营业外收支差	万元		
20	利润总额	万元		

企业负责人：　　　　　　　　　填表人：
联系电话：　　　　　　　　　　填表日期：　　年　　月　　日
填表说明：1. 平衡关系：01=02+03+04+05+06，01-07-08-09=10，10-11-15=17，17+18+19=20，指标平衡关系要绝对平衡，不能差 0.01。
　　　　　2. 本表有关数字保留两位小数。本表由旅行社、宾馆酒店及景点填报，旅行社在"营业收入构成"中填"营业收入总额"和"商品销售收入"（或"其他收入"）栏。
上报时间：本表由旅游企事业于季（年）后 15 日前登录深圳市旅游局政务网 www.szta.gov.cn 填报。

基层统计报表（六）：旅行社经营出境旅游情况基层月报表

表　　号：SD-FLY006 表
制表机关：深圳市旅游局
批准机关：深圳市统计局
批准文号：深统法字〔2005〕10 号

填报企业（盖章）：　　　　　年　　月　　有效期至：2008 年 3 月

序号	项目	人数（人）		序号	项目	人数（人）	
		本月	本月止累计			本月	本月止累计
1	出境旅游总人数			19	印度尼西亚		
2	其中：出国游			20	马耳他		
3	香港游			21	土耳其		
4	澳门游			22	埃及		
5	首站前往国家（地区）			23	德国		
6	泰国			24	印度		
7	新加坡			25	马尔代夫		
8	马来西亚			26	斯里兰卡		
9	菲律宾			27	南非		
10	澳大利亚			28	克罗地亚		
11	新西兰			29	匈牙利		
12	韩国			30	巴基斯坦		
13	日本			31	古巴		
14	越南			32	其他		
15	柬埔寨			33			
16	缅甸			34			
17	文莱			35			
18	尼泊尔			36			

企业负责人：　　　　　　　　　　填表人：
电话：　　　　　　　　　　　　　填表日期：　　　年　　月　　日

填表说明：1. 此表由经国家旅游局批准经营中国公民出国旅游和赴港澳地区旅游业务的旅行社填报。
　　　　　2. 按旅游者的首站目的地进行统计：出境旅游总人数=出国游人数+香港游人数+澳门游人数；出国游人数=首站前往国家人数之和。

上报时间：本表由旅行社于月（年）后 3 日前登录深圳市旅游局政务网 www.szta.gov.cn 填报。

基层统计报表（七）：旅行社经营出境旅游情况基层月报表

表　　　号：SD-FLY007 表
制表机关：深圳市旅游局
批准机关：深圳市统计局
批准文号：深统法字〔2005〕10 号

填报单位名称（盖章）：　　　　年　月　　有效期至：2008 年 3 月

序号	线路	本月人数	本月止累计人数	序号	线路	本月人数	本月止累计人数
1	合计			20	澳大利亚、新西兰、香港		
2	香港游			21	美国、香港		
3	澳门游			22	美、加、香港		
4	香港、澳门			23	美、加、日、港		
5	泰国			24	法国、瑞士、香港		
6	泰港			25	法、荷、卢、比、香港		
7	泰港澳			26	法、荷、意、卢、比、荷、港		
8	新马港			27	瑞、德、法、卢、比、荷、港		
9	新泰港			28	丹麦、挪威、瑞典、芬兰、港		
10	新马泰港			29	南非、埃及、以色列、港		
11	新马港澳			30	南非、港		
12	韩国			31	马耳他		
13	韩港			32	土耳其		
14	菲律宾			33	印度		
15	菲律宾、香港			34	马尔代夫		
16	印尼、香港			35	斯里兰卡		
17	澳大利亚			36	南非		
18	澳大利亚、香港			37	日本		
19	澳大利亚、新西兰			38	其他		

企业负责人：　　　　　　　　　　　填表人：
电话：　　　　　　　　　　　　　　填表日期：　　　年　　月　　日

填表说明：1. 此表由经国家旅游局批准特准经营出国旅游业务，特许经营港澳旅游业务的组团社、代办社填报。
　　　　　2. 从 21 项起是旅行社代办探亲、商务等业务项目的统计。

上报时间：本表由旅行社于月（年）后 3 日前登录深圳市旅游局政务网 www.szta.gov.cn 填报。

基层统计报表（八）：旅游住宿设施接待情况基层月报表

表　　号：SD-FLY008 表
制表机关：深圳市旅游局
批准机关：深圳市统计局
批准文号：深统法字[2005]10 号
有效期至：2008 年 3 月

年　　月

填报单位（盖章）：

序号	甲	人数		人天数		序号	甲	人数		序号	甲	人数	
		本期	累计	本期	累计			本期	累计			本期	累计
		01	02	03	04			01	02			01	02
01	总人数					18	越南			35	加拿大		
02	国内旅游者					19	缅甸			36	其他		
03	入境旅游者					20	朝鲜			37	大洋洲小计		
04	台湾同胞					21	巴基斯坦			38	澳大利亚		
05	澳门同胞					22	其他			39	新西兰		
06	香港同胞					23	欧洲小计			40	其他		
07	外国人					24	英国			41	非洲小计		
08	亚洲小计			—	—	25	法国			42	实际出租间天数		
09	日本					26	德国			43	核定出租间天数		
10	韩国					27	意大利			44	客房出租率(%)		
11	蒙古			—	—	28	瑞士			45	平均房价（元/天）		
12	印度尼西亚			—	—	29	瑞典			46	营业收入（万元）		
13	马来西亚			—	—	30	俄罗斯			47	#客房收入（万元）		
14	菲律宾			—	—	31	西班牙			48	#餐饮收入（万元）		
15	新加坡			—	—	32	其他			49	#商品销售收入（万元）		
16	泰国			—	—	33	美洲小计			50	#其他收入（万元）		
17	印度					34	美国						

企业负责人：　　　　　　　　　　填表人：
电话：　　　　　　　　　　　　　填表日期：　　　年　　月　　日

填表说明：（1）本表为旅游住宿设施接待旅游者情况基层月、年报表。
（2）人数（人天数）不包括常住一年以上的人数（人天数）。
（3）本表的统计不包括一日游游客。

上报时间：本表由旅游企业于月（年）后 3 日前登录深圳市旅游局政务网 www.szta.gov.cn 填报。

附录：我国旅游统计调查——以深圳市为例　315

基层统计报表（九）：旅游企业主要财务指标基层年报表

表　　号：SD-FLY009 表
　　　　年　　　　　　　　制表机关：深圳市旅游局
　　　　　　　　　　　　　批准机关：深圳市统计局
　　　　　　　　　　　　　批准文号：深统法字〔2005〕10 号
填报单位（盖章）：　　　　有效期至：2008 年 3 月

序号	项目	计量单位	本年数	序号	项目	计量单位	本年数
	甲	乙	01		甲	乙	01
	一、年末资产负债			16	#法人资本	万元	
01	流动资产小计	万元		17	#个人资本	万元	
02	#存货	万元		18	二、其他指标		
03	长期投资	万元		19	本年应付工资（贷方累计发生额）	万元	
04	固定资产小计	万元		20	本年应付福利费（贷方累计发生额）	万元	
05	固定资产原值	万元		21	本年差旅费	万元	
06	#累计折旧	万元		22	本年工会经费	万元	
07	其中：#本年折旧	万元		23	本年住房公积金和住房补贴	万元	
08	资产合计	万元		24	年末从业人员	人	
09	负债合计	万元		25	#吸纳下岗职工	人	
10	所有者权益合计	万元		26	#转移农村劳动力	人	
11	实收资本	万元		27	客房数	间	
12	其中：#国家资本	万元		28	床位数	张	
13	#港澳台资本	万元		29	公寓数	套	
14	#外商资本	万元		30	餐饮营业面积	平方米	
15	#集体资本	万元		31	餐饮拥有餐位数	位	

补充指标：宾馆酒店租赁物业的固定资产原值＿＿＿＿＿＿万元，本年折旧＿＿＿＿＿＿万元，累计折旧＿＿＿＿＿＿万元。

企业负责人：　　　　　　　　　　　填表人：
电话：　　　　　　　　　　　　　　填表日期：　　　年　　月　　日
填表说明：表中平衡关系 01＞02；04≥05-06；06≥07；10=08-09；11=12+13+14+15+16+17；
　　　　　允许 10 为负数。
上报时间：本表由旅游企事业单位于年后 15 日前登录深圳市旅游局政务网 www.szta.gov.cn 填报。

基层统计报表（十）：旅游景区（景点）统计月报表

表　号：SD-FLY0010 表
制表机关：深圳市旅游局
批准机关：深圳市统计局
批准文号：深统法字〔2005〕10 号

填报单位名称（盖章）：　　　　年　　月　　有效期至：2008 年 3 月

一、基本情况				项目	单位	本月	本月止累计
地　　址				三、接待人数	人次		
邮　　编		开业时间		#境外游客	人次		
电　　话		传　　真		#旅行社组织	人次		
负责人		负责人电话		#单位组织	人次		
占地面积（公顷）		上级主管部门		#散客	人次		
建筑面积（平方米）				四、本年投入资金	万元		
二、旅游景区（点）类型				新增用地	平方米		
地文景观类				招商合同项目	项		
水域风景类				招商合同项目金额	万美元		
生物景观类				在建项目名称			
古物与建筑类				五、年末职工总人数	人		
休闲求知健身类				#吸引下岗职工	人		
购物类				#转移农村劳动力	人		
				六、全年工资总额	万元		

企业负责人：　　　　　　　　　　　填表人：
电话：　　　　　　　　　　　　　　填表日期：　　　　年　　月　　日

填表说明：1. 第一项至第二项只需每年 1 月份 12 月份填报，第三项为月报，第四、五、六项为年报，在 12 月份填报。

2. 本表由辖区内的各类旅游区（点）填报，被国家旅游局授予 A 级的旅游区（点）必须填报。

3. 年末从业人员指年度末由单位支付工资的各类职工（包括正式职工、合同制职工、临时工、计划外用工等）的人数。

上报时间：　本表由各类旅游区（点）于月（年）后 3 日前登录深圳市旅游局政务网 www.szta.gov.cn 填报。

第四节　部门统计报表

部门统计报表（一）：入境游客情况

表　　号：旅统综 1 表
制表机关：国家旅游局
批准机关：国家统计局
批准文号：国统函〔2005〕188 号
　年　　月　　　有效期至：2007 年 10 月

甲	本月入境人数					1 至本月累计入境人数				
	合计	外国人	香港同胞	澳门同胞	台湾同胞	合计	外国人	香港同胞	澳门同胞	台湾同胞
	01	02	03	04	05	06	07	08	09	10
合　计										
乘坐飞机										
乘坐船舶										
乘坐火车										
乘坐汽车										
徒　步										

单位负责人：　　　　　　　　填表人：
电话：　　　　　　　　　　　报出日期：　　　年　　月　　日

说明：本表及旅统综 2、3 表由深圳出入境边防检查总站于月后 15 日前报深圳市旅游局。

部门统计报表（二）：入境外国游客情况

表　　号：旅统综 2 表
制表机关：国家旅游局
批准机关：国家统计局
批准文号：国统函〔2005〕188 号
　年　　月　　　有效期至：2007 年 10 月

甲	本月入境人数	1 至本月累计入境人数
	01	02
合　　计		
1. 按性别分组		
男		
女		
2. 按年龄分组		
14 岁及以下		
15-25 岁		

26-44 岁
45-64 岁
65 岁以上
3. 按目的分组
   会议/商务
   观光休闲
   探亲访友
   服务员工
   其他
4. 按国别、地区分组	

单位负责人：　　　　　　　填表人：

电　话：　　　　　　　　　报出日期：　　　年　　月　　日

部门统计报表（三）：中国（大陆）公民出境情况

表　　号：旅统综 3 表
制表机关：国家旅游局
批准机关：国家统计局
批准文号：国统函〔2005〕188 号

年　　月　　　　有效期至：2007 年 10 月

	本月出境人数			1 至本月累计出境人数		
	合计	因公	因私	合计	因公	因私
合　　计						
1. 按出境方式分组						
乘坐飞机						
乘坐船舶						
乘坐火车						
乘坐汽车						
徒　　步						
2. 按国别、地区分组						
亚洲						
……						
欧洲						
……						
美洲						
……						
大洋洲						
……						
非洲						
其他地区						

单位负责人：　　　　　　　填表人：

电　话：　　　　　　　　　报出日期：　　　年　　月　　日

部门统计报表（四）：入境游客花费构成情况

表　　号：旅统综 4 表
制表机关：国家旅游局
批准机关：国家统计局
批准文号：国统函〔2005〕188 号
有效期至：2007 年 10 月

_____年

甲	接待入境游客（人天数、人次数）	人均天花费（美元/人天）（美元/人）	人均天花费构成（%）											
			长途交通	飞机	火车	汽车	轮船	游览	住宿	餐饮	娱乐	购物	邮电通讯	市内交通	其它
甲	01	02	03	04	05	06	07	08	09	10	11	12	13	14	15
合计															
入境旅游者合计															
外国人															
香港同胞															
澳门同胞															
台湾同胞															
入境一日游游客合计															
外国人															
香港同胞															
澳门同胞															
台湾同胞															

单位负责人：　　　　　　　填表人：

电话：　　　　　　　报出日期：　　　年　月　日

说明：1. 本表由旅游管理机构填报，主要用于测算各地国际旅游（外汇）收入。
　　　2. 入境旅游者人天数应由基 5 表直接取得，一日游人次数由综合汇总机关根据本地接待的一日游人次数录入，本辖区范围内不得重复计算。
　　　3. 国际海员、游船游客等均按一日游游客统计，在其停泊期间，不论上岸次数多少，只统计一次。
　　　4. "接待入境游客"指标的计量单位："入境旅游者"的计量单位为"人天数"；"入境一日游游客"的计量单位为"人次数"。
　　　5. "人均天花费"指标的计量单位："入境旅游者"的计量单位为"美元/人天"；"入境一日游游客"的计量单位为"美元/人"。

第五节 专业统计报表

专业统计报表（一）：全国旅游院校基本情况年报表

表　　号：旅统专 1 表
制表机关：国家旅游局
批准机关：国家统计局
批准文号：国统函〔2005〕188 号

填报单位名称（盖章）：　　　　　年　　　有效期至：2007 年 10 月

序号	项目		当年招生数（人）			当年毕业生数（人）			当年在校生数（人）			当年专业教师数（人）
			小计	研究生	本科	专科	小计	研究生	本科	专科	小计	研究生	本科	专科	
甲	乙		01	02	03	04	05	06	07	08	09	10	11	12	13
01	总人数			—				—				—			
02	旅游高等院校	小计													
03		旅游管理													
04		旅游外语													
05		其他													
06	旅游中等职业学校	小计		—				—				—			
07		饭店服务与管理		—				—				—			
08		旅行社服务与管理		—				—				—			
09		烹饪		—				—				—			
10		其他		—				—				—			

单位负责人：　　　　　　　　　　　填表人：
电话：　　　　　　　　　　　　　　填表日期：　　年　月　日

填表说明：1. 于年后 15 日前报本辖区旅游局管理部门。
2. "其他"指旅游高等院校和旅游中等职业学校中已列出专业以外的其他所有专业。
3. "饭店服务与管理"包括饭店管理、饭店服务、餐饮服务、客房服务、餐饮管理、客房管理等专业。
4. "旅行社服务与管理"包括旅行社管理、旅行社服务、导游服务等专业。
5. 表中平衡：列 01=02+03+04；05=06+07+08；09=10+11+12；行 01=02+06；02=03+04+05；06=07+08+09+10。

专业统计报表（二）：全国旅游行业职工教育培训情况年报表

表　　　号：旅统专2表
制表机关：国家旅游局
批准机关：国家统计局
批准文号：国统函〔2005〕188号

填报单位名称（盖章）：　　　　200　　年　　　有效期至：2007年10月

序号	项目		总计（人）	旅游饭店（人）						旅行社（人）					旅游区（点）（人）					其他旅游企业（人）					旅游行政部门（人）				其他人员（人）
				小计	正副总经理	部门经理	主管	服务员	厨师	其他人员	小计	正副总经理	部门经理	导游人员	其他人员	小计	正副总经理	部门经理	服务员	其他人员	小计	正副总经理	部门经理	司机	其他人员	小计	局处级干部	科级干部	其他人员	
甲	乙		01	02	03	04	05	06	07	08	09	10	11	12	13	14	15	16	17	18	19	20	21	22	23	24	25	26	27	28
01	总计																													
02		小计																												
03	岗位培训	管理人员岗位资格培训				—							—					—					—							
04		工人技术等级培训			—							—					—					—					—	—		
05		适应性培训																												
06		国外培训																												
07	成人学历教育	小计																												
08		高等教育																												
09		中等教育																												

单位负责人：　　　　　　　　　　　　　　填表人：
电话：　　　　　　　　　　　　　　　　　填表日期：　　年　　月　　日

填表说明：1. 旅游饭店、旅行社、旅游区（点）、旅游车船公司、旅游行政管理部门各栏中的"其他人员"是指除各栏前面所列人员之外的其他所有管理人员和一般员工。

2. 平衡关系：列：01=02+09+14+19+24+28；02=03+04+05+06+07+08；09=10+11+12+13；14=15+16+17+18；19=20+21+22+23；24=25+26+27。
　　　　　　　行：01=02+07；02=03+04+05+06；07=08+09。

3. 本表由旅游企事业单位于年后3日前登录深圳市旅游局政务网www.szta.gov.cn填报。

第六节 旅游抽样调查

案例一：入境游客在深圳花费情况抽样调查实施方案

一、调查目的

全面准确地了解来深入境旅游者和一日游游客在深圳停留期间行、游、住、食、购、娱等方面的花费情况及其他有关情况，测算我市国际旅游（外汇）收入，为市政府制定旅游业发展方针政策提供统计依据。

二、调查范围及对象

到深圳境内的所有入境游客（包括外国人、华侨、港澳同胞和台湾同胞），其停留时间不超过 3 个月。

三、调查内容

（一）游客基本情况：包括游客的国籍（或地区）、居住国（或地区）、性别、年龄、职业及旅游目的；

（二）旅游时间、游览方式；

（三）旅游花费及构成；

（四）旅游购物的种类；

（五）对深圳住宿设施的选择及停留时间；

（六）旅游服务质量评价；

（七）旅游次数和对中国旅游产品的兴趣；

（八）游览城市个数及旅游流向。

四、调查方式

入境游客在深圳花费情况抽样调查采用现场发放问卷、现场回收的方式进行。即由调查员向海外游客发放问卷，请被调查者亲自填写后，由调查员收回填好的问卷，或由调查员向游客询问，根据游客的答复当场填写。旅行社调查问卷由旅行社的统计人员填写，调查员回收。

五、抽样方法及样本的确定

（一）为保证调查有较高的代表性，降低误差率，本次调查的样本总量为35000人，按分层次随机调查的方法计算，宾馆酒店调查样本量为2200人，旅行社2000人，旅游景点2000人，口岸、直通巴士28800人。

	合计	口岸直通巴士	宾馆酒店	旅行社	旅游景点
合　　计	35000	28800	2200	2000	2000
外国人（含华侨）	3650	1200	1050	800	600
港澳同胞	29240	26160	800	1000	1280
台湾同胞	2110	1440	350	200	120

（二）月定期在口岸、宾馆酒店、旅行社和旅游景点调查2900人。调查的口岸主要是罗湖口岸、皇岗口岸（直通巴士），调查时间为每个月第二个星期（7天）。

（三）在国际社中抽15家按不同接待量分外联团、接待团、长线团、短线团、豪华团、经济团以及不同包价形式和国籍分别填写15个团队，按财务收费台账填写海外旅游者费用情况调查表。

（四）按接待入境游客量的大小分配宾馆酒店调查样本量如下：

序号	酒店名称	合计
一	酒店	2200
1	富临大酒店	400
2	南海酒店	300
3	骏豪酒店	300
4	新都酒店	300
5	威尼斯酒店	200
6	香格里拉大酒店	200
7	富丽华大酒店	150
8	廷苑酒店	150
9	广信酒店	100
10	老地方酒店	100

（五）按接待入境游客量大小分配旅游景点调查样本量如下：

序号	景点名称	合计
二	景点	2000
1	观澜高尔夫球会	1000
2	世界之窗	500
3	民俗村	500

（六）按接待入境游客大小分配旅行社调查样本量如下：

序号	旅行社名称	合计
三	旅行社	2000
1	深圳市旅游（集团）公司海外旅游部	400
2	深圳特区华侨城中国旅行社	400
3	深圳市宝安中国旅行社有限公司	300
4	深圳市世纪假日国际旅行社有限公司	300
5	深圳市航空国际旅行社有限公司	200
6	深圳招商国际旅游有限公司	200
7	深圳市海外国际旅行社有限公司	200

六、调查组织实施

与专业抽样调查公司合作，每月定期到口岸、景点进行游客调查，宾馆酒店由抽样定点酒店的前台服务员或楼层服务员负责，旅行社的调查由统计人员负责。在实施调查期间，我局将派专人到各调查现场，了解调查情况。各调查定点单位也要负责督导好调查问卷的现场审核和问卷回收工作。

七、质量控制

（一）抽样调查有效卷回收率应保持100%。在审核和录入有效问卷时要严格控制调查项目自身的界值范围和调查项目之间的平衡关系，排除非法数值对调查结果的影响，要求调查问卷录入差错率控制在0.5%以内。

（二）年底所有调查问卷录入整理后，请专家论证调查结果，增加调查结果的可信度和真实性。

（三）调查人员应在调查前统一接受培训，对入境旅游抽样调查的目的、意义、内容、指标解释和调查表中的逻辑关系有明确的认识。

（四）在调查现场，调查人员要认真记录，督导员应在现场指导。

（五）调查员对回收的调查表要认真核对，保证被调查者对前后问题回答的一致性，然后交督导员统一复核。

（六）在实施调查方案时，应根据实际情况，明确注明排除不合理问卷，以提高抽样样本的代表性。

八、国际旅游（外汇）收入的测算方法

（一）全市国际旅游（外汇）收入的测算方法。

全市国际（外汇）收入按以下方法测算得出初步结果后，还需经省旅游局、市旅游局、市统计局、市外汇管理局等有关方面专家进行论证。为使调查结果更加精确，在论证中还要参考以下数据：

1. 当年深圳市社会居民消费价格指数、服务消费价格指数、旅游价格指数与上年同期对比变化情况；

2. 市外汇管理部门统计的海外旅游者在深货币兑换情况。

（二）测算公式。

本市国际旅游（外汇）收入的测算方法：

1. 本市国际旅游（外汇）收入 = 本地接待的一日游游客的总花费 + 本地接待的（过夜）旅游者总花费；

2. 本市接待的一日游游客总花费 = 一日游游客在本地区人均花费×本地接待一日游游客人数；

3. 本市接待的（过夜）旅游者总花费 =（过夜）旅游者在本地区的人均天花费×本地接待的（过夜）旅游者人天数。

（三）在计算本市的国际旅游（外汇）收入时按外国人、香港同胞、澳门同胞、台湾同胞分别测算后再加总，并按报告期（年、月）进行统计。

说明：1. 本市接待的一日游游客人数、（过夜）旅游者人天数来源于市旅游局的统计报表和统计调查。

2. 一日游游客在本地区的人均花费、（过夜）旅游者在本地区的人均天花费来源于抽样调查资料。

附件：1. 入境游客在深圳花费情况调查表

2. 旅行社外联（接待）入境游客收入调查表

附件1

入境游客在深圳花费情况调查表
QUESTIONNAIRE ON EXPENDITURE IN SHENZHEN
BY ENTRY TOURISTS

表　　号：SD-FLY011 表
制表机关：深圳市旅游局
批准机关：深圳市统计局
批准文号：深统法字〔2005〕10 号
有效期至：2008 年 3 月

尊敬的女士、先生：

　　为了不断提高我市的旅游接待水平，了解您对我市旅游业的要求和意见，使您在我市的旅游花费得到质价相符的服务，请您协助我们填写这张调查表，非常感谢您的协助，欢迎您再次来深圳旅游。

深圳市旅游局

Dear madam/sir:

　　To improve our hospitality, we need your cooperation to better understand your requirements and suggestions, which will ensure that the quality of service you enjoyed in Shenzhen matches your expenditure. Please be kindly help fill in the following questionnaire and you are warmly welcome to Shenzhen again.

Tourism Administration of Shenzhen Municipality

以下由调查员填写：
样本编码：　　　调查时间　　　　调查途径　　　　督导员
　　　　　　　　年　月　日　　　口　　岸　　　　调查员
　　　　　　　　　　　　　　　　宾　　馆

谢谢您的合作，请在符合您的情况的序号上打"√"或在右边的横线填写数字。
Please tick a "√"on the number you choose or put the number on the right line.

1. 您的国籍（或地区）Your nationality (or region)

（001）香港特别行政区　　（002）澳门特别行政区　　（003）台湾地区
　　　　Hong Kong SAR　　　　　　Macao SAR　　　　　　　Taiwan
（004）日　　本　　　　　（005）菲律宾　　　　　　（006）泰　国
　　　　Japan　　　　　　　　　　Philippines　　　　　　　Thailand
（007）新加坡　　　　　　（008）印　尼　　　　　　（009）马来西亚
　　　　Singapore　　　　　　　　Indonesia　　　　　　　　Malaysia

(010) 韩　国　　　　　(011) 朝　鲜　　　　　(012) 蒙　古
　　　R.O.K.　　　　　　　　D.P.R.K.　　　　　　　Mongolia
(013) 印　度　　　　　(014) 英　国　　　　　(015) 法　国
　　　India　　　　　　　United Kingdom　　　　　France
(016) 德　国　　　　　(017) 意大利　　　　　(018) 荷　兰
　　　Germany　　　　　　　Italy　　　　　　　　Netherlands
(019) 瑞　典　　　　　(020) 俄罗斯　　　　　(021) 瑞　士
　　　Sweden　　　　　　　　Russia　　　　　　　Switzerland
(022) 美　国　　　　　(023) 加拿大　　　　　(024) 澳大利亚
　　　U.S.A　　　　　　　　Canada　　　　　　　Australia
(025) 非洲国家　　　　(026) 中南美洲国家　　(027) 其他国家
　　　Africa　　　　　　　Middle South America　　Others

2. 您的居住国（请按第一问项列出的国家（地区）名称填写居住国的序号）

Your country (or region) of residence_____ (Please put the appropriate number on the line according to the countries (regions) given under item 1.)

3. 您的性别 Sex

　　（1）男 Male　　　　　（2）女 Female

4. 您的年龄 Age

(1) 65 岁及以上　　(2) 45～64 岁　　(3) 35～44 岁　　(4) 25～34 岁
　　65 or over　　　　　45～64　　　　　35～44　　　　　25～34

(5) 15～24 岁　　(6) 14 岁及以下
　　15～24　　　　　14 or under

5. 您的职业 Occupation

(01) 政府工作人员　　　(02) 专业技术人员　　　(03) 职　员
　　Government official　　Scientific engineer　　Office worker
(04) 技工/工人　　　　(05) 商贸人员　　　　(06) 服务员/推销员
　　Technician/worker　　　Businessman　　　　Waiter/salesman
(07) 退休人员　　　　(08) 家庭妇女　　　　(09) 军人
　　The retired　　　　　Housewife　　　　　Soldier
(10) 学生　　　　　　(11) 其他
　　Student　　　　　　　Others

6. 您到深圳旅游最主要的目的是：Your purpose in visiting Shenzhen：

　　（1）休闲/度假　　　　（2）观光/浏览　　　　（3）探亲访友

leisure/ holiday　　　　　sightseeing　　　Visiting relatives and friends

（4）商务/会议　　　　　（5）健康/疗养　　　　　（6）宗教/朝拜
Business/ Meeting　　　　Health/recuperation　　　Religion/pilgrimage

（7）文化/体育/科技交流　　（8）其他
Culture, sports or science　　Others
exchange program

7. 您此次在深圳旅游是否过夜？Did you stay overnight in Shenzhen?

（1）是 Yes　　　　　　（2）否 No

（如果"否"，请跳至 9 项继续填写）　(If no, please skip to item 9 to continue.)

8. 您在深圳住宿的天数（夜）：Number of days in following places:_____

其中：宾馆饭店 Hotels_____

公　　寓 Apartments_____

院校或企事业招待所 Guesthouses of colleges or companies_____

私人住所 Private lodgings_____

其他住宿设施 others_____

9. 您此次来深圳旅游是否参加旅行团？Are you with a group?

（1）是 Yes　　　　　　（2）否 No

（如果"否"，请跳至 11 项继续填写）　(If no, please skip to item 11 to continue.)

下面是两个比较重要的问题，目的在于了解深圳国际旅游的收入情况，希望您能与我们合作，回答这个问题，我们表示感谢。

Your cooperation will be highly appreciated if you answer the following two important questions, which will give us some ideas about international tourism revenue of Shenzhen.

10. 如果您参加旅行团，此次在深圳旅游的花费（不包括入境前付给旅行社的费用）（人民币）。

If you are with a group, please state the amount of your expenditure (in RMB) in Shenzhen excluding payment to your travel agency outside of China for the visit.

（a）购物 Shopping_____

（b）邮电通讯 Post and telecommunication_____

（c）其他 Others_____

（e）以上在深圳旅游花费合计 Total expenditure in Shenzhen_____

（f）以上花费包括的人数 How many persons did the above expenditure cover_____

（请跳至 12 项继续填写）　(Please skip to item 12 to continue.)

11. 如果您没有参加旅行团，此次在深圳旅游花费（人民币元）。

If you are not with a group, please state of the amount of your expenditure (in RMB) in Shenzhen.

（a）乘坐飞机 Air ticket_____

（b）乘坐火车 Train ticket_____

（c）乘长途汽车 Coach_____

（d）乘坐海轮或内河轮船 Sea cruise or river cruise_____

（e）住宿 Lodging_____

（f）餐饮 Food and beverage_____

（g）景区游览 Sightseeing_____

（h）娱乐 Recreation_____

（i）购物 Shopping_____

（j）市内交通 Local transportation_____

（k）邮电通讯 Post and telecommunication_____

（l）其他 Others_____

（m）以上在深圳旅游花费合计 Total expenditure in Shenzhen_____

（n）以上花费包括的人数 How many persons did the above expenditure cover_____

如果你此行没有购物则跳问 14 项（If you didn't go shopping, please skip to item 14 to continue.）

12. 您此次在深圳购买了哪些商品？（可以选择多项）

During your current visit to Shenzhen what commodities have you bought? (Multiple choices if needed)

（01）丝绸/服装　　　　　　　　（02）中药/保健品
　　　 Silk/clothes　　　　　　　　　　 Chinese medicine/health food

（03）茶叶/食品　　　　　　　　（04）酒类/香烟
　　　 Tea/food　　　　　　　　　　　 Liquor/cigarette

（05）景泰蓝　　　　　　　　　　（06）瓷器/陶器
　　　 Cloisonne　　　　　　　　　　　 Ceramics

（07）纪念品/手工艺品　　　　　（08）文物复制品/收藏品
　　　 Souvenior/arts and crafts　　　 Imitation of relics/goods for collection

（09）地毯/挂毯　　　　　　　　（10）字画/文房四宝
　　　 Carpet/tapestry　　　　　　　　 Calligraphy and painting/
　　　　　　　　　　　　　　　　　　　 four treasures of the study

（11）玩具　　　　　　　　　　　（12）首饰/珍珠
　　　 Toy　　　　　　　　　　　　　　 Jewelry/pearl

（13）电器　　　　　　　　　　　（14）书籍/音像制品
　　　 Electric appliances　　　　　　 Book/CD, VCD, tap

（15）其他商品

　　　　Others

13. 您此次在哪类商店购置商品？（可以选择多项）

During your current visit to Shenzhen what commodities have you bought? (Multiple choices if needed)

（1）免税店　　　　　　　　（2）旅游定点商店

　　Duty-free shop　　　　　　　Fixed tourism shop

（3）宾馆/饭店商品部　　　　（4）综合商店

　　Hotel shopping arcade　　　Market

（5）景点　　　　　　　　　　（6）集贸市场

　　Tourist attraction　　　　　Trade fair

14. 您对深圳商品质量的评价。Your appraisal for the quality of goods in Shenzhen.

（1）很好　　　（2）好　　　（3）一般　　　（4）差

　　Very good　　　Good　　　So so　　　　Bad

15-1. 您在深圳购置商品的愿望是否实现？ Have you purchased what you wanted in Shenzhen?

（1）实现 Yes　　（2）未实现 No　　（3）没有购买的需求 No requirement

15-2. 您还想要买什么商品呢？What did you want to purchase？ _____

（请按 12 项所列出的答案填写） (Please fill in the blank with the answer(s) available in item 12.)

16. 您对深圳旅游服务质量的评价。（请用 5 分制表示，5 分表示"最好"， 1 分表示"最差"）

Your comments on the quality of service for tourists in this city.

(5 points for "very good", 1 point for "very poor")

（a）宾馆/饭店 Hotels_____　　（b）餐饮 Food and beverage_____

（c）交通 Transportation_____　（d）景点秩序 Order at scenic spots_____

（e）厕所卫生 Condition of toilets_____　（f）文化娱乐 Recreation_____

（g）购物 Shopping_____　　　（h）导游服务 Tour guides_____

（I）城市旅游环境 Tourism circumstance of the city_____

17. 您对深圳旅游接待设施的评价。（请用 5 分制表示，5 分表示"最好"， 1 分表示"最差"）

Your comments on the reception facility of tourism. (5 points for "very good", 1 point for "very poor")

（a）宾馆/饭店 Hotels_____　　（b）餐饮 Food and beverage_____

（c）交通 Transportation_____　（d）文化娱乐 Recreation_____

（e）购物 Shopping_____　　　（f）浏览/参观点 visit / assist spots_____

（g）景区（点）厕所 scenic spots of toilets＿＿＿＿

18. 您通过哪种途径了解深圳或获得信息？From what kind of media do you know of Shenzhen?

　　（1）电视台　　　　（2）报纸　　　　　（3）互联网　　　　（4）亲戚朋友
　　　　TV station　　　　Newspaper　　　　Internet　　　　　　Friends
　　（5）电台　　　　　（6）旅游杂志　　　（7）旅游宣传资料　（8）电话
　　　　Broadcasting station　Journal　　　Throwaway　　　　　Telephone
　　（9）其他
　　　　others

19. 您对深圳哪些旅游资源感兴趣？（最多可选3项）
　　Why did you choose Shenzhen as your destination? (Choose 3 items at most.)
　　（01）山水风光　　　（02）文物古迹　　　（03）民俗风情
　　　　Natural scenery　　Cultural relics　　Folk art and customs
　　（04）文化艺术　　　（05）饮食烹调　　　（06）医疗保健
　　　　Culture and art　　Food and cuisine　Medical treatment
　　（07）旅游购物　　　（08）海滩　　　　　（09）节庆活动
　　　　Shopping　　　　　Beaches　　　　　　Festivals
　　（10）商务　　　　　（11）其他
　　　　Business　　　　　Others

20. 您此次来深圳是否到景点游览？ Have you visited only one scenic spot?
　　（1）否 No　　（2）是 Yes　　游览 Which one ＿＿＿＿＿＿景点

21. 您是第几次来深圳旅游?How many times have you visited Shenzhen?
　　（1）第1次 （The 1st time） （2）第2～3次 （The 2nd or 3rd time） （3）第4次以上 （The 4th time or above）

22. 您此次旅游的流向。Your itinerary.
　　（1）入深圳前您由哪个城市（或国家）来＿＿＿＿＿＿＿＿
　　　　The last Chinese city (or country) you come from＿＿＿＿＿＿
　　（2）离开本城市后将去哪个城市（或国家）＿＿＿＿＿＿＿＿
　　　　The next Chinese city (or country) you will go to＿＿＿＿＿＿
　　（3）您此次旅游到过广东省别的旅游城市吗？Besides Shenzhen, did you visit any other city in Guangdong this time?
　　　　（a）无，只有深圳　No, only Shenzhen＿＿＿＿＿＿＿
　　　　（b）有　Yes

(A)广 州 Guangzhou	(H)惠 州 Huizhou	(O)湛 江 Zhanjiang
(B)深 圳 Shenzhen	(I)汕 尾 Shanwei	(P)茂 名 Maoming
(C)珠 海 Zhuhai	(J)东 莞 Dongguan	(Q)肇 庆 Zhaoqing
(D)汕 头 Shantou	(K)中 山 Zhongshan	(R)清 远 Qingyuan
(E)韶 关 Shaoguan	(L)江 门 Jiangmen	(S)潮 州 Chaozhou
(F)河 源 Heyuan	(M)佛 山 Foshan	(T)揭 阳 Jieyang
(G)梅 州 Meizhou	(N)阳 江 Yangjiang	(U)云 浮 Yunfu

23．您此次旅游在深圳哪些区域停留过？（可多项选择）

During your current visit to Shenzhen what district(s) have you settled? (Multiple choices if needed)

（1）罗湖　　（2）福田　　（3）南山　　（4）宝安　　（5）龙岗
　　Luohu　　　 Futian　　　Nanshan　　 Baoan　　　 Longgang

（6）盐田　　（7）不清楚
　　Yantian　　　I don't know.

24．您对进一步搞好我市旅游业的建议。Your advice about Shenzhen's tourism.

_____

_____

_____

附件2

旅行社外联（接待）入境游客收入调查表

表　　号：SD-FLY012 表
制表机关：深圳市旅游局
批准机关：深圳市统计局
批准文号：深统法字〔2005〕10 号
有效期至：2008 年 3 月

样本编码（调查员填写）（101）_____

项目	项目编码	计量单位	旅行团人员类别			
			外国团	香港团	澳门团	台湾团
一、旅行团类别	102	编码				
二、团队人数	103	人				
三、停留时间	104	天				
四、全团收费合计	105	元				
（一）代收费用	106	元				
1.住宿费	107	元				

续表

项目	项目编码	计量单位	旅行团人员类别			
			外国团	香港团	澳门团	台湾团
2.餐饮费	108	元				
3.长途交通费	109	元				
其中：飞机	110	元				
火车	111	元				
汽车	112	元				
轮船	113	元				
4.市内交通费	114	元				
5.文化娱乐费	115	元				
6.游览门票费	116	元				
7.其他费用	117	元				
（二）旅行社劳务费及其他	118	元				

单位负责人： 填表人：

填表日期： 年 月 日

填表说明：

1. 本表由抽中的经营国际旅游业务的旅行社填写。表中所列各项费用可从旅行社的财务账中取得。
2. 旅行团类别分为外联团和接待团，外联团用"1"表示，接待团用"2"表示。

案例二：国内游客在深圳花费情况抽样调查方案

一、调查目的

全面准确地了解国内游客在深圳停留期间行、游、住、吃、购、娱等方面的花费情况及其他有关情况，测算我市的国内旅游收入。为加强国内旅游业的宏观管理和帮助旅游企业拓展国内旅游市场提供决策依据和信息资料，促进本地区国内旅游业持续、快速、健康的发展。

二、调查对象

调查的对象为来本地旅游的国内游客。

国内游客是指不以谋求职业、获取报酬为目的，离开惯常居住环境，到国内其他地方从事参观、游览、度假等旅游活动（包括外出探亲、疗养、考察、参加会议和从事商务、科技、文化、教育、宗教活动过程中的旅游活动），出行距离超过10公里，出游时间超过6小时，但不超过12个月的我国大陆居民。

国内游客包括过夜旅游者和一日游游客两部分。

惯常居住环境是指居民日常生活、居住和工作中经常涉及的地方。包括居住地、工作单位附近的公共场所和经常往来的亲朋好友家。

三、调查内容

（一）游客的基本情况：包括游客的居住地、性别、年龄、职业及旅游目的；
（二）旅游时间、游览方式；
（三）旅游花费及构成；
（四）对深圳住宿设施的选择及停留时间；
（五）旅游服务及质量评价。

四、调查方式

国内旅游抽样调查的方法，主要以采取在旅游住宿设施调查过夜旅游者情况为主，以在景点调查一日游游客和在亲友家过夜的旅游者情况为补充的方式进行。国内游客在深圳花费情况抽样调查采用现场发放问卷现场回收的方式进行，即由调查员向国内游客持卷访问，调查员根据客人回答如实填写后，回收审核填好的问卷。

五、调查样本量的确定

（一）为保证该项调查有较高的代表性，降低调查误差率，本次调查样本量为 15000 人，分别是在住宿设施、旅游景点、火车汽车站、旅行社、商业街区开展调查，按分层次随机的调查方法。调查样本量分配如下：

合计	汽车站/火车站		商业街区		宾馆酒店	旅行社	旅游景点	
	调查公司	旅游局	调查公司	旅游局	旅游局	旅游局	调查公司	旅游局
15000	2000	2500	2000	3500	1000	2000	2000	

每月定期调查 1250 人。三个黄金周各完成 1000 份。

（二）按接待国内游客量大小分配宾馆酒店调查样本量如下：

序号	单位名称	合计
一	酒店	3500
1	威尼斯酒店	300
2	圣廷苑酒店	300
3	阳光酒店	300
4	晶都酒店	300
5	华侨城海景酒店	300
6	花园格兰云天酒店	300
7	东方银座酒店	300
8	深航锦江国际大酒店	300
9	粤海酒店	300
10	迪富宾馆	300
11	华侨酒店	100

续表

序号	单位名称	合计
12	永安大酒店	100
13	广信酒店	100
14	新安酒店	100
15	和平酒店	100

（三）按接待量大小分配旅游景点调查样本量如下：

序号	单位名称	合计
二	景点	2000
1	青青世界	500
2	地王观光	500
3	国际园林花卉博览园	500
4	海洋世界	500

（四）按接待量大小分配旅行社调查样本量如下：

序号	单位名称	合计
1	深圳招商国际旅游有限公司	200
2	深圳市沙头角旅游有限公司	200
3	深圳市口岸中国旅行社有限公司	200
4	深圳市建南旅行社有限公司	200
5	深圳市假日旅行社有限公司	200
6	合计	1000

六、抽样方法

（一）在旅游住宿设施开展抽样调查的方法

1．在旅游住宿设施开展过夜旅游者调查时，应以本辖区的所有旅游住宿设施为调查总体，在准确掌握本地区旅游住宿设施总数、总规模、档次、出租率等情况的基础上，按随机抽样的要求科学抽样。

2．在旅游住宿设施过夜的人数包括三类：

（1）国内旅游者人数。又分为两部分：

① 去景点的国内旅游者人数；

② 不去景点的国内旅游者人数；

（2）国内非旅游者人数；

（3）外宾人数（包括入境旅游者和常住中国的境外人员）。

在调查和推算总体时,应不包括(2)和(3)这两部分的人数。

3．采用分类、分层、多阶段和随机等距的抽样方法,调查准备离店的国内客人。由调查员向准备离开本地的离店客人发放问卷,了解旅游者在本地区游览的有关情况。

(二)在景点开展抽样调查的方法

1．在选择景点调查单位时,应选择各自有代表性的景点为调查单位。

2．景点游览人数(门票人数)包括六类：

(1)在旅游住宿设施过夜的国内旅游者人数；

(2)外地来本地的一日游游客人数；

(3)本地一日游游客人数；

(4)住亲友家的国内旅游者人数；

(5)国内非旅游者人数(如：持景点月票者,在惯常生活环境内活动者,出行距离不超过10公里、出游时间少于6小时的出行者等)；

(6)海外旅游者人数。

3．在抽中的景点(区)同时采取等距抽样调查法,按门票间隔抽选国内游客进行调查。

七、调查组织实施

与专业抽样调查公司合作,每月定期到火车站、汽车站及旅游景点和商业街区进行游客调查,宾馆酒店和旅行社的调查由抽样定点企业的调查员负责。主要采取在调查点向国内游客进行抽样调查,现场发放问卷,请国内游客填写并收回的方式进行。在实施调查期间,我局将派专人到各调查现场,了解调查情况。各调查定点单位也要负责督导好调查问卷的现场审核和问卷回收工作。

八、质量控制

(一)抽样调查有效问卷回收率应保持在90%以上。在审核和录入有效问卷时严格控制调查项目自身的界值范围和调查项目之间的平衡关系,排除非法数值对调查结果的影响,调查问卷录入差错率控制在0.5%以内。

(二)调查人员应在调查前统一接受培训,对国内旅游抽样调查的目的、意义、内容、指标解释和调查表中的逻辑关系有明确的认识。

(三)在调查现场,调查人员要认真记录,督导员应在现场指导。

(四)调查员对回收的调查表要认真核对,保证被调查者对前后问题回答的一致性,然后交督导员统一复核。

(五)在实施调查方案时,应根据实际情况,明确注明排除不合理问卷,以提高抽样样本的代表性。

九、本市国内旅游收入测算

（一）旅游城市国内旅游接待人数的测算

旅游城市国内旅游接待人数
$$=过夜旅游者人数＋一日游游客人数$$

1. 过夜旅游者人数＝在旅游住宿设施过夜的国内旅游者人数＋住亲友家的国内旅游者人数；

住亲友家的国内旅游者人数＝（景点接待总人数×去景点而住亲友家的国内旅游者比重）/ 住亲友家的国内旅游者平均游览景点数；

2. 一日游游客人数＝景点接待外地来本地的一日游游客人数＋景点接待本地一日游游客人数；

景点接待外地来本地的一日游游客人数 ＝（景点接待总人数×外地来本地的一日游游客比重）/ 外地来本地的一日游游客平均游览景点数；

景点接待本地一日游游客人数 ＝（景点接待总人数×本地一日游游客比重）/ 本地一日游游客平均游览景点数。

（二）旅游城市国内旅游收入的测算

旅游城市国内旅游收入
$$=接待过夜旅游者收入＋接待一日游游客收入$$

1. 接待过夜旅游者收入＝在旅游住宿设施过夜的国内旅游者人数×其人均花费＋住亲友家的国内旅游者人数×其人均花费

2. 接待一日游游客收入＝景点接待外地来本地的一日游人数×其人均花费＋景点接待本地一日游人数×其人均花费

附件：1. 国内游客抽样调查问卷（A）
　　　2. 国内游客抽样调查问卷（B）

附件 1

国内游客抽样调查问卷（A）

本资料"属于私人的单项调查资料，非经本人同意不得泄露"	表　　号：SD-FLY013 表
	制表机关：深圳市旅游局
《统计法》第十五条	批准机关：深圳市统计局
	批准文号：深统法字〔2005〕10 号
	有效期至：2008 年 3 月

尊敬的女士、先生：

为了不断提高我市的旅游接待水平，使您得到质价相符的服务，请您协助我们填写这张调查表，在符合您情况的项目内填写或用"√"表示。

谢谢您的协助！

深圳市旅游局

1. 您来自_____省（自治区、直辖市）_____市（县）

  1A.您来本市前在_____省_____市（县）逗留

  1B.您离开本市后下站将前往_____省_____市（县）

2. 您此次出游共度过_____（夜），其中在本市共度过_____（夜），其中：

  2A.住在本市的旅馆/招待所_____天（夜）

  2B.住在本市的饭店/宾馆_____天（夜）

  2C.住在本市的亲友家中_____天（夜）

  2D.住在本市的其他住宿设施_____天（夜）

3. 您在本市是否到景点游览：

  3A.否　3B.是，游览_____、_____、_____、_____。

4. 您此次来本市旅游的方式是：

  4A.单位组织　　　4B.家庭或与亲朋结伴　　　4C.旅行社组织

  4D.个人旅行　　　4E.其他

5、如果您是自己驾车或乘单位公车来，路程大约是_____公里

6. 您此行在本市花费总额是_____元（包括已经花费和计划花费的费用）

  6A.在本市购票的长途交通费

  其中：6A1.飞　　机_____元　　5A2.火　车_____元

     6A3.长途汽车_____元　　5A4.轮　船_____元

     6A5.路桥收费和停车费_____（元）（限自驾车游客填）

     6A6.租车费_____（元）（指自驾车游客在汽车租赁市场租车）

     6B.住　　　宿_____元

     6C.餐　　　饮_____元

     6D.景区游览_____元

     6E.娱　　　乐_____元

     6F.购　　　物_____元

     6G.市内交通_____元

     6H.邮电通讯_____元

     6I.其　　　他_____元

     6J.以上花费所包括的人数_____人

7. 您的性别：7A.男　　　7B.女

8. 您的年龄：8A.65 岁及以上　　　8B.45～64 岁　　　8C.35～44 岁
　　　　　　 8D.25～34 岁　　　　 8E.15～24 岁　　　8F.14 岁及以下

9. 您的职业：9A.公务员　　　　9B.企事业管理人员　　9C.专业/文教科技人员
　　　　　　 9D.服务销售人员　 9E.工人　　　9F.军人　　　9G.农民
　　　　　　 9H.离退休人员　　 9I.学生　　　9J.其他

10. 您来本市的目的（单选）：
　　　10A.休闲/度假　　10B.观光/游览　　10C.探亲访友　　10D.商务　　10E.会议
　　　10F.宗教/朝拜　　10G.文化/体育/科技交流　　10H.健康/疗养　　10I.其他

11. 您对本市旅游印象如何？（请用 5 分制表示，5 分表示最好，1 分表示最差）
　　　A.住　　宿_____　　　　B.餐　　饮_____　　　C.长途交通_____
　　　D.市内交通_____　　　　E.游　　览_____　　　F.娱　　乐_____
　　　G.购　　物_____　　　　H.导游服务_____　　　I.景区（点）厕所_____
　　　J.总体印象_____

12. 您是通过哪种交通工具来深圳的？
　　　A.飞机　　　　　　　B.火车　　　　　　　　C.社会上城际长途汽车
　　　D.单位或私人汽车　　E.船　　　　　　　　　F.步行及其他

13. 您是如何了解深圳和获得深圳旅游信息的？
　　　A.电视　　　　B.当地报纸　　　C.互联网　　　D.亲戚朋友　　　E.电台
　　　F.杂志　　　　G.旅游宣传资料　　H.电话　　　I.其他

14. 您对深圳哪些旅游资源感兴趣？
　　　（1）山水风光　　（2）文物古迹　　（3）民俗民情　　（4）文化艺术
　　　（5）饮食烹调　　（6）医疗保健　　（7）旅游购物　　（8）海滩
　　　（9）节庆活动　　（10）商务/会展　（11）其他

15. 您此次在深圳购买了哪些商品？
　　　（1）丝绸/服装/棉毛织品　　（2）中药/保健品　　　（3）茶叶/食品
　　　（4）酒类/香烟　　　　　　 （5）景泰蓝　　　　　（6）瓷器/陶器
　　　（7）纪念品/手工艺品　　　 （8）文物复制品/收藏品（9）地毯/挂毯
　　　（10）字画/文房四宝　　　　（11）玩具　　　　　　（12）首饰/珍珠
　　　（13）电器/胶卷　　　　　　（14）书籍/音像制品　 （15）其他商品

16. 您认为深圳应重点打造何种旅游品牌（最多选 3 项）
　　　（1）海滨风光（大小梅沙、海上世界等）
　　　（2）商务之都（会议、展览、洽谈、商贸等）
　　　（3）娱乐之都（东部华侨城、欢乐谷等）
　　　（4）观光猎奇（世界之窗、航母世界、海上世界、海洋公园等）

（5）都市风情　（帝王观光、民俗村、莲花山等）

　　（6）客家文化　（大鹏古城等）

17．您对进一步搞好深圳市旅游业的建议：

_____

以下由调查员填写：

样本编码　　　　　　　调查时间　　　　　　　住宿设施名称

□□□□□□□□　　督导员　　　　　　　　调查员

说明：
本问卷是为在旅游住宿设施开展国内旅游抽样调查而设计的。

附件 2

国内游客抽样调查问卷（B）

本资料"属于私人的单项调查资料，　　　表　　号：SD-FLY014 表
非经本人同意不得泄露"　　　　　　　　制表机关：深圳市旅游局
　　《统计法》第十五条　　　　　　　　　批准机关：深圳市统计局
　　　　　　　　　　　　　　　　　　　　批准文号：深统法字〔2005〕10 号
　　　　　　　　　　　　　　　　　　　　有效期至：2008 年 3 月

尊敬的女士、先生：

　　为了不断提高我市的旅游接待水平，使您得到质价相符的服务，请您协助我们填写这张调查表，在符合您情况的项目内填写或用"√"表示。

　　谢谢您的协助！

　　　　　　　　　　　　　　　　　　　　　　　　　　　　　　深圳市旅游局

1．您来自_____省（自治区、直辖市）_____市（县）

　　1A.您来本市前在_____省_____市（县）逗留

　　1B.您离开本市后下站将前往_____省_____市（县）

　　1C.您此次的出游时间是否在 6 小时以上：A.否　　B.是

　　1D.本景点距离您的住所是否在 10 公里以上：A.否　　B.是

2．您此次旅行是否在外过夜：

　　2A．否

　　2B．是，共在外度过_____天（夜），其中：

　　　　2B1.住在本市的旅馆/招待所_____天（夜）

　　　　2B2.住在本市的饭店/宾馆＿＿＿＿＿＿天（夜）

　　　　2B3.住在本市的亲友家庭＿＿＿＿＿＿天（夜）

　　　　2B4.住在本市的其他住宿设施＿＿＿＿＿天（夜）

　　　　2B5.不在本市共＿＿＿＿＿天（夜）

3. 您在本市是否到景点游览：

　　　　3A.无　　3B.有，是＿＿＿＿、＿＿＿＿、＿＿＿＿、＿＿＿＿。

4. 您此次来本市旅游的方式是：

　　　　4A.单位组织　　　　4B.家庭或与亲朋结伴　　　　4C.旅行社组织

　　　　4D.个人旅行　　　　4E.其他

5. 如果您是自己驾车或乘单位公车来，路程大约是＿＿＿＿＿＿公里

6. 您此行在本市花费总额是＿＿＿＿＿＿元（包括已经花费和计划花费的费用）

　　　　6A.在本市购票的长途交通费＿＿＿＿＿＿元

　　　　其中：6A1.飞　　机＿＿＿＿＿元　　6A2.火　　车＿＿＿＿＿元

　　　　　　　6A3.长途汽车＿＿＿＿＿元　　6A4.轮　　船＿＿＿＿＿元

　　　　　　　6A5.路桥收费和停车费＿＿＿＿＿（元）（限自驾车游客填）

　　　　　　　6A6.租车费＿＿＿＿＿（元）（指自驾车游客在汽车租赁市场租车）

　　　　6.住　　宿＿＿＿＿＿元

　　　　6.餐　　饮＿＿＿＿＿元

　　　　6.景区游览＿＿＿＿＿元

　　　　6.娱　　乐＿＿＿＿＿元

　　　　6.购　　物＿＿＿＿＿元

　　　　6.市内交通＿＿＿＿＿元

　　　　6.邮电通讯＿＿＿＿＿元

　　　　6.其　　他＿＿＿＿＿元

　　　　6.以上花费所包括的人数＿＿＿＿＿人

7. 您的性别：7.男　　　　7.女

8. 您的年龄：8.65 岁及以上　　　8B.45～64 岁　　　8C.35～44 岁

　　　　　　　8D.25～34 岁　　　　8E.15～24 岁　　　8F.14 岁及以下

9. 您的职业：9A.公务员　　　9B.企事业管理人员　　　9C.专业/文教科技人员

　　　　　　　9D.服务销售人员　　9E.工人　　　9F.军人　　　9G.农民

　　　　　　　9H.离退休人员　　9I.学生　　　9J.其他

10. 您来本市的目的（单选）：

　　　　10A.休闲/度假　　10B.观光/游览　　10C.探亲访友　　10D.商务　　10E.会议

　　　　10F.宗教/朝拜　　10G.文化/体育/科技交流　　10H.健康/疗养　　10I.其他

11. 您对本市旅游印象如何？（请用 5 分制表示，5 分表示最好，1 分表示最差）

A.住　　宿_____　　　　B.餐　饮_____　　　　C.长途交通_____
D.市内交通_____　　　　E.游　览_____　　　　F.娱　乐_____
G.购　　物_____　　　　H.导游服务_____　　　　I.景区（点）厕所_____
J.总体印象_____

12. 您是通过哪种交通工具来深圳的？
　　A.飞机　　　　　　　B.火车　　　　　　　C.社会上城际长途汽车
　　D.单位或私人汽车　　　E.船　　　　　　　　F.步行及其他

13. 您是如何了解深圳和获得深圳旅游信息的？
　　A.电视　　　B.当地报纸　　　C.互联网　　　D.亲戚朋友　　　E.电台
　　F.杂志　　　G.旅游宣传资料　　H.电话　　　I.其他

14. 您对深圳哪些旅游资源感兴趣？
　　（1）山水风光　　（2）文物古迹　　（3）民俗民情　　（4）文化艺术
　　（5）饮食烹调　　（6）医疗保健　　（7）旅游购物　　（8）海滩
　　（9）节庆活动　　（10）商务/会展　（11）其他

15. 您此次在深圳购买了哪些商品？
　　（1）丝绸/服装/棉毛织品　　（2）中药/保健品　　　　（3）茶叶/食品
　　（4）酒类/香烟　　　　　　（5）景泰蓝　　　　　　　（6）瓷器/陶器
　　（7）纪念品/手工艺品　　　（8）文物复制品/收藏品　（9）地毯/挂毯
　　（10）字画/文房四宝　　　　（11）玩具　　　　　　　（12）首饰/珍珠
　　（13）电器/胶卷　　　　　　（14）书籍/音像制品　　　（15）其他商品

16. 您认为深圳应重点打造何种旅游品牌（最多选3项）
　　（1）海滨风光（大小梅沙、海上世界等）
　　（2）商务之都（会议、展览、洽谈、商贸等）
　　（3）娱乐之都（东部华侨城、欢乐谷等）.
　　（4）观光猎奇（世界之窗、航母世界、海上世界、海洋公园等）
　　（5）都市风情（帝王观光、民俗村、莲花山等）
　　（6）客家文化（大鹏古城等）

17. 您对进一步搞好深圳市旅游业的建议：
_____
_____

以下由调查员填写：

样本编码　　　　　　　调查时间　　　　　　　调查途径
□□□□□□□　　　　　督导员　　　　　　　　调查员

说明：
本问卷是为在旅游区（点）和交通口和商业街区开展国内旅游抽样调查而设计的。

第七节　旅游统计分析报告及旅游统计报表说明要求

一、旅游企业统计分析报告要求

（一）各区旅游局应按季度、半年、年度报送旅游统计分析报告
（二）旅游统计分析报告的主要内容
1．旅游业发展动态情况分析，同期对比情况分析；
2．统计预测；
3．提出改进旅游宏观经济管理的建议。
（三）旅游统计分析报告报送时间
1．季度分析报告：季后 20 日前；
2．半年分析报告：7 月 20 日前；
3．年度分析报告：年后 30 日前。

二、旅游统计报表说明

（一）旅游统计报表说明的主要内容
1．统计数据质量如何，可信度有多高（包括本期企业缺报情况）；
2．与基期相比，对总体影响较大的企业或项目有哪些；
3．如实反映基层提供的具有实质性和可操作性并与统计数据密切相关的情况；
4．本期内本地区带有突出性的旅游动态。
（二）旅游统计报表说明上报时间
各区旅游局在上报旅游统计报表的同时，上报旅游统计报表说明。

附表：标准正态分布函数数值表

标准正态分布函数数值表（一）

Z	0.00	0.01	0.02	0.03	0.04
0.0	0.5000	0.5040	0.5080	0.5120	0.5160
0.1	0.5398	0.5438	0.5478	0.5517	0.5557
0.2	0.5793	0.5832	0.5871	0.5910	0.5948
0.3	0.6179	0.6217	0.6255	0.6293	0.6331
0.4	0.6554	0.6591	0.6628	0.6664	0.6700
0.5	0.6915	0.6950	0.6985	0.7019	0.7054
0.6	0.7257	0.7291	0.7324	0.7357	0.7389
0.7	0.7580	0.7611	0.7642	0.7673	0.7703
0.8	0.7881	0.7910	0.7939	0.7967	0.7995
0.9	0.8159	0.8186	0.8212	0.8238	0.8264
1.0	0.8413	0.8438	0.8461	0.8485	0.8508
1.1	0.8643	0.8665	0.8686	0.8708	0.8729
1.2	0.8849	0.8869	0.8888	0.8907	0.8925
1.3	0.9032	0.9049	0.9066	0.9082	0.9099
1.4	0.9192	0.9207	0.9222	0.9236	0.9251
1.5	0.9332	0.9345	0.9357	0.9370	0.9382
1.6	0.9452	0.9463	0.9474	0.9484	0.9495
1.7	0.9554	0.9564	0.9573	0.9582	0.9591
1.8	0.9641	0.9648	0.9656	0.9664	0.9671
1.9	0.9713	0.9719	0.9726	0.9732	0.9738
2.0	0.9772	0.9778	0.9783	0.9788	0.9793
2.1	0.9821	0.9826	0.9830	0.9834	0.9838
2.2	0.9861	0.9864	0.9868	0.9871	0.9874
2.3	0.9893	0.9896	0.9898	0.9901	0.9904
2.4	0.9918	0.9920	0.9922	0.9925	0.9927
2.5	0.9938	0.9940	0.9941	0.9943	0.9945
2.6	0.9953	0.9955	0.9956	0.9957	0.9959
2.7	0.9965	0.9966	0.9967	0.9968	0.9969
2.8	0.9974	0.9975	0.9976	0.9977	0.9977
2.9	0.9981	0.9982	0.9982	0.9983	0.9984
3.0	0.9987	0.9990	0.9993	0.9995	0.9997

标准正态分布函数数值表（二）

Z	0.05	0.06	0.07	0.08	0.09
0.0	0.5199	0.5239	0.5279	0.5319	0.5359
0.1	0.5596	0.5636	0.5675	0.5714	0.5753
0.2	0.5987	0.6026	0.6064	0.6103	0.6141
0.3	0.6368	0.6406	0.6443	0.6480	0.6517
0.4	0.6736	0.6772	0.6808	0.6844	0.6879
0.5	0.7088	0.7123	0.7157	0.7190	0.7224
0.6	0.7422	0.7454	0.7486	0.7517	0.7549
0.7	0.7734	0.7764	0.7794	0.7823	0.7852
0.8	0.8023	0.8051	0.8078	0.8106	0.8133
0.9	0.8289	0.8315	0.8340	0.8365	0.8389
1.0	0.8531	0.8554	0.8577	0.8599	0.8621
1.1	0.8749	0.8770	0.8790	0.8810	0.8830
1.2	0.8944	0.8962	0.8980	0.8997	0.9015
1.3	0.9115	0.9131	0.9147	0.9162	0.9177
1.4	0.9265	0.9278	0.9292	0.9306	0.9319
1.5	0.9394	0.9406	0.9418	0.9430	0.9441
1.6	0.9505	0.9515	0.9525	0.9535	0.9545
1.7	0.9599	0.9608	0.9616	0.9625	0.9633
1.8	0.9678	0.9686	0.9693	0.9700	0.9706
1.9	0.9744	0.9750	0.9756	0.9762	0.9767
2.0	0.9798	0.9803	0.9808	0.9812	0.9817
2.1	0.9842	0.9846	0.9850	0.9854	0.9857
2.2	0.9878	0.9881	0.9884	0.9887	0.9890
2.3	0.9906	0.9909	0.9911	0.9913	0.9916
2.4	0.9929	0.9931	0.9932	0.9934	0.9936
2.5	0.9946	0.9948	0.9949	0.9951	0.9952
2.6	0.9960	0.9961	0.9962	0.9963	0.9964
2.7	0.9970	0.9971	0.9972	0.9973	0.9974
2.8	0.9978	0.9979	0.9979	0.9980	0.9981
2.9	0.9984	0.9985	0.9985	0.9986	0.9986
3.0	0.9998	0.9998	0.9999	0.9999	1.0000

网络数据来源

国内学生有一个普遍的缺点，那就是，不喜欢也不擅长市场调查，他们喜欢百度关键词，然后把所能找到的数据"整合"起来；不管这些数据来源的真实性和权威性。

大学四年，临到写毕业论文时，喜欢东拼西凑，然后进行简单的归纳综合。在思辨逻辑和数据处理上无法体现一个大学生应该拥有的素养。

为了方便学生，也为了保证数据一定的权威性，笔者把国内主要发布旅游数据的网站列出来，以利于大家查找。

政府网站：

中华人民共和国国家统计局：http://www.stats.gov.cn/tjsj/

你可以找到每一年的统计年鉴，然后找到关于旅游的统计。这里是最权威的数据。

国家旅游局：http://www.cnta.com/html/rjy/index.html

有比较全面的旅游数据。有些数据，如饭店的数据会以文件附件的形式出现，需要你耐心查找。

北京市旅游发展委员会：http://www.bjta.gov.cn/xxgk/tjxx/index.htm

数据汇总到了2010年，最早可以追溯到1980年的数据，是一个不错网站。

天津旅游政务网：http://www.tjtour.gov.cn/a/lvyouziliao/

旅游数据以简报的形式出现。数据的录入和处理稍微有点麻烦。需要掌握一些数据录入的技巧。

河北旅游政务网：http://www.hebeitour.gov.cn/lytj/

网站里有旅游统计栏目，但是找不到相应的数据，很奇怪。

山西旅游政务网：http://www.sxta.com.cn:8080/sxtag/zwgkList.action?id=2111

统计信息不完全，只有黄金周的数据。

内蒙古旅游电子政务网：http://www.nmgtour.gov.cn/index.asp

没有统计数据栏目，但如果你要去那里玩一玩，其中的一些信息可以借鉴。

辽宁旅游网：http://www.lntour.gov.cn/tourism/page/5005_1.html

统计数据以通报和公告的形式出现，数据处理有点麻烦。需要转化格式或是掌握一定的处理技巧。

吉林旅游网：

http://www.jlta.gov.cn/govern/page/stat/catalog.do?method=getCatalog&forward=stat&catalogId=4028817e1b006796011b007d76850013
数据主要是黄金周的统计信息，其他信息以文本形式给出。同样需要转化。
黑龙江旅游局政务网：http://www.hljtour.gov.cn/index.asp
找不到具体的统计信息，但可以了解其他旅游方面的情况。
上海旅游局政务网：

　　http://lyw.sh.gov.cn/shlyj%5Fwebsite/HTML/DefaultSite/lytj%5F2011/List/list_0.htm

　　有每一年详细的统计信息，很不错的网站。可惜的是，数据是图片格式，处理起来有点麻烦。
江苏旅游政务网：http://www.jstour.gov.cn/col/col2867/index.html
数据以月报的形式出现，比较齐全。可以用 excel 直接转化处理。
浙江旅游：http://www.tourzj.gov.cn/zww/lyzl/lytj_list1.aspx
不错的网站，统计资料很齐全。适合本科生用来写毕业论文。
安徽旅游政务网：http://www.ahta.com.cn/News/0104.php
数据放在统计规划栏目里，以分析的形式给出了数据，不是很专业，但可用。
福建旅游之窗：http://www.fjta.com/lytj/index.html
数据分为两类，统计分析和统计数据，很方便查找和使用。
江西旅游网：http://www.jxta.gov.cn/Index.shtml
网站比较难打开，里面找不到规范的统计数据。
山东旅游政务网：http://www.sdta.gov.cn/lyzl/lyzl-lytj.asp
数据以旅游便览的形式出现，比较齐全。
河南旅游政务网：http://www.hnta.cn/Gov/lytj/
内容繁多，很乱。只有一些节假日如国庆节和中秋节的统计数据，有点莫名其妙。
湖北旅游网：http://www.hubeitour.gov.cn/lytj/List/63_1.html
网站简洁典雅，数据比较细致；但格式是文本的形式，不方便处理。
湖南旅游局：http://www.hnt.gov.cn/gov/zwgk_stats.aspx
网站配有旅游统计栏目，可惜找不到数据。
广东省旅游局：http://www.gdta.gov.cn/xxgk/ghtj/
很好的网站，数据以月报的形式出现，比较细。
广西壮族自治区旅游局：

http://www.gxta.gov.cn/Public/Article/ListArt.asp?Class_ID=1646
数据以文本的形式给出，不是很系统。

海南旅游政务网：http://tourism.hainan.gov.cn/goverment/lvyoutongji/
非常好的旅游数据，数据可以直接转化到 excel 格式，方便处理。
重庆旅游政务网：http://www.cqta.gov.cn/cms/gov/
没有相关的统计数据，但可以了解重庆旅游的其他一些信息。
四川旅游政务网：http://www.scta.gov.cn/web/main.jsp?go=news&pid=7
不错的网站，既有四川的数据，还有国家的数据，数据分成了不同的类别，很好处理。
贵州省旅游局政务网：http://www.gztour.gov.cn/index.asp
有统计调查的官方入口，但是没有统计数据。
云南旅游电子政务网：http://www.ynta.gov.cn/Category_1000/index.aspx
统计数据以文本文档出现，不方便处理，数据也不是很齐全，与云南旅游的发展地位不相匹配。
西藏旅游电子政务网：http://www.xzta.gov.cn/zww/lytj/default.shtml
有一些简单的统计指标数据，门类不全；不过，可以作为参考。
陕西省旅游局官方网站：http://www.sxtour.com/portal/zwgk/lytj.jsp
有比较详细的统计数据，遗憾的是数据都是文本文档。需要处理技巧。
甘肃旅游政务网：http://www.gsta.gov.cn/pub/lyzw/lytj/index.html
数据包含统计报表，专项统计和黄金周的统计，作为西部地区一个省份，数据的发布和规范令人欣喜。
宁夏旅游政务网：
http://www.nxta.gov.cn/Html/News_Main.Asp?SortPath=0,21,&SortID=21
其风格与甘肃类似，是个不错的获取旅游数据的网站。
青海旅游：http://www.qhly.gov.cn/index.html
没有旅游数据，但网站配备许多旅游图片。
新疆天山天池风景名胜区——旅游商务（政务）网：
http://www.xjtstc.com/index.asp
是商务网和政务网合一的网站，不伦不类。没有数据。
香港旅游发展局网站：http://www.discoverhongkong.com/china/index.jsp
没有数据，但是一个了解香港旅游的比较好的网站。
澳门特别行政区旅游局：http://www.macautourism.gov.mo/gb/index.php
澳门官方网站，没有统计数据，但对澳门旅游资源做了比较详细的介绍。
中国台湾旅游网：http://www.taiwandao.gov/h/d/
有详细的关于台湾旅游的统计数据，方便从事学术研究。

书籍：
主要包括中国《统计年鉴》、《中国旅游年鉴》、《中国旅游统计年鉴》、《中国国内旅游抽样调查》。

论坛：
人大经济论坛：http://bbs.pinggu.org/
你可以在这里的数据交流中心板块寻找，或者用论坛币求购。该板块数据交流的原则是人人为我，我为人人。

中国经济学教育科研网：http://www.cenet.org.cn/
一个很好的经济学网站，内容丰富，没事可以来逛逛。在专门的板块和论坛里都能找到一些数据。

数据分析论坛：http://www.spsschina.cn/index.php
专门的 spss 软件论坛，既教你软件，也有数据。里面有地区统计年鉴，也有行业统计年鉴，很不错的地方。

Excel home 论坛：http://club.excelhome.net/forum.php
Excel 功能十分强大，但大多数人只是挖掘和利用其中的一点皮毛，这类的论坛百度一下可以找到很多。该论坛主要介绍 excel 软件使用，附带有 office 的其他软件介绍。当你需要用到 excel 进行分析而又不清楚功能时，可以来查查。